政體、文明、族群之辯

政體、文明、族群之辯

德川日本思想史

呂玉新 著

中文大學出版社

《政體、文明、族群之辯：德川日本思想史》
呂玉新 著

國際統一書號 (ISBN)：978-962-996-820-5

出版：中文大學出版社
香港新界沙田．香港中文大學
傳真：+852 2603 7355
電郵：cup@cuhk.edu.hk
網址：www.chineseupress.com

Polity, Civilization and Nationalism:
Political Thoughts in Tokugawa Japan (in Chinese)
By Lü Yuxin

ISBN: 978-962-996-820-5

Published by The Chinese University Press
The Chinese University of Hong Kong
Sha Tin, N.T., Hong Kong
Fax: +852 2603 7355
E-mail: cup@cuhk.edu.hk
Website: www.chineseupress.com

Printed in Hong Kong

謹獻給多年默默支持的

賢妻啟華與甜心愛女Rinda

目 錄

自序

生也有涯，而知也無涯，這本書，是筆者學習思考社會秩序與政治體制關係的部分作業，也是十年前問世的《古代東亞政治環境中天皇與日本國的產生》一書之續篇。筆者對此課題有興趣，與大環境下的個人生活體驗深有關聯。幼年時本應在學校接受啟蒙教育，卻親歷層疊不窮的暴力、無序的階級鬥爭運動，並遭遣送至北疆僻地務農多年。本書內容主論17世紀至19世紀日本的建政問學哲思，但諸證據顯示，日本思想史之發展不但與同具儒、釋、道思想系統的中國及朝鮮關係密切，也與西學東漸所帶來的新思想之碰撞深有關聯。文明史觀、政體構建以及對域內外族群的認識與相處，實為一體，並非孤立存在。儒學在數千年前就留下了以史為鑑的寶貴思想，無論《春秋》、《資治通鑑》，還是《大鏡》、《今鏡》(後二書均寫於日本平安時代)，均目的了然。如何以包容開放的心態汲取傳統文化及外域文化中的營養，摒棄糟粕，推陳出新，努力建設一個平等相處、和平發展的公民社會，是每一公民的責任。作為其中一員，筆者謹獻上此方面的學習心得，拋磚引玉，以就教諸賢。

讀者從引用文獻可知，先賢學人的生涯努力之結晶，是本書立論的基礎；留美後執教世界史與西方史的課業，使筆者能努力以平衡觀審視東亞文明。本書除緒論、第四章與第五章，其他章節中的一些內容近年來在兩岸三地的學術雜誌上發表過(參見引用文獻)，基本論點也曾在清華大學、北京大學、人民大學、蘭州大學、國立台灣大學等地通過講座或討論課程的方式和各位學人交流過。近年來，筆者通過國際會議、訪學交流或私下交往，從國內外學界同仁處得到不少啟發，也常常從學生的提問與討論中獲益。拙稿得以問世，實須感謝許多具體幫助過的學賢友人，雖無法在此一一枚舉，但亦望日後不棄厚愛、問學討論、多多示教。初稿完成後，與國際政治專業的退休教授James Bradley常有數小時的電話討論，華東師範大學的葛大匯教授對緒論構架提出建議，對文史研究頗有心得的資深工程師鄭建棟先生對用詞標點作了認真的校勘。本書中的封面與插圖，多蒙日本松浦史料博物館與本居宣長博物館授權，另感謝九州外國語學院馬星華院長、國立清華大學楊儒賓教授、何創時書法藝術基金會吳國豪主任研究員等的熱心協助。最重要的是，在出版行業受到電子時代極大衝擊的時候，自認與目前思想界通論多有異見的本書得以問世，實受惠於香港中文大學出版社對學術出版的認真態度和匿名評審人對本稿論點的肯定、令人慚愧但深受鼓舞的譽勉，以及對章節安排、語言文字規範性方面的建議與惠示。編輯葉敏磊博士為本書問世，惠函逾百，常接於節假夜半，實為其認真折服。葉博士並與社外專聘的李金美女士，對三校三審之敬業，為拙文平易可讀，貢獻甚大；前期階段，還得甘琦社長與謝茂松先生關心與肯定。總之，對筆者而言，也是一段愉悅的互動工作經歷，藉此深表謝意。

呂玉新
2016年11月

緒論

一、本書主旨

開放心態的本土文化，與持封閉心態的本土文化，帶來的政治生態截然不同。本書所探討者，源於對此問題的關注。宣揚唯我獨尊、獨特優秀的文化孤立主義，無論是在意識形態方面還是宗教信仰方面，不僅多與世界暴力衝突有關，對絕大多數公民生活、對人類文明的走向也帶來巨大危害。世界文明體系中的東亞地區，無論在歷史上還是現今也存在着上述狀況。本書意欲通過對東亞地區的歷史回顧，加深認識、警惕此類思想風潮對人類文明發展所帶來的危害性。先秦以來，以孔子為代表的東亞知識分子，從未放棄聖在世俗的哲學傳統，並一直為實現三代之治的理想而努力。通過對政體、問學目的之思考與追求，中國宋朝有君臣共治的嘗試，李氏朝鮮(1392–1910)有兩班參與的政體，日本也有過「百王一姓」(朱舜水語)的虛君封建制。

釐清不同思想之碰撞、其對人類社會行為所帶來的衝擊以及兩者間的互動，是思想史研究為人類文明發展的任務。本書具體所論證者，集中於兩點：一、近現代日本狹隘激進地域民族主義與種族主義產生的成因；二、日本封建體制的德川時代(1600–1848)出現倡尊虛君天皇、敬執政幕府意識形態的緣由、意義與深遠影響。

18世紀以來，初現於日本德川時代的極端民族主義，其後波及整個東亞，不僅對人類生存與文明帶來極大危害，也是東亞政治思想發展進程中的逆流。二戰時期，日本的軍國主義，以及20世紀以來東亞各國激進民族主義的興起，也與其有關。另一方面，尊虛君、敬幕府思想的創立，為個體民權的發展奠定了必要的基礎，這是孔子之後首見於東亞地區，具有現代意義、朝向民主體制轉型的先期嘗試，也是德川封建制得以維持260年不可忽視的重要因素。集團執政的封建制，缺陷不少，但與君權專制相比，好處卻是一目了然，因為有相當自治實權(包括經濟與武裝)的貴族勢力是平衡君權專制的有力制約。歷史顯示，帶來中產階級的城鎮化，成為貴族與君主之外新政治力量的社會轉型，也得益於此體制。日本明治維新得以實現，並能迅即建立君主立憲體制，與此體制有關，雖然明治的君主立憲政治體制，偏離了歷史文明發展正軌，經明治維新運動上台、掌握國家大政實權的原德川諸藩下級武士，為己施政方便需要，在名義上賦予了天皇過多的權力。

近代日本極端民族主義的緣起，則與國學、後期水戶學深有關聯。國學與後期水戶學的主要創始者，持狹隘的文化孤立主義觀，鼓吹日本文化、民族與國家獨特優越，最後雙雙成為國家神道與軍國主義的重要思想來源。而國學之初創，又與初期水戶學(17世紀中葉)及古學極有關聯。

尊王敬幕思想的首倡者是初期水戶學。但若論及初期水戶學與古學的興起及問學主旨，則無法忽略中國宋明理學以及明末江浙儒學學派的主張，因為後者東傳至日本，影響了德川思想界。無論明末江浙學人對儒學的新思、對政治體制的新見，還是水戶學、古學、國學的興起，都與航海地理大發現後，經濟活動漸成全球一體趨勢，世界各地受到衝擊，不同意識形態因而相遇這個新形勢有關。

本書具體展開，主要集中在此形勢下產生的水戶學、古學與國學，以及此三學派的主要問學目的與主張。另一方面，追尋此三學派產生的原因，又不得不論及對水戶學與古學起着極其重要影響，明末江浙地區的思想先行者朱舜水(本名朱之瑜，1600–1682)、成就朱舜水學問的明末思想界，以及影響明末思想界的儒學復古經世主張與西學東漸之風。此外，本書主涉人物雖僅數人，但卻可通過他們的思想變化與主張，從側面反映出歷史上思想者與社會活動、文明走向相互間的緊密關聯。

二、研究意義

如果事學者能拋棄文化孤立發展觀，承認每個個體平民追求人權、平等、民主與幸福是人類社會的普世價值，那麼根據儒家思想被近代東亞社會認作具有普世價值的文明這個事實，不但水戶學與古學的興起，既便是官方提倡的宋學(日本稱朱子學)，與大陸的學風也都有着無法切割的緊密關聯。故此，水戶學、古學與國學三學派的誕生與活動，雖發生在德川時代的日本，但也是近代東亞政治思想發展中的重要一環。水戶學、古學與國學的興起，上承日本文明，更受到彼時大陸文化及西學東漸的衝擊。此三學派的意識形態延伸，也並非僅僅體現在明治維新前後的尊王攘夷以及尊王倒幕運動方面。

本書所論及的水戶學、古學與國學三學派，都誕生於17世紀。彼時，地球上的人類與動植物因大航海活動而首次聯接起來，不但南北美洲，就是遠離歐洲的東亞地區也與世界各地產生了更多的交流與互動。受此新形勢的衝擊，各地的社會與政局先後呈現出新的局面。在東亞地區，知識界也一直嘗試對本地區政治體制架構作出新的詮釋，其中自然也牽涉到本土學與其他文化、民族的關係，牽涉到對問學與文明內涵的探究。時江浙學人，兼收西學東漸影響，其中出現了古學與實學的新主張，目的是為了經世與體制建構；在日本與朝鮮則興起了所謂的「華夷之辨」，均為此例。諸此問題，貌似關聯不大，但實質是呈多面性的同一體源。所以，近年有學人將「華夷之辨」中的「華」，釋為英文civilization，可說是深領儒學原本的精髓。[1]

17世紀東亞地區的思想互動，也是對航海地理大發現帶來的新通商與政治局勢的回應。諸多西方傳教士與商船來到東亞，帶來經濟的變動與異域的新思想。日本結束了戰國角力時代，出現了基層武士力量提升、貴族與佛教莊園及軍事勢力被擊垮後的全國新一統；中國明清政權更迭，則使得日本、朝鮮、越南被迫捲入「華夷之辨」的身份確認。追蹤與求證此時期東亞思想的變化和互動，本書無可避免地涉及到明末學風對當時日本思想建設的影響，因為儒學在當時的東亞被視為具有普世價值的文明。另外，明末一些思想先行者對政治與體制的反思及動機，也是本書需交代的內容之一。

經工業革命的西方帝國主義勢力，在19世紀席捲世界其他地區，日本通過明治維新運動，於1868年建立了尊王意識形態下的專制君主立憲政體。當時，國學與後期水戶學鼓吹的一君億民（「一君二民」）主張，迎合了近代西方國家民族主義、社會達爾文主義以及種族主義思想，被日本社會廣泛接納。明治以後的日本，將侵略殖民、暴力掠奪海外自然與人力資源作為富國強兵的重要手段。19世紀30年代，充分利用了西方近代工業成果的日本，在進入工業化社會、國力大幅度提高、社會變富的形勢下，走向軍國主義，入侵他國，大屠殺數萬乃至數十萬平民，甚至解剖活人做實驗，展現了種族主義、極端民族主義對日本社會和世界帶來巨大的傷害。同時也如歷史上的亞述及秦朝軍國主義政府一樣，將本國經濟與國民生活徹底拖入深淵。

日本右翼思想者與極端民族主義鼓吹者，無論在戰前還是戰後，大多直接或間接地從國學及後期水戶學尋找理論依據。由於國學創始者之一的本居宣長（1730–1801）一直被認作日本民族主義思想的重要始祖，海內外研究本居思想的著述數量可觀，但對本居的問學法與思想展開過程，以及影響其思想的社會與人文活動方面的關聯，尚有諸多未澄清之處。譬如，本居宣長為甚麼會產生激進的本土主義思想(也有稱彼時國學為日本文化沙文主義的)，[2]又為甚麼會被不少當代學人稱為德川日本民族主義的始祖？[3]另一方面，國學的產生，與水戶學和古學又有直接關聯；[4]而水戶學與古學的產生，不但與包括先秦、宋明儒學淵源深厚，與西學東漸也有關聯。此外，19世紀末至20世紀初在日本盛行的種族主義與民族主義思潮，也曾深深地影響了當時的旅日中韓學子。晚清時期中國思想界在革命與憲政方面的探索，近現代東亞地區(包括中國)風起雲湧的民族主義運動與思潮，均可找到當時日本的影響。二戰後東亞地區的紛爭、領土衝突，甚至當今中國思想界對政體建設、憲政構建以及對暴力革命的反思，與其亦深有關聯。

明白上述三學派的主張與發展，[5]不但可幫助了解德川時代日本虛君政治的建設、日本種族主義與極端民族主義產生的過程與原因，也可提醒我們反思註重個人道德修身、以文明而非以民族、人種來辨別「華夷」的儒家思想，為何會被棄之如敝屣。也因此，水戶學、古學、國學建學與理論發展的歷史經驗，對今人思考如何阻止恐怖主義、消解地區緊張以及謀求人類和平生存發展等重大議題，均有重要的警示作用。

時人需了解世界不同地區間文明通融、融合的重要性，而不是消極觀望甚至逆向鼓吹、加大不同文明社會間的碰撞與衝突，因為抱狹隘文化觀的盲目排外，根本無法解決全球各地區人類的平安生存、相處與經濟發展問題；而民族、國家之間的對峙，以及領土糾紛，常常只是那些問題的外在表象。當今亞洲地區，中國因對外開放、經濟自由度提高、私營經濟興起，經三十多年迅猛發展，成果顯著。改革對人民生活水平的提高和世界經濟的發展，作出了很大貢獻，這也是堅持開放改革(鎖國式的改革難有生機)、接洽世界經濟與文明體系所帶來的巨大紅利。但另一方面，因舊體制扼頸、貪腐溫床遍地、兩極分化嚴重，貪官汙吏吞佔國民財產，全民均為環境污染及食物安全所困，道德觀盡失，使激進的民族主義與民粹主義也有了不小的市場。中國周邊，印度、越南等國家的經濟發展，或在調整或已在軌道上；日本在戰後實行了民主體制，但右翼傾向也一直有其市場，近年來則因經濟不振，政治保守右傾有上升趨勢。[6]若立於更大視野觀之，二百多年來西方制定並輸出、以民族國家為基點的世界秩序，隨着全球規模的經貿不斷深入而受到衝擊，也亟需以新時代的人類文明發展觀進行調整。

三、社會思潮之背景

人類的歷史進程伴隨着無數的戰爭殺戮。近代工業化之後，因熱兵器及大規模殺傷武器的出現，以國族為單位的世界大戰，死者動輒達數十萬。[7] 20世紀30年代德國納粹在歐洲戰場挑起的二戰，以及冷戰時期發生的朝鮮戰爭與越南戰爭，主因均源自意識形態之爭。德國納粹對猶太人的種族滅絕政策、日本軍隊在新加坡和馬來西亞對華僑數萬人的大屠殺、在中國境內的集體大屠殺，以及諸如731部隊實施的數千活人解剖實驗、「慰安婦」等，均深顯支撐軍國主義的種族主義與極端民族主義之意識形態。[8]現今發生於世界各地的極端恐怖主義組織之暴行、中東的戰爭紛亂以及東亞地區的爭端，都時時刻刻地提醒我們：極端排外、唯我獨尊、拒絕世俗的偏執宗教信仰及意識形態，與人類和平共存發展多有牴觸。1648年西伐利亞和約(*Peace of Westphalia*)簽訂後燃起的民族國家意識、法國大革命(1789–1799)以來的民族主義思潮，以及曾經被視為社會發展進步法則的社會達爾文主義，其實在一定程度上也對現今人類的和平共存起到反面作用。

當今世界的戰爭熱點，因千餘年來包括宗教在內的意識形態、歷史遺留問題以及政治及地理等因素，多集中在中東和西北亞。不過，許多其他地區也都有一觸即發、欲依靠現代化武器解決爭端、並可擴展為大規模戰爭的隱患。[9]大國外交政策的短視或偏頗，也常成為一些宗教原教旨主義者與組織濫殺無辜、製造恐怖活動的藉口。現代社會，人類跨國跨地區的交往，雖然因經濟貿易活動而日益緊密，但是防止戰爭的措施(如聯合國組織等)仍相當有限。

瀰漫於當今世界的現代民族國家與民族主義思維，它們興起的歷史並不長。其起源於天主教會信仰分解(產生新教)、教會與世俗權力分解後的近代西歐(西伐利亞和約因此而產生)，並經對外侵略與殖民，輸往世界。十字軍東征後，經宗教改革、文藝復興、理想主義、啟蒙運動與科技革命，基督教接納世俗，其主流自此脱離原教旨主義，[10]這是歐洲人民為西方與世界文明所作的貢獻。另一方面，工業革命後的西方各國，以民族國家為單位，為賺取資本利益，以強盜帝國主義行徑侵略他國，開拓市場、武裝殖民，則造成世界劇震。20世紀以來，受西方影響的世界各國也紛紛還以其道，整合民眾，以本土民族、國家為共同體，為脱離殖民、爭取獨立而鬥爭(包括中國)。

世界各國在處理國與國、民族與民族以及意識形態信仰的問題上，若繼續以種族及信仰傳統相異之識，各唱其文化獨特並優於其他民族之調，以狹隘的民族主義思維對峙，則人類間唯增仇讎，世界和平，孰敢奢望？冷戰結束後，曾被喝采為血腥意識形態對峙局面將一去不復返的「歷史終結」論，出世不多時即被即被奧斯曼帝國解體後仍未處理好的塞、波族間民族與宗教仇殺沖走，其後世界大規模的恐怖活動與戰爭不斷，受基督教影響而接納一神教的中東、阿拉伯地區與西方間的戰火紛爭與宿怨若難平息，實則令人生憂。

19世紀後曾經盛行的所謂歐洲與古印度同屬雅利安語系説，實源起於英法思想界中部分人之杜撰，其不單是社會達爾文主義影響下的種族優劣思想體現，也有愛德華·薩依德（Edward W. Said）所認為的歐洲殖民綏靖政策所需。[11]納粹德國接過此衣缽，將其進一步發展成雅利安種族優越論，並以此為據，要「名正言順」地清除「劣等」民族。百年來深信社會達爾文主義的一些西方國家，二戰時卻不無諷刺地受到納粹德國的欺凌，原先瀰漫於英美的所謂盎格魯·撒克遜種族優越論受到挑戰。西方社會因而清醒，得以反思種族優劣、社會達爾文主義的毒害。在二戰後期，隨着殖民地民族獨立自主呼聲的日漸高昂，一些強加於殖民地的不平等條約被加速取消，許多西方殖民地如火如荼地出現了獨立建國運動。上世紀60年代的美國，興起了為去除種族不平等的民權運動；進入21世紀後，美國又邁出了歷史巨步，誕生了家庭有過穆斯林背景的非裔總統。

世界各民族融合與和平共處是人類共同生存的必須理性選擇。現今世界上絕大多數國家已融入世界經濟體系。企業不論大小，有條件的都會為追求資本利潤並不斷創新，跨國的企業活動也是經濟發展的有力促進劑。因此，各國各地區唯有合作才有可能發展經濟，提高人民生活水平。儘管如此，某些國家，或因其內部經濟政策導致收支失衡、失業率增加、中產階級受壓引起排外的民粹民族主義情緒；或因其國內政治矛盾而故意打民族主義牌，以為維持其強勢政府；或是以己為「偉光正」（偉大、光榮、正確），煽動民族主義，對外提升對抗意識以轉移國內矛盾。所以，那種動輒以激進的本土民粹主義，鼓吹唯我獨尊、盲目排外的種族至上、獨特信仰至上的狹隘民族主義思想，仍在許多地區揮之不散。毋庸贅言，狹隘激進民族主義，多產生在那些公民權利不受保障的地區與極權國家。去除此陋，在於政體、政策。

風靡全球的資本主義發展到今日，已大失昔日馬克斯·韋伯（Max Weber）曾強調的新教（Protestantism）倫理精神，社會資產日益被權貴階層吸納。昔日的封建等級被掃入了歷史的垃圾堆，但根據收入將社會分等級、且高收入階級與低收入階級間日益加大的問題，尤其在冷戰之後，成為許多國家面臨的新挑戰。即便在當今美國，由於國家政策一度傾向利於資本貪婪，資產日益聚向1%的富人階層，中產階級資產則大為縮水，[12] 2008年華爾街利用炮製金融衍生產品拼命肥己圈錢所造成的經濟危機，以全民為犧牲品收場；而許多出了校門的青年學子難以找到一份體面(非低薪、有醫療保險、住房交通補貼並休假)的工作，並且還得為償還學費貸款而焦慮。美國出現了數千萬領取食品補助券的人群，政策調整自是刻不容緩。

另一方面，政體民主化建設刻不容緩的東亞社會，在其文化傳統中，也深藏以仁為核心、道德關懷為本，追求天人合一、以文明而非以種族別優劣(舊稱華夷之辨)的儒家文明底蘊。仁，是在《論語》中所體現的每個個人，無論是在生活日用、還是在政治上的完善人格之追求與約束。孔子對於仁之主張，具有普世價值；深領孔子此意的孔漢恩(Hans Küng)因而主張，「人權概念不僅出現在西方啟蒙的基督教哲學傳統，也出現在亞洲」。[13]也因此，儒家文明傳統，不但對建設基於憲政體制的公民社會、對反思近代以來西方舶來品的民族主義以及基於此識的唯霸至上思維自有裨益。[14]同時，儒家文明傳統也可幫助我們以寬闊的胸懷，在參照、吸收包括近代西方民主文明、落實人權的同時，對檢視物質主義至上、社會無限向上發展(progressivism)，以及諸如無限消耗地球資源等問題，提供重要啟迪。

本文着重討論的東亞地區，自航海大發現首次構成世界性經貿體系後，社會也出現了大動盪。在中國，明滅清立；日本則由戰國時代進入了德川時代。當時的東亞學人對儒家思想也進行了深刻反思。譬如，朱舜水、黃宗羲(1610–1695)、顧炎武(1613–1682)、呂留良(1629–1683)對君權獨裁的質疑，日本水戶學提出的「尊(虛)王敬幕(實際執政集團)」主張，到日本後的朱舜水稱讚日本政治體制的「百王一姓」，以及日本的古學派學人呼籲從先秦經典尋找聖人之道的新思想，這些都可看作此社會新動向在思想方面的反響。

同時期，李氏朝鮮學人中出現了自視其承接了儒學正道、認定朝鮮為小中華的聲音。反觀清朝，學人因清政府的政治思想高壓政策，難以發展與實踐宋明以來的經世實學，被迫轉為鑽研文字的訓詁考證(所謂樸學)。在日本，德川新政權建立後，思想界受儒學新潮流影響，出現了將追求文明大同的「聖人之道」作為問學宗旨的水戶學與古學，並且得出日本也是中華的結論。古學之後，產生了以探究、詮釋本國古文獻為宗旨又一新學派，稱之為國學。國學，興於水戶學創始人德川光圀(1628–1700)之倡，在事學方法論上則承之古學。但是國學從18世紀起，轉向提倡去除日本歷史文化中的「漢心」、「漢意」等外來影響，高唱日本是天神皇祖開闢，天皇為神孫，天皇承襲了神創之國。國學創始者以此基於神話的純本土復古主義主張，強調日本具有本土文化優於外來文化的先天神賦特殊性。

契沖(1640–1701)之後的國學創始人，轉而持文化孤立主義觀，拋棄理性論辯與發展，他們最終將國學帶往與世俗凡塵割裂的浪漫主義排外神學(如本居宣長所倡的所謂復古神道)。在此理念下，後起的國學者炮製出日本人是神國皇民，優於世上所有民族的種族特殊論。甲午、日俄戰爭後，經大量赴日學人的傳播，近代中國思想界也受到了日本國學極端思想的影響。近代中國意識形態主流，也曾將儒教在內的傳統文化視作歷史發展的絆腳石，要加以清掃。1949年後的革命政權，承共產蘇聯經驗，借西方學說，在中國甚至實行過苛於封建社會的世襲等級制。當時所謂「世襲」的黑五類永遠不得翻身，「世襲」的無產階級要從精神和肉體上消滅「階級敵人」，即是此清楚寫照。1960年代初與文革時的中國，物質奇匱，食不果腹，卻如同昔日極端思想浸淫下的日本，高叫解放全人類、破除「四舊」的口號，盡毀孔廟、大規模焚書，並以無產階級專政的名義，揪出、批鬥「牛鬼蛇神」，要與傳統文化徹底告別。

東亞傳統歷史文化主流中，並沒有根據族類或人種區分種族高低的思想，也沒有按地域以及所謂是否上帝之選民來辨別種族優劣的認識，其只有以文明來區分身份隨時可變的所謂「華」與「夷」。東亞地區歷史上這種華夷身份之辨，實際上也顯示了該地區不同地域人群、族群文明發展的變化。譬如，古代中國江南地區的東夷、匈奴集體入關定居、北魏鮮卑、蒙滿在華的發展史均可為證。當代學人王明珂對羌人身份歷史文化的分析調查，[15]則提供了從側面觀此現象的研究。

先秦的楚、秦，曾屬「夷」；即便孔子自身，也有以道為重、浮海居夷的想法。此識見也曾現於同為儒家文明圈的日本、琉球、朝鮮、越南等國。所以，當滿族入華建清，東亞各國的文明身份認同(cultural identity)受到衝擊，以文明承傳為己任的華夷之辨，遂繞耳不絕。1765年朝鮮的金鍾厚，在寫給出使中國京師的友人洪大容信中說：「明朝後無中國耳，僕非責彼(中國人)之不思明朝，而責其不思中國耳。」[16]又譬如，被稱為朝鮮(東國)十八賢之一的宋時烈，堅持尊明攘夷立場，強調「竊聞中州人皆宗陸學，而我東獨宗朱子之學，可謂周禮在魯矣。」[17]學人錢明評道：宋時烈此說此識，是因為其具有着繼承中華文明的強烈責任與道義感，宋時烈代表朝鮮祭出道統與正統大旗，以「小中華」自居，則正出於此識。[18]與朝鮮隔海相望的日本，也出現與此相似的聲音。譬如，山鹿素行(1622–1685)就譴責中國失聖人之道之非，並在其著述《中朝事實》中提出了日本才是中華的主張。

水戶學、古學以文明辨華夷的觀點，可惜的是在鎖國二百前後，受文化孤立主義思想日漸盛行影響，演變為基於地域與種族來論事。近代日本，力圖脱亞入歐。在民族主義認識方面，也仿效當時西方，宣揚「國粹」，強調日本國體優秀，鼓吹種族優劣，為20世紀30年代日本步入軍國主義提供了有力的思想武器。所以，腦中充滿着大和民族是世界上最優秀民族觀念的日本將士，會毫無罪惡感地侵略他國，對其他「劣等民族」肆意殺戮強姦。如侵華日軍下級軍官神野久吉，某次只是為了試其軍刀而活生生砍掉40多個中國平民頭顱，並強姦過數十名中國婦女。其自述道：「在戰場上我們從來沒有把中國人當人看。當我們贏得戰爭，失敗者令人生厭，而我們總結出大和民族就是優秀民族。」曾在731細菌部隊參與將活人人體解剖作試驗的田村良雄也說：「我們對活體解剖致死的人毫無同情和可憐。因為我們已經被植入了狹隘種族主義思想，堅信大和民族優越，藐視所有其他民族。」[19]

戰後，種族至上主義與極端民族主義思想殘餘在日本仍有一定社會基礎。日本前首相森喜郎的日本神國論，以及2007年6月14日29名自民黨國會議員和13名民主黨國會議員聯署，在美國《華盛頓郵報》刊登整版廣告，否認二戰期間日軍強徵過、主要為韓中兩國婦女的數萬名所謂「慰安婦」等，都是較典型的例子。雖然，《紐約日報》之前已專門發表過社論(2007年3月6日)，指出「慰安婦」是日軍性奴隸，是日本軍國主義的受害者。[20]民間方面，如曾為日本亞洲經濟人懇話會會長、日本經營士會會長的前野徹也曾著書，鼓吹日本國民必須恢復因盟軍總司令部(GHQ)的佔領政治，而使日本喪失了的傳統精神。前野徹批評GHQ在戰後故意毀壞日本制度，給日本人洗腦，目的是要徹底解體日本國家，將日本改造成永遠不能抵抗白人的國家，因為日本是有色人種中唯一能同白人白刃相向的國家。前野並稱，豐臣秀吉(1537–1598)出兵侵略朝鮮，是為了建起一道防止西歐侵略「東洋」防波堤的戰略壯舉。[21]又譬如，在日本，許多罪行纍纍的二戰退伍軍人，對於對他們戰爭期間所犯下的姦殺無辜罪行，不但沒有負罪感，反而自認是受害者。這些人認為他們當年的惡行是在軍部的命令下，作為天皇的赤子所犯，就連GHQ都未追究軍隊統帥天皇的戰爭罪行，所以忠孝於天皇的赤子當然更不應有罪。[22]另一方面，20世紀80年代，盛行於日本社會有關「日本人論」的討論，也與此有關。

二戰後，尤其自1980年代以來，思想界對近代日本這種逆歷史文明發展的現象，有了較多的研究，成果頗豐。諸證據顯示，近代日本極端民族主義與種族主義的思源，更應追溯到19世紀前。不可否認，刺激近現代各地區極端民族主義風起雲湧的直接源頭，源自於帝國主義和殖民資本主義向全世界的急劇擴展，但新思想得以在異域發展，與當地文化何以吸納也有千絲萬縷的關聯。一味地將原因推諉於西方列強的意識形態輸入以及武力壓迫，以受虐心態否定軍國主義罪行，只會將帶着畸形心理的歷史包袱代代留下，造成後世的困惑。這一點，戰後日本社會對帝國軍隊在二戰期間所施暴行，以及當時日本社會何以充斥極端民族主義思想的反思，與同為發動過侵略戰爭、深具哲學思辨傳統的戰後德國相比，差距顯著。[23]

近代日本，不僅在地理上，在文明發展史上也與東亞其他國家有着難以割裂的關係，這是個無法避開的歷史事實。有鑑於此，對於1868年明治維新變革前，德川時代日本諸多學派(包括德川官方學的儒學)的興起及相互間爭妍鬥艷，還有影響那些學派的大陸文化思潮，是回顧現今日本政治思想構成與動向所須關註的課題。揭開德川諸學派中水戶學、古學以及國學誕生與發展過程的面紗，可為我們思索如何完善民主政體、建設文明和諧發展的東亞與世界，提供珍貴的歷史經驗。當然，今日討論此方面的課題，既不是所謂的泛亞主義，也不是諸如當年為甲午戰爭、日俄戰爭以及日本侵佔中國東北的正當性背書的所謂「亞洲一體論」。[24]

四、東亞歷史進程中的政體建設

歷史上，東亞地區的政體建設，一直受到儒家思想影響。孔子親見諸如三家分晉、魯三桓爭權、鄭七穆亂國等卿大夫挾制國君，以及其他屢見不鮮的所謂下剋上事件，並認為其造成社會大動盪，致使民不聊生。被譏諷「如喪家之狗」但任勞任怨地奔走各國呼號「克己復禮」的孔子，[25]冀望在尊虛君周王、規範禮樂的基礎上，維護封建體制，以為社會長治久安。在當時的社會條件下，孔子所倡，是為了保障大多數人的利益；與後來的君主獨裁之秦制相比，利弊自是一目了然。孔子以民為主的政治目標，其實也可從其提倡「有教無類」，以及借人死後所存之「氣」，強調眾生死後不分地位，其「氣」發揚向上，均為光明浩蕩(即昭明)等可見。[26]

孔子在世時，無實權的周王室為政治象徵，在名義上統轄分而治之的諸侯國。在當時的社會條件下，孔子將此虛君封建政治體制，當作他心目中最高的「仁」來理解。由於孔子認為體制好壞遠甚於個人修行，所以當顏淵問孔子何為仁時，視穩定的虛君封建政治秩序為最高政治目標的孔子會回答說：「克己復禮為仁」，「一日克己復禮，天下歸仁焉。為仁由己，而由仁乎哉？」孔子深惡破壞封建制的越禮、踐禮行為，所以會要求他的弟子「非禮勿視，非禮勿聽，非禮勿言，非禮勿動」。[27]也正是基於此思，不喜管仲器量小、不節儉、不知禮的孔子，[28]會盛讚管仲具「仁」。[29]這是因為孔子認為比起個人教養與處世，個人在政治上的舉措更重要。管仲因輔助齊桓公不以征戰合諸侯、尊王攘夷、保衛社稷，而受到孔子肯定其為整個社會所作的貢獻。

公元前10世紀至9世紀中國發明了澆鑄和鑄造鐵，「公元前500年中國已使用特大火爐、高技術、多人力鑄鐵」。[30]此事實不僅文獻方面，譬如在成書於公元前的《山海經》中提到34處鐵礦以及秦朝所設的鐵官制度等，也有諸如江蘇六合縣程橋春秋晚期吳國墓出土的鐵條與鐵丸等可證。[31]而鐵器首先發明地是吳國，並成為當時的鐵器大生產地，而且還被認為在14世紀末期傳入歐洲。[32]吳國的農耕受益於鐵農具而增產，遠比青銅硬度高的鐵兵器出現，也逐漸影響到周圍地區。吳越開始的征伐後，激發了楚晉爭霸後的「世界」大戰。製鐵技術的普及，為社會結構帶來了新變數。各國為稱霸，通過戰爭來搶奪他國的領土財產與人民。彼時，中西亞地區的影響也從多方面及至中原。譬如游牧民族的高度專制、鐵兵器武裝的亞述軍隊割耳鼻剝皮的殘暴，影響到波斯帝國、古埃及甚至拜占庭；還由閹割牲口的習俗擴及其對奴隸進行閹割的惡習，以及彩陶、胡服和馬扎子(後演變為凳子、椅子)的生活習俗等。冷兵器時代，農耕民難以抗衡遊牧民。此時，深受西域影響的秦國勢力由西往東向中原擴展，戰亂波及整個東亞，造成中原大批居民逃往所謂南夷、東夷之地，其中也有不少到了膠東、朝鮮半島、越南及日本。[33]

秦朝最終勝出，造成「孔學名高實秕糠，百代都行秦政法」，[34]中國政治體制自此翻開新頁。思想一統、全國如同一大軍事單位的秦國，消滅了貴族，建立了非為百姓卻唯王為重的異地為官、獨裁君主之中央政權；天子之外，人人受制於厲法。此後中國再未出現過封建體制，但是封建制在東亞其他地區仍繼續開花結果。譬如，箕子與衞滿之朝鮮是封建制；前漢在朝鮮建立的樂浪、臨屯、玄菟、真番四郡，也如同封建。以後的百濟、新羅、高句麗三國，當然是封建制；甚至李氏朝鮮君權下的兩班體制，多少也有封建制的烙印。此外，以虛位天子為禮樂秩序的最高代表、執政另有他人(集團)的先秦政治體制概念，在隔海的日本也得到展現。從日本有史可尋的卑彌乎女王朝，6世紀前的「男王弟」代王執政制度，以及所謂古代所傳、代表皇權的三種神器(祭器)説(最早出現在公元697年的宮廷儀式上只有源於大陸的青銅鏡與青銅劍二神器)，[35]還有對上層人物、神祇行「拍手禮」為尊的習俗，都是實例。[36]

儒學同古希臘哲學一樣，是古代哲人在生活實踐中為朝向每個個體幸福、平等的大同社會目標，為建立更好的政治體制與社會秩序，以文化開放、廣納百川的態度，經不斷思辨與實踐發展起來的，雖然地理地域不同的兩者為通向此目標的理論、實現手段與具體方法不一。先秦儒學，經孔子整理、集成與努力，由齊魯中原逐漸傳至曾為夷地的黃河以南地區、膠東半島，並及至朝鮮、日本、越南以及琉球等地區。期間，儒學也因與不同文化接觸而不斷得到充實。能夠接地氣的儒學主流，不僅為各人的修身、道德禮儀，也一直為政治體制、社會秩序構建提供着思想源泉。

秦朝以降，儒學在致力於社會政治秩序建設方面的構思與主張，並未脱離君主為最高實權統治者的認識。雖然在漢朝以後，儒學學人從未放棄對君、臣、民的各自道德倫理定位作出詮釋。譬如，漢朝的董仲舒將陰陽五行説摻入儒學，創「天人感應」，期望以宇宙天意來規範君主行為，[37]即那個事實上「普天之下、莫非一王之土」的世俗最高權力者。班固就指出了董仲舒將陰陽説拉入儒學之舉：「昔殷道弛，文王演《周易》；周道敝，孔子述《春秋》。則《乾》、《坤》之陰陽，效《洪範》之咎徵，天人之道粲然著矣。漢興，承秦滅學之後，景、武之世，董仲舒治《公羊春秋》，始推陰陽，為儒者宗。」[38]儘管董仲舒個人也很明白，當時儒學者已遠離習武軍事、又無較強力的社團組織，在君權一統專制中處境尷尬，其無奈地歎道：「嗚呼！嗟呼！遐哉邈矣！時來曷遲，去之速矣。屈意從人，悲吾族矣。正身俟時，將就木矣。心之憂兮，不期祿矣。遑遑匪寧，秖增辱矣。努力觸藩，徒摧角矣。不出戶庭，庶無過矣。」[39]

儒學自漢朝成為官方學後，由早期的註重經典章句，發展到以詩文釋道，尊仰斯文。[40]宋明期間，汲取了佛學營養的儒學，進而註重個人內心的道德修身與外部世界的事理。在江浙閩沿海地區，受惠於海內外昌盛的經貿活動，經濟發展較快，加之明末傳教士所帶來異域文明的影響，該地區的學人註重學以經世，進而又出現了將思與行合為一元的學風，所謂註重事功、在經世致用方面綻放出絢麗光彩的浙東學派，即為一顯例。[41]

中國歷史上，宋朝可謂中國君權體制中最開明的朝代。開國君主汲取唐朝經驗，重用讀書人以抑武將，並立下不殺朝臣的規矩，確實是時代進步。宋朝文化與經濟大發展，對外貿易繁盛，稅收大增，[42]也因得益於此新政。宋朝皇室尊文抑武的主因是汲取唐朝外藩擁兵自重、危及皇權的前車之鑑，目的當然為保其皇室長存，但也造成了國防力量減弱、文者不武甚至有蔑武傾向的失衡局面。不過，皇室的信任與倚靠，激起了自視肩扛社稷大任學人官僚的熱情；他們無不衷望君臣共治，踐聖人之道，以實現三代之治。

南北二宋，政治氣象一新，出現了許多像程頤那樣明白宣稱「君臣不相遇則政治不興」，提倡政事公議，嚮往「君臣共治天下」的士大夫。北宋士大夫中，還有借詮釋孔子春秋，提倡宇宙自有道德法，且認為該法高於君權主張的學人，其雖比歐洲出現社會自然法之識早數世紀，但惜未得進一步開展。[43]同時代的理學大家朱熹，則從道德角度提出他的限君權主張。朱熹認為，君主需以個人道德榜樣作為天下典範。[44]

朱熹希望君主能以全民道德榜樣形象來感化、統治「人主」屬下之臣民，與他的《資治通鑑綱目》目的同轍，但實際效果，如柏拉圖的哲學王說以及他對西西里敘拉古青年君主 (Dionysius II) 的勸誘，與他的願望應該是背道而馳的。朱熹的上疏曰：「天下之務，莫大於恤民，而恤民之本在人君正心術以立紀綱。蓋天下之紀綱不能以自立，必人主之心術公平正大、無偏黨反側之私，然後有所擊而立……」，此疏使皇帝大怒，當然也是必然之果。[45]因為，那種連朱熹自己都難以做到的事情，更豈能勉強「天下之主」為之？除非神化君主，給其加上聖環並遠離世俗政事。朱熹的再傳弟子真德秀所編著的《大學衍義》，也承師傳，以君主為對象，倡帝王成德，以範天下百姓。不過，余英時認為：朱熹同其時代的名儒如程頤等人，也一樣懷有限君權的要求及設計意向。[46]余英時因而論道：朱熹倡「人君以修身立道之本」(朱熹《皇極辨》) 是要將皇極成為約束人君的一種原則，以「無極」來描述「太極」是為了提倡「無為而治」的虛君。[47]不過，筆者認為，這種基於皇帝個人的道德、悟性與經驗，不是基於體制上的約束，有相當大的局限性，因為此體制即便再多像王莽那樣的官吏，日日搞思想教育，十講八美，高唱不平等權利下的道德治國，愚弄眾生，社會大破壞之狀況早晚會出現。

宋朝學人以詮釋孔子春秋，強調宇宙所存在的道德之法超過君主，湯瑪斯·伍德 (Thomas Alan Wood) 認為此說猶如具普世道德觀的自然法；[48]但是，只要政府最高權利仍屬君權，便毫無限制力。

因此，呂祖謙所歎「秦漢以後，只患上太尊，下太卑」的狀況在兩宋時代並未突破。[49]

明朝開國皇帝，開始了將國家建成秦朝以來君權最專制、對外卻最內斂的政權。這個政權不但徹底破壞宰相制，打擊工商，還因自私懼外而屢禁外貿，造成海盜猖獗、葡萄牙商人三角貿易漁翁得利的怪象。具體而言，明朝海禁近200年，《大明律集．關津》也明令，「凡沿海去處，下海船隻，除有號票文引許令出洋外，若奸豪勢要及軍民人等，擅造二桅以上違式大船，將帶違禁貨物下海，前往番國買賣，潛通海賊，同謀結聚，及為嚮導掠良民者，正犯比照謀叛已行律處斬，仍梟首示眾，全家發邊衞從軍。其打造前項海船，賣與夷人圖利，比照私將應禁軍器下海因而走泄事情律，為首者處斬，為從者發邊衞從軍。」[50] 互通有無促進經濟的涉外貿易者竟然會被斬首、家族流放！雖然，明朝政策也有稍寬鬆之時。比如，隆慶年間，開放可謂邊塞之地的福建漳州月港(而非貿易中心如江浙地區)，並以苛刻條件允許華商外出貿易。

此體制結構導致宦官權勢至極，東廠廷杖之外，竟有皇帝個人也會毫無人道地千刀凌遲處死朝廷重臣袁崇煥之類的例子，[51] 與因為容不得詩才薛道衡、王胄而害其命，自負詩才天下第一的隋煬帝相比，實有過之而無不及。此明朝體制下，進入官僚行政體系中的士大夫，又有多少人真心讀書做官為民為社稷？朝中大臣及眾官更似皇奴，三磕九拜，並提心吊膽隨時可能遭受朱元璋所開創、發展到在朝廷上當眾被剝褪褲子痛挨大板的奇恥大辱。[52] 宦官中當場被打死的並不鮮見，連王陽明也未逃過此辱。人格如此盡失，中華豈存一絲半毫孔子所訓君臣之道？因此，理學在明朝，反變為鞏固、加強皇權的工具。

明朝體制下官僚文化與社會文明的退步，終難避「廉恥道喪，官以錢得，政以賄成」的社會現象。雖然明朝官方政策時有鬆懈，南方沿海地區的地方經濟也發展較快，對外交流以及探求經世之風一時呈新局面，但全國至「崇禎末年，搢紳罪惡貫盈，百姓痛入骨髓，莫不有『時日曷喪，及汝偕亡』之心」，[53]最終難逃皇族與貴宦最不願見到的政權滅亡結果。明亡之際，部分思想先行者開始從體制上尋找社會動亂、民不聊生、朱熹所歎的「千五百年之間……雖或不無小康，而堯舜三王周公孔子所傳之道，未嘗一日得行於天地之間也」的原因。[54]浙江餘姚的朱舜水、其同鄉黃宗羲、鄰近鄉紳顧炎武（蘇州府昆山人）以及稍後的呂留良等，將以道德為核心價值、並以此為出發點的傳統儒學，首次投射到一個全新的思想領域：否定秦漢以來政權掌握在帝王手中的君主專制（absolute monarchy）傳統。[55]

這個君主專制是政體最高權利集於君主的政治體制。在這個政治體制中，既有秦始皇那樣的暴君，也有唐高宗、崇禎、康熙皇帝的所謂明君。譬如余英時認為，那種受制於包括在位、退位皇帝、太子、皇太后、宗室、近幸等在內的皇室；[56]甘懷真則將之稱為「制君」，並認為中國君主之主權不同於法國路易十五皇帝那樣的西方，是「人間既存秩序的宣告者、執行者與仲裁者」。[57]對此，涉及秦漢以來社會文化傳統、士大夫對儒學之詮釋、君臣對君權、氏族、家長制認識等需進行深入研究的課題。實際上，明君一樣可以一己私意殺人（如康熙的文字獄、唐高宗惱怒要砍魏徵的頭），甚至滅毫不相干「罪人」之九族。歷代皇帝諸此行為，莫不源於皇帝視天下公私為一家私物，如雍正在《大義覺迷錄》中強調的「夫普天之下，莫非王土」，垂簾聽政的慈禧可隨意挪軍需款建皇家花園。另一方面，秦漢以來，臣民對暴政的皇帝政權，除了以暴制暴，行社會大流血，卻無有它方。僅以禮制、道德倫理制君，精神雖崇高，卻難以落實。

朱舜水和黃宗羲都參加了抗清活動，他們不僅生活在深受西學東漸影響的地區（餘姚、松江），也都直接或間接與傳教士有接觸。此外，舜水親見日本京都虛君皇室與江戶幕府執政雙軌並存體制，並成為以「尊王敬幕」為宗旨的水戶學創始人之一；而參與了向日本「乞師」計劃，甚至可能去過日本江戶的黃宗羲不但認知當時日本猶如周朝虛君與諸侯共存的封建制，也對當時西方教皇與各國君主的政治象徵與執政政府之間的關係有所了解。此時期的浙東學人，為儒學在政治學方面的發展和中國政治體制改革，提出了嶄新的方案。

避難日本後的朱舜水，將此識東傳至德川思想界。針對當時幕府尊奉將軍為最高神性、也是最高世俗君主(所謂「神君」、「大君」者)的官方意識形態，朱舜水與其門生水戶藩主德川光圀通過編纂日本史(後稱《大日本史》)，共同創建了尊虛王敬幕府的理論。他們期望以此能維護二百餘藩國，而並非僅偏重將軍氏族小集團的利益，承孔子未竟事業，再興「三代之治」，使大眾得以安居樂業，社會達到長治久安。

五、民族、本土民族主義與極端民族主義

極端排外、排除其他信仰的原教旨宗教，是抱文化孤立主義觀的某些人所倡之物。中世紀後，從討伐異教徒的所謂聖戰結果中逐漸醒悟的歐洲學人，重溫古希臘經典，不但創建了文藝復興，也使新教得以誕生。宗教改革，容納世俗，使得教會對其他文化與信仰逐漸產生令人稱讚的人文包容精神。不過此改革所帶來的副產品——西伐利亞條約，一方面承認民族國家之自立，同時也造成了歐洲民族的分裂，這種情況是歷史上以信仰或文化地域為邊境，尤其是以文化為域行象徵朝貢的東亞國家所未遇到過的。

民族主義這個詞彙在商務印書館2000年出版的《辭源》上是找不到的。其實，即便是「民族」這個詞也是出口後經重新包裝的返銷產品。諳熟漢語的日本學人據「民」與「族」意，將源於近代西方意識的「nation」譯為「民族」，確實譯得貼切。

傳統東亞社會，根於戶農，基點是家庭。家族之上，再有宗族。漢語的本族、同族、外族、族人等詞亦因之而生。家、家族、

宗族的內涵，在中、日、韓、越因社會結構不同而有所不同。儘管如此，由於儒學內聖外王的人生價值取向、以文明辨華夷的傳統深植在東亞地區的文化傳統中，所以一般民眾並無現代以國家或地區種族為基礎的民族主義概念。南宋思想家陸九淵強調的所謂「東南西北海有聖人出焉」，實際上就代表了所謂聖人所出、據文明而非地域的儒學主流思想。[58]

近代民族主義思潮，對東亞的居住者來說，是個外國舶來品。具體而言，可追溯到17世紀民族國家的興起。民族國家的興起可謂十字軍東征、宗教改革帶來的附屬物。十字軍東征時的歐洲人，接觸到外域文化，開始懷疑教會上層對上帝聖旨的詮釋，並起而批判貪利好戰的教會上層所行。十字軍東征，雖攻下了耶路撒冷，卻也削弱了同屬基督教（東正教）的東羅馬帝國實力，促成其滅亡。奧斯曼帝國的出現，則促成了伊斯蘭教在南歐巴爾幹半島的擴散。另一方面，從阿拉伯語傳到歐洲的古希臘哲學（諸如亞里士多德關於自然世界、關於人類社會的思想）與中東文化，以及東羅馬帝國宗教政策的相對寬容，又成為歐洲宗教改革和文藝復興的啟蒙源泉。溫良文雅的天主教教士托馬斯．阿奎那（St. Thomas Aquinas，1225–1274）將亞里士多德政治與哲學思想融入教會思想內，主張人類有能力追求自然理性知識，為天主教會接近世俗社會做出了貢獻。在同時期的西歐，脱離貴族農莊在城鎮發展的自由人口逐漸增多，城鎮規模變大。此新形勢也助長了城鎮居民對個人信仰以及維護個體權利的意識上升，城鎮居民為主體的中產階級日漸興起，成為君主、貴族之外的新型社會政治力量，開始挑戰傳統封建體制。

個人意識的覺醒、個體權利的追求，誕生了期望直接與上帝對話的新教與新教國家，對當時的政治體制造成衝擊。這裏需要提一下的是，近代西方探險新大陸求商、宣教，歐洲興起的工業革命、政教分離以及民主政體之建成，並非完全起源於有些教科書所註重的內部生成，而也需看到11世紀開始的十字軍東征對歐洲社會、人文思想發展所帶來的諸方面之衝擊。譬如，近二百年的十字軍東征，結果卻在民眾心裏動搖了法國拉昂主教Adalbero（？–1030）對理想社會的憧憬。其宣稱的理想社會是：教會為全民祈禱，貴族騎士為全民而戰，而其他民眾的任務只是埋頭種地，養活教會騎士貴族即可。在上帝的旨意下東征異教「野蠻人」的歐洲騎士與平民，既驚異外域的異教徒甚至過着比他們更多姿美好的生活，也學到了包括指南針、天體觀測儀、地球地理在內的航海知識；不僅如此，更切身了解到憑上帝的旨意並不能消滅異教。另一方面，當一個新興的穆斯林部落奧斯曼打下君士坦丁堡後，原先的東西陸路貿易通路被打斷，伊斯蘭勢力擴至巴爾幹半島，意大利城邦國難以再利用地中海、經中亞做東西間的巨額利潤貿易，同時，經意大利等國經營歐洲北方間接貿易、人疏地貧的葡萄牙以及西班牙也受到了巨大的經濟衝擊。此新形勢影響到稍晚於鄭和航海行動的、西歐區域內新闢的海路，並使海路新世界大發現遂成為可能（馬可波羅和哥倫布都是意大利人）。

十字軍東征更給歐洲帶來了導致整個社會走向現代的新意識形態：歐洲的天主教神學者接觸到穆斯林學者Averroes（1126–1198）以阿拉伯文書寫、詮釋的亞里士多德有關自然哲學、倫理和形而上學的著作，並將其譯成拉丁文。幾百年來在教會主導下幾近單一思維的歐洲人，被完全異於教會説的古希臘文明衝擊得目瞪口呆。當代歷史學家Mark Kishlansky、Patrick Geary和Patricia O'Brien這樣描述這種思想上的碰撞：「突然間，天主教知識分子現在要面對亞里士多德有關這個世上並沒有一個能動的、有知覺的上帝之學問。」[59]此形勢也產生了將亞里士多德哲學思想納入神學，否定傳統教會宣揚人的理智是上帝禮物之説；此方面代表人是天主教神學家托馬斯．阿奎那。阿奎那之後，又出現了批判教會無權一味追求財富和奢侈的英國神學家約翰．威克理夫（John Wycliffe，1330–1384）。1415年，更出現了批判教會非法借上帝名義挑起十字軍東征、貪財濫權的捷克天主教牧師楊胡斯(Jan Hus)，雖然胡斯最後被教會宣判焚身而殉難。[60]一個世紀後，宗教改革的新秀、馬丁路德(1483–1545)自稱是楊胡斯的追隨者，乾脆擺脱天主教，發起了個人直接與上帝對話(不再通過教士中轉上帝的教誨)的新教運動。明顯地，受亞里士多德學説影響而產生對人理性的追求、對自然法則真諦的探索，是造成歐洲16世紀開始的宗教改革主因之一。

以倡古學，從古代希臘經典著作吸取養分而產生、起於意大利、然後推至歐洲其他地區的文藝復興，是十字軍東征後歐洲社會變革的先聲。對自然界法則的探討，從客觀描述天體運動開始(如地球中心説，伽利略的望遠鏡觀察)，到以後的自然各學科發展，以及進而探討人類社會中的自然法則。在探討社會自然法方面，諸如荷蘭共和國、英國虛君政治的產生，霍布斯(Thomas Hobbes，1588–1679)、洛克(John Locke，1631–1704)、以及盧梭(Jean-Jacques Rousseau，1712–1778)等人在此方面的著述都可見其蹤跡。

新生的新教國家，不久就與羅馬教會及天主教國家發生了衝突，30年戰爭後於1648年訂立的西伐利亞和約，是此衝突的結果。此條約承認新教國家的獨立自主權，民族國家意識與民族國家自此誕生。此外，此時期在歐洲蓬勃發展的思想啟蒙運動，對新教英國新政的誕生，也起了重大作用。英國的新政，由於不斷發展的新興中產階級涉入，貴族特權尚未被君權取走，以及對宗教信仰的寬容，建構了議會權力大於君主的新政治體制。[61]此體制是繼荷蘭議會制度產生後人類文明史上的重要里程碑。同時期，曾避難於更開放社會荷蘭的英國思想家洛克以及霍布斯等人，從探索解明人類「社會自然法則」入手，對此政治體制進行了深刻的思考與詮釋，提出了嶄新見解，影響至今。英國的新政實踐與此時期思想家的理論，尤其是洛克在英國光榮革命時期發出「人人生而自由、平等、獨立，無任何人、任何政權可剝奪此」的呼聲，迅即影響到其他西歐國家。[62]

英國的虛君政治體制與歐洲繼理想主義後興起的啟蒙運動，使得廣大人民追求平等（針對貴族與僧侶等級）、自由（針對教會的思想約束和封建制對人身之約束）與民主的熱情空前高漲。不久，與英國隔海而望的法國民眾也行動起來，參與政治。18世紀末，法國新政權廢止了貴族、終止皇權，一度還成立了國民大會（National Convention，1792–1795）。為反擊奧地利等國以扶植皇室為名的入侵，法國民眾為保衛自己的政權，同仇敵愾，自願參軍，共同對敵。當時法蘭西民眾反奧地利入侵的鬥爭，成為全民族的對外戰爭。因為之前歐洲各國的戰爭，多為皇室出錢請專業僱傭兵（常為生計窘迫的瑞典人）為之作戰。此次法國全民自發地動員起來應戰，使得此後全民動員的國家對外戰爭成為民族戰爭。革命運動產物的拿破崙利用國民軍的革命激情，對外擴大征戰，則直接喚起了包括希臘在內的其他地區的民族主義。

中世紀的歐洲，全民都是天主教徒，雖有地域之差，人民一般互稱兄弟姐妹。當時，各國雖方言不一，但拉丁文為通用書寫語。新教出現後，各國出現了將本土口語也作為書寫語的現象，譬如德文的書寫語是馬丁路德以本地口語記錄聖經後產生。《種族：西方歷史上的觀念》作者哈那福德就認為，國家民族觀念是現代發明的產物，它既非種族也不是人種類型。[63] 18世紀中葉起於英國的工業革命，帶來了前所未有的人類社會結構大變革。大城市的湧現，高效率的政府與大眾新聞媒體的出現，全民教育以及動員全民的國與國之間的戰爭等，使得西歐各國國內的凝聚力也空前得到加強。法國大革命時期，全體國民共同行動保衛人民共和政權，抵抗鄰國入侵，成為近代民族主義誕生的里程碑。在那種情況下，民族主義具有進步與正義的內涵。可是當拿破崙率領法國國民軍橫掃歐洲，甚至遠侵俄國時，那個深受伏爾泰、孟德斯鳩、盧梭等民主平等學說影響而興起的法國大革命，就背離了其初衷。

19世紀後，取得現代工業化成功的西方思想界，還將達爾文（Charles Darwin，1809–1882）對生物界進化現象的解釋，擴展到詮釋人類社會，即所謂的社會達爾文主義。以赫伯特·斯賓塞(Herbert Spencer，1820–1903)為理論創始者的社會達爾文主義者認為，人類各種族如同自然界其他物種，天生就有優劣，那些沒有發展現代工業化文明的民族，屬於應被淘汰的劣等民族。斯賓塞的這種社會達爾文主義理論明顯地影響了達爾文。達爾文在1871發表的一書中就曾説道：「（一個族群）人的祖先若智力低劣，或具社會性格問題，那麼，他們就屬於最劣等生存者。這些人也許生存下來，甚至人口繁榮；這些人如果逐漸丟棄他們的野蠻，他們在智力方面也許會有發展。但是，由於這些人的祖先與其他生存下來的野蠻族群相比太無可救藥，所以，除非他們生活在遠離危險的偏僻之地，如某些溫暖的內陸、澳洲、新幾內亞島嶼，以及婆羅洲，方有可能生存下來。」[64]

帶着此思維的西方民眾，在武力殖民世界其他地區時，也肩負着「白人的負擔」的道德認識，將種族主義與民族主義的思潮也擴散到世界各個角落。當時，西方學界主流也深為此識所影響。譬如，人類學研究的對象，對所謂遠東、中東以及近東學的目的，多少都帶有種族、民族主義思想的烙印。在日本，就讀東京帝國大學的岡倉天心(覺三，1862–1913)和井上哲次郎(1856–1944)的老師厄奈斯特·費吶魯薩(Ernest Fenollosa，1853–1908)，也被認作是「斯賓塞的積極鼓吹者。」[65]

當西方民族國家利用蒸汽動力，手持熱兵器，抱着殖民及經商目的，兼挾種族主義、民族主義與社會達爾文思想來到東亞時，[66]康有為等還抱着一廂情願的世界大同夢想，[67]較諳熟西方情況、親歷種族歧視的孫中山則悲歎中國人猶如一盤散沙，要借鑑西方與日本經驗，搞首先為民族主義的三民主義，將全國民眾團結成一體，以激進的革命手段進行社會改革。[68]

建設基於現代工業化的現代國家體系，必定首先有效地將全民整合在中央政府控制下的各級行政組織內，才便於開展(黃仁宇以各級稅收體制是否完善來斷），無論是西伐利亞和平條約後的西方國家，還是殖民地或半殖民地國家。增加民族凝聚力的民族主義思想，也因此有其效用。但為團結本國民眾，並非都應發展到唯我族優，他族為劣的狀況。孫中山包括中國所有民族在內的中華民族，所謂五族共和說，即可為例。儘管秦朝以來，中國實行的是中央王朝集權專制，但無論民族還是地域文化，以及各民族間的不斷交融，歷史上中國都是個多元化組體，加之歷史上儒學主流所倡的以是否行聖人之道（古時文明之識）辨華夷的觀點（華夷身份隨時可調整）深入人心，所以整體上並不具有走狹隘極端民族主義的條件。

對比日本和中國的民族主義，原東大教授溝口雄三指出其不同在於：「（日本人之間的交際）這種日常性的（狹隘）空間感覺滲透到了日本人的人際關係和共同體關係裏來，也影響到了日本民族主義的性格。狹隘的、排他的民族主義，其實就植根於這樣的日常生活經驗。在中國，梁啟超和孫中山都曾經把中國人的特性表述為『散沙之民』。當亞洲正在爭相創立『國民』的時候，『散沙』明顯地具有貶義，可是從國家的角度看是一盤散沙，從民眾的角度來看，卻可以是不執着於偏狹的國家主義的、自由自在的天下之民。我認為，中國的民族主義，作為一種生活感覺和空間感覺，與日本非常不同。例如中國人在說某某主義的時候，基本上是以公理為基準，即便是國家主義，也是以公理為基準加以弘揚。換言之，公理是把『散沙之民』連接為一體的唯一紐帶。」[69]

民族主義也是個詭譎的詞語。這個首先出現在西方的詞語，從誕生日起，雖然經常出現在西方學者的著述中，但其定義卻因作者或讀者的認知而異，從來沒有統一的定義。[70]進入20世紀，擅長創造理論新詞的社會學家與前衛學人又創造了許多新衍生詞，如文化民族主義、宗教民族主義、社會民族主義（social-nationalism）以及自由民族主義（liberal nationalism）等。[71] 1983年，童年在布拉格度過的英國猶太學者蓋歐內．厄奈特（Gellner Ernest）出版了《國家和民族主義》，從哲學角度將民族主義定義為「為使民族和國家舒適的一種期望」。[72] 這個定義受到較多西方學者的引用，但引用者也常常再加上自身的理解。這是因為蓋歐內將民族主義定義為一個中性詞，而思想界對此有不少爭議。按照這個定義，在對外關係上，如果民族主義對某個民族要實行的目標帶來好處，那麼對該民族而言就是褒意；如果同時對其他民族與國家帶來損害，那對其他民族與國家而言，就成了貶義。本書因涉及民族主義議題，故也需對民族主義的涵義作一表態：它應該是一個國家或區域的全體或絕大多數民眾，為該民族與國家利益的行動；由於民族主義在對外關係上將確保本國、本民族利益為最高目標，當然也易產生排他傾向。

所以，激進本土主義（radical nativism）、極端民族主義（ultra-nationalism），常常是一個民族或該民族中的部分群體，或因激進的排外信仰、或因內部矛盾、或因受到其他民族與國家的壓力，或在與其他民族與國家對峙下因生存壓力出現的激進反應。民族主義意識形態容易喚起民眾，起到凝聚民族聚集力的作用，但也能極大地損害民族與國家的利益。過激民族主義，有的表現為從道德高度貶低其他民族，有的表現為拔高自身種族等級，鼓吹民族間有不同優劣等級，來強調本民族的優等特徵（superior national identity）。所以，激進、極端的本土主義與民族主義，常常是極權組織或政權信手拈來所利用的工具。民眾的個人權利，也常因之被堂皇冠冕的蠱惑或行政命令所壓抑。

19世紀以來，許多非西方國家在向現代社會轉型的過程中，為應對西方列國強權，難以繞過民族主義。源自西方的民族主義，常常成為後工業化國家用來動員本國民眾的有效工具。但是，21世紀的今天，世界形勢已呈巨大變化，全球資本主義經濟體系更緊密地聯結在一起，沒有一個國家能身處其外；而且，人類賴以生存的生態環境、能源、貿易、反恐等國際問題，也非得同舟共濟、共同解決。狹隘的本土優越意識及域族民族主義（geo-ethnic nationalism），無論借用何種意識形態、宗教信仰或是傳統文化名義，對那些鼓吹者/政策制定者而言，絕非僅是一把所謂的雙刃劍那麼簡單，其更是阻擋國家整體理性發展、阻礙人類和平生存的攔路虎。因此，要認清種族優劣説與激進民族主義之弊，首先需要了解這種具有巨大危害性的思潮是如何產生，又是如何被融進本地文化系統中。拙書所探討德川水戶學、古學以及後起的國學，也涉及到為此解題目的之一服務。

通過對水戶學、古學、國學三個學派的產生以及相關的研究，可以發現近代日本思想界從學儒以求聖人之道的共識，最終何以衍生出高唱本土文化與大和民族為世上最優者的過程。眾所周知，近現代日本極端民族主義的發展，右翼思想的理論根源，都與神國大和民族種族特殊、優秀之認知緊密相連。

德川時代中葉起，強調日本皇室永世一系（明治憲法開始公稱「萬世一系」）、日本是神授之國、日本民族優於世界各民族的意識形態，在日本呈螺旋形發展。此現象的產生，既有西方挾現代熱動力日漸逼迫的外因，也有儒學興起後給本土學所帶來的新啟迪，更有島國經年鎖國政策使得新生代學人視野變窄而文化孤立主義起而盛行之因。觀彼岸固行君主極權體制的清朝，毫無疑問地也呈現出唯我自大的文化孤立主義現象。堅拒觸犯皇權利益改革的晚清皇室政權，搖搖欲墜，雖迫於形勢在1906年頒布了《大清帝國欽定憲法大綱》，卻仍自欺欺人地喊着「皇帝統治大清帝國，萬世一系，永永尊戴」，做着一廂情願的黃粱夢。

歷史上，日本曾有天皇被謀殺，在所謂「下剋上」成為社會時髦、各地民間武士力量興起的室町幕府（1336–1573）和戰國時代（1467–1615），日本皇室也出現過存亡危機。不但室町將軍足利義滿（1358–1408）曾着手取代天皇的計劃，經全國征戰成為武士梟雄的織田信長（1534–1582），對皇室的態度也遠失恭敬。德川末期至二戰時期所謂「萬世一系」的興起，實際上是假借歷史神話，對意識形態的新造。18世紀日本的國學者、後期水戶學者以及持狹隘本土主義觀者，以神皇萬世一系、神創日本國、日本為神國作為道德制高點，從批判儒學、去中華文化影響開始，借助源於中華思想的所謂「華夷」觀，偷樑換柱，將以文明辨不同的內涵，置換成以人種與文化優劣來分辨等級。此思潮在19世紀又得到極廣泛的發展：日本天皇是神的後裔，日本是優於任何其他國家的神國，日本民族是世界上最優秀民族。

20世紀前半期，持上述思想人士，無論在思想界還是學界，利用官方宣傳機構與民間媒體，又向全體日本國民灌輸了這種非理性的激進唯心主張，將全民帶入極端民族主義與種族主義熱浪中，最終給本民族與人類帶來了巨大的災難。戰後，道格拉斯·麥克亞瑟(Douglas MacArthur)領導下的佔領軍政當局(GHQ)，為日本民主社會的建立，立下了有目共睹的功績。但是，由於GHQ未對昭和天皇以及諸多中上層戰爭罪犯的戰爭罪行認真追究，也給戰後的日本民主政治造成了先天缺陷，導致日本鼓吹軍國主義戰爭正義論的雜音不斷，甚至還出現過甲級戰爭罪犯通過政治運作與操縱，經選舉當上首相的奇特異象。[73]

在此政治環境下，原731部隊參與活體試驗的軍醫與醫學人員在戰後被吸納到政府研究所及醫學院，成為日本戰後醫學界的主力。[74] 原731部隊人員田村良雄曾批判那些人，説他們回到日本後對以前所做的事竟佯裝不知。田村在戰時從中學二年級退學，在醫學院短暫受訓後被送到哈爾濱的731部隊，曾懺悔在731部隊的罪行，自認是戰爭罪犯，為了這種慘事今後不再發生而願公開披露出來。[75]

另一方面，以解剖活人作細菌試驗的原731部隊人員，在戰後竟無人遭到起訴，原因在於美國政府的政策。當時美國政府與聯軍對德國從事軍事細菌戰研究開發的主要醫學人員，定罪判刑，但對日本731部隊犯下反人類罪行的罪犯卻採取截然相反的政策，既有政治原因，也應該有潛意識的種族思想在作祟。譬如當時美國的公校、公交系統等還實行種族隔離政策，非裔選舉權的真正落實也只是在1960年代《民權法案》和《選舉權法案》通過以後的事。又譬如，2012年6月18日，美國眾議院就1882年實施、1943年中美共同抗日期間取消的《排華法案》，也僅僅表示了後悔而非道歉。此道歉案是在麻州眾議員布朗提議，包括數位華裔眾議員的努力下，全體眾議員最後以口頭表決通過的。此折衷結果，顯示既便在代表各地選民的政治家中，對不同族裔和種族的認識，仍有長路須走。

此政策下，原731部隊的吉村壽人憑藉其在活體實驗所得的數據，在戰後發表了數篇論文，不僅成為公立京都府立醫科大學校長，還獲得昭和天皇頒發的勳三等旭日章的現象。[76]諸此詭譎怪象，顯示出右翼思想在日本仍有深厚的土壤。

一些受日本社會熱捧的新潮流，其意識深處也常隱藏着狹隘激進民族主義的陰影。譬如，在日本經濟獲得飛躍發展的上世紀八、九十年代，研究日本民族文化優質特性(unique，ユニーク)的「日本人論」，在日本再次洛陽紙貴；[77]同時期，將日本歷史文化年限大幅度上推的考古作假，也可說是回應了社會甚至部分官僚的期待。[78]日本哲學家梅原猛當時也提出《日本文化論》，多神教的日本文化與西方一神教不同，是寬容與和平的；還說以日本人的民族特性和民族文化傳統，可以解決以自我為中心、行將毀滅的西方文明；指出以日本傳統的自然與人為一體的智慧，還應能解決世界環境問題等。梅原氏的主張為「日本人論」中有關文化優越論帶來很大影響。[79]

彼時，一些海外學人也頗有興趣地試圖找出原因，以證明日本民族的特異優秀帶來了經濟的飛騰。但不知那些人是否想過，鼓吹某一民族文化獨特、優秀，實際上也是在為世界上存在(文化)基因天生低劣的民族理論背書。若以此推論，就會變成將人、民族(種族)劃分為類別(kind)還是等級(degree)的嚴肅哲學問題。人的高矮胖瘦、膚色髮色等外在不同，並不能表明他們有天生不能逾越的優劣與等級之差，居住在世界各地的民族，因地理文化背景與發展的不同，文化自然有異同，但不應是等級上的差別。所以，「日本人論」再次紅遍社會的現象，也曾引起個別學人的關註。[80] 譬如，別府春海與吉野耕作就指出當時日本藉討論「日本人論」，給社會帶來了值得自豪的優越感。[81] 事實上，早在民族主義與社會達爾文主義盛行的20世紀初，日本已經流行過「日本人論」的討論。[82]

激進的本土主義、種族優劣論以及極端民族主義，能在20世紀前半期的日本大有市場，與當時的政治體制有關。明治政府建構的君主立憲制政體，偏向專制，無疑是推動這種意識形態的主動力。此政體熱衷於對外侵略擴張，而當時的世界又受到西方推行的社會達爾文主義、種族殖民主義以及帝國主義思想侵蝕。從日本的內因方面來看，極端民族主義、種族主義思潮能迅即獲得日本社會青睞，與其本身社會與文化傳統深有關聯。所以，欲釐清來源，無法不牽涉到本書緒論中所涉及到的諸種問題。回顧歷史，釐清問題源頭，利於在總結歷史經驗的基礎上，擯棄狹隘民族主義思維，去除國學、儒教末流(包括後期水戶學)的消極因素，重新檢視儒教傳統中追求人類普世價值的重要性；同時，也利於思考如何汲取普世文明的精髓，以為東亞與世界各地區人民和睦相處、共同發展。

六、政體新思與族群/民族主義思辨的興起

日本德川時代產生的水戶學、古學、國學，是日本政治思想發展史中的重要一環。此三學派並非各自孤立產生，而是互有關聯。它們的產生更受到東亞大陸政治思想發展與變遷的刺激。因此，討論此三學派的產生，本書無可避免地須先交代兩個與其有關的基本事項：一、這些學派產生前的日本歷史變遷；二、德川本土學得以開展的社會背景。除此之外，由於國學、後期水戶學掀起的早期激進民族主義與種族主義思潮，在德川末期與西方傳來的社會達爾文

文主義合流，並成為日後日本軍國主義的思想源頭；所以，回顧、檢討戰後思想界對日本以國家神道為手段普及、推廣的極端民族主義、種族主義以及軍國主義的研究，也是在具體討論此三學派前需要交代的。

下面簡要地分節介紹日本政治史變遷、日本民族主義的研究動向以及德川幕府成立後本土學開創的社會背景。

1. 世界文明中的日本政治史變遷與本土意識

公元7世紀，不斷吸收大陸文明的日本，再次受東亞政治大環境刺激，為實現全島政權統一加快了步伐。公元663年（飛鳥時代），倭島鬆散的聯合政權向海外出兵，助百濟擊新羅，卻因破壞了唐朝期望朝鮮半島安定的政策，慘敗於白村江。此後倭國（當時尚未出現日本國名）調整政策，開始積極向唐朝派遣使節與留學人員，加速攝取大陸文明，並終於在公元7世紀末統合了諸地方勢力、加入律令體制，實現了君主集權制政體。公元8世紀初，日本正式立號建國。

當時日本的經濟與政治基礎與其他已實施律令制的東亞國家差距不小，也沒有本國的書寫文字，所以採用的律令條文多是直接搬抄，難免囫圇吞棗。雖然如此，為政者為使律令制落戶日本，振興國家、發展經濟，確實付出了巨大努力。在此後二百多年內（公元630至849）日本共派出了16次遣唐船，每次4艘，乘員約600人，千辛萬苦到唐學習。這些遣唐學人與佛僧，攜所需書籍文物與知識回日本，不但推動了日本文明發展，還留給了後世大量隋唐文化真跡。[83]

當時從唐、韓引入的大陸先進文明，集中於畿內京城一帶（今日京都地區），主要被貴族階層所掌握。所以，雖然公元673年通過政變取得皇位的天武天皇（公元？–686）上台後為實現中央集權，在前任的基礎上施行了多項新政策，諸如將地方諸侯集中於京城，授予冠位（共13等級）以養，同時將他們的田地收歸國有並班田於民，收租為國有，以及中央直接派官員到地方執政等，以利推行中央集權。但是，進口的律令制是深具秦漢以來君主專制下中央集權思想的產物，它在差距相當大的二元社會（京都中央與地方基層）中難以直接落腳。國家班田制徵稅的最下層職責單位——郡級行政，又因國家整體經濟條件所限，須倚靠不領俸祿的當地「豪族」（日語「豪族」意為地方農村大戶），[84] 所以當時日本實行的律令制無法達到像隋唐甚至朝鮮三國那樣的成功貫徹。此外，歷史上島國大王具有的神權性質（舊時島上因未出現可征服其他部落的絕對勢力，而產生了以虛職盟主為政治象徵的聯合政權），使得天武之後沒幾代，中央貴族勢力的代表藤原氏族，便以世襲形式躋身中央政權核心，代皇執政，形成了皇族與貴族間新的政治制衡機制。

飛鳥（公元592？–710）、奈良（公元710–784）以及平安時代（公元784–1192）前期的日本，[85] 逐漸形成了國家與地域族群觀。統一體的國家建成，國名、天皇稱號的制定與啓用，以及遣隋使遞交隋朝皇帝中出現的「日出處天子致書日沒處天子無恙」等字句，都顯示出這種觀念的形成。另一方面，這個新統一的政體是個對外開放的政體，當時除了大批到隋唐留學的人員，島內還不斷擁入攜先進知識與各種工藝技術的移民團體，排外思想構不成主流。即便從公元7世紀末日本啟用的天皇稱號來看，受中國的影響也非常大。所謂使隋煬帝不愉快的日使者所交國書中的「日出處天子致書日沒處天子無恙云云」詞句，實際並非當時的日皇對隋皇帝不恭。因隋文帝時（開皇二十年，為公元600年），到隋朝的倭國使者就曾說過「倭王以天為兄，以日為弟，天未明時出聽政，跏趺坐，日出便停理務，云委我弟」，此話實際明確地表明倭皇以夜晚事神明為主務；卻不具體掌管政務。當時倭國朝廷的實權，掌握在有大陸移民背景的蘇我氏族手中，後者極力要將倭國帶向當時東亞通行的強國體制——以律令制為基礎的中央極權制。在意識形態上，蘇我氏族強力推行佛教，藉佛教壓制各地方氏族集團。因此，當時被視為國教的佛教「日出日落」觀之影響，也可能左右了此倭國國書。東野治之曾指出：國書中的措辭也有可能引自《大智度論》卷10：「日出處是東方，日沒處是西方，日行處是南方，日不行處是北方。」此外，王勇據東野治之的解釋則認為，由於《大智度論》的隋代抄本殘卷現存正倉院，《聖語藏》中，聖德太子在《維摩經義疏》中加以引用。從佛教流播的角度來講，西方為佛祖聖地，東方乃未化之域，「日沒處」、「西皇帝」的稱呼至少不含貶義。[86]

平安時代的日本，建立起朝向君權為主的中央集權，實行了律令制，但卻是個鬆散的中央集權政體。官僚體制自上而下，都是由按冠位等級世襲的貴族構成。皇族及高冠位貴族家長子之外的其他孩子，在此體制下非得尋找其他出路。任職地方首長或是帶有莊園的大寺廟住持，是他們的重要人生出路之一；但城鄉的巨大差別，使得許多高冠位的貴族子弟不願擔任地方首長官職，儘管任期不長(初四年，後改為六年)。相比之下，那些冠位較低的貴族子弟，除了爭奪京城中等以下的官職外，到高等貴族家服務或是到地方國執政倒是個上乘的選擇。

彼時日本，包括天皇在內的中央貴族，習漢典慕唐風、學老莊勤佛法，並以佛教為國教，[87]以為佑國護家。皇室與貴族成員精漢文、練和語，喜吟詩、研唱詞，讚風花、歎雪月，創造了燦爛瑰麗的平安文學。[88]另一方面，從隋唐引入的班田制，因超越日本社會實際基礎，實施艱難。其原因大致有：天子權限不受律令約束，可肆意將所謂的公田贈予皇親國戚以及為皇室國家祈禱鎮護、且住持多為皇室貴族的佛教寺院(這一點與隋唐相似)；公地被皇室、貴族集團肆意侵蝕，使得國稅減少；當時官僚行政系統鬆散且不健全，人口統計技術與管理跟不上要求與變化，所以無法達到隨時根據人丁變化重新班田，致使徵稅愈加不公。此形勢發展下來，使得交租之外還須服庸納調的公民百姓，日漸不堪苛捐雜稅之苦而紛紛逃亡。他們或是四處流浪，或是給貴族及寺社所擁有的莊園代耕以苟活。良田大片荒蕪，最終又影響到朝廷的稅收、社會秩序的敗壞。

專制體制中土地國有政策下的班田制度貌似公平，其實是個極不平等的制度。隨着握有土地支配權的權貴集團對土地的大量佔有，不但律令制難以再維持下去，權貴集團也在掏走統治基石而為自身挖墓坑。實際上，無論是羅馬帝國與美州的奴隸種植園，還是日本的莊園，都摧毀了自耕農為自身生存以及經濟發展的工作幹勁，使之淪落至赤貧境地，當然最終也成為掏空國家稅收基礎的罪魁禍首。當代極權體制下的所謂國有集體農莊、人民公社等，不啻為無視此歷史經驗，以平民痛苦為代價的烏托邦夢想之實驗。

這種狀況的惡性發展，使得政府稅收日益捉襟見肘。政府最終不得不以數年、終身甚至數代不收租的政策，鼓勵百姓重耕荒棄了的稻田或開墾新田，期望日後得到稅收。此種無奈之舉下的新政帶來的卻是與計劃相反的結果，加速蠶食律令制的基礎，無異於政府自掘墳墓，為律令制的滅亡預設了平台。此新政策下，與律令體制相牴牾的私家免稅莊園仍是有增無減，而且，無論開墾新田還是重耕已荒棄了的稻田，實際上只有具經濟能力的權貴大戶者才能佔得先機。

此時期，日本通過與大陸交通，為本國農業發展帶來的正面效益日漸顯現。平安時代末期，京城一帶（畿內）已能年種稻麥二季作物，鐵製農具也開始普及。農村裏一些殷實人家或小集團因之較有餘力參與墾荒，雖然他們的墾荒遠比不上之前政府組織的開墾規模。同時期的南宋人陳旉（1076–1156），在其所著的三卷《農書》中總結了中國江南地區不同地勢稻田之種植、灌溉及施肥技術，並提出通過合理施肥改良土壤，可使地力「常新壯」的論見。與南宋來往頻繁的日本民間，當時雖然還未推廣在中國江南一代早已流行的水利灌溉技術、易於深耕的先進農機具，以及宋真宗親自為普及而外調的抗旱能力強、生長期短的秈稻（占城米），但較之前相比，農業已有大進步。[89]

地方小集團及殷實人家開墾的新田增多，促進了地方利益集團的興起，也逐漸影響到政府律令制體系的運作。此外，在這個兼具世襲制的律令體制中，一批為數不少的中下級貴族後裔，由於無法入宮參政(唯有四等階位以上才有資格)、晉升冠位的機會渺茫，更難以獲得朝廷贈予的莊園，其中心有不甘者非得另謀他策。他們或是擔任上層貴族的私人警衛，冀望朝中有人好説話，以方便在京城的日後發展；或是通過賄賂皇族或上層貴族，求得地方國的首長官職(國司、國守等，猶如今日的日本縣級行政)，到地方發展，此舉卻正合那些不願赴任諸國國司、國守職的上層貴族子弟心意。

此類國司與國守到了地方後，不滿足於僅僅收回成本。他們中的大部分借助權力與京城望族名聲，藉天高皇帝遠之便，假公濟私，竭力發展己方氏族的集團力量。他們通過拉攏、打擊，逐步統合基層勢力，並借助血腥暴力手段，與其他國的國司、國守爭霸地盤，甚至還逐步蠶食、強佔國有耕地及私人莊園。由於當地土豪(豪族)無論在勢力還是文化上與京城來的貴族，都有巨大差距，出於對來自京城貴族的敬畏，那些地方土豪們也願意聚集在那些知文善武的貴族麾下，擁其為頭領，來作他們的代言人。10世紀擁兵自重、為擴大地盤到處征戰搶奪、甚至自命為新皇並任命政府首要的平將門(公元903–940)，便是此環境下產生的一代典型豪傑，也代表了武士階層的興起。此狀況説明，如果有志向的平民人才得以上升的社會渠道被阻塞，造成上下階層對立，長久以往，定會造成社會整體的大翻盤。建政二百多年後的德川時代，也經歷了相同的歷史。

經濟變化影響社會，自然也會衝擊政治格局。此趨勢發展到12世紀中葉時，誕生了獨立於京城皇權的鐮倉武士幕府(1185–1333)。這個幕府政權，是致力於在地方發展的中下層貴族與地方武裝勢力的結合體，從地方豪紳北條氏收留落魄的貴族孤兒源賴朝(1147–1199，後成為鐮倉幕府第一代將軍)並擁其出征，清楚可見。不過，新建立的武士幕府，名義上是代朝廷執政，而且由於經濟實力不足，不得不與皇家貴族擁有的莊園體制共存。將軍源氏滅門後，鎌倉幕府提出要皇室或公卿出身者做將軍，也正是基此原因。所以，兩個並存的執政政體衝突不斷，並且隨着武士力量的發展，鬥爭日漸加劇。

1221年由天皇挑起的承久之亂，目的為奪回君主專制的執政權，但反而加速了武士集團力量的冒起。是年，後鳥羽上皇(以引退為名，實為方便涉政的原天皇)借幕府武士集團上層內鬥，舉兵討幕，期望一舉推翻幕府，但旋即遭到聯合在幕府大旗下的武士力量鎮壓。戰後，幕府借懲罰作亂者之名，借機沒收了朝廷在西日本地區所擁有的約三千處莊園與領地，還另假借維持治安的理由，向各莊園派出隸屬於幕府上層統治集團的家臣。那些出身於地理資源相對貧乏的東國(今關東地區)的幕府將軍家臣們，被派往曾是朝廷勢力下的西日本地區。他們名為鎮守管理(日語作「地頭」、「守護」)，實則巧取橫奪、逐步蠶食屬於皇室貴族的莊園與租稅。此時的鎌倉幕府，因出身貴族的將軍源氏斷嗣，幕府採取了北條氏族為首的聯合執政形式。握有地頭職位的任免與繼承權的幕府此舉，明顯地代表了新崛起的地方大戶(豪族)的政治與權力訴求，同時也增強了幕府與武士集團的實力。

承久之亂使得朝廷與公卿的收入大幅縮減。經濟一落千丈的天皇朝廷與中央貴族，政治勢力也如夕陽西下，為日後日本政治格局重組，拉開了新帷幕。相比之下，地方豪族武裝勢力(即武士集團)日益壯大，加速了班田、律令制的名存實亡。此外，在政體方面，由於以北條氏族為首的幕府聯合執政集團，不似將軍源氏那樣對皇族與貴族尚心存同情與敬畏，而是傾向加快削弱王朝政權的進程，所以公家利益被日漸蠶食，自是大勢所趨。

日本民族與國家意識的蘇醒，與蒙古王朝侵日(1274年與1281年)帶來的衝擊深有關聯。時在日本的南宋臨濟宗禪僧無學祖元(1226–1286)，對此也起了不可低估的影響。當時日本，佛教仍是皇室和幕府及上層武士的主要信仰。地方武士出身的北條時宗(1251–1284)成為幕府實際首領後,派人至中國江南聘請南宋僧人至日,並引入南宋的官寺制度,在鎌倉建五山禪宗寺院,以為武士自身信仰之宗,並期望脱離同朝廷有千絲萬縷之深層關係、擁有大批莊園甚至僧兵的京都佛教寺院體系。無學祖元1279年赴日,北條於1282年為祖元建圓覺寺,武士熱心參禪風氣因之開始。祖元痛恨蒙古軍隊對祖國人民的大屠殺,所以當蒙古大軍壓境日本時,他力勸幕府首領不必畏懼元軍而應積極抗擊。祖元還破禪宗不頌經之宗旨,在此危機關頭親身前往幕府,組織寺院僧人在幕府殿堂內日夜誦經以為護佑、提高抗敵士氣。時為受蒙古入侵之國難、心神不安的時宗,日日召請建長寺長老佛光禪師(祖元)以及諸他宿老法談。[90]

祖元對時宗的諍諍之教,被收入史料,件件可查。如虎關師錬(1278–1346)錄道:「四年春正月,平師(筆者註:指北條時宗)來謁。元采筆書呈師曰,莫煩惱。師曰,莫煩惱何事。元曰,春夏之間博多擾騷,而一風纔起,萬鑑掃蕩,願公不為慮也。果海虜百萬寇鎮西,風浪俄來,一時破沒。……平師攜練書乞法語,元書鎖口訣預籤,師不委也。寇平後,師問曰,海寇風蕩,和尚自何先知乎?元笑曰,更過兩年説與太守。然又鎖口訣中,已寫呈了。」[91]山藤夏郎因之指出:「眾所周知,面臨蒙古入侵之國難,祖元和尚日日懇切教導時宗,意在使時宗克服此難。」[92]祖元的教誨、對蒙古軍的情況介紹以及其視死如歸的保家衛國的情操,提高了幕府上層反擊元軍的信心,也使得日本人看到了反抗異族侵略的民族氣概。

同時期的《元亨釋書》曾被有些後世學者譽為尊日本國體的力作。實際上,該書作者禪僧虎關師錬(1278–1346)也受教於宋僧一山一寧(1247–1317)有關反抗侵略、註重本土學的思想。虎關師錬與一山一寧之互動,源自虎關在圓覺寺侍奉一寧之時。東初法師考證《海藏和尚紀年錄》時,見其中有一段話,説的是當一寧問虎關有關日本高僧遺事而虎關多不知詳,而質問道:「公之辯博涉及異域者

(指中國)章章可悦。然至本朝(指日本)之事，頗澀於酬對何也？」聽之慚愧的虎關師錬自此立志，終成就30卷《元亨釋書》。[93] 蒙古大軍對日本的兩次入侵，都因海上夜半突起風暴，軍船或是沉入海底，或是被颶風刮走，使得日本人的天佑日本意識經此得到極大發展，並存留在歷史的記憶中。二戰時日軍將撞擊美軍軍艦的自殺飛機命名為「神風」的詞源，即來自於此。蒙古入侵事件後，虎關師錬將天佑日本的原因，歸納為「神世一百七十九萬二千四百七十餘歲，人皇二千年。一剎利種系聯禪讓，未嘗移革，相胤亦然。閻佛界裏，豈有如是至治之域乎？」[94] 虎關師錬師從宋僧一山一寧，其讚美日本政權未被顛覆，佛法綿延，難免使人聯想到無學祖元與一山一寧對其影響。祖元、一寧都是深具儒學功底的禪僧，不但影響了鎌倉、室町時代的意識形態，也對戰國時代以及德川初期的意識形態產生了影響。也正因為這種內外原因，學界才會形成「主導鎌倉、室町時代思想界的是佛家僧侶們」的通識，這也是日本中世紀和德川初期思想界中會出現佛中有儒、儒中有佛的重要原因之一。[95] 即便是佛僧，當時以文明來辨華夷的觀點緣由，由此也應一目了然。

蒙古入侵日本雖未成功，但鎌倉幕府卻成為此事件的犧牲品。這是因為鎌倉幕府雖是獨立於京都朝廷的武士分治政權，但幕府的大部分歲收來自莊園，而當時的莊園主則多屬於皇家貴族及寺院。幕府派到各地的守護和地頭的職責是維護治安與幫助收稅，幕府自身得不到多少好處且無法具體控制。經濟上的跛腳，使得幕府無法控制包括京都地區在內的西日本勢力，當然更無法取代朝廷。蒙古入侵者被擊退後，幕府無法像以前內戰那樣，沒收戰敗者的土地與財產，來獎賞立下戰功、期待報酬而參戰的各地武士。此後，幕府武士上下層間的關係因之鬆懈。以此為主因，在蒙古攻日50多年後，值幕府因上層內耗衰弱、地方武士力量、尤其是那些守護、地頭力量上升之際，後醍醐天皇(1288–1339)借助於心懷不滿的武士，利用皇室聲譽與許願，策劃原幕府幕僚、「御家人」足利高氏

(1305–1358，後改名足利尊氏)等武裝叛變，一舉推倒了鎌倉幕府。

後醍醐天皇可謂一代驕子，文武兼備，期望將歷史拉回到天武時期的君權專政，開始了建武新政(1333–1335)。但是，此時日本社會結構與七百年前相比，早已發生了巨大變化。皇室欲駕馭勢頭正興的武士階層，談何容易！嚴重悖離時代走向的建武新政，終成曇花一現。按同時代站在皇室立場的《太平記》(卷33)作者觀點，建武新政(也稱建武中興)的結果，反而使得「皇親貴族甚為窮困，武家之族百倍富貴，身纏錦繡，食成八珍……，且如今大小事情，全由守護(幕府任命的武士地方首領，但相當獨立於幕府之管轄)任其己意裁斷，其視地頭、御家人為郎從，將寺院神社的莊園號稱為其兵糧之基地，權威有如以前的六波羅(鎌倉幕府設在京都的行政機關)、九州的探題(鎌倉幕府管轄九州整個地區的行政官)」，日本因而進入了武士頭領為守護的地方領國制新時代。[96]值得註意的是，從《太平記》(卷38)的記載可看出，某一守護在地方的領國制是否成功，取決於是否得到當地住民的支持。如在「觀應之亂」之際，從信濃國入侵到越中國的桃井播磨守直常，由於得到了野尻、井口、長澤、倉滿住民的支持，軍力隨即超過千餘騎，不久就統治了越中國地區；反之，由於越中國守護尾張大夫入道的代理人、鹿草出羽守的政治腐敗，使得「國人悉背之」。日本學人阿部猛基於此類例子，認為室町時代日本鄉村制的形成過程中，地方住民(國人)掌握着守護能否形成其領國的命運。[97]

首作俑者後醍醐天皇本人，雖天性聰穎，又受到朱子學的名分思想薰陶，[98]有心做個大權獨攬的「明君」，但其倒行逆施君權專制政策，遠遠悖離新社會結構，旋即遭到借皇室大旗造反而登上舞台的武士主體唾棄。借天皇聲威，反叛鎌倉幕府勢起的足利尊氏，將後醍醐天皇趕下台，後醍醐天皇不得不與其跟隨者倉皇逃出京城，退到京都南方的奈良吉野山裏，史家將其流亡政權稱為南朝。後醍醐天皇出逃時，隨身攜帶着自天武朝皇室開始使用的加冕法具，即所謂皇位象徵的神器，以作為證明其合法性的護身符。不過，推翻了鎌倉幕府的武士集團也沒有閑着。他們判斷時勢，權衡己方利益，然後選擇在後醍醐天皇與新足利將軍間站隊。站隊於將軍方面的大名與將軍家臣，在將軍足利的統領下，在鎌倉設行營，統理眾東國武士頭領與家臣。同時，為防止京都的皇室貴族，在背後挖幕府牆角的詭計重演，新幕府乾脆將中樞機關直接設在京都，並扶立了與後醍醐天皇支系不同的皇室另一支系(持明院統)者為天皇，建立了新的武士幕府政權——室町幕府。自此，日本出現了史無前例的南朝皇室(1336–1392)、北朝皇室與室町幕府三權並立的局面。

被近現代日本民族主義鼓吹者嘖嘖稱道的《神皇正統記》，正是在這種局勢下產生的。有些後世學人及從政者據此書認定，14世紀時的日本已有了清楚的、與中國對抗的民族主義意識。《神皇正統記》的作者北畠親房(1293–1354)，是南朝流亡政權的重要權臣，出身上層貴族，也是朝廷公卿。北畠在1339年開始執筆編寫此書，於1343年修訂完成。此書實際上是為陷入絕境的南朝，根據儒家的道德名分理論所發出的悲愴呼籲。面對強大、由天皇任命而具政權合法性的幕府以及幕府扶植並支持的京都朝廷，該書試圖以道德理論來辯是非，強調擁有所謂三神器的皇室祭奠器物者，才屬於正統皇朝。[99]然而，對於19世紀後高舉尊皇大旗、熱唱皇室「萬世一系」、大讚《神皇正統記》的極端民族主義與軍國主義分子而言，北畠親房在此書中為鎌倉幕府創始人源賴朝的合法性背書，卻實在是令他們感到尷尬的話題。況且，當時根本就沒有甚麼所謂「萬世一系」的詞語。

在《神皇正統記》中，北畠親房一邊肯定鎌倉幕府創始人源賴朝的合法性，一邊卻大肆鞭撻鎌倉幕府後來的繼承人，即出身於基層豪族、代表了新興武士階層的北條氏族。北畠此說雖然顯出其理論上的矛盾，但是若能透過意識形態的表象，站在當事人立場來思考，北畠公然與京都朝廷分權、在鎌倉另立幕府的將軍源賴朝，是有其認為站得住腳的原因。首先、將軍源賴朝出身於名門貴族；其

二、源賴朝在執政期避免採用與朝廷有根本衝突的政策。譬如，源賴朝在限制地方豪族擴張私領的同時，[100]幕府也不鼓勵地方豪族武士蠶食朝廷的歲收來源，即那些分散在各地的中央皇親與朝廷貴族的領地，以及那些與京都皇家貴族沾親帶故的寺院所擁有的莊園。

北畠親房要力保南朝生存，有其信念，也因其氏族利益使然。皇室勢力如果衰敗，世襲貴族的優逸生活必定難以為繼。憑借證明皇統的所謂神器在手，北畠一方面竭盡強調皇朝連綿「一姓」(原文「一種姓」)之重要；一方面又鼓吹必須根據三種神器來決定皇系的正統，[101]以此來排斥室町幕府扶植的京都皇室(所謂北朝)。[102]北畠親房漢學功底深厚，深受宋儒有關王朝正統合法性論述的影響。北畠親房的這種正統論思想，在《神皇正統記》的表述中得到充分體現。在此書中，北畠還以儒家經典為武器，批判中國自伏羲以來背離了儒家傳統，以暴力推翻皇朝，行易姓革命，前後已換三十六個異朝，所以他認為中國違背了儒家提倡的聖人之道。

《神皇正統記》宣揚的三種神器，為天皇皇權之象徵、皇朝連綿「一姓」以及日本為皇家神國説，確實給後世的尊皇分子以及狹隘民族主義鼓吹者帶來了啟發。[103]實際上，在當時的局勢下產生的此書此論，是皇室和中央貴族擔心其階級被新興的武士階級掃出政治舞台而發出的悲情吶喊，後世學人如果據此斷定14世紀的日本，已冒起強烈的本土民族主義意識，並且其目的是為了同當時東亞文明主體的中國對抗，則無疑對當時日本的社會、政治以及歷史背景缺乏基本的了解。

鎌倉之後的室町幕府時代，迎來了人類首次通過遠洋航海活動，將全球聯為一體的新紀元。以經貿、宗教傳播甚至獲取殖民地為目的的世界航海活動，對世界各地區帶來不同程度的衝擊。此期間，中國的鄭和艦隊於1413、1417年兩次到達非洲東部。此艦隊，無論是武器裝備還是船隊噸位，都遠超半個多世紀後進行大洋航海的西班牙與葡萄牙探險艦隊。儘管如此，由於明朝艦隊無實質物流貿易甚至領地追求的目的，雖有西方學人美譽其為和平之旅，[104] 實際上也顯示出君權專政體制本身之特徵：此體制立於小農經濟，抑制通商，懼外厲內，追求虛名（名義上的宗主國、巨虧的朝貢制），只註重鎖國體制下皇室所能控制的內陸經營。

秦漢以來，各朝代基本採取鼓勵小農經濟的政策。人民為此，祖祖輩輩被囿禁於數畝耕地間，日日為溫飽掙扎。這是因為皇家專制政權認為，刺激生產並易使民間致富的民間自由工商流通，是危害帝制的洪水猛獸。明朱元璋借酷刑整肅官吏，打擊工商，使天下百姓中產之家大抵皆破，而只允許小農經濟。[105] 此思維下的這支明朝艦隊，對海外的僑民政策，自是令人心寒，也扼殺了中國在世界近代社會轉型期的大好發展機會。譬如，鄭和艦隊在出洋途中，不僅摧毀了華僑在馬六甲（當今印尼一帶）等地經千辛萬苦建立起的基地，還打擊了海外華僑的勢力。此結果，為肅清東南亞地區華人商業勢力，為後來其他族裔譬如穆斯林滲入該地區進行商業擴張，以及為百年後西方殖民南洋及中國南域，客觀上創造了極為方便的先決條件。當時的印尼與斯里蘭卡島嶼，正是歐洲殖民者夢寐以求、全世界丁香、肉桂和胡椒的最重要產地。

1407年鄭和以捕海盜之名以大軍破印尼舊港（今印尼南蘇門達臘省會、港口城市巴領旁〔Palembang〕），撲滅來自廣東的僑民陳祖義為行政領袖的當地華僑勢力，並將其捉回國內「誅」之，以保國外無任何可威懾明朝統治的漢人勢力。自此，舊港、馬六甲地區華人勢力一落千丈，明朝雖封當地某僑民一虛職宣慰司，還奉送「公主」及500華人少女團「下嫁」當地酋長百民，只能徒為識者笑柄。那無權無勢之宣慰司，不幾年即銷聲匿跡。[106] 該地區勢力的真空，使得穆斯林商人旋即而入，1511年8月葡萄牙殖民者在Afonso de Albuquerque帶領下僅以七八艘船，近1,200人輕易地佔領此地，[107] 當地華人在明朝政府的打擊下，自此只能做外人附庸而已。明亡後，倒是海盜鄭芝龍之子鄭成功率軍反攻，以武力將荷蘭殖民者逐出台灣。另一方面，《明史》(卷三百二十四) 也間接地告訴後人，當時的中國政府是如何為後來的西方殖民者着想，為去除海外華人勢力而不遺餘力：「嘉靖末，廣東大盜張璉作亂，官軍已報克獲。萬曆五年商人詣舊港者，見璉列肆為蕃舶長，漳、泉人多附之，猶中國市舶官云。」

此後在印尼的華僑，雖廣泛地被認為對印尼群島經濟發展起了主要作用，但也只能寄人籬下，在當地人和後來的西方殖民者的夾縫中求生。由美軍司令部總部出版、William H. Frederick and Robert L. Worden編寫的《印度尼西亞概況》認為，華僑對印尼經濟扮演了主要角色。作者還指出，雖然華僑是幫助歐洲殖民者收取原住民租稅的不可缺少之橋樑，但歐洲殖民者和原住民雙方都擔心華僑在經濟上的位置而敵視華僑。如1740年在巴達維亞 (Batavia，今印尼首都雅加達Jakarta的舊稱) 一萬餘華僑被大屠殺，荷蘭總督明顯就是共犯。[108]反觀西方武力殖民，卻是政府行為 (政府出資、出力) 的海盜，無論哥倫布還是伽馬，無不如此。為明朝所惑的倭寇海盜，雖經明朝屢次要日本政府禁之，卻因擋住了社會貿易需求和民間財路，屢屢得不到積極配合。因此，世界大航海時期地理的空白，必須得西方教徒殖民者以武力填補，以為攝取金銀香料絲綢瓷器，甚至還為此大舉連日本將軍德川家康 (1543–1616) 都不齒的悲慘奴隸貿易。鄭成功收復台灣，雖極具諷刺，卻是明朝沒落之異果。此皇朝限制工商，僅註重益於其統治的小農經濟，實際上人民常年連溫飽都無法保證。

鄭和離開南洋80年後的1498年，葡萄牙人伽馬 (Vasco da Gama，1469？–1524) 越大西洋、過好望角，抵達印度南部港口城市卡利卡特 (Calicut)。此次伽馬之旅，正式為西方越洋到東方擴張的活動拉開了歷史大幕。鄭和下西洋前，曾於1404年率龐大水師至日本，傳旨明朝皇帝冊封足利義滿為日本國王，並交付金印。[109]當時，足利幕府通過放權和贈送站在己方陣營大名 (所謂擁有大面積田地的名主，其中多是原武士「守護」與「地頭」) 的實際利益，最終取得抗擊南朝的勝利。其麾下的守護大名除了已擁有的軍事與治安自治權外，還正式獲權徵收所轄區域內莊園與皇家所屬的耕地百分之五十的年貢(日語寫作「半濟」)。室町幕府對國內寺院武裝以及地方武士集團，尤其是對於西日本地區武士勢力的控制，已強於鐮倉幕府，朝廷權勢也日益衰弱。室町幕府在三代將軍足利義滿時勢達盛鼎，武士汲取皇家貴族以及禪宗文化，產生了包括茶道在內的東山文化。當時的義滿，面對勢力增大的地方大名，為自家及國內經濟政治利益，送書明朝，表示願受封於明朝皇帝，開通官府貿易。由於明朝政府不了解日本政治體制的實質，最初拒絕與名義上為天皇輔臣的將軍作為交涉對象。義滿讓位其子，自己另建行宮，讓天皇封其為準三宮，等同於退位但可干政的天皇政治待遇，自此以與天皇同樣的行政級別來處理政務，掃清了同明朝皇帝打交道的障礙。1404年，室町幕府開始了與明朝的「勘合貿易」，這種貿易雖以朝貢為名，但實質獲利遠大於虛名，明朝皇室心知肚明，也規定了嚴格的次數限制。

此後，已具天皇同等行政資格、財政充實的義滿，有了僭王的打算。他首先安排妻子成為天皇的「準母」(1406)，義滿也名正言順地成了在位天皇的準父，不但得到太上天皇的尊號，並為其子準備了親王元服，計謀將天皇的皇位賦予自己的次子，讓其做日本名正言順的實權國王(明治政府前，日本國內對天皇一般稱「帝」或「王」)。只是事將成時，51歲的義滿在1408年離奇猝死，碩大謀略，功虧一簣。[110]

經濟方面，室町時代的日本出現新格局。已獲得莊園與土地半數年貢的各地守護大名以及地方豪族，加劇蠶食莊園及努力獲取當地住民的擁護而擴展在農村的勢力，實力大增。其中較有實力者，開始挑戰向心力不強的聯合政權頭領。強人義滿死後，合議制的幕府轉衰，海上私貿(所謂海盜、倭寇)兼受惠於明朝禁其國民海貿的鎖國體制，再次繁盛起來，部分大名與地方豪族因而大為受益。私家經濟力量的增強，加速了國內社會階層分化。武裝動亂與農民暴動（日語所謂「一向一揆」），風起雲湧。各地方武裝大名也藉機在動亂中努力擴大勢力，蠶食幕府權威，將軍幕府日漸被地方大名架空，窮於應付。

此時期大名挑戰主君幕府窺測其位成為常態，眾多的大名家臣也有樣學樣，不少大名被下臣「家來」架空。這種社會現象猶如中國春秋社會的「下剋上」歷史再現，後來此名詞被用來描述當時日本失序的社會亂象。[111] 時隔不久，室町將軍幕府在全國範圍的「下剋上」中轟然倒塌，日本拉開了戰國時代的序幕。此時，委身在京都一隅的皇室朝廷與眾貴族世家，因莊園與領地已被奪盡，完全失去了政治實力。

15世紀中葉開始興起的航海殖民經貿活動與16世紀開始的歐洲宗教改革，給世界帶來了新變化，日本也無出其外。統計資料表明，日本在10至14世紀的人口為600萬人，1600年左右為1,200萬人，17世紀江戶時代前期則人口爆發，到1721年約有3,100萬人。[112] 此外，16世紀從美洲引種到歐洲的土豆、玉米、花生以及辣椒等，為17和18世紀世界其他地區的人口增長也起了極大作用。1390年中國的人口約有7,000至8,000萬，18世紀末時則已超過3億；在歐洲，1500年時人口為6,000萬，1600年增到8,500萬；1700年達1.2億，1790年更增至1.9億。[113] 人口大幅度增長，在經過光榮革命而調整了政治體制（虛君立憲內閣議會制），上承文藝復興碩果，正處在歐洲啟蒙時期又有海外殖民地的英國，應市場對衣着的需求大力發展紡織業，並進而帶動其他諸現代工業與科技革命的發展（蒸汽動力為突破點），將人類歷史推到嶄新的一頁。

社會對資源的需求及再分配，勢必引起社會秩序重新建構。在日本，與天主教、貿易活動一起從歐洲傳來的火槍在一些地方被仿造；[114] 戰國時代最後勝出的大名，無一不是盡心採用新兵器、建立專門火槍（日語為「鐵炮」）隊伍者。[115] 戰國時期（15世紀末至1590年）

的九州和近畿地區，不但出現了在領主大名的率領下，全領人員，不分男女老少數十萬人悉數皈依天主教的情況，參加豐臣秀吉發動侵朝戰爭中的九州地方武士集團，也有不少基督教徒。[116]

此期間，各地從武者眾。新舊武士大名互戰，並搶奪、霸佔莊園土地，使得日本律令以來的莊園制度徹底退出了歷史舞台。各大寺院武裝，成為新武霸必欲除之而後快的最後一顆眼中釘，因為佛教寺院與皇家貴族有密切淵源，不僅有數量可觀的莊園與香火進貢作為經濟支撐，大寺院住持往往也是因長子繼承規則而需自尋出路、那些知書達理的王子或攝政藤原家族人員的首選。因歷史緣由形成的寺院武裝(特別是位於京都郊區的幾個大寺院武裝)是平安時代以來的重要軍事力量。當代表地方勢力的武裝大名勢起，並逐漸強奪莊園領地後，傳統的寺院武裝力量必受到挑戰。1581年，織田信長率部下殘酷地屠殺了千餘名高野山寺院僧人，理由是寺院僧人與第15代室町將軍足利義昭秘密串聯，企圖謀反。此後，其他的寺院武裝以及已然成為強大軍事經濟體的比叡山佛院眾僧，也被武士勢力一一擊滅。最後，織田信長統制了全國諸大名。彼時的信長，意氣風發，對天皇曲意欲授其將軍職稱不屑一顧，卻意圖另闢蹊徑，做一手緊握槍桿又集全民信仰為一身的日本最高首領。[117]只是剛愎自用、性格暴躁的信長被部下暗殺、意外橫死，奇志泡湯。

接手織田信長要職的豐臣秀吉，於1582年在全國實施了土地丈量登記，史稱太閣檢地。此檢地的實施，徹底清算了原莊園制的農業支配關係。此外，豐臣還制定了一套新的租稅體系，以確立對農村的直接支配，並在1588年頒布了刀狩令，目的是實行兵農分離政策，將武士隔離於經濟活動，並禁止民間擁有兵器。豐臣此類措施，為防止「下剋上」，建立一個更穩固的武士政權，做了較堅實的準備工作。身材短小、平民出身的豐臣秀吉，從信長的兵卒做起，最後竟能成為全國武士總統領，顯示了戰國時代社會結構的巨變。此時期，許多無名的武士紛紛隨意假冒貴族姓氏，這種情況雖然表明社會對貴族門閥的嚮往，但也顯示了曾經的高貴貴族身份，對平民而言不再僅僅是高山仰止，皇室的影響亦日漸式微。另一方面，缺少文化知識而欠缺大戰略眼光，則是豐臣秀吉的致命缺陷。其以武人常具的衝動貿然發動侵朝征戰，並欲以朝鮮為跳板侵佔大陸；雖然豐臣秀吉發起侵朝戰爭的主要原因之一，是想通過對外戰爭來令原為信長的部屬能徹底臣服於己。明朝出兵，豐臣的軍隊終未能攻佔朝鮮，反而此戰事給德川家康武士集團帶來了漁翁之利，同時也加速了明朝政體的倒台。

侵朝失利，豐臣政權出現危機，鬱鬱不樂的豐臣不久猝死。幾個有實力的大名立即展開武裝角逐，德川家康集團於1600年贏得關鍵性的關原戰役，迫使各地大名臣服，確立了德川家康作為全國霸主的地位。三年後的1603年，家康接受了京都朝廷補任為征夷大將軍的稱號，正式在江戶（也是東國武士根據地）開設幕府，並開始了對外鎖國政策。不同於前二朝幕府，統一全國後的德川首代將軍家康與他的幕僚通過全國範圍的檢地，掌管了國土和人民。德川幕府能成功地管轄全國，得力於織田信長奠定的「天下布武」基礎，並受惠於豐臣秀吉的太閣檢地與刀狩令的遺產。民間從此被禁止私蓄武器，武士也徹底地脱離了土地，倚靠俸祿生活。將軍除了擁有強大的直轄軍隊，其近臣組成的執政集團還控制了全國的主要城市、礦產資源以及超過全國十分之一的400萬石耕地（全國耕地共3,000萬石）；加之其他諸如大名參勤交替、對大名的任免、繼承甚至婚姻許可等措施，德川幕府將全國地方諸侯以及他們屬下的武士勢力，牢牢地掌控在幕府手中。

新政府的創建者們，與前二朝幕府創建者明顯不同。他們不但是靠自身打拼由基層晉升的各地豪族勢力代表，在經濟上也有源自各自管轄區內的税收。從禮樂制上為新幕府執政合法性背書的，如同前二朝武士幕府一樣，仍源自皇室。此幕府的執政直接對象是全國二百餘諸侯國（藩），各藩政府則管理藩內家臣武士與人民。由於二百餘諸侯與德川家族親疏不一，關係複雜，因此建造合乎此新社會情勢的體制、樹立新的意識形態，成了當務之急。彼時，西方傳教與貿易已至東亞，也影響到日本的政治與經濟。曾是義滿將軍朝貢國的明朝，被滿清取代，期間還有赴日向新幕府請求義師或兵器支援的中方志士。當時被東亞思想界認作普世文明的儒學，自佛教後，以傳教士為媒介，受到了新的外來思想衝擊。儒學作為提供東亞諸國政治及精神文明的重要源泉，在日本的發展與詮釋，如同在李氏朝鮮、越南以及滿清，也展現出新面目。日本的本土思想建設，就是在這個世界新形勢中，因本國社會秩序重整而萌芽。外因，既有滿族滅明成立清朝的刺激，也有西方傳教、殖民經商擴張以及科技實學的影響；內因，源自社會對民族向心力的訴求以及對本民族文明建設的肯定。但是，18世紀開始，情況出現了新的變化。鎖國百餘年後的日本，逐漸出現了討伐、排除外來文化，鼓吹日本民族與本土文化獨特優秀、日本為神國的非理性雜音。此文化孤立主義影響日增，最終將本土學帶向了狹隘激進的民族主義不歸路，也影響到19、20世紀日本的思想意識形態與社會轉型。

2. 有關日本民族主義的研究

眾所周知，日本的國學與後期水戶學，對上世紀盛行於日本的國家神道以及極端民族主義思想，產生了巨大影響。二戰後，思想界對日本極端民族主義的危害性頗為關註，研究碩果纍纍。1955年戴爾莫．布朗(Delmer Brown)所著的《日本的民族主義：歷史分析導論》，可説是英語圈內以較寬視野從歷史角度觀察現代日本民族主義產生與發展的開山之作。[118]此書對日本思想史作了分階段概括性的介紹，讀者可從該書大致了解現代日本民族主義與其歷史的關聯。兩年後，理查．斯道瑞(Richard Storry)在《雙重愛國者：日本民族主義研究》一書中着重討論了20世紀初日本極端民族主義的產生和發展，並下結論說，該時期在日本熱唱的所謂日本特殊「國體」，是日本政府為了應對國內外諸問題，故意炮製的。[119]

上世紀80年代，日本經濟達到二戰後高峰，也吸引了許多西方青年投身於日本研究。該時期普林斯頓大學出版社推出的兩本有關日本民族主義的研究值得關註：卡羅爾·格勒克(Carol Gluck)的《日本現代神話：明治後期意識形態》，[120]以及海倫·哈達卡(Helen Hardacre)的《神道與國家，1868–1988》。[121]卡羅爾主要談的是明治時代後期日本民族主義的建設，不過其研究未及布朗的《日本的民族主義：歷史分析導論》，影響了其研究視野。該書的優點是可讀性強，在1991年被評為以本科生為主要讀者對象的Choice優秀學術書。海倫的《神道與國家，1868–1988》可看作是丹尼爾·豪彤(Daniel Holtom)《日本神道民族主義》(1947)研究之續，[122]時空覆蓋也是明治與明治後的日本，主要討論現代日本神道民族主義。此書部分結論並非立於論證上，令人有隨意武斷之感。譬如，海倫認為日本在明治前，並不存在普通現象的宗教概念，筆者則認為此說法相當值得商榷。實際上宗教(無論是佛教、神道，甚至道教)一直存在於日本社會的重要意識形態，也一直受到政治影響。[123]僅就海倫此書所提到的伊勢神社而言，該神社即為武力篡政的天武天皇與其未亡人持統女皇所設，為的是從意識形態上加強、鞏固其政權。天武死後，持統女皇不顧諸貴族大臣反對，數次不顧車旅勞累，從都城長途跋涉去伊勢神社，政治目的再清楚不過。[124]而同時期的日本，皇室仍以佛教為國教，用以護佑皇室並助其實現中央專制集權。有的讀者對書中數處前後矛盾的說法提出了質疑。

在此，有必要提及二戰後西方學界中將神道作為重點、研究戰前日本極端民族主義的趨勢。二戰結束前的日本政府將神道作為國家宗教，並利用其鼓吹仇外與對外侵略，神道成為當時的日本思想界主流製造極端民族主義的重要意識形態。1945年12月15日，聯合國佔領軍總司令部專門頒布〈神道指令〉(Shinto Directive)，就是為了防止這種神道信仰對民主社會的侵害，杜絕軍國主義者以國家神道名義，宣揚極端民族主義、種族主義，鼓吹全國軍民忠孝天皇，將日本人民再次帶入對外侵略戰爭的危險。〈神道指令〉規定，日本各級政府不得資助、支持、操縱、控制國家神道與神社神道，並禁止散播國家神道思想。[125]

2009年，沃爾特·思可雅(Walter Skya)發表《日本聖戰：激進的神道極端民族主義之意識形態》。[126]此書將日本的案例放在當今世界部分地區仍有強烈根基的宗教原教旨主義(fundamentalism)視野中考察，令人欣賞。思可雅在該書中主張：19世紀末至20世紀初期的日本軍國主義，通過暗殺和鎮壓，不僅走向極端民族主義，更發展成神道原教旨主義運動。思可雅並認為，由於神道原教旨主義者信仰天皇的統治是神秘，絕對並直接面向每一個日本人，堅信神聖的日本民族是世界唯一優秀民族，世界上沒有一個種族可與日本種族匹配，所以他們得出了天皇必須統治全世界的結論。思可雅註意到，戰前神道原教旨主義者的極端主張現仍存在於當今日本社會。在考察激進的神道極端民族主義意識形態方面，思可雅將具體視點投放到那個時代幾位相關的日本思想開拓者身上，欲通過研究他們的思想變化找出根源，包括著有《憲政大意》的穗積八束(1860–1912)、《天皇制國家的辯證》的作者上杉慎吉(1878–1929)以及《聖神之道》的作者筧克彥(1872–1961)，他們均活躍於19世紀末至1930年代。思可雅認為，那些作者受到多方面影響而產生了民族主義思想，其中既涉及到當時的內外社會情勢與思潮，也與歷史意識形態的傳承有關。思可雅的著述對當今基於宗教原教旨主義鼓吹極端民族主義與恐怖主義的研究，既有參考價值，也有現實意義。

國家神道外，擁有極多信徒的日本佛教也捲入了近代極端民族主義與法西斯侵略戰爭。此方面問題近年來受到思想界關註，湧現出一批研究成果。譬如，1995年由詹姆士·黑塞格(James W. Heisig)和約翰·馬拉道(John C. Maraldo)編寫的《虐醒：禪宗，京都學派，以及民族主義問題》，[127] 1997年禪僧布賴恩．維多利亞(Brian Victoria)《禪宗在二戰》，均入此例。[128] 兩書都是從宗教與民族主義關係入手，探討二戰前後日本佛教徒與激進民族主義的關係，是學界中跳出論及19、20世紀日本極端民族主義發展與宗教關係時，只盯住神道而忽略日本最大宗教、佛教而所作的新努力。日本的佛教組織與佛教徒，在戰爭期間的作為以及罪行一直未被關註。《虐醒：禪宗，京都學派，以及民族主義問題》中，收錄了十幾篇日本與西方學者的論文，有不少新視點；《禪宗在二戰》則是作者在繼承臨濟僧侶市川白弦教授於1970年開創的追究，反省禪宗在二戰所犯罪行的基礎上，所作的進一步努力。布賴恩在日多年，書中諸多素材都是他經過多年文獻收集與現場調查所得，頗有說服力。第一手資料揭示了日本禪宗領袖在二戰期間，如何配合法西斯軍事政權，引領並勸誘信徒參軍入侵他國屠殺；戰後那些禪宗領袖在被追究罪責時，又如何以躲避具體事實的口頭道歉，避重就輕，蒙混過關。《禪宗在二戰》書中所揭事例，讓不少西方人、尤其是那些生於二戰後的人大跌眼鏡，因為禪宗被包裝成優秀的武士道傳統文化，在日本經濟大好的80年代與90年代輸入歐美，領一時風騷。[129]

2006年，《禪宗在二戰》再版，布賴恩在該書中新添一章，舉證佛教在中國從古至今都捲入了政治。作者認為，禪宗本來就有暴力性的訓戒，除了拳頭和棍杖外，還有暴行史訓。布賴恩此識，主要源於他對《臨濟錄》中義玄一段話的理解。義玄是禪宗臨濟派創始人，他對弟子說過，「你欲得如法見解，但莫受人惑。向裏向外，逢着便殺。逢佛殺佛，逢祖殺祖，逢羅漢殺羅漢，逢父母殺父母，逢親眷殺親眷，始得解脫。不與物拘，透脫自在。」[130] 此段充滿「殺」字的話語，使得布賴恩得出以上結論。不過，若通讀《臨濟錄》中該段語句的前後文，應不會誤解義玄告誡弟子的本意：若想真學佛，必須先從包括親情在內、所有世俗凡塵雜念中脫出。原文中的「殺」字在當時(義玄是唐朝曹州南華人)有「省」、「少」、「收煞」之意，[131]

況且此「殺」字詞義現仍存於江南一帶的吳語中，對當代人而言也並不難解。譬如吳語中的「愁殺人」與「愁煞人」即同義。同理，現今日語詞彙中的「殺風景」也並非要殺死風景。布賴恩引用的是日人的英譯本，原譯者似不知今日禪門仍在使用「殺活」的本義，而將文中的「殺」真的當作「kill」來解，譯為日文的「殺す」。[132]布賴恩恐是基於誤譯文本，作出上述詮釋。要命的是此識可能誤導讀者，將日本佛教配合軍國主義，教誨殺戮無辜的罪行，推諉至禪宗本身甚至推諉至中國與印度思想文化體系。此外，由於再版增章所選用的參考文獻相對貧匱，因而影響了立論，甚為可惜。《禪宗在二戰》後，還有布賴恩於2003年推出的《禪宗戰爭故事》，以及2009年克理斯朵夫．艾夫斯（Christopher Ives）撰寫、介紹市川白弦教授研究的《帝國之路的禪宗：市川白弦對佛教徒倫理的批評和至今未果的質疑》。[133]

眾所周知，主要從中國引入的日本佛教，曾為構建日本國家意識形態，扮演了重要的角色。日本歷史中，中國佛僧在不同時期，不但為數位天皇與中央貴族皈依佛門辦過儀式，也收過鎌倉幕府執權北條（時幕府實際最高首領）為弟子。史料可證，深具儒學功底的諸派佛僧（如律宗、天台宗、禪宗等），對日本各歷史時期國家意識形態的建設，對日本民族身份覺醒的啟迪，都產生過重要影響。倡慈悲、講平等的佛教中的禪宗，自平安時代中後期開始，在日本顯露出讚武尚武的趨向。自鎌倉幕府起，禪宗受到普遍以尚武為榮的武士歡迎，成為武士群體的信仰，也是不爭的事實。當然，武士信仰禪宗的原因有多種，其中包括禪宗沒有深奧難解佛典，適合安慰眾多無文化、生命無常的武士，滿足他們精神上的需要。所以，揭示二戰時期日本佛教為何會擁護、讚揚日本民族為神聖優秀種族説，還會積極投入到殺戮其他民族平民的戰爭，並努力究其根源，是一項意義重大的研究。因為這個人類歷史慘痛教訓，對警示當今不斷湧現利用宗教，蠱惑文化程度不高或涉世不深的年輕人濫行恐怖主義，仍有鮮明的現實意義。

檢視二戰結束前的日本國家神道與佛教，僅是探討極端民族主義的側面。1990年畢思雷(W. G. Beasley)的《現代日本的崛起》和1997年希爾頓・蓋倫(Sheldon Garon)的《統一思想：國家在日本國民的每日生活中》，把近現代日本極端民族主義的研究放在較大的時間跨度中進行。[134] 兩位作者都將1868年明治政府成立作為起點，並跟蹤關註到1990年代。兩書也將日本民族主義興起的原因，追溯至明治時期。蓋倫在書中還討論了以前甚少關註、有關日本女性為戰時國家所作的奉獻，包括從軍性奴的問題。另一方面，畢思雷的《現代日本的崛起》結構清晰，可讀性強，但美中不足的是所用文獻主要來自二手英文資料，觀點也是戰後流行多年的那種西方挑戰、日本應對的陳詞濫調。譬如該書第二章的標題就直直白白列為「西方挑戰，日本應對」(Western Challenge, Japanese Response)。畢思雷此書是1963年修訂版。

值得一提的是，近年來出現了女性學人參與探討近現代極端日本民族主義、軍國主義的課題。1990年代起，一些勇敢的歐、亞洲(包括荷蘭、中國、韓國等國)受害婦女(所謂「慰安婦」)的公開控訴，引起了世人對二戰期間日本軍隊強徵性奴罪行的關註，也激起了部分女性思想者與女權主義者的道義感。2004年譯成英語出版、上野千鶴子(Ueno Chizuko)所撰寫的《民族主義與性》可謂其代表。1998年出版的英文專著《在民族主義的陰影下：鄉村婦女的政治和詩學》也應入此類，作者玉野井麻利子(Tamanoi Mariko)在此書中討論了19世紀以來日本婦女，尤其是長野縣的婦女，作為低薪勞動力被組織起來後，為建設現代日本國家、為日本的民族主義以及對外擴展所起的作用。[135]

虛構歷史，或者將杜撰的傳說、神話視為歷史真實，以為特定的意識形態服務，這類事例古今中外，比比皆是。1998年多倫多大學藤谷隆(Fujitani Takashi)教授的《壯觀的君主政體：現代日本的權力與光環》一書，就是討論1868年至1912年間，明治政府如何借用西方經驗，重新塑造、包裝日本天皇的政治角色(所謂舊瓶裝新酒的造神以及造神話運動)，以達到凝聚全國民眾，共同建設現代化、民族主義化國家的目的。[136] 此書也可看作是作者對京都大學名譽教授佐々木克有關德川幕府末期至明治時期天皇政治身份和功用轉變研究的進一步開展。[137] 筆者倒是認為，倘若該研究能多留意明治前的相關史料，應該能為進一步闡明明治以來日本極端民族主義興起的原因，作出更大貢獻。

行文至此，需提及1987年維克多．庫什曼(J. Victor Koschmann)的《水戶意識形態》研究。[138] 該書向英語圈讀者介紹了明治維新意識形態的重要先聲、後期水戶學的問學宗旨與政治主張，其研究涉及1790至1864年間德川政體末期的大動盪社會。此書基於原始資料，主旨清晰，但因研究僅局限於19世紀後半期，未能追蹤、闡明水戶學思想來源與發展，以及同後期水戶學的關聯，留下源頭未理的遺憾。

後期水戶學，一直被視為近現代日本激進民族主義與軍國主義理論的主要源頭之一，事實也如此。二戰中日本陸軍省印製並頒發給全軍士兵、指導士兵要無條件執行天皇軍國主義政府命令的《戰陣訓》，為一具體事例。其中要皇軍士兵盡「忠孝天皇，君民一體隆昌國運」，就是源自後期水戶學的理論。後期水戶學人將傳統儒學的忠，曲解為對君主的愚忠，並提出孝非對父母，而是天皇。所以，澄清水戶學的思想體系建立、發展與轉變，是一個非常重要的課題。討論20世紀初期日本極端民族主義，若僅立於該時代與該地區的視野，即便羅列數量可觀的文獻佐證，也很容易掉進螺螄殼裏做道場的窘境。

戰後日本政府對曾被日軍侵略的部分受害國作出一定的財政與技術支援，值得肯定。另一方面，由於日本社會全體對軍國主義侵略戰爭所犯罪行從未做過公開的討論，以及對二戰罪行有懺悔之共識，所以，對日本要成為有武裝裝備的「正常國家」，不但讓曾被日本侵略過的國家與人民持警惕與懷疑態度，也不利於日本社會自身發展，更遑論與其他國家和睦相處。雖然許多曾在日本生活過的外國人發現，日本民間有些人私下對其祖父輩在亞洲的暴虐行為，深懷歉意。

相比日本，戰後德國社會對祖父輩納粹所犯的罪行，採取了零容忍的態度。譬如，戰後的西德政府規定，學校必須安排60小時有關納粹的歷史課程，為的是揭露當時全體德國公民都被捲入納粹並所犯下的罪行。相比之下，日本連政府審定的一些教科書對二戰日軍的暴行也盡量迴避，而且長年以來，甚至連侵略也隻字不提，僅以毫無侵略觀念的「進出」一詞代之。官方這種作為及帶來的後果，使得現今日本社會反省極端民主主義、批評軍國主義與侵略戰爭罪行的阻力不小。在這種情況下，紀錄片《南京大屠殺》無法在日本順利公開上演，甚至連翻譯都難以找到；而以西尾幹二為會長的右翼學者團體「新歷史教科書編撰會」所編寫的《國民的歷史》，將侵略戰爭美化成日本人要將亞洲人民從歐美帝國主義手中解放出來，卻竟能作為教科書使用。除此之外，戰後還屢屢出現政府要員及政治家公開肯定日本二戰為正義戰爭的現象。正如野崎美子(Nozaki Yoshiko)在《1945–2007年戰後日本的戰爭記憶、民族主義和教育》(2008)一書中所指出的那樣：此思潮下，日本政體與右翼都不願正視二戰時日本侵略的罪行。[139]

擁有先天研究之利(文獻語種、龐大的相關原始資料、尚存的重要事件當事人等)的日本思想界，戰後對日本極端民族主義與軍國主義的研究取得了很大的成果。箇中原因，當然也與社會政治大環境有關。冷戰格局下的日本政局，右傾保守為主流，一些有獨立思想的青年則步入學界，所以常會出現政界與學界對軍國主義及二戰時期日本政策看法的不同聲音。讀者所熟悉的反法西斯戰爭、反極端民族主義學者竹內好的《為亞洲學之展開》以及他的《日本意識形態》就是那個時代的產物；[140] 1970年市川白弦教授對戰爭的反省之作《佛教者的戰爭責任》，以及兩年之後出版的《日本法西斯下的宗教》，也是不可多得的力作，因為彼時日本宗教界對此類題材諱莫如深。[141] 事實上，迄今為止，日本佛教界某些宗派對該宗在二戰期間積極配合侵略戰爭的諸多行為，仍極力掩蓋歷史之拙。大木道惠在《佛教者的戰爭責任：責問日蓮正宗的歷史篡改》(1998)一書中就揭露了這種現象。[142]

上世紀90年代以來，日本學界對日本軍國主義、極端民族主義的研究大為改觀，湧現了一批頗有深度的著述。譬如，1990年代，津田道夫在《南京大虐殺與日本人的精神構造》中，從分析天皇制帝國主義、民族主義影響下的日本人精神道德着手，揭示南京大屠殺何以發生，又為何在戰後五十多年來在日本一直被隱瞞、否認的原因；在《德富蘇峰：日本民族主義的軌跡》(2003)中，作者米原謙則從德富蘇峰個人思想跳躍式的轉變，來觀察當時的日本民族主義思潮。此外，還有1998年出版的小森陽一、高橋哲哉所編寫的《超越民族史話》以及2001年出版的榮澤幸二《近代日本的民族主義》。[143] 值得一提的是，個別民間出版社還默默地整理出版了一批重要的相關文獻，以方便有心者對此方面課題的研究。譬如1998年、2003年青木書店出版、日本戰爭責任資料中心編纂的《民族主義與「慰安婦」問題》之類。[144]

進入21世紀不多久，鈴木貞美的《日本的文化民族主義》(2005)與子安宣邦的《對日本民族主義的解讀》(2007)問世。鈴木在書中揭示了幕府末期、明治政府、甚至當代日本政府所杜撰的現代建國神話，此研究可以看作是對藤谷隆《壯觀的君主政體：現代日本的權力和光環》一書的呼應。[145] 子安宣邦在《對日本民族主義的解讀》中，首先對日本國學創始者之一、本居宣長的思想進行了歷史追溯。子安宣邦認為：本居宣長已顯露出根據重新建構、詮釋《古事記》中的神話，來構造大和民族為天孫民族的優越概念，而這個概念與帝國日本以及其在亞洲和太平洋戰爭的大陸政策是分不開的。[146] 同書中，子安宣邦還列舉了《大日本史》〈志・第一〉的開頭詞以及後期水戶學人會澤安（號正志齋）的《新論》，分析19世紀日本國家面對內外危機時，後期水戶學對國家體制（國體）、夷狄概念的申述與激進認知。

《大日本史》〈志・第一〉的開頭詞為：「天皇以天祖之遺體、世傳天業、群臣以神明冑裔，世亮天功，君之視民如赤子，民之視君如父母，億兆一心，萬世不渝」。此文為後期水戶學開創者藤田幽谷（1774–1826）主編、主撰，而幽谷的門生會澤安也是後期水戶學最重要的理論者之一。子安在同書中還對福澤諭吉（1835–1901）《文明論之概略》中有關「國體」的闡述，對1920到1930年代哲學家田邊元鼓吹種族有優劣、為國玉碎是為了輪迴再生的思想，以及當時研究中國的日本學人橘樸所提倡「東洋」民族要在日本天皇為最高領導的「國體」下打贏二戰之構想，都做了細緻分析。這是作者試圖通過近代日本社會幾個典型的思想者，釐出一條從本居宣長、後期水戶學到二戰期間日本極端民族主義思想發展的線索。

這是個能夠縱深探源的重要研究，行文也精簡，觀點基諸第一手資料且不失偏頗。文中所及，又給人帶來幾個需思考並釐清的問題：一、本居宣長為何持有此思想；二、同時代與本居持相反思想的學者為何受到社會冷落，譬如藤井貞幹據史批駁本居將神話當作史實、並用其驅除外來文化；三、與此相反，與事實背道而馳、依據神話論證歷史，提倡日本人獨特優秀、外國人無法理解日本精神的本居宣長，為何後來卻大受思想界青睞。學界若能對產生上述問題的社會根源加以考察與分析，對讀者了解近現代日本政治思想的發展與社會變遷，一定會有重要啟示。

近代中國，是日本極端民族主義和軍國主義最直接、最大的受害者。兩岸三地也存有大量與此相關的重要史料。目前，兩岸三地不但有深入進行學術交流的條件，中日學界間的交流也日益加深。大陸近年來湧現了不少知日的新銳學者，其中不乏有留學東瀛背景；尤其較三四十年前相比，大陸對學術思想的管制已顯寬鬆。可以說，中文學界在研究日本種族主義和極端民族主義方面，仍有相當大的開拓空間。此外，美國和俄國政府近年來也陸續開放了數批二戰時期的機密文獻，其中不少涉及當時日本的侵略戰爭罪行。目前大陸地區在此領域較令人註目的研究成果有：王金林的《日本神道研究》、向卿的《日本近代民族主義：1868–1895》；可與1997年英文著作《禪宗在二戰》呼應的有：何勁松著《近代東亞佛教：以日本軍國主義侵略戰爭為線索》、楊寧一《日本法西斯的奪取政權之路：對日本法西斯主義的研究與批判》、蔣立峰、湯重南主編的《日本軍國主義論》、林慶元等著《「大東亞共榮圈」源流》，以及胡澎的《戰時體制下的日本婦女團體：1931–1945》。此外還有一些論文，如張進山〈當代日本的民族保守主義：生成、概念和釋疑〉、李瑩〈90年代後日本的右傾民族主義〉，以及徐靜波的〈近代以來日本的民族主義思潮〉等。

王金林對明治以來日本國家神道進行了細緻的歷史追蹤，資料翔實。向卿將視點放在明治政府成立初期，該時期也是日本國家民族主義發展高潮期，此研究有助於澄清此階段問題。蔣立峰、湯重南編寫的《日本軍國主義論》，則探討了日本軍國主義的源流與形成。張進山和李瑩都將視點放在當代日本的右傾民族主義。李文對日本民族主義中的大眾化傾向的關註，利於糾正1949年後國內政治教育中那種壞人是一小撮，百分之九十五以上的人民是好人(或一時受蒙蔽的好人)的馬列唯物主義階級觀教育，在國內學界是個好的開端。

此外，有必要一提的是上海師範大學的蘇智良對中國「慰安婦」的研究。蘇智良自1999年出版了《慰安婦研究》後，相繼撰寫了《血淚「慰安婦」》、《上海日軍慰安所實錄》以及《追索——朝鮮慰安婦朴永心和她的姐妹們》等。邱培培英文書《中國慰安婦：帝國日本的性奴見證》中，也顯現了蘇氏的貢獻。[147] 對日軍強徵性奴、欺凌「慰安婦」的暴行，還難得地以漫畫形式出版，受到關註。2006年台灣中山大學政治研究所周德望的碩士論文〈不在中國？：日本漫畫中的起源意識與現代身份〉，就是將重點放在當代漫畫上開展的研究。周氏通過漫畫表述，試圖展現當代日本作者如何影響了日本讀者對日本國家與民族起源的認識。周氏捕捉到了時代變化，很有見地。漫畫在當代日本相當流行，其影響甚至遠及海外。前述右翼團體「新歷史教科書編撰會」中的骨幹之一小林善紀，就是畫漫畫出身。近年來，遊戲軟件與日益普及的網絡應用程式，成為大眾化的傳播媒介，其也必將成為日後思想界傳播資訊的重要管道。此外，導演李纓竭個人努力、費時多年所拍的紀實片《靖國》不但給觀眾帶來視覺震撼，也向世人展現了深刻反思靖國神社現象的重要性。

概括以上研究，它們均指向近代國家神道、極端民族主義產生的重要源頭的國學與後期水戶學，這是因為國學在對抗「聖人之道」之學、追求本土「真道」的過程中，建立了一種新的神道理論，也就是神化了的非世俗之道理論。這個理論的主旨就是：日本為神國，大和民族為神皇天孫所創所育的民族，優於世界上任何國家與民族。受國學影響的後期水戶學人，則徹底拋棄了水戶學創始期的本義，提倡全民忠孝神孫天皇、「一君二民」(天皇統領子民如一人)的新論，並期望在此基礎上實現尊王攘夷，應對西方入侵。此國學與後期水戶學理論，深刻地影響了此後的日本社會，它們成為鼓吹對外侵略、宣揚種族與極端民族主義的國家神道的理論源泉。鑑此，對國學與後期水戶學的產生與理論發展，自然也成為本書為釐清前述問題而必須面對的任務。

3. 問學為政求道：本土學的新開創

國學與後期水戶學的出現，與德川幕府開創後誕生的水戶學與古學有關。水戶學與古學的產生，則是受當時日本、世界情勢的刺激所致。1603年，德川家康以其武士集團首領之實力，水到渠成地獲得將軍頭銜，在江戶(今東京)建立了幕府，並在幕府成立十餘年後，徹底肅清了豐臣秀吉氏族及其支持者的殘存勢力。與前二朝(鎌倉、室町)將軍幕府鬆散的政體相比，新幕府通過檢地，直接掌控了國民和土地，並在重組社會結構的基礎上，建立起更慎密的封建體制。德川幕府是日本歷史上首次將全國社會各階層管轄起來的政權。

在意識形態方面，鑑於前二朝(鎌倉、室町)將軍幕府覆滅的經驗與教訓，幕府與屬下大名們深深體會到劉邦有關草莽出身武士可騎馬打天下，但無法以武力治天下史訓的重要性。為政權長存，幕府上層在努力建樹新統治思想的同時，力倡武士領導集團積極向學，[148]使武士明確了解他們在和平年月的職責，以應對管理國家之需。當時的武士領導階層主要由地方豪族及草根階層構成，多無文化根底，但尚武愚忠、輕視生命、殉死之風卻很流行。另一方面，德川幕府對國政的管理，也不同於前兩朝將軍幕府，不再倚靠那些有高度文化教養的中央貴族學識。此形勢下，當時被東亞世界視為具有普世價值的儒學，受到德川領導階層的重視。如幕府老中(最高行政官)板倉重矩(1617–1673)即強調新形勢下武士學文的重要性，其說「不學文，難立政道，不讀、或不請人讀解四書五經，則不具做事之理。」[149]

德川的封建體制因此明顯帶有東亞文化的歷史烙印。又譬如強調先秦時代產生的輕商重仕重農的「士農工商」等級秩序，職業世襲，不得轉換；對天皇朝廷的〈禁中方御條目十七箇條〉(也稱〈禁中並公家諸法度〉)法規中「天子御能之事，第一御學問也。不學則不明古道，由有致太平者，未有之也。貞觀政要，明文也」，都體現出這方面的影響。雖然學界中至今仍存在主張儒學思想在德川政治體制建設中，並沒甚麼大作用，只是局限於一些文人的孤芳自賞的聲音。為建立新的社會秩序，德川將軍、幕府官僚以及御用文人當然會利用舊有的理論資源。如由將軍幕府出台的《本佐錄》和《東照宮御遺訓》(也稱《神君御遺訓》、《東照神君御遺訓》)，力圖表現天道授權將軍，天道既為將軍、將軍既為一國之主的政治思想，把將軍塑造成新的「大君」，甚至帶有聖環的「神君」，欲藉此表明將軍權力源於天授，將軍「名正言順」地統治天下的權力，即是此方面的努力。[150]德川第六代將軍家宣的侍讀，也是其政治顧問的儒學者新井白石，還啟用德川時代將軍為「日本國王」名稱。新井白石並建議將軍，今後要將朝鮮國王給德川將軍國書中的稱呼，由歷來的「日本國大君」，改為「日本國王」。[151]

在對外關係方面，前朝幕府足利將軍與明朝及李氏朝鮮王朝的外交，足以為前車之鑑，幕府當然也全力以赴，要樹立起幕府是日本政權最高執行機關的形象。譬如，幕府讓朝鮮使節只到江戶而不讓他們去京都，所有外交與國事活動須在江戶進行。此外，為盡快解決豐臣秀吉侵朝後的遺留問題，幕府決定同朝鮮簽訂條約，以此彰顯新幕府的最高合法權。[152]對17世紀造訪日本的西方人，江戶幕府的官員則僅讓他們知道日本皇帝唯在江戶。幕府諸此政策，使得下層百姓、尤其是散住在全國各地的平民，有的甚至在德川幕府末期，都不知京都還另有朝廷和君主(當時對天皇的公稱一般只稱「王」)、只知「大君」的將軍。[153]

與此同時，幕府與京都朝廷的關係，受此社會轉型影響，也呈現出與室町幕府的不同。首先，幕府行政當局在經濟上緊掐着皇室的脖頸，因為失去莊園的皇室，此時連日常生活所需也難以自行解決。[154]德川家康在去世前一年的1615年，擔心去世後幕府與朝廷的關係，專門頒布了針對皇室的《禁中方御條目十七箇條》。針對神環幾乎消失殆盡的天皇，該法令第一條就明言：「天子御藝能之事。第一御學問也，不學則不明古道而能致太平者未有之也。貞觀政要明文也，寬平遺戒，雖不究經史，可誦習群書治要云云。和歌自光孝天皇未絕，雖為綺語，我國習俗也，不可棄置云云。所載禁秘抄，御習學專要候事。」[155]天皇的職責僅為掌握不涉政務的「藝能之事」，天皇須學習《貞觀政要》，學習儒學倡導的歷史精神以及日本的和歌。幕府此法令，向京都的朝廷和全國各階層人民宣示，將軍才是真正的治國之君，任何大名與武士不得私下與京都朝廷有任何聯繫。[156]德川幕府此令，開創了日本歷史上將軍幕府以行政法規，命令天皇朝廷遵行守則的先例。

此時期，天皇作為宗教性的政治象徵、不務政事的社會機制也基本形成。此社會機制大致由以下因素構成：一、此時的皇室既無經濟能力也無可支配的武裝，天皇雖無可異議地成了虛君，但頂着難以取代的政治象徵的歷史榮冠。此前，皇室最後掌握武裝的努力，是白河上皇(1053–1129)在11世紀末所創建的千餘人「北面武士」集團，不過那已經是近六百年前的事了。二、具千年歷史的皇城京都，仍是公卿遺老和眾多文人的居住之地。如古學創始人伊藤仁齋(1627–1705)鄙眾多武士以武霸為榮的風氣，稱江戶為武都。三、從宗教意義上看，皇室還有代表其超世俗存在感的伊勢神社以及代表皇位象徵的三神器。前者為天武天皇與他的未亡人持統女皇所創，是冀望其氏族永世不失君權的精神物化標誌。持統後，歷代皇室不斷通過祭奠活動使人民關註之。所謂象徵皇位的神器，是持統女皇在位時由朝廷官員忌部氏所發明的器物。忌部氏擔任管理祭祀與祭器的官職，其氏族是移民，來自大陸。所謂的神器後來從兩件增加到三件，經皇室歷代遵奉與宣傳，逐漸稱為固化的主張。[157]

在對外交往方面，德川幕府實行鎖國政策。從文明進程角度上看，德川的鎖國政策同明朝毀船禁海外貿易的政策雖實質不一，但區別不大。德川上層有他們的擔心：德川武士集團的向心力不夠，建政初期豐臣集團殘餘勢力還在，天主教的傳播會危及政權(如大力宣教的西班牙艦隊已佔領菲律賓，並數次武力入侵台灣)，清朝滅明後勢力會進一步外擴。在這種內外形勢與新政治體制下，各不同利益體唯有通過明智的碰撞、磨合，才能找到長久共存之道。為此，探索、創建實現此目標的意識形態，自是顯得重要。本土學、本土主義思想，新意識形態，藉學與思而立，而德川時期問學風氣盛起，與擔當政府管理職責的武士、市井有志向學者積極參與有關。新意識形態的產生，主要可歸納為以下幾個方面：

一、德川幕府的開創，帶來了社會安穩。掌握政權的新興武士管理階層明歷史之鑑，鼓勵身處和平局勢、出身於「泥腿子」的政權管理者——武士向學，以助政權統治，政府此政策則為造就新生思想家奠定了社會基礎。[158]由於四民階級確立，各階級各司其職，拿工資失田地的武士須住在城內，加之幕府規定的大名必須長年住在江戶的「參勤交替」政策，使得諸藩城鎮(「城下町」)得到發展，江戶時代的大阪和京都人口達30萬，江戶甚至達百萬。[159]新型城鎮的出現，也增加了一批脱離農業、不屬特定領主管轄的城鎮居民，並且隨着商業經濟發展，城鎮人口逐漸增加。在幕府的所在地江戶，這種狀況最明顯。全國二百餘大大小小藩的藩主及家屬、家臣、隨員，因幕府「參勤交替」的法令，平日必須住在江戶。武士與市民中，在工作及養家外尚有餘力者，向學之人增多；加上將軍幕府與許多藩的倡學獎學政策，[160]使得市民階層也出現了治學的新風氣，如古學派創始人伊藤仁齋、國學派創始人本居宣長都出自較殷實的平民商戶。[161]此早期德川幕府對民間問學的態度，與同時期努力禁錮不同思想、大興文字獄的清朝皇朝政權相比，不禁令人唏嘘。[162]明治維新運動之所以成功，德川幕府與眾藩主積極鼓勵向學所帶來的影響，不能不説是一大原因。

二、一個族群創建本群體的文化系統是必然現象。日本千年以來因地理文化之便，受惠於隔海而望的大陸文明，建設了自己的文明。實行鎖國政策的德川時代，由於整個社會和人員缺少同世界的橫向交流(鎖國令後，甚至海外的日本人回國也要被正法，恐其傳播異邦資訊)，容易自我醇化(雖有有限的同荷蘭、中國貿易並攝取資訊)。此現象最終也反映到國民思想中。

三、室町將軍曾對明朝納貢(利大於名義的貿易)，明朝也曾出兵幫助朝鮮擊退入侵的豐臣秀吉軍隊，但後者竟被名不見傳的非漢族部民——滿族擊滅。滿清統治中國，極大地衝擊了傳統上深受儒家思想影響的東亞世界。韓國出現了維護文明實體、自視「小中華」的聲音，[163] 日本也出現了對「華夷之辨」的反思。隨着宋明理學以及其他儒學學派在德川日本的深入展開，德川思想界加深了對宋學以來儒學所註重的、正統名分及禮教政治秩序觀的理解，開始思考真正「中華」之實體所在，其中也夾雜着西方人萬里遠征東方，經殖民、傳教及經商所帶來的思想衝擊。

第一章

天皇與執政幕府的地位

水戶學和幕府御說

德川幕府建政後，為使武士有效擔當起管理國家的任務，從政者鼓勵其事學。當時東亞地區流行二程（程顥、程頤）和朱熹為主的理學，這個在日本被廣義地稱為朱子學的理學，成為德川時代的主要學派，受到官方提倡並支持。被幕府僱用的學人林羅山及其後裔所從事的即是朱子學。朱子學因對儒學經典作出詮釋，而成為新學派，從這個角度看，水戶學通過編纂日本史，據先秦經典闡述「聖人之道」，自然也成為儒學新學派。

長久以來，水戶學一直被眾多研究者視為民族主義的吹鼓手。[1] 持此想法的研究者中，有的認為由於水戶學宣揚的尊皇思想深入人心，日本因而在1868年實行明治維新，天皇重獲大權；也有熱捧水戶學的尊皇說，為的是弘揚日本獨特的「萬世一系」皇統。「萬世一系」的主倡者，認為日本皇統不僅優於東亞古代文明的先創者中國，也優於周邊諸國及世界其他國家。基於此思維，擁有優越皇統、由神皇子民構成的日本民族，當然優於世上其他民族。當此意識形態遇到西方傳來的社會達爾文主義時，遂一拍即合。水戶學也因此在戰後被許多學人視作法西斯皇政與軍國主義思想的重要支柱。諸此原因，使得水戶學幾近於反文明意識形態的代名詞，甚至至今仍被許多日本研究者敬而遠之。[2]

實際上，19世紀水戶學人所走的極端民族主義與種族主義道路，已徹底背離了創始期的水戶學宗旨，此巨變使得19世紀後的水戶學被冠上後期水戶學的名稱。後期水戶學是從藤田幽谷(1774–1826)任職史館、得到時任藩主支持後開始的。幽谷之後，其子藤田東湖(1806–1855)與幽谷的另一門生會澤安，也加入了同一陣營。這些後期水戶學人採納國學沙文主義主張，強調日本天皇為天孫，神國日本優於他國，認定日本神話史為「事實」，日本「國體」具特色，並將傳統儒家的忠孝觀轉譯為無條件地尊奉神孫天皇。

後期水戶學者在動亂的幕府末期，輔佐藩主積極參與干擾幕政，並利用他們的儒學知識，率先提出尊王攘夷的政治主張。此舉被日後的極端民族主義分子、軍國主義分子視為宣揚神國皇統意識形態的優秀典範，所以今日的日本仍可聽到以皇國史觀讚揚水戶學的雜音。當歷史大動盪過後，時人需剝繭抽絲，逐次分析，釐清水戶學建學初衷、後期變化，以及該學派對政治思想、人類文明帶來的影響，目的非僅為正史，更是為繼往開來。

水戶學是在德川初期內外大環境下，受外界諸多影響與刺激建立起來的。其創建期的理論體系，是在德川光圀就任水戶藩主職位後，水戶學人通過編纂日本史而立。其中德川光圀與編史館員的終身賓師朱舜水的貢獻甚大。水戶藩的編史工作，也正是朱舜水在1665年夏至水戶藩邸後，才正式走上軌道，逐漸開展起來的。水戶藩第二代藩主德川光圀，是德川首代將軍家康的孫子。水戶藩與德川家康指定的另外兩個德川家族直系藩，世襲所謂「御三家」資格，承襲德川姓氏，有資格嗣將軍職位，並有責任參議將軍幕府的重大決策。德川光圀領導下的水戶學人，為幕府長治久安，也為保持包括其藩在內的各藩相對自治獨立權，深感責任，通過編史來闡述尊虛君敬幕府的政治理論。終身自詡為明朝一介遺民的朱舜水，[3]更是將明末儒學學風及自身對政治體制之新思，通過光圀、水戶的弟子門生以及外藩的武士等，傳入日本思想界。[4]

儒學文明，由早期(漢唐)註重經典章句，發展到以詩詞、文章釋道。宋明時代，因受佛道學的啟迪，儒學開始註重探索個人內心的道德修身，期望內聖外王，以理學經世。同時期，註重事功的永嘉學派及承接其精髓的浙東學派，則更用功於經世致用方面。[5]儘管如此，儒學在經世以及致力於社會政治秩序方面的思想構建，自秦朝以降，並無大的發展。雖然儒學界在基於認可君主為最高實權統治者的基礎上，對君、臣、民的各自道德倫理定位，有些差異不大的詮釋與要求。如〈緒論〉所述，董仲舒將陰陽五行説摻入儒學，創説「天人感應」，期望以超世俗的宇宙天意規範君主行為；朱熹則要求君主在道德上成為天下典範，來感化、統治臣民(實際上，君主個人太難擔這個擔子，唯有神化一途)。此與朱熹《資治通鑑綱目》目的同轍，但在意識形態上反而擴張了君權。[6]

明朝末期，君主昏庸，官員腐敗，國破家敗，江浙學人中出現否定君主專制傳統的主張。他們認為，秦漢以來，由於中國政權的權源在君主手中，無論從道德還是神靈信仰方面來束縛君權都收不到實際效果。參與此新思潮運動的朱舜水，到了日本後，傳播了此新思維。水戶學尊王敬幕思想的建立，體現了朱的思想，也顯示了明末儒學新風在日本思想界的傳播得到了共鳴。另一方面，德川光圀在未成藩主前，就有了編寫日本史的想法；其編史動機源自數個方面，其中較重要的是受到幕府命御用學人林鵞峰重開編寫《本朝通鑑》的刺激與激勵。

一、幕府官學：尊幕抑王

德川幕府建政後，命林家父子（林羅山、林鵞峰）與其門生及幕府儒官編寫武家為主線的歷史，林羅山不意去世後，幕府命林鵞峰繼承父業，繼續編寫《本朝通鑑》，為的是宣傳將軍幕府的執政合理性。幕府初期，由將軍幕府出台的《本佐錄》和《東照宮御遺訓》（也稱《神君御遺訓》或《東照神君御遺訓》），也是為此目的。《本佐錄》題名，源自家康重臣本多佐渡守正信（1538–1616）的姓名，具雙關語意。[7]《東照宮御遺訓》意為德川家康的遺訓。二文都根據儒家以道德為本的思想，借有德者天助之、無德者天棄之洪範理論，為德川將軍幕府政權的合法性與正統性背書。二文還強調，因為德川將軍有仁德，天道才授權於將軍；天道挑選將軍替天行道，所以將軍就是一國之主。[8] 對於許多出身行伍的新小藩主，二文作者則提醒他們需明瞭政道之本，以維護幕藩體制。本多正信另外還寫了《治國家之根本》一書，也出於此動機。[9]

江戶幕府屬下的諸多藩主，對幕府上層官僚這種新政權合法性源於天授的解釋，相當重視，因為這種解釋對他們在藩內的治理權賦予了政權合法性。譬如岡山藩主池田光政（1609–1682）便相當認同這一新論，還利用此理論來詮釋他作為藩主的合法性。岡山藩的藩法即證明了這一點，如藩法中有「上君（將軍）權力源於天授，上君又將一國（指藩國）的人民交給本藩主管理。」[10] 池田以儒教仁政理念改革藩政，並在藩內啟用陽明學者熊澤蕃山（1619–1691），興建藩校，以及推動藩內武士與平民的教育等，被譽為一代明君。當然，此狀況並非僅現於岡山藩。一橋大學的若尾政希氏曾對日本全國現存的178本《本佐錄》抄本逐一審視，發現許多抄本都是藩主親筆抄寫，足可證明這種新理論在諸藩主心目中的分量。[11]

幕府大造輿論，向整個社會強調其政權合法性，並促使武士向學，既有歷史原因，也出於現實需求。戰國時代的日本，社會失序，家臣弒主、父子相殺等悖於社會人倫的現象，屢見不鮮。從戰國時代中期起，部分有前瞻眼光的武士大名已開始醞釀尋找方策，以杜絕此社會亂象。江戶幕府建立後，以德川將軍為首的幕府上層，打破了非朝廷指定的貴族世襲家族，民間人士不得隨意詮釋五經學問、自由問學的政策，積極倡學，社會遂興起向學之風。家康的孫子、水戶藩主德川光圀就指出：「中古以來，天下屢變。國郡學校，盡毀兵燹。東照神君（光圀祖父家康），致治重儒」。[12]

1623年，19歲的德川家光（1604–1651）成為第三代將軍。次年，家光的政治庇護人、原二代將軍德川秀忠去世。由於年輕的家光不同於二代將軍，沒有征戰經歷，而當時許多在位藩主卻都是助德川打天下立下戰績的功臣，所以將軍幕府面臨着潛在的執政權力危機。在這種情況下，幕府中央執政集團為使眾臣與諸侯心悅誠服，也為了向關西的朝廷顯示幕府的至上權威，1634年下令命全國各藩率藩內武士，集於京都，進行武裝大檢閱。此次檢閱集結武士三十萬七千，全體列隊，肅重入京，接受年輕的將軍檢閱。這次將軍幕府武裝檢閱，是自戰國時代武將織田信長開始後，日本歷史上人數最多，最有震懾力，也是最後一次的軍力顯耀。[13]

除了武力震懾，輿論宣傳也是彰顯和強調幕府權威的重要手段。以編史來宣揚德川幕府的正統性，加強社會對幕府統治合法性的認識，是與前者相輔的另一重要力量，所以也成為幕府上層政策決策人的當務之急。這是因為日本思想界自古以來深受中華文明影響，不但諳熟儒家以史為鏡、孔子借著述《春秋》以正君臣名分的傳統，也了解史書對建構社會意識形態所起的巨大作用。實際上，即便在中國，先秦儒學的產生也是為應對封建社會（此指有諸侯之合眾國）人際間的政治關係。[14] 1644年（日本正保元年），幕府最高執政官老中（幕府最高行政決策人之一）下達幕府指令，命學人林羅山編纂日本國史。[15]林羅山為幕府聘用的御用學人，其後裔自羅山後，成為世襲的幕府御用儒者。林羅山年輕時，與當時許多學人一樣，因無法公開求師學儒，不得不寄身於佛廟，從學僧侶，受到一定的儒學薰陶。內戰結束後，德川幕府採取了頗為開放的倡學政策；此政策對有志於講解、詮釋、傳授儒學之人，既無門戶之見，也無視歷來朝廷政府要求欽定的世襲授學資格。羅山聞此，立即還俗，專事儒學。被幕府招聘後的林羅山，應幕府要求，開始編寫為德川幕府伸張合法性的日本史。

1657年的江戶大火，燒毀了林羅山的書庫，嗜書如命的林羅山大為落魄，不久辭世。[16]林羅山去世後，其子林鵞峰一直期望完成父親生前的未竟事業。1664年，幕府上層決定讓林鵞峰繼續進行編纂工作。在幕府上層的關註與資助下，[17]林鵞峰集手下學人弟子，費時六年，在1670年(寬文十年)編成310卷《本朝通鑑》，呈獻將軍幕府。[18]對於《本朝通鑑》名稱的來源，林鵞峰追憶道：「寬文甲辰之秋，今大君幕下，命僕修續篇，而並先人所編，賜名《本朝通鑑》。」[19]林家得幕府之助，前後費時數十年，編纂了這套日本史書；無論幕府還是林家，都打算把它當作德川幕府官方意識形態指南來用。幕府令林家編史的主要目的，當然是為了伸張幕府執政的合法性，林鵞峰也深知《本朝通鑑》的編輯方針，須與幕府立場合拍。誠如林鵞峰告誡史館編寫者的那樣，幕府誕生後，國家政權掌握在幕府手中，已不再是朝廷：「延喜以來至冷泉帝，則國政多是出藤氏(此處指藤原氏族)；自後三條帝至近衛帝，則多是太上皇之政也。保元以後政權移於武家，此是國家之變，操筆者不可不知焉。」[20]

林家也清楚幕府編史的另一重要目的，是需要讓《本朝通鑑》成為各級武士習儒的範本，使武士通過學習，留心品行是否合乎忠君盡責原則。深諳儒學對待鬼神態度的林羅山與林鵞峰，在《本朝通鑑》編寫綱領中，顯現了他們的儒學觀點。《本朝通鑑》對於神教和京都朝廷曾當作國教的佛教，對於神社、寺廟等諸事，不予重視，能略則略。如林鵞峰在編史條例(共十條)中指出：「一、執柄並諸廷臣行實，據事直書，則其跡之善惡自見焉。善以可勸，惡以可懲者，雖小官可記焉。……一、學校之興廢並儒家之博覽文藝詩才，及達倭歌者可載之。忠臣、孝子、貞女，雖微賤不可漏焉。一、神社、佛閣之經營及僧徒之事，其大者載之，其小者可略之」。[21]《本朝通鑑》完成後，林鵞峰特別寫下〈讀本朝通鑑序〉，聲明：「若夫一字褒貶，勸善懲惡，則非所企望。然據事直書，其義自見，則豈其不為後代之鑑戒哉。由是勸之，則治世之盛事，洪業之餘烈，不在玆哉」；[22]並感歎林家為日本文明建設，今後可在歷史上留得名聲：「余曰中華通鑑名聞於世，朝鮮亦有東通鑑，則我國之史，稱通鑑而可也。先父謙而假稱《編年錄》，今若官議決而稱通鑑，則先父之志也」。[23]

《本朝通鑑》要各級武士與人民盡忠的最高對象，[24]是政權的實際最高領導，也是坂本太郎認為該書著者呈最大敬意，被盛譽為「神君」、「大君」的江戶幕府將軍德川家康。[25]因此，《本朝通鑑》也是幕府最高當局翹首以待的政治宣傳大作。當時的幕府老中阿倍忠秋(1602–1675)就指出，若此書「成於當世，則大君之美之譽也。」[26]事實上，《本朝通鑑》的編寫工作始終受到幕府決策者們的關註，幕府不但派出官吏監察編寫，老中們也時時過問，並還經常到史館取走稿本審閱。[27]該書編成後，幕府將軍將《本朝通鑑》抄本置於座右，以為執政參考。[28]德川幕府第六代將軍家宣的侍讀、將軍的政治顧問新井白石(1657–1725)接續了《本朝通鑑》視將軍為日本最高政治領袖的觀點，建議將軍今後要將朝鮮國王對德川將軍在國書中的稱謂，由歷來的「日本國大君」改為「日本國王」。[29]

另一方面，借意識形態提高個人崇拜，宗教也是重要工具。與德川家康曾為多年軍事盟友的戰國梟雄織田信長，大權在握後，也曾推行過將自己塑造成神祇的輿論運動。德川家康立己為「神君」，自然也是期望通過神化本身，鞏固德川氏族為首的政權。1636年，三代將軍德川家光費銀50萬兩，在清山秀水的日光，興建祀其先祖「東照大權現」的德川家康神社。年幼的新將軍家光建此神社，即為實現將家康抬上神壇的目的。該神社後稱為東照宮，融神、佛、道教為一體，既顯示出當時日本宗教信仰的現狀，也表明了現將軍與其執政幕僚的用意。

「權現」，這個數年前家康被朝廷賜封為「東照大權現」神號中出現的詞彙，源自華夏所造的佛教用語，意為菩薩為普渡眾生而顯現的各種形相。[30] 佛教傳入日本後，理論(其中摻雜着大量漢化佛理)也大量被引入本地多神信仰的原始自然「神(之)道」中。平安末期，已被皇家貴族當作國教，用以護國保(皇)家的佛教中，出現了將本地諸神附作菩薩垂跡、權現的說法。在傳統信仰的諸神名稱後附加「權現」，用以顯示其為佛菩薩的隨機應化，而不同於普通神祇，時人稱此現象為「神佛習合」。此後，權現作為佛神兩教顯現於世俗凡身的信仰，積澱於日本社會，例如與皇室有歷史淵源關係的熊野三神社中有「熊野權現」，供養着公卿藤原氏神的春日神社則有「春日權現」，其他較著名的權現還在熱田、伊豆山、藏王、白山、箱根等寺廟中可見。德川家康的「東照大權現」稱號則由後水尾天皇賜之。歷史上，醍醐天皇也曾追賜平安時代權臣藤原氏族的始祖藤原鐮足為「談山權現」。

作為「東照大權現」被祭祀在東照宮神社內的德川家康，被聖化為人體肉身(incarnation)、有神靈並為世俗眾生普渡的大菩薩，集本土神祇與佛靈功能於一身，神性俱超世俗地位，直逼同樣被尊奉為神性凡體的所謂天照大神後裔——天皇。不過，「東照大權現」神號，寓意為東國武都為中心的武士政權首領，神靈顯照僅在東國之京(江戶)，其顯示出西京那個名義上的朝廷，後來因憤懣幕府管束而辭去皇位的後水尾天皇，借用儒學佛習卻又不露聲色的政治睿智。[31]

二、學行一元、西學東漸風來：水戶學的出現、尊王敬幕之實質

《本佐錄》與《本朝通鑑》宣揚的意識形態，自1760年代後半期起，受到水戶學的挑戰。與林家一樣，水戶學的開展也是基於日本史的編纂，德川光圀去世後水戶藩編寫的日本史被命名為《大日本史》。[32] 該學派的理論主旨為：基於先秦時代孔子所倡正名分、固社會秩序的三代之治，宣揚尊君敬幕的政治理念。[33]《大日本史》編纂的實施，是在水戶藩主德川光圀的發起和主導下進行，朱舜水則是全體編史學者（彰考館員）的老師暨顧問。至於編輯方針，據筆者考證，則是在朱舜水至江戶水戶藩邸後確定（詳見第三章）。在編寫手法上，《大日本史》似孔子的《春秋》；但是在編寫體裁上，《大日本史》則跳出日本史書歷來採取的編年體（按時間順序闡述歷史）框架，改用紀傳體寫法。編年體與紀傳體雖然都始於中國古代編寫歷史的方式，如《春秋》為編年體，紀傳體始於司馬遷的《史記》；但是，由於《大日本史》側重基於儒家禮樂制度理念、道義關係上的社會秩序建立，因紀傳體更能突出其主旨，故被採用。[34]

1. 編史綱領及三新立項

從具體要項上看，《大日本史》不同於司馬遷在《史記》中將霸王項羽也列入〈本紀〉的做法，在〈本紀〉中只列天皇（包括推古、持統、孝謙女天皇）。〈本紀〉之後，則是專為將軍所闢的〈傳〉，其次為〈諸侯（大名）〉。《大日本史》以此區別君臣秩序，顯示編寫者尊政權象徵——虛君天皇，敬合法政體——幕府將軍，以及諸大名在禮樂秩序中的政治地位。

《大日本史》的這種編寫法，當然同《春秋》及朱熹的《資治通鑑綱目》一樣，有意識上的主觀性，所以書中出現了與此前史書不同說

法的所謂三大特筆。特筆的第一項，是將神功皇后列入后妃群中，此做法顛覆了日本有史以來的官方敘述。日本最早的歷史編纂，始於天武天皇與持統女皇，並由天武兒子舍人親王主理，輯成《古事記》和《日本書紀》。特筆的第二項，是將《日本書紀》中記錄、被天武天皇政變謀殺的大友皇子，視為天皇，列入〈本紀〉，此做法也否定了日本皇朝自古以來的定論。水戶學人此筆法，敢於推翻歷史，若沒有絕對自信的理論，不可能貿然斷言，冒犯京都朝廷，觸動幕府。此筆法猶如《春秋》，不以成敗，而是基於禮樂道德名分來論斷君主的政治合法性。

特筆的第三項，是將南朝斷為正統。事實上，水戶學人對日本歷史上兩個皇朝並立，所謂北朝、南朝朝廷的事實，基於重禮樂名分的編史方針，難以否定任何一方朝廷為非法，但又必須找出一條妥協折衷之道，以維護政治象徵、否定暴力顛覆社會革命。水戶學人最終根據南朝主張的所謂三種神器作為依據，將南朝斷為正統，應是沒有其他上策。不過由於當朝皇室是北朝一系的後裔，承認南朝為正統，不但等於承認南北朝均為合法朝廷，也彰顯了德川幕府的合法性。持此立場，德川幕府推翻扶植北朝的室町幕府，就是「名正言順」的合法執政政府了。

特筆的最後一項，將南朝定為正統，看似簡單承襲了《神皇正統記》將三種神器作為皇權象徵的主張，將神器擁有者作為判斷正統的標準；實際則不然，其中有更深層的內涵。它是借象徵君主身份的神器，肯定兩朝政權和平融一，維護了政治象徵的虛君體制，[35]而且神器本身也早在室町幕府時代就由南朝朝廷呈交給了北朝朝廷。基於此立場，從道德層面上看，曾助後醍醐天皇推翻鎌倉幕府的足利尊氏，可謂鎌倉幕府的叛臣。

水戶學此立論，更應有通過否定室町幕府，讓人信服織田信長推翻室町幕府是正義之舉；又因為德川家康是織田信長的同盟者，也是織田信長的繼任；所以，肯定織田信長，即等同於為德川家康政權的正統性正名。雖然足利將軍氏族有皇族血統，而戰國時代最後勝出的諸大名，無一有此顯赫的氏族背景，但借用貴族甚至宗教聖名，是一要策。譬如，無皇親皇祖可攀的李淵、李世民，鼓吹源自太上老君家族，並大倡道教。公元674年，唐高宗自冠「天皇大聖大弘校皇帝」;[36] 隨後的天武，受唐王朝影響，也自冠為「天皇」。

朱熹曾根據道德皇統，來判定三國割據政權中的合法者。以三種神器來裁定日本哪個皇室為正統的做法，顯出《神皇正統記》的作者與《大日本史》編寫綱領的制定者，都受到朱熹這方面主張的影響。不同的是，朱熹的理論建於君權專制政體框架內(宋儒有限君思想，但主要在道德層面上)；北畠親房則主要是為了南北朝之爭，肯定南朝而否定北朝與室町幕府，非正即偽；而《大日本史》此論旨與主張，卻立足於虛君政治體制之上，與前二者的意向相差甚大。事實上，不但朱舜水，即便德川光圀也不可能相信，日本皇室的三種神器源自天神所授。這一點，從光圀對水戶史館編史人員明言編史方針中指出的「神代之事、率皆怪誕難載」可證。光圀基於此思，指令《大日本史》不得像《古事記》與《日本書紀》那樣，長篇累贅地鋪陳杜撰的所謂悠久日本神代史。[37]

水戶學要立南朝為正統，在當時應是一件驚動四方大事。因為北朝是室町幕府扶持、支持的朝廷，德川建政時的天皇也是北朝皇系後裔。考慮到當時幕府與朝廷間的關係以及水戶藩與宗室幕府間的關係，在京都的皇室初始並不清楚水戶為南朝正名，實質上有利於虛君皇室可長存以遠的深刻內涵；加上當時皇室如風中殘燭，無暇多沾是非，又有紫衣事件之前車之鑑，對「御三家」之一水戶藩主為代表的水戶學此種異論，一時也沒有公開的反對聲音。僅就三神器而論，即便按《日本書紀》記錄，在7世紀末天皇登基的儀式中，也僅出現過兩種神器，而且那兩種神器也是由諳熟大陸文明、出自大陸移民氏族的忌部氏想出來的主意。當時之所以祭出神器，與皇位繼承者需要彰顯其合法性有關。彼時，打下江山的天武天皇去世，其未亡人(持統女皇)接任皇位。天武家族的皇位世襲，打破了歷來由眾臣(眾部落首領)合議推舉君主的傳統；權威不強的新女皇政權，迫切需要伸張其合法性，於是代表皇權象徵的神器應運而生。此外，專屬大海人(即天武)宗族、強調代表皇家神性的伊勢神宮，也是應時所現之物。所以天武皇室杜撰的所謂神代史，在歷史上不斷受到史家抵抗。譬如在《釋日本紀》神代卷中，作者對所謂神代的描寫，只有兩句話：「乾道獨化，所以成此純男」；《水鏡》的神代觀則是「聽憑帝王(帝王御次第)」編撰；生於朝廷重臣藤原世家的《愚管抄》的作者慈圓，不但直接了當地説「不知神代之事(神の御代は知らず)」，更將中國自黃帝起的歷史朝代放在該書開頭。[38]

不難看出，水戶學人的三大特筆，體現了孔子《春秋》筆法的遺風。不將神功皇后傳放入帝王傳中的寫法，與朱熹在《資治通鑑綱目》中，把曾是最高權力者的呂后、武則天放入后妃傳中的做法一樣。 從另一方面看，以所謂的神器作為皇室正統之象徵，體現了初期水戶學人在面對兩個互相對抗、均聲稱己方為正統的皇室面前，最後以較主觀的道德合法性觀點為判斷標準。水戶編史人員此道德依據，源自孔子作《春秋》以維持封建虛君政體、避免天下混戰的理念，同時也參考了司馬光的《資治通鑑》與朱熹的《資治通鑑綱目》。《資治通鑑》作者在面對如何界定三國時代中的哪一國是合法政體時，根據國力，客觀地將魏定為正統，而視蜀與吳為列國。但是，重名分思想、根據為政者的道德來判定政權合法性的朱熹，《資治通鑑綱目》卻將蜀國定為正統，他的理由是：昭列皇帝是中山靖王之後，是漢景帝的遠孫，屬皇統後裔。表面上，朱熹似是承襲了孔子的《春秋》大義筆法，實際卻不盡然。從歷史大局看，處於不同政治環境和政治體制下的《春秋》與《資治通鑑綱目》作者，其所服務的政治目的與政治體制建設有天壤之別。

水戶編史的根本目的，是為了在新的社會政治體制及形勢下，借編史建樹新的政治意識形態，以為將軍幕府統治全國二百餘藩正名，杜絕中世紀以來層出不窮的所謂「下剋上」狀況。借助儒家基於禮樂的君臣正統上下等級觀，水戶學的創始者若尊奉無實權的虛君，順理成章地凸顯了幕府統治諸大名的正統合法性(legitimacy)。因此，《大日本史》首先要依據日本最早古籍，敘明皇室的正統源流，而且它也無法像鎌倉時代前的《釋日本紀》、《水鏡》、《愚管抄》那樣，繞過或無視在《古事記》和《日本書紀》中所杜撰，對神話時代(日語為「神代」)諸天神創造日本、天皇為神的後裔之陳述。水戶學創始者不把神話當史實，當然不會採納所謂天神開闢日本以及所謂天照大神之類神話。比較之前的日本史，《大日本史》的編纂者對史料來源的註重，確實已有嶄新突破。[39]另一方面，鑑於歷史上曾出現兩個朝廷並存的事實，水戶學則遵《日本書紀》，從《神皇正統記》說，將三種神器視為皇朝正統合法性依據。不過，這種將古代始作俑者在《古事記》和《日本書紀》杜撰的故事故意當作真實認定，卻不點明其出處與功用，並將其作為支撐來述史的作法，犯了儒家編史秉筆直書的傳統大忌，造成了它的先天缺陷。此先例對後世那些意識形態的弄潮兒——無論是國學還是後期水戶學，提供了不良範例。

儘管如此，《大日本史》創始者的目的，並非後世一些文人或政客所聲稱的是為了尊奉天皇專制，並根據所謂皇統一系從未斷絕，而盛讚日本為宇宙中最優秀國家。事實上，至今為止，學界、社會主流多將水戶學思想視為無條件尊皇，朱舜水學說思想也多被誤視為同出一轍。這種認識，即便設身處地站在水戶藩主德川光圀的立場，也是無法說通的。水戶學創始者的國家政治體制觀，雖與德川幕府以及幕府御用文人統領(大學頭)林家不同，但實質是為了輔助將軍幕府建立穩固的社會秩序。尤其不可忽略的是，水戶藩此觀點也含有為鞏固本藩相對自治的藩國體制之考量。因為無論從哪一方面考慮，德川將軍是水戶藩主光圀的宗室，水戶藩作為規格超出所有諸侯大名的「御三家」之一，不但有資格繼嗣將軍職位，[40]更肩負着輔佐將軍的責任；若無德川將軍政權，水戶藩的政治地位及經濟來源則根本無從説起。另一方面，作為一個軍事與經濟相對獨立的自治政治實體，水戸學創始者認定的國家政治體制理論，對包括水戸藩在內的全國諸藩合法權益，也可據尊虛君敬幕府體制的禮樂合法性，得到長久保障。

水戸學的尊皇理論，明顯有承襲孔子未竟的政治體制理念之志向。德川日本政治體制，類似東周封建時代。水戸學創始人根據日本封建制的社會客觀，在「敬幕」基礎上提出的尊皇理論，既維護藩主宗室德川幕府的統治，同時也不動聲色地肯定了藩政的合法性，其更成為架構明治以及現代日本民主政府的參考。今日日本縣郡與中央政府關係，何嘗不是仍多少帶有德川遺風？除此之外，還需肯定的是，德川日本封建制內涵中，有一個在體制上受到諸侯公認、最高政治象徵天皇任命的執政管理者（強大霸主），較合理地解決了諸如中國東周、戰國時代政體面臨的問題。在當時的社會經濟文化條件下，此體制使大部分個人、家、氏族、集團的權益以及安定生活得到保障。

2. 朱舜水、德川光圀的水戸學史觀

上述所陳，即是德川光圀「尊王室，敬祖宗」（尊王〔皇〕敬幕）的緣由。[41] 光圀視「孔夫子之德，與日月明」，孔子之道才是「與天地亨」，[42] 並因此要循「三代遺法」。[43]「尊王室，敬祖宗」就是光圀的政治理念的具體落實。這也是為何光圀命彰考館總裁安積覺（字澹泊，1655–1737），據先秦儒家是非觀編寫《論贊》，讚揚或鞭撻歷代天皇品行。[44] 光圀的尊師朱舜水，當然也持相同理念。譬如朱舜水盛讚唐虞三代之治，隱喻自己為箕子，欲在日本行孔子未竟大道，夢孔子「不復夢見周公」；[45] 他諄諄教導水戸編史館員、藩內藩外弟子以及向其問學的幕府各界人士，要以文明「不以地哉」之胸襟習周公和孔子之學。[46] 朱舜水還親自帶領水戸藩臣武士，按先秦禮制習釋

奠、正禮樂秩序，[47]卻並不讚揚春秋之後某些所謂聖主明君。[48]從小拜入朱舜水門下的弟子安積覺，在年近60歲時向當時的水戶藩執政坦言，他一直景仰齊桓公，因為「其得賢臣為之佐，合諸侯而尊周室也」。安積覺並認為德川幕府治下的社會有周室遺風，因為德川將軍「戡定禍亂……合四海於分裂之餘，擁戴天子，禮遇公卿，群雄匍匐而聽命。」[49]

水戶學編史綱領的正式制定和編史工作的開展，是在1665年朱舜水到水戶藩邸後（詳見第三章第一節）。朱舜水對《大日本史》的編史理論與方法，對包括德川光圀在內的《大日本史》編纂人員的學識都給予了深刻影響。其大致可歸納為：一、尊周公、孔子關於儒家社會秩序的理念；[50]二、樹立自信，在東瀛建樹、弘揚儒家思想；秉承着對普世文明價值的認同，尋求文化定位；[51]三、上承唐宋儒學發展的精髓，讚永嘉學派事功、東林學派重經世的傳統，接宋明理、心學中修身亦重經世的一元主張，[52]對好高騖遠、脱離經世、知行不一的儒學末流則時有批駁，並反對門派紛爭。[53]重實踐，倡古學（直接學先秦聖人的經典），推陳出新，以為經世致用；四、在具體編史細則方面，肯定據實平鋪直敘、對君臣功過進行道德評判的《資治通鑑》，並以其寫作模式為參考範本；[54]五、在事學方法上，開創了用子註方式逐條註明史料出處的實證史學法。此編史法奠定了日後日本實證史學的基礎。[55]六、朱舜水的高風亮節與思想影響了他的弟子以及諸多幕府學人與武士，其中朱舜水的抗清行為，基於弘揚作為政治象徵的虛君制之識，為盡忠於南朝皇室的武士楠木正成所寫的所謂湊川碑讚文，起到了避免在新形勢下對南北朝正偽統爭執之效。凡此種種，不一而足。[56]

幫助水戶學建立倡虛君體制理論的朱舜水，為甚麼尊周公、孔子，卻不是秦朝以來後世的所謂賢主明君呢？這就需要對朱舜水當時所處的東亞社會之政治、文化以及經濟結構有通盤的了解。同時，也要理解明末清初部分勇於探索並實踐的學人之新思考。這些

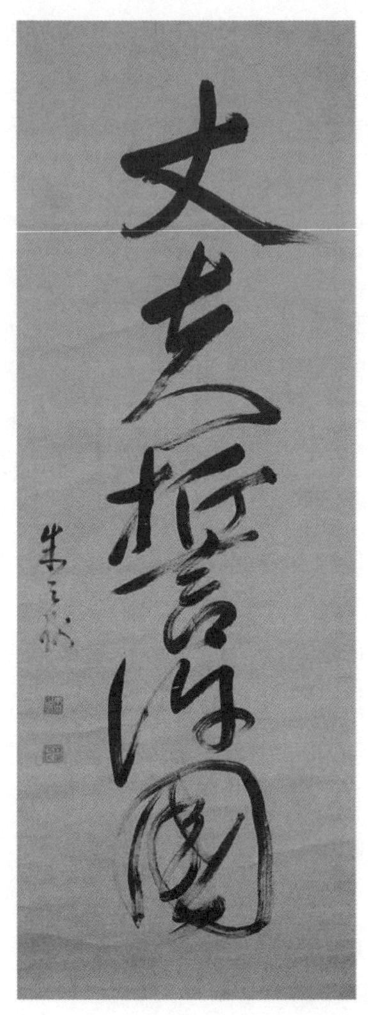

圖一：朱舜水行書「丈夫誓許國」立軸（陽明書屋藏）

學人痛恨當時官宦朋黨傾軋，學風頹廢，深諳「不知讀書、奔競門開，廉恥道喪，官以錢得，政以賄成」之弊；[57]他們又身歷國亡家破、抗清不果，繼而重審先秦以來儒學諸派學説，始將修身齊家治國之策，投放到否定君主專制思想方面。

朱舜水出身於浙江東部沿海地區的餘姚，青年時期隨兄長習於鄰近上海的松江。無論是餘姚還是當時作為府會的松江，可謂集聚了眾多前衞思想學子的重地。譬如，王陽明、黃宗羲出身於餘姚；朱舜水的恩師張肯堂（東閣大學士）和朱永佑（吏部左侍郎）是松江人，抱着「興復古學」、使「絕學有再興之幾，而得知幾其神之義也」的理想，[58]持相同問學目的、成立幾社的夏允彝（1596–1645）、徐孚遠（1599–1665）、陳子龍（1608–1647）、杜徵、周立勳、彭賓，也是松江人。與幾社學子交往的徐光啟（1562–1633），出身於上海縣，也屬於松江府。17世紀初的經濟文化要地松江，除了許多經過此地的西方傳教士，也有好幾位傳教士常駐傳教，譬如畢方濟、孟由義、畢多明、安瑪爾等。19世紀建造的佘山大教堂，見證了當地教徒信仰的傳承。徐光啟被傳教士所傳科技知識與天主教教義吸引，編纂《農曆全書》、《崇禎曆書》，力倡實學，並期望以「修身事天」的天主教信仰補儒易佛，去除瀰漫於社會的空談事理風氣。這些學子間的思想與問學交往及互動，不但給明末思想界帶來了短暫卻影響深遠的新曙光，也對日本與朝鮮文明的發展起着推進作用。譬如，日本學人讚朱舜水對當時至關重要的經濟、日本的農業技術改進作出了貢獻，[59]有中國學人參與、利瑪竇（Matteo Ricci，1552–1610）繪製的《坤輿萬國全圖》不久也傳至日本與朝鮮。[60]

當時，此地區因與境內外通商，生產力較高，已屬中國首富地區。朱舜水來到松江，曾師從數位名學者，包括禮部尚書吳鐘巒、參加幾社活動的左侍郎朱永佑。之後，朱舜水參加科舉時被監察史薦為「文武全才第一名」。朱舜水本身，也參加過重實學、致力於學以經世的幾社與復社活動，並與同鄉志同道合學人共同創辦過學社。當時朝廷前後十二次徵聘甚至特徵，朱舜水均不接受，[61]原因是對明朝已呈腐朽狀的政治體制甚懷異見，不願同流合污。[62]可是，當清兵南下，江南陷落時，朱舜水為保社稷、衞文明，與恩師等人一起，參加民間抗清運動，後又加入鄭成功部隊。[63]期間，他也從恩師張肯堂（？–1651）、朱永佑以及幾社學子等人至舟山，擁明監國魯王朱以海，參加抗清。1651年舟山陷落，張肯堂、朱永佑及幾社學子等殉難，魯王朱以海移居金門。[64]抗清不果，國土失陷，朱舜水轉往海上，繼續經營抗清事業。朱舜水在海上漂泊十餘載，足跡遍及日本、南亞與東南亞，歷經千辛，力籌資金與武裝，以為抗清復明之用。1659年7月鄭成功北伐南京失敗，抗清運動無望，之後朱舜水經長崎華僑及柳州藩武士弟子安東省庵(1622–1701)相助，決意避難日本。拜朱舜水為師的安東省庵，甚至將自己不多的年俸，半數奉養朱舜水。此期間，朱舜水還收到了魯王的徵召令。[65] 1665年，66歲的朱舜水因學識與人品而獲水戶新藩主聘為賓師，接到江戶，開始了在當時的日本政治中心傳道授學的餘生大事業。

朱舜水讚周公、孔子，以及唐虞三代之治，並說學問盡在先秦《詩》、《書》、《禮》、《樂》、《易》與《春秋》之六經內。朱舜水為承孔子之志，而夫子對六經之重視，則可從其言六經作用的話語中可知：「(孔子曰：)入其國，其教可知也。其為人也，溫柔敦厚，詩教也。疏通知遠，書教也。廣博易良，樂教也。絜靜精微，易教也。恭儉莊敬，禮教也。屬辭比事，春秋教也。故詩之失愚，書之失誣，樂之失奢，易之失賊，禮之失煩，春秋之失亂。其為人也，溫柔敦厚而不愚，則深於詩者也；疏通知遠而不誣，則深於書者也；廣博易良而不奢，則深於樂者也；絜靜精微而不賊，則深於易者也；恭儉莊敬而不煩，則深於禮者也；屬辭比事而不亂，則深於春秋者也。」(《禮記・經解》)朱舜水不僅肯定孔子通過倡克己復(周)禮來稱讚並肯定以虛君周室為共主的封建制，還和孔子一樣，認為周朝因「興滅國，繼絕世，舉逸民」[66]而能「柔遠能邇」，[67]故得「天下之民歸心焉」。[68]此外，朱舜水更讚揚周文王、周公以仁政為本、「其命維新」的治國方法，[69]認為此政策遠遠優於秦朝之後的君主獨裁的治國體制。朱舜水此方面的思想，在某策問中的答疑中可證實：

〔答：〕聖人未生，道在天地；聖人既生，道在聖人；聖人已往，道在六經，則先王之道尚矣。而先儒乃曰：「是欲以結繩之治，理亂秦之緒也。」

〔問：〕而徐偃、宋襄、行仁義而敗亡相踵，抑又何歟？

〔答：〕漢家自有制度者，似矣，而識者乃曰：「乃翁以馬上得天下」，一時輔相諸臣；又皆厚重，椎魯大略，悃愊無文，遂使漢治不能復古，至今傷之。子輿氏有言曰：「堯舜之道，不以仁政，不能平治天下。」

〔問：〕夫道至於堯，舜極矣，而仁政乃如斯重且要乎？

〔答：〕是故仁心仁聞，民不能被其澤，法不可傳諸後。故詩曰：「不愆不忘，率由舊章。」總之兩言而決之曰：「徒善不足以為政，徒法不能以自行。」今文、武之政未墜於地，布在方策者，班班可考也。幸而處昌明之極運，不能更化善俗，而狃於淺近荒忽之談，一則曰「如是已足」，一則曰「何必改作」，所以誦詩讀書者，徒為呫嗶之具，詠歌先王而已，豈不重辜先王之道哉！後有豪傑者起，將必非笑前人，因陋就簡，不能作新舊邦，其又何辭以解之？願諸君子攄其素蘊，悉心而對，為國家煥文明之治，著之史冊，垂為典章，光耀萬代也。[70]

表露朱舜水此方面思想的其他遺作頗多。如朱舜水在《敬齋箴．並序》中，借事敬一字，闡述了其尊周文王、孔子，贊同公侯、大夫、天子之政治秩序下，以互敬、天子敬他人而天下歸仁的政治主張。其說：「夫敬為德之泰……，敬為禮之興……。不惟霸者為然，王者亦有之。三王之盛，莫盛於文王……。天子能敬，萬國歸仁，民淳俗厚，風動如春。公侯能敬，敷政優優，兆民有賴，荷天之休。大夫執事，敬貴身先，為民最率。」[71]史料還顯示，朱舜水本人「精研六經、特通毛詩」(指春秋時期魯國人毛亨學派的《詩經》)：「及長，受業吏部左侍郎朱永祐，精研六經，特通毛詩。少抱經濟之志，有識期以公輔。擢自南京松江府儒學學生，舉恩貢生。考官吳鐘巒貢劄稱為『開國來第一』。」[72]

此外，朱舜水此方面的思想，亦可與孔子言行對照。如孔子55歲至68歲（公元前497年–484年）周遊列國，游說君主之目的；孔子的「憲章文武」（《禮記．中庸》）；「周監於二代，郁郁乎文哉！吾從周」（《論語．八佾》）以及「周之德，其可謂至德也已矣」（《論語．泰伯》）等，均為尊周表述。孔子還將周公當作理想的政治人物之榜樣，這可從孔子褒「周公之才之美」（《論語．泰伯》）；以及彌留之際因自己畢生政治抱負未果，而歎息「甚矣吾衰也！久矣吾不復見周公！」（《論語．述而》）等可見。即便孔子欲受叛亂者公山弗之招之目的，也據其思「（夫召我者，而豈徒哉？）如有用我者，吾其為東周乎！」（《論語．陽貨》）老年時深歎「天下無道久矣，莫能宗予」（《史記．孔子世家》）之類，亦可證孔子畢生欲復興西周文、武、周公之道，為建立安定的東周封建社會秩序所作的努力。朱舜水的這種思想，也見於同時代東南沿海地區諸如黃宗羲、顧炎武等學人。這是他們通過反思儒學，在政治訴求上的思想新躍進。北宋以來，東南沿海經濟發展地區（包括閩、江、浙）的士紳群體中出現這種懷疑與反對君主極權體制合法性的主張，也有受經濟以及為學需要講「事功」的原因所推動。[73]

此情勢下，由利瑪竇、湯若望（Johann Adam Schall von Bell，1591–1666）等（西方傳教士）傳輸來的西學，自是受到不少朝野士大夫的歡迎。西學中的科技知識，對明末學風朝向務實，也起了明顯的推動作用。天主教的耶穌會傳教士着儒服、學儒家經典，並致力於從先秦思想中找出能與《聖經》中有關上帝（上帝一詞在《尚書》中已現）的解釋可貫通之根據，以便在中國傳教。耶穌會傳教士這種註重經典、肯定科學的務實事學（methodology），給明末思想界帶來了積極且深刻的影響，同時中華文明也影響了西方思想界，因為西方學人突然發現東方竟然有高度文明，「為之困惑」而試圖找出原因。

譬如，英國人約翰．韋伯(John Webb)，在研讀了赴華傳教士撰寫的有關中國的書籍後，提出諾亞與中國人的先帝堯為同一人，大洪水在世界範圍發生，諾亞的後裔移居到中國，並保存了原始語言。[74]這些來華的傳教士註重教育和教義理論，也關心人文知識，不僅源自他們的強烈宗教改革信仰，也源於他們的教養。這是因為耶穌會主要由反對中世紀教會上層腐敗，立志改革的博學貴族及博士教徒所創立，該會信徒與教會傳統不一樣的新主張，也屢遭其他宗派的教徒反對，甚至還曾被(十四世)教皇宣布取締。

朱舜水的恩師，在舟山抗清殉難的張肯堂，在任職福建巡撫時，曾與精通數學、天文學與地理學的耶穌會傳教士艾儒略(Giulio Alenio，1582–1649)有過來往。[75]與徐光啟一起南下的艾儒略，在去福建前，與南京、杭州以及松江府的學人多有交集，到福建後與松江府出身的張肯堂之來往，並不令人意外；抗清殉難的幾社發起人陳子龍與徐孚遠等人，因折服於徐光啟的實學精神與科技知識，在松江共同出資、編輯徐光啟生前未及出版的《農政全書》，並於崇禎十二年(1639)出版。身為士大夫官宦的徐光啟，不但從傳教士利瑪竇等人那裏學到了西方天文、曆算、火器等西方新科技，也努力鑽研實用之學，厭惡好高騖遠、不做實事的空論。此外，明朝學人與傳教士共同繪製世界地圖，也顯示了部分學人的經世態度。李兆良指出，以利瑪竇署名繪製的《坤輿萬國全圖》(1602)，遠超出當時歐洲對世界地理的了解水平，被西方稱為不可能的黑鬱金香，實際上顯示了明朝學人與利瑪竇的合作。他們私下(因顧忌朝廷海禁政策)將鄭和時代的航海地理知識傳給利瑪竇，使得這張世界地圖比1570年問世的《奧特里烏斯地圖》(阿伯拉罕．奧特里烏斯〔Abraham Ortelius，1527–1598〕)多出近一半的地名，[76]林梅村等近年開展對明朝所繪《蒙古山水地圖》以及1389年製成的《大明混一圖》之研究結果，可為旁證。[77]

正因為當時江浙地區瀰漫着學以經世的風氣，幾社創辦人陳子龍、徐孚遠與同道宋徵璧等六人，還編纂了504卷的《皇明經世文編》，並在第488至493卷中收錄了名為《徐文定公集》的徐光啟遺作。[78]著者在序中明言，他們的目的就是為了「經世」。[79]利瑪竇的《坤輿萬國全圖》在1720年德川幕府頒布洋書解禁令後，立刻現於日本書市，並多次複製印刷出版。陳子龍與徐光啟為松江同鄉，到北京時也曾拜訪過徐光啟。《皇明經世文編》在松江編纂時，朱舜水正在當地求學，期間也參加過陳子龍與徐孚遠等人的幾社活動。此外，陳子龍的生涯摯友、幾社的另一創始人徐孚遠，與其「甚為敬服與尊崇」的同鄉先輩張肯堂、朱永佑於1647年共至舟山抗清；[80]在此期間，朱舜水為抗清也追從恩師張肯堂與朱永佑，曾在舟山。因此，無論在松江還是舟山，朱舜水與徐孚遠以及其他幾社、復社學子都應有交集。史料顯示，受師友同道和此學風影響，朱舜水與餘姚另一同鄉黃宗羲，也曾積極地汲取西學知識。至於西學對朱舜水的具體影響，迄今為止雖尚未發現堅實文獻佐證，但據上述諸方面推斷，一定不小。

有研究認為，黃宗羲在崇禎年間已接觸西學，不但研習多部西學著作，還接觸到他盛讚為「關係一代之製作」的徐光啟之《崇禎曆書》。[81]黃宗羲曾藏有湯若望所贈日晷，並自述曾與「才分與余不甚懸決、而為余之所畏者」的方以智會見，[82]而後者與傳教士畢方濟及湯若望有直接交往。因此，黃宗羲的著述中顯現出西學影響，也並不奇怪。有學者指出，黃宗羲在《明夷待訪錄》〈建都〉章中提到「樂律、測望、占候、火器、水利之類」的所謂「絕學」，指的是明末清初西學東漸時，西方主要科學門類的實學。[83]從黃宗羲的其他著述中，可以知道其熱愛西方新科技知識，希望借西學喚起經世、為政、社稷政治方面的「絕學」(即先秦之學)，這個絕學也正是朱舜水、黃宗羲以及幾社會員等學子畢生孜孜以追的。積極提倡生民平等、反對視君權超越夫婦家庭人倫關係的李贄(1527–1602)，也是抱有開放的問學態度、了解西學的另一學人。李贄出身於以海貿通商盛名的泉州，與利瑪竇有過數次談學論道、思想碰撞之經歷。

明末期間，西方傳教士傳來的天文、地理、數學等新科技知識，無疑為明末思想界註入了新的活力，這也是西學受到不少朝野士大夫青睞的原因。事實上，部分中國學人及傳教士因為持有文明大同共有思想，才得以深入交往互學。孟德衛就認為：「那些皈依基督教，至少贊同基督教教義的中國文人相信，古人的真理並非只傳遞給中國人，因為古人與其說是作為中國人，不如說是作為人類在講述那些真理。」[84] 當時東漸的西學，其內涵並非僅限於此，我們還應關註到西方人文社會方面的信息給明末思想界帶來的衝擊。譬如說，當時的歐洲各國均為封建制國，而那個獨立於各國君主、無政權、無軍隊的虛君教皇與梵蒂岡政府，作為最高神權的存在，對浸淫在「普天之下，莫非王土」傳統思維的東亞學人，不啻為嶄新的外來文化衝擊。艾儒略在《西學凡》和《三山論學記》中確也有此論。

此文化衝擊應會使中國的士大夫回想起先秦時代的封建體制，並拿其與秦朝以來的君主專制相比，而且東瀛日本江戶武士幕府與京都朝廷的共存，也是一個活生生的實例。如熟悉赴華西方傳教士歷史的孟德衛認為，當時有些學人通過傳教士陳述的上帝教諭來期望找出明朝知識界的弊端，以回歸先秦儒學之真道（True Way）；[85] 1691至1692年在日本長崎居住並去過江戶的德裔內科醫師Engelbert Kaempfer，則稱日本有兩個皇帝：在江戶的是具世俗權力的真皇帝，在京都的則是宗教皇。[86] 所以，明末清初首次出現提倡限制君權的江浙學人黃宗羲、朱舜水、顧炎武，以及與方以智有交往的衡陽人氏王夫之（船山，1619–1692），絕非偶然現象，其既得益於明末社會，尤其江南地區的社會與文化開放風氣，也得益於西學東漸以及對日本封建制的粗淺了解。

當今社會，民眾普遍追求保障公民平等權利的政治體制，出發點與明末思想先行者、朱舜水以及水戶學人並無二致。相對於君權專制體制，朱舜水稱頌孔子所肯定、基於契約制上的封建體制，顯示了朱舜水既有學以經世致用、關懷天下之大胸襟，也是他個人在實際生活環境中的切身感受。當然，朱舜水與德川光圀關於體制理念也有時代的局限性。譬如，未能及時通過漸進改革去除封建制中的世襲等級，致使幕府加速倒台，其仍影響到今日日本社會仍需克服的等級遺風。[87]

此外，從朱舜水有關朝廷和幕府將軍的稱謂區分，也可鮮明地看出朱舜水基於政治體制觀對這兩者及兩者關係的態度。譬如朱舜水在回答水戶藩士小宅生順（字處齋、安之，1637–1674）此方面的問題時，作如下述：

> 官家乃天子之稱，他無敢稱之者。至於朝廷，則非天子之專稱。孔子朝，與上下大夫言。又其在宗廟朝廷，孔子雖入周，未嘗一登周天王之朝。且書中明係魯國之朝廷也。
>
> 今將軍之尊，何遽不及魯候哉？殿下、公方、御前，此在國俗則可，若欲傳久行遠，恐有礙也。惟裁之。[88]

明顯地，朱舜水上言之意為：君主虛權，仍是君；執政政府可謂朝廷；幕府是合法的正統政體（legal legitimacy）。德川將軍位不低於魯侯（朱舜水不稱魯侯為魯王，其意可知），但名分上不應超出虛君天皇。持此立場的朱舜水，毫無疑問地反對君主專制，他認為君主應該為天下平民服務：

> 君子之一身，上以承天之明命，下以作民之父母。是故，以一人勞天下，不以天下奉一人。獨行其道，非平治之規也。[89]

熟讀《貞觀政要》的朱舜水，故意將唐朝官員張蘊古在其《大寶箴》中對君主「以一人治天下，不以天下奉一人」的規誡，[90]換成「以一人勞天下，不以天下奉一人」，明顯地即出於此想法。相比之下，極度專制、大興文字獄的清朝雍正，卻偏要強調他君主專制的地位，「惟以一人治天下，豈為天下奉一人」正是他的用心寫照；而雍正將此做成對聯，故意掛在他召見大臣的紫禁城養心殿西暖閣內（此對聯現仍在），其告誡下臣之意也顯而易見。

此外，儒學者雨森芳洲（1668–1755），也記下朱舜水曾說過「來此邦親見封建之世風儀，知三代聖人之法，甚幸之」之語，[91] 可視作朱舜水具此類思想輔證之一。雨森芳洲是儒學名家木下順庵（1621–1698，名貞幹，號順庵）的門生，木下與朱舜水關係密切，幾同朱舜水弟子。尊王敬幕，還需禮樂教化以彰明。通過祭祀、儀式助成的社會秩序構建，無論根據宗教儀式還是氏族部落及族群祭祀，其目的都是為造就、聖化共同體的共同價值，古今中外，並無差別。在重禮樂的華夏，楚王問鼎，踐君臣禮教，開以血腥暴力破壞周朝封建制政治秩序之先；而孔子譴責等級為正卿的季氏跳八佾舞，違禮制（諸侯用六佾、卿大夫用四佾），亦源於此因。水戶藩學人武士在朱舜水親自率領下，以虛君封建制的周朝禮樂為模本，操演釋典，也是為彰明孔子據禮樂、為穩固封建社會政治秩序所倡「克己復禮」的初衷。[92] 此正如朱舜水所指出：

> 親奠則上公（朱舜水對光圀之尊稱）為初獻，典禮之官為亞獻，在天朝（中國）則宗伯為亞獻。侯邦亦應有之，如魯有三官宗伯及大司寇，宋有司徒、大司馬、司寇，晉、楚皆有司馬，鄭有冢、司空。則典禮之官，重職也，必自有之，特見於經傳者少耳。[93]

隆重莊嚴的「釋奠之禮，三代禮儀，悉備於斯，時見者聞者，無不稱賞歎服，曰：『不圖禮儀之美，至於此矣。或曰：一至此地，不嚴而肅，傲慢之氣，不覺銷鎔頓盡。』其間老成人，至有淚下者，明德之馨，使人薰陶與起者如此，誰不尊崇焉。」[94] 此外，朱舜水做孔子殿堂（大成殿）模型，為以後幕府建聖堂所用。朱舜水所明言的「儒者非他道也，則文武周公孔子之道，即堯舜之道也」，也出於此目的。[95]

身處日本德川封建體制中的朱舜水，逢德川建政期社會向學風氣漸興之時，終因其不凡的淵博學識、高風亮節的人品，獲水戶侯德川光圀聘請，也受到眾多武士官員與學人的敬仰。生涯已逾甲子的朱舜水，受到德川光圀敬重，以其為終身之師。朱舜水有機會、也有理由繼承孔子未竟的理想，為實現與鞏固一個優於君權專制體制的虛君共主封建制而努力，而他確實也盡己之力，躬身而為。朱舜水對光圀期望之大、教誨之深、兩人關係與互動之密切，以及對政治、為學目的的論述與探究等，從兩人及當時相關人員留下的書函中可見一斑，不但讀之感人，也印證了正因為二人緊密的互動，才為建立水戶學立下了不朽功績。考《朱舜水集》，可知這方面不少詳情，順舉數例如下：

一、光圀侍醫井上玄桐在可視為光圀傳記的《玄桐筆記》中說：「義公（指德川光圀）唯仰以朱舜水先生為師範，自稱門生。朱舜水去世後其感歎曰，世上除朱舜水外，無真學者。」

二、水戶藩大老岡崎昌純告訴朱舜水，在移風易俗、改正藩政方面，只要符合日本國情與水戶藩情，藩主光圀均按朱舜水所囑行之。正如朱舜水所言：「在此屢有啓迪，疑上公漫無可否，故連年堅欲求去，台下之所知也。特為貴邦風俗所拘，事事皆藉他人為主，非似中華進退皆自裁酌，欲去則翩然高舉，無有以絲籠之者。是故身雖勉留，居常怏怏。昨上諭上公鴻恩汪澤，覃被士民，此誠有高世主之心，而有志先王之道者。非深心為民，豈能至此？台諭謂是行僕之言，別後喜而不寐。若能擴而充之，則水戶一邦，當無有匹夫匹婦不被其澤者矣。今且使仁心仁聞達乎四境，使含恩之民歡欣鼓舞，歌頌君德，而上公亦無反汗之虞。」（朱舜水〈與岡崎昌純書二首〉）

三、朱舜水去世後，光圀不僅將朱舜水安葬於其瑞龍山家族墓域，視先生為親族，也命後裔世世代代須紀念朱舜水並保護其墓。光圀於辭世五年前的1695年（時光圀68歲），集朱舜水遺文30卷呈世，並註明門人光圀輯，以弘揚朱舜水學問。（《桃源遺事》）

四、光圀曾竭盡全力為先生準備一席有五十餘道山珍海味的中餐，以表對恩師尊敬的心情，並為此費盡數年積蓄。《南熟集》載：「寬文十二年壬子二月十一日，村顧言來談曰，昨日水戶侯枉駕於之瑜舍，設中華之餐禮，設椅子，各其前陳几，其上供餚五十種許。皆以野豬油齋之。自未刻至戌半，不徹之。彼數年之餘資殆充一日之費乎，是其素志也。」

五、朱舜水70歲時，「以老邁恙昏意在辭謝西歸」，時年42歲的光圀設養老禮，敬授幾杖並禮養，還親臨朱舜水住宅，祝遐壽盡歡而歸。(見〈水戶義公年譜〉)

六、光圀令屬下轉告朱舜水，「任憑先生如何說，上公如何肯放先生去。」老年的朱舜水最終考慮到「必欲辭歸，近於要君徼名矣。於禮未為至當，故不敢復言。明言會當辭祿，惟留少許以養生耳。」(〈答奧村庸禮書〉)

此外，與朱舜水同在浙江舉兵抗清的黃宗羲，也是一位經歷國破家亡後，認真思考體制問題的先行思想者。[96]黃宗羲1664年完稿的《明夷待訪錄》，自19世紀末以來，大受如戊戌變法志士梁啟超以及中國思想研究者狄百瑞(Wm. Theodore de Bary)等人的盛讚。[97]在《明夷待訪錄．原君》中，黃宗羲抨擊獨裁皇權「以天下之利盡歸於己，天下之害盡歸於人，視天下為莫大之產業將天下」，國民因此「怨惡其君，視之為寇讎，名之為獨夫」。黃宗羲並批評當時甚多士人迂腐至極：「小儒規規焉以君臣之義，無所逃於天地之間，桀紂之暴謂不當誅」。[98]依黃宗羲看來，天下之所以產生民不聊生問題，全因為秦朝以來君主獨裁的中央集權制所致。實際上，黃氏早於《明夷待訪錄》前十年所寫的《留書》中，已經認識到封建體制優於君權獨裁的中央集權制：「自三代以後，亂天下者無如夷狄矣，遂以為五德沴眚之運。然以余觀之，則是廢封建之罪也」。[99]明末抗清殉難的幾社與復社學子未竟的繼「絕學」事業，後繼有人，黃宗羲和朱舜水都為此付出了努力。

熟讀史書，著有《明儒學案》、《宋元學案》(全祖望補足) 的黃宗羲認為，秦朝以後的中國，與秦之前相比，國家與人民都受盡了苦難：「自秦至今一千八百七十四年，中國為夷狄所割者四百二十八年，為所據者二百二十六年，而號為全盛之時，亦必使國家之賦稅十之三耗於歲幣，十之四耗於戍卒，而又薦女以事之，卑辭以副之，夫然後可以僅免。乃自堯以至於秦二千一百三十七年，獨無此事，此何也？豈夷狄怯於昔而勇於今哉，則封建與不封建之故也」。[100]黃宗羲由此得出，君權受限的封建制自是比後來的君主極權好得多：「三代之法，藏天下於天下者也：山澤之利不必其盡取，刑賞之權不疑其旁落，貴不在朝廷也，賤不在草莽也。在後世方議其法之疏，而天下之人不見上之可欲，不見下之可惡，法愈疏而亂愈不作，所謂無法之法也。」[101]然而，秦朝以來的君主獨裁體制，卻是「後之人主，既得天下，唯恐其祚命之不長也，子孫之不能保有也，思患於未然以為之法。然則其所謂法者，一家之法，而非天下之法也。是故秦變封建而為郡縣，以郡縣得私於我也；漢建庶孽，以其可以藩屏於我也；宋解方鎮之兵，以方鎮之不利於我也。此其法何曾有一毫為天下之心哉！而亦可謂之法乎？」[102]漢隋唐宋以來，士族、平民者即使為官，但各人私產甚至牽連九族的性命，在君權專制的政治體制中並無保障，有比此更悲者乎？

抗清失敗後的黃宗羲對政治體制之反思，除了受到西學的影響之外，也受到東鄰日本的激勵。黃或是通過當時往來於中日人士，或是從到日乞師的道友所聞，或是自己在江戶親身所見，知彼時日本有個與京都虛君朝廷並立、統治全國二百餘藩的執政將軍幕府。黃必定和朱舜水一樣，為這個鮮活、有如先秦時代政體的實例所興奮，喜歎聖道有繼。[103]

德川幕府第六代將軍政治顧問、重要輔臣的新井白石記載，朱舜水根據對德川封建制的了解，認為德川日本勝於明朝的君權專制體制有三方面：其一是虛君作為政治象徵的存在，避免了社會大動盪的改朝換代，朱舜水將之稱為「百王一姓」；其二是天下悉為公田；其三則是仕（武士官吏）俸祿高。朱舜水對德川政體的看法，頗受當時日本朝野重要人物關註，這也是新井白石特地錄下朱此說之因。[104]從朱舜水所說的第二點可以看到，他的看法與同鄉學人黃宗羲有關「井田不復，仁政不行，天下之民始敝敝矣。孰知魏、晉之民又困於漢、唐，宋之民又困於魏、晉？則天下之害民者，寧獨在井田之不復乎！」以及「夫三十而稅一，下下之稅也，當三代之盛，賦有九等，不能盡出於下下，漢獨能為三代之所不能為者，豈漢之德過於三代歟？古者井田養民，其田皆上之田也。自秦而後，民所自有之田也。上既不能養民，使民自養，又從而賦之，雖三十而稅，較之於古亦未嘗為輕也。」二人言論驚人相似，第一點也證實了朱舜水在體制方面的思路，與黃宗羲在《明夷待訪錄》中表露的體制構想近乎一致。據此可知，二人對政治體制的思考及追求有着共同性。[105]至於第三點，應是朱舜水以日本的官宦與明朝的官宦俸祿相比而言。明朝官吏俸祿極低，自是給體制造成破壞。

《大日本史》以孔子的《春秋》作為編史的理論指導，而孔子著《春秋》則是借此書闡明他提倡克己復禮，實際是為了鞏固尊虛王封建制的政治主張。西周與東周都是諸侯合眾國，無絕對獨裁專制君主。[106]無論從主觀願望還是實際結果上看，孔子所提倡的克己復禮主張，是為了在一個諸藩尊虛君的共和體制下，設法安定禮教紊亂、所謂「下剋上」事件頻發的東周社會亂序，以維持世界和平。若社會失序，斯文掃地，則踐踏、否定人倫的「下剋上」、子弒父、兄弟鬩於牆的暴行，在人類社會便會不斷上演。[107]猶如中國的春秋戰國，下剋上事件不斷的現象再現於德川立政前不久的日本戰國時代。所以，將鞏固虛君封建政治秩序視為最高目標的孔子，在回答「顏淵問孔子何為仁」時，會說「克己復禮為仁」；並會說「一日克己復禮，天下歸仁焉。為仁由己，而由仁乎哉」。孔子所告誡的「非禮勿視，非禮勿聽，非禮勿言，非禮勿動」，[108]指的是不合乎封建政治體制的禮儀，破壞社會政治秩序的越禮行為。所以無論古今，批判孔子的克己復禮是拉歷史倒車的反動復古主義，正是那些獨裁者和專制政權的惡意所好。也因此，針對「下剋上」，孔子所提倡的克己復禮為仁、為禮樂秩序基本的主張，作為重要的歷史之鑑，對德川建政有着重要的時代意義。孔子此思，對深受二千多年來秦制影響的現今中國，仍具有重要意義。

抱持這種思維的孔子，儘管認為管仲器量小、不節儉、不知禮(《論語．八佾》)，卻會讚賞管仲輔助齊桓公以和平手段聯合諸侯，尊王攘夷、保衛社稷，為整個社會和平作出了貢獻，並讚管仲操行至「仁」。[109] 德川時代的日本，政治體制結構頗像周朝，雖其在社會和文化構成等諸方面與中國不盡相同，但維持和鞏固猶如東周封建制的德川政體，從理論建樹上看，確實是一個自孔子後、東亞地區史無前例的巨大挑戰。

從留下的文字來看，朱舜水應該是認識到這種挑戰的重要性，並為之振奮不已。不但本章上述舉例的朱舜水對水戶藩大老(最高行政官)岡崎昌純言所言可證明，與朱舜水關係密切的幕府儒官人見竹洞(友元，1638–1696)，也應知朱舜水將東周封建制視為較理想的政治體制。譬如人見在給朱舜水的書函中曾寫道：「翁入府上，公禮大隆重，非翁之德行英才豈能然乎，非上公仁厚篤敬亦不可然也。族弟道設歲末壯學未優，伏乞翁之顧眄，日親灸則學業累日長乎，是僕所喜不寐者也。建學一事，前所擇不便，以翁言其便別佔一地，如前日所言東方陽和之所起，以上公之仁風，翁之和氣，則雖為東周豈不得乎！三年有成者可以期竢焉。僕之志願在於此身。」[110]

即便僅從客觀效果來論證，孔子、朱舜水以及德川光圀的尊王，均非意在樹立一個獨裁專權的君主。譬如，孔子鼓勵他「學而優則仕」的弟子到諸國，而不是只去衰弱不堪的周皇室找官做；為此，冉求成了季氏家臣，子路則仕於衛。就拿孔子自身來說，他既在魯國作過官，也曾仕於衛。甚至當孔子的學生子路質問孔子，為甚麼竟會答應叛臣公孫弗擾之召，孔子也明白地表明「如有用我者，吾其為東周乎」(《論語‧陽貨》)的遠大目標。

上述諸此，都可佐證孔子倡周尊周的根本目的。德川建國初期，幕府雖然通過社會的重新組合，獲得史上最高權力，但江戶幕府仍為諸侯分治之集中。幕府若尊在京都毫無實權的虛位天皇，不但從行政管理上，還能從「禮」上獲得諸侯的膺服，豈非上乘之見？水戶學創始者的「尊王敬幕」四字，實際已盡寓此意。儘管初始時，水戶學創始者們因幕府的尊幕抑王政策，並未大張旗鼓地公開宣示其尊王敬幕思想。當幕府在五代將軍德川綱吉(1680–1709在位)時，幕府對皇室態度起了顯著變化。四代將軍去世後，幕府傳御三家入城(現今位於東京都的皇居)「議立儲。光圀乃薦館林侯綱吉，議決之。」[111]綱吉崇尚儒學，請光圀給其講解《大學》，[112]在天和三年(1683)，再興中斷數百年的皇家立太子式，還在貞享四年(1687)十一月，由幕府出資，助辦已斷絕幾世紀的皇室「大嘗祭」儀式。[113]水戶學創始者們的尊王敬幕主張，在社會秩序建構認同上，對幕府而言可多一層政治保障，名正言順地領導並統合諸侯；又由於將軍幕府是天皇委任的聯合政權頭領，所以比起孔子時代的東周之勢，體制更易安定。相比秦始皇的極權獨裁政體、天武天皇的集權政體以及後醍醐天皇「建武中興」所欲實行皇室專權的政體，虛君政體更能照顧到更多人的利益，也易於走向現代民主社會的初端(primary democracy)。

被稱作現代新儒學哲學思想奠基人的熊十力曾指出：「清末以來，治史者好為翻案文章，每頌美秦皇，吾不知其果何心也。秦皇以梟雄之資，承累世之強，壹意兼併，遂夷六國。諸夏文化，受其摧殘，自是不振。大一統之局既開，後來人主，恆秉其規，務以力征兼併天下。人民在大一統而專制之帝政下，絕不利於組織，絕無參政機會。何者？大一統則地域廣而人民眾，勢不得相結合以參與國事。專制，則亦不欲人民與聞國事。人民與國家關係，僅有納賦與質訟二者而已。以此養成人民自謀身家的心理，而無所謂國家觀念，無所謂民族觀念，無所謂政治觀念，無所謂公共觀念。此皆秦皇開其端也。⋯⋯今秦皇唯用愚民政策，開此亂端，而漢以來君主盡率由之。周制外朝詢萬民與學校教民之政，乃至一切良法美意，至秦而蕩然以盡。秦皇可謂萬世之罪魁矣。」[114]

熊氏所言提醒我們，今人探索17世紀朱舜水、黃宗羲以及德川光圀的思想，可以發現他們均從先秦封建制社會時期的古籍經典中汲取養分，或為反對君主獨裁制，或為鞏固、創建和平的封建虛君政治體制的意識形態服務。這些思想先行者的努力，是東亞社會出現的呼籲近代民主政治制度之先聲，也將儒學帶進了一個嶄新的政體建設的新領域，對現今政治體制改革與思考，仍有重要的啟示意義。

從學派傳承來看，明末主要在江浙沿海地區學人中出現的此種思潮，與永嘉學派也深有關聯。理學與心學外，他們還秉承了呂祖謙、葉適、陳亮等人追求將道統、自身道德修身用以經世實踐的精神。[115]這些學人汲取唐宋以來文學復古學風中的營養，利用事理、事心的合理資源，同時也深受日本封建制的鼓舞，以為聖學有繼。譬如朱舜水倡學先秦之經典，對時下盛行的宋明儒學，持批評但不否定的態度：「王文成亦有病處，然好處極多。講良知，創書院，天下翕然有道學之名。」(〈答安東守約問〉)；在應幕府某藩主請求所作的〈伯養記〉中，朱舜水的「⋯⋯周公曰好士，故士至。士至而後見物，見物而後知是非之所在，故能正吾心以定天下」，更能看出其對當時江戶時興的宋明理學之不同詮釋。朱舜水還著有《操心說》，與黃宗羲對宋明理學在心學方面的認識有共鳴。諸此，都可見明末江浙沿海地區的學人對宋明理學吸收與批判的態度。諸此表明，此時期的學人積極參與社會實踐，將對體制的反思付諸於行動，成為東亞儒學思想發展史上一個嶄新的里程碑，對日後日本和中國的政治思想發展與社會運動影響巨大。[116]

大而觀之，此思潮還體現了擁有不同傳統文化背景的社會與人民，為追求平等權利以及社會安定所作的努力。同時期，在地球的另一端，那個自稱凌駕於法律的英國皇帝查理一世，[117]於1649年被英國貴族高等法院宣判死刑。數十年後，英國開始了延續至今的虛君政治。彼時瑞典，皇帝與貴族分權共政，到了18世紀，瑞典皇帝也成為虛有其位的名義君主。西方虛君制的歷史經驗顯示，此體制是政體和平過渡的基石，也激起人類探索自然(法則)、發展科技以及經濟(歷史上的自由經濟政策laissez-faire)熱情的重要基礎，此政治體制促進了市民群體增長，使得貴族權力逐漸消失，並進而造就了強大的民權在手(投票選舉)的中產階級。

通過學習先秦儒學思想，溫舊創新所誕生的尊王敬幕之水戶學，是在17世紀東亞社會政治大環境下出現的。上述論證顯示，水戶學的內涵及意義，與朱舜水、黃宗羲、孔子提倡周朝虛君共主政治制度的實質緊密相聯。此歷史經驗既可作為現今中國政治體制改革參考，也可為現代東亞諸國及其他地區國家，如何擺脱狹隘民族主義與民族國家意識形態，帶來有益的啟示。當然，筆者關於水戶學的論述，恐仍被視為旁門異説，[118]因為熟讀或接觸到海內外有關水戶學以及朱舜水思想論著的諸賢，定知拙論與長久以來學界的主流觀點甚為相左，後者一直將水戶學視同愚忠尊皇、尊王攘夷、皇國史觀始作俑者(其實水戶學前後期差別巨大，詳見第五章)。不過受鼓舞的是，筆者自1998年始零星發表此方面的學習心得後，[119]近年來時見有學賢回應，其中更有合節符者。[120]

此問題也涉及一直受到西方影響的東亞研究。彼時西方，誠如狄百瑞所説「1940年代西方學界充滿着負面評判中國政治傳統的氣氛」。[121]即使在1990年代初，西方學界對17世紀竟有中國學人為日本的虛君政治思想建設作出貢獻，也多持懷疑態度。雖然因歷史環境原因類似例子並不少，約翰洛克與他的庇護者沙夫堡伯里伯爵(Anthony Ashley-Cooper)的關係可謂一例。此外，戰後日本在美國主導下的駐日佔領軍司令部，不但保留天皇制，也否定了以親王置換有戰爭罪行的昭和天皇的呼聲。將日本天皇再度改為虛君，行民主制，與1930年代美國駐日大使約瑟夫 · 古魯 (Joseph Grew，1880–1965) 的主張也有關聯。古魯認為，如果在政治體制中廢止天皇，會帶來社會失序 (chaos)，他並強調英國駐日大使Sir George Sansom也持此看法。中村政則撰文指出，古魯的這種想法源自其強烈受到當時日本舉國上下大力宣傳國家神道的影響。由於近代日本的國家神道理論，主要源於國學與後期水戶學，中村主張水戶學和國學的教義，造成了彼時建構於日本沙文主義性質上的民族主義 (chauvinistic nationalism) 之全民認識，日本社會基此形成了日本中心主義、上帝之子天皇觀。儘管中村在此文中似乎將二百多年的水戶學視為同一意識形態，未及水戶學前期與後期的巨大不同。[122]

三、對後世間學與政體思考的影響

水戶學依據孔子春秋思想展開的尊虛君敬幕府思想，挾「御三家」的地位與名聲，潛移默化地影響了武家統治階層。五代將軍德川綱吉時，幕府根據朱舜水所畫，並指導匠人建造的大成殿模型，於1690年在江戶湯島 (今東京) 建成了聖堂 (孔子廟)，幕府對皇室也開始採取較為寬鬆的政策。[123] 1734年 (享保十九年)，《大日本史》獲將軍幕府批准印行，[124]影響日增。[125]作為本土學研究的一環，水戶藩主光圀還利用從全國收集到的史料，用於對本土古代詞文詩歌的研究。1689年，水戶藩編纂了《扶桑拾葉集》(詞文集)。[126]隨後，水戶史館學人又着手對8世紀問世的日本最早的詩歌集《萬葉集》進行註釋。[127]由於藩內學人均忙於《大日本史》的編纂工作，遂外請佛僧契沖 (如前所述，包括藤原惺窩、林羅山在內，當時許多文人的文化知識都是在寺院中養成)，詳述具體要求與目的，終輯成《萬葉代匠記》。《萬葉代匠記》引用典籍共四百七十餘種，基本都是水戶藩提供。[128]此書襲《大日本史》風格，基於文獻考證對《萬葉集》中的詩詞進行詮釋，成為日後國學者的研究範式。佛僧契沖因此被一些後世國學學人尊為國學首創人。[129]

滿清滅明後，東亞地區傳統文明向心力一時呈現真空。各地域思想者根據儒學以文明斷「華夷」的傳統，開始確認其文化體自身定位。《大日本史》的編纂，對日本社會反思自身在文明主體中的定位，對樹立與增強日本民族與國家主體意識，為一大推進，德川光圀、朱舜水與其他水戶學創始人因之有功。對於以文明辯爭的所謂「華夷」觀，在日本被稱為夫子大儒的朱舜水，深得先秦以文明而「豈以地哉」辨所謂華夷之識，又得同時代浙東地區承陸象山「東海西海，心同理同」說之學風薰陶，[130]以其出身地作比喻，指出浙江曾被稱為東夷而後發展卻不輸中原，並以此教誨、鼓勵光圀與日本武士學人：「若以貴國為褊小，為東夷，謙讓不遑，則大不然。……僕生於越而貫於吳，周之東夷也，擯而不與中國之會盟也。斷髮文身，侏離椎結，以禦蛟龍魑魅者也。僕荒陋不足數，然自漢以來，文物軌章何如者？今日之吳與越，則天下不敢望其項背矣。舉凡亙古聖帝明王都，賢哲接踵比肩之鄉，亦拱手縮胸而遜讓之矣。顧在做人者何如耳，豈以地哉？」[131]

朱舜水要日本學人樹立信心，在日本建聖學，為行三代之治努力教誨，大大激勵了德川思想界。當時水戶學，正是基於此思，視日本亦為中華正統文明載體之一；同時，也斥責那種懷狹隘沙文主義心態的言論。藩主德川光圀下面一段話，值得現今學界斷定光圀為偏激的民族主義者之論者再思：

> 稱毛呂己志，以文字著，可寫作震旦或支那，稱漢限於劉漢，稱唐限於李唐，稱明則限於朱明。一代國號不可用之萬世。然不喜由西域唱震旦、支那之言，偏見也。外國多隨外國之言，或亦可隨彼方俗語稱之唐山。……將毛呂己志稱為中

> 華，對該國人言相應也，然不應由日本稱之。日本之都唯是中華，豈可名外國為中華。[132]

從光圀此論可見，所謂華夷之別，基於是否遵行「聖人之道」的文明，並非是個人及種族間的不同等級。光圀深得孔子「有教無類」，朱舜水有關中華夷狄之別非在地域、非種族辨優劣，而在於儒家以道、以仁德之教諭的精髓。這一點，在同時代的日人安東省庵、伊藤仁齋、伊藤東涯、荻生徂徠(1666–1728)、木下順庵、安積覺以及幕府儒官林羅山、人見竹洞等人那裏都可看到。德川光圀、朱舜水倡尊王敬幕體制的理論，是以敬崇、信奉孔子所倡仁德思想，尊重每個個體生命為基點。朱以仁為政治之最高目標的思想，從其言論中處處可見。受到朱舜水影響的德川光圀，亦視仁為政的最高目標。他在元祿三年(1690)十二月離任歸水戶時，留言給繼任者綱條，即將仁放在治國之首要：「嗚呼汝欽哉！治國必依仁。禍始自閨門，慎勿亂五倫，朋友盡禮儀，旦暮慮忠純。」[133]

彼時日本，武者尚戈崇暴，輕賤性命。戰國時代，武人戰場上手提、腰繫敵方將士頭顱或鼻子以計功索酬的風習，被視為天經地義之舉，與前兩個幕府時代無大區別。如豐臣秀吉侵朝鮮時，武士、兵丁就攜數萬醃漬的人鼻作為戰利品返回日本，以其報功索酬；[134]當時武士輕視人命之習俗，連當時居住在日本的歐洲人都深有了解。譬如曾見過德川家康以及第二代將軍德川秀忠的墨西哥政治家羅德．理哥(Rodrigo de Vivero y Velasco，1564–1636)就指出：日本人不僅遠比西方人輕視生命，很多人甚至僅僅因為外觀就失去了性命。[135]恩格爾伯特．肯普夫在此方面的觀察及記錄與羅德也不相上下。[136]此外，幕府成立後，山鹿素行為求高祿、求自身進一步發展而辭仕之舉，也可間接證明此習俗。不過，自光圀任水戶藩主後，積極倡學，言武士須向學，儒者武士同為一體，[137]並公開聲稱「學道者君臣皆可稱儒」，[138]並於1676年(延寶四年)率全國之先，將藩內儒者編入官員體制，[139]光圀的舉措影響了幕府和其他藩。1691年(元祿四年)，經德川光圀力薦，幕府決定授政府御用學者林鳳岡(林羅山之孫)敍從五位下，任大學頭，去僧號，可蓄髮、着儒服(不用剃光頭，辱同為僧人)。[140]可惜的是，登上歷史舞台後的日本武士，其所持有的尚武輕「仁」觀，正如朱舜水所擔心的「茲者聚萬眾以修武，出有撫軍之名……祈加重慎，雅副具瞻」，在長期鎖國狀態下的德川時代並未消除。[141] 20世紀以來的日本武士文化習俗，由於在體制、社會秩序建設中欠缺立足於對普世終極生命關懷的思想架構，以致極端民族主義在近代日本能輕易地被納入意識形態主體。日軍在20世紀前半葉的野蠻與暴行，亦反映了極深刻的歷史經驗教訓。

此外，文獻及研究還證明，水戶學的政治體制思考以及朱舜水基此所倡、在日本出現的古學，也影響到清末及中國近代思想者對建設中國新政治體制的探索。東亞地區間的思想交流、文化傳承與互動，藉此可見；同時，也應擯棄其中非理性與逆文明發展糟粕，良性地繼續發展。朱舜水、德川光圀借水戶學提倡的三代封建式虛君政府之治，「聖人」之治無地域、非種族之分的主張，在今日仍有重要的時代意義。與極權體制相比，由可互相監督並制約的分權機構組成的執政體制，可照顧到包括弱勢群體在內、大多數人的利益，因後者絕對優於視天下為一己之私產的君權體制及小集團極權體制(oligarchy)。歷史經驗向我們展示，封建制是易於實現平民參政的一個過渡體制。西歐與江戶日本在封建制下，發展快於君權專制體制的所謂城鎮(城下町)，就曾為大眾逐步參與政治的發展起了很大作用(見表1.1)。思想界對民主體制中的虛君制及總統制探討，即便在今日仍在進行。譬如，2014年愛瑞克・奈爾森(Eric Nelson)發表的《保皇主義者革命：君權與美國建國》，是此領域的新成果。該書重新審視美國制憲者在英國的思想者影響下，所制定的美國憲法，並提出了一個意義深邃的問題：美國制憲者為何捨棄英國內閣制，建立了一個比過去百年英國君主更有權力的政體？雖然這個政體沒有皇帝，但不是個憲法下的君主政體麼？[142] 奈爾森觸及現今美國一些重要、因與體制設計而產生的問題。當今東亞地區正在經受劇烈的社會轉型，水戶學的歷史經驗，為重新思考如何將東亞共同資產的儒家文化中的積極內涵，應用於世界文明建設，對今人應有重要啟迪。現今中國大陸，便有學者基於上識，回顧歷史上儒學從政治體制根本所進行的改制努力，並借鑑外域經驗，以為反思當今政治體制變革。[143]

表一：1000–1890年日本、中國、西歐居民達1萬人以上的城鎮人口在總人口中所佔百分比

	日本	中國	西歐
1000年	無	3.0%	0.0%
1500年	2.9%	3.8%	6.1%
1820年	12.3%	3.8%	12.3%
1890年	16.0%	4.4%	31.0%

資料來源： Appendix Table B-14, de Vries (1984), Perkins (1969), Ishii (1937).

第二章

古學的興起

擺脱後人詮釋經典的説教，直接學習先秦儒學經典，探求古代「聖人之學」的真諦，是古學治學的宗旨。古學被視為德川政治思想發展史上的一個重要里程碑，丸山真男也用它來批評黑格爾對儒學的定義。黑格爾認為中國皇權專制的朝代僅是輪迴、了無的發展，儒教只是作為道德説教，在每個新王朝中幾乎只是得到國教般的權威，中華帝國（丸山稱「支那」帝國）與中華學術界從來沒有過思想對立的經驗。[1]丸山表示無法認同黑格爾此論。譬如，古學創始人伊藤仁齋主張須通過重新研究先秦儒教本意，解救儒學，彼時儒學已顯出墮入空玄説教的傾向。伊藤認為，時人不但須重新審視儒學的禮樂史變遷，也要反思儒學在日常生活中的應用。丸山真男肯定伊藤仁齋在此方面的努力，並指出仁齋的古學學説，為後來荻生徂徠進一步發展古學鋪設了重要平台。[2]對於古學的另一創始人山鹿素行，丸山則表示山鹿素行反對宋儒脱離實踐説教，並在此基礎上將古學的具體延伸至武士道。丸山真男對古學以及其他德川思想學派考察分析的目的，是為了從「儒教思想的自身分化中，尋找現代性價值」。[3]所以二戰後有關古學的理論價值以及其影響一直受到思想界的關註，十餘年前問世的英文版伊藤仁齋《語孟字義》頗能説明此現象。[4]

在德川日本出現的古學，通過批判宋儒末流，重習先秦經典而立。古學的問學主張，與稍早發生在明末中國的現象幾近雷同。此文化共振，通過下文考察舉證，可證實東亞地區在文明發展史上的緊密互動。對這種思想的積極交往與互動，事學者本應總結經驗，為人類文明順利發展而努力；可惜的是，19世紀後的東亞地區，激進民族主義與種族主義意識形態甚囂塵上，造成國家、地區間關係持續緊張的主因，也割裂了東亞地區在歷史上形成的文化紐帶。近年來，日本右傾保守意識形態興起，還出現了「近年來日本以教育界為中心，社會高唱重新認識日本傳統文化的必要性，但是其中又多承襲舊時的『一國史觀』，摻雜着不少(日本)國學方面的民族主義要求」之現象。[5]此新思潮欲藉歷史修正主義，再次將日本帶往狹隘民族主義的舊路。另一方面，改革開放中的大陸以及韓國，近年也不時湧現出過激民族主義的聲音，令人憂慮。[6]因此，今日重溫古學，對時人了解其正面思想價值，認清基於文明大同立場上的問學之緊要，仍有重要的現實意義。

1665年，朱舜水由長崎到江戶。之後，水戶藩正式開展日後名為《大日本史》的編寫工作(詳見第三章第一節)。編史工作的正式展開，也為水戶學的誕生拉開了序幕。此時期，被稱做古學的儒學學派，也在日本誕生。古學在日本的興起，與朱舜水關係甚大。水戶學與古學之後，產生了國學，國學的誕生與水戸學、古學也極具關聯。因此，了解古學在日本興起的原因，不僅可幫助我們跳出日本近現代的認識誤區，即以「國學」為首，強調日本文明發展孤立於東亞文明之外，是一個具有獨特性的民族國家，也有助了解儒學在域外的發展，同時還可幫助學人了解其中精華，知悉末流糟粕。

一、古學產生的社會背景

德川初期古學的興起，與同時期出現的水戶學一樣，在政治思想史上有重要意義。古學反對宋儒以來社會上流行的好窮空理、問學流於空談、不務實的學風，註重經世與日用，提倡直接閱讀先秦儒學經典，而非根據後人詮釋來探求聖人之學，致力重建傳統儒家思想服務於政體建設和禮樂倫理秩序。伊藤仁齋是古學派的創始人，山鹿素行緊隨其後，稍後還有荻生徂徠。古學在日本的興起，與同時代其他學派(如水戶學、木門、崎門學等)的產生與發展一樣，反映了德川思想界不懈努力建設新的社會秩序和創建與之相應的本土學。

新的意識形態並非某些天才依據睿智和幻想一蹴而就，而是憑藉所置身的社會環境，從已有的文化底蘊中攝取必要營養，推陳出新，躍進新的思想進程。為現狀尋找新理念、新出路而從古代經典吸取養分的例子，在人類文明發展史中屢見不鮮。中國歷史上，漢朝董仲舒的天人感應説、今文經學及古文經學、唐朝的文學復古、北宋二程及朱熹所倡的理學、明朝王守仁(人稱王陽明)的心學，還有摻入了中國本土思想的佛教諸新宗派的產生，莫不如此。既便在西方，為直接同上帝對話而從天主教分裂出的新教、歐洲人通過阿拉伯譯著了解古希臘先哲的思想，催生了歐洲文藝復興，諸如此類，均可為證。

17世紀日本新興的古學，當然也不脱此例。明治以後被日本極端民族主義者尊為國學始祖的本居宣長，其思想啟蒙及建構方法(methodology)，很大部分就可追溯到：一、朱舜水、德川光圀為首開創的水戶學；二、德川初期產生、以學古代儒學經典為宗旨的古學；三、若再追本溯源，更可見明末中國知識界對德川思想發展的深遠影響，以及航海世界地理新發現後，因經貿傳教等活動對東亞地區所產生的思想互動碰撞，以及其對東亞地區政治、經濟與文化生活帶來的新變化。譬如明末反清最激烈的浙江和福建沿海地區，是當時中國海外貿易最活躍地區。南宋興起的事功學派，也出於沿海的浙東永嘉。一些江浙學人，包括餘姚出身的黃宗羲，早在1650年代就到過日本長崎和江戶。此外，借地緣之便衝破阻力，積極發展對外貿易的日本九州地區，日本戰國梟雄織田信長支持天主教傳教以助鎮壓強大的佛教政治軍事勢力，以及德川幕府開始的鎖國政策，都與此國際形勢有關。我們更可以發現，經日本古學整理與發展的儒學思想，後又傳回中國，影響了中國思想界。

迄今為止，在日本知識界，對於有關古學產生的原因仍眾說紛紜。譬如著名漢學家吉川幸次郎(1904–1980)，曾舉伊藤仁齋為例，指伊藤仁齋所學無師自通，其脱出佛教和宋學而達到古義，則更是一獨創。[7]井上哲次郎則在《日本古學派之哲學》中指出，日本戰國時代時傳入的朱子學和陽明學帶有佛教氣息，所以「山鹿素行、伊藤仁齋及物徂徠(指荻生徂徠)之徒，為除去儒學中的洙泗真面目，提倡復古聖人之道，不遵中國(井上稱「支那」)後世儒者，而直接跟蹤孔子其人。[8]彼時的日本，資訊並不流通，相互間無絲毫交往，分別居住在江戶的山鹿素行與京都的伊藤仁齋，如何在同時期、不約而同地開始從事古學的呢？對此，井上哲次郎作如下解釋：

> 古學若按其字面之意解，雖為古代之學，但亦可視之為一門新學。宋學以來學者唯奉朱子、陽明，無一人見解出二氏之外。而大膽喝破其謬見，支那人絕無僅有，卻由日本人率先脱出朱子學之圈套，超然歸古學，為山鹿素行與伊藤仁齋二氏也。二氏見解不期而暗合，幾乎同時看破追溯洙泗淵源之要。然山鹿素行先發表其説，伊藤仁齋次之，故歷史順序亦不得不按此排之。[9]

東京帝國大學哲學教授的井上哲次郎是岡倉天心的大學同窗，岡倉積極提倡「亞洲一體論」，為甲午戰爭與日俄戰爭中日方的正義性背書。二戰後，學界中也出現了批判井上的聲音，指責他的學術研究過分強調日本國粹和獨特國體。[10]井上對古學的研究，文字間透露出他當時的意氣奮發。從上面井上有關「支那人絕無僅有，卻由日本人率先脫出朱子學之圈套，超然歸古學，為山鹿素行與伊藤仁齋二氏」之説，可以看出他以日本政治思想發展孤立於世界文明的眼光，來強調和解釋古學在日本本土突兀而生的原因。井上哲次郎之外，也有其他日本學人認為古學在日本的產生確實是一種孤立現象，原因是古學思想適用於如同中國先秦社會、當時的日本封建社會，譬如童長義提及「三宅正彥認為伊藤仁齋的思想形成，主要是在17世紀初期展開的日本幕藩社會，特別是天皇朝廷所在的京都獨特的政治社會環境中產生。也就是説，伊藤仁齋思想形成並沒有受到東亞文化圈交光互影的影響。而在另一個極端，是以梁啟超開端的，對朱舜水影響日本儒學思想發展的過度揄揚。」[11]

此類思維也影響對國學源起的研究。譬如，對於古學之後為甚麼國學創始者採取古學的方法論，並冀望通過對日本古代字詞、詩歌、古典的詮釋，建立所謂不受外來文明污染的本土學，馬克．麥可奈勒(Mark McNally)試圖根據其他學人的研究作出説明。他採取皮特．瑙斯寇(Peter Nosco)的説法，簡單地歸納為元祿年間(1688–1704年)日本社會熱衷於古代文化所致。[12]實際上，即便在二戰前，也有個別學人根據文本以求實態度做學問。譬如，上世紀20年代，對日本古學產生的來源，青木晦藏將目光投向了同時代的中國儒學。青木通過比較伊藤仁齋與戴震，斷定17世紀的中國和日本出現儒學復古氣象，是因為儒學中原來就有此方面的流派。青木還指出，當時中國的復古儒學就是在此基礎上開展對宋明理學的批判。[13]

可是，學界長久以來對上述説法質疑聲不斷。譬如，張崑將教授寫道：「日本儒者的返本主義發展到徂徠，卻是主張完全的復古，甚至跳過孔子、孟子，直探《六經》義理。何以在近代以前，中國學者很難跳過孔子、孟子以談復古，但在日本德川時代，儒教流行不久，便有徂徠跳過孔孟，直求《六經》之古義？這難道是徂徠預設了雙重論敵(宋儒、仁齋)的必然，抑是日本本身深層的風土文化性格所導致？由於這種『不解』，我只是借『王道』思想做投石問路的研究，以作為日後深入了解日本文化的基石。」[14]筆者認為，若站在文化孤立主義、將日本文明的發展與外界割裂的立場，僅從德川日本內部尋找日本古學產生的原因，既片面又不完整，反而將某地域的各案研究置於世界文明發展的大框架內察看，應可得出較平衡的觀點。

德川日本古學的興起，與朱舜水同當時的武士及市井向學者之交往，極具關係(詳見第三章第二節)。古學創始人中，有激烈反對當時幕府權臣主張的朱子學、因倡古學而獲罪遭到流放的山鹿素行，有在京都潛心治學、出身市井的伊藤仁齋，還有出身御醫家庭、具武士身份的荻生徂徠。朱舜水對他們在學問上轉向古學，都有過直接或間接的關聯。譬如，朱舜水通過忘年交武士弟子安東省庵及其門生片岡宗純，以文書諮詢、書信傳閱以及批語改文的方式，對伊藤仁齋事學的方向與具體思想，提出了意見與修改。此互動使得仁齋最終捨棄宋學，轉而終生潛心攻讀先秦儒學經典，成為日本首位古學創始者。伊藤仁齋之後的古學另一創始人荻生徂徠也曾表明，他是通過與伊藤仁齋弟子為友而知古學之宗，還向朱舜水弟子安積覺諮詢朱舜水思想與學問宗旨。雖然徂徠後來對外稱，其事學古學的開端，是受到明朝王攀龍等人的影響，與仁齋無關。與這些學人相比，未與朱舜水接觸過的德川初期其他地區學人，如提倡神儒合習的山崎闇齋(1619–1682)、提倡陽明學的熊澤蕃山等，在事學方法及方向方面就顯出異趣。此外，舜水與當時的幕府儒官林家掌門人林鵞峰雖略有交集，但服務於幕府官方的林家，則固守偏重詩文理學之家風。林或因其官方身份和學風，與朱舜水理路不一，不過林家長子林春信及同為幕府儒官的人見竹洞，以及木下順庵(時加賀藩主所聘儒者，後為五代將軍侍講)等人，均與朱舜水接觸頻繁，屢屢向舜水求教。此後，這些學人的學風顯出大變。[15]

18世紀以來，日本一直有一股視日本文明為孤立於東亞文明發展、所謂獨特民族國家的思潮。因此，明白古學在日本興起的原因，有助了解日本文明史演變、發展的實質過程，其重要性自不待言。相對於水戸學，二戰後日本知識界主流對古學讚賞有加，評價正面。荻生徂徠若泉下有知，定當雀躍不已。古學在數百年後再被重視，也受惠於大環境變化。1952年，冷戰正酣，與日本比鄰的中國參與的朝鮮戰爭，也進入了第二個年頭；美國社會因恐共反共，使諸多無辜枉受政治迫害。丸山真男的《日本政治思想史研究》，在此時期出版問世。丸山此書承襲韋伯舉證新教倫理中含有資本主義精神的論證法，[16]期望通過發掘日本民族的思想文化資源，舉證日本現代既不是全部按照西方模式，也不是完全在西方影響下產生。此研究間接地反駁了按照西方模式，現代化在各國均可取得圓滿成功的理論，不僅成為日後檢討南美洲國家以美國方式實施現代化卻何以遭受重挫的參考，也為美國思想界曾糾結不已的「中國何以陷落」(who lost China)之爭，提供了一個研究思考案例。

有趣的是，丸山在《日本政治思想史研究》中，首先以儒學古學派創始人作為研究論證的對象。丸山先將關註點投放在由宋學轉向古學的兩個「偉才」山鹿素行與伊藤仁齋身上。素行、仁齋之後的古學另一創始人荻生徂徠，則更得到丸山的青睞。丸山強調，他的目的是通過探索儒教思想在自身分解(即從宋學轉向古學)中的近代意識，來查證其具有多少「現代性」價值。[17]丸山此書不但為戰後日本學界建立新觀念的政治學起了奠基作用，也衝擊了當時社會及思想界主流，因為當時後者多視儒學為現代化負面財產。雖然丸山的荻生徂徠研究，有將日本儒學強加於日本現代化成功理論的片面之嫌。五年後，獲得東亞研究與社會學雙學位的羅伯特・貝拉出版了他的《德川宗教》。貝拉也同樣依照韋伯研究法向西方世界舉證，日本本土文化與宗教資源在實現現代資本主義的過程中，具有積極功用(儒教被貝拉當作廣義的宗教處理)。[18]

赫曼・奧姆斯(Herman Ooms)批評貝拉此書是一部將文化描述為一個整合全部、幾近死水般事物的典型著述，並製造所有宗教價值在德川時代是支持政體的假象，但卻無視19世紀初新的宗教運動所表明要退出政體的動向。奧姆斯並認為，丸山真男及狄百瑞所認同的德川初期政治思想構造中儒學與朱子學之重要性，與事實不符。[19] 可惜的是，奧姆斯所列事實流於片面，其所列舉的證據也不足證，諸如：一、德川家康時期的幕府行政官員中無儒者職位，林羅山在幕府的地位不清；二、1630年，幕府為建造可容納二、三十名學生的學寮，給林羅山僅區區一小塊土地和兩百兩銀子，但相比之下，幕府在日光造家康廟費50萬兩銀，為了給佛僧天海建造江戶上野的寬永寺，幕府還向各地大名徵收了五萬兩及建材；三、德川家康是天台教信徒，曾112次公開聽過佛教講義，而對林羅山和藤原惺窩要求建學校一事，一直沒有落實之類。[20]事實上，位於現東京都上野公園北、作為天台宗關東地區總本山的寬永寺，是德川將軍家的私人菩提寺。在德川日本，每家都有由各自所屬寺廟管理的家族墓地，德川時代的15個將軍中就有六個被埋葬在寬永寺。幕府在日光造德川家康廟、東照宮的目的與功用前文已述，讀者應有判斷。而且，以俸祿判定某個人在幕府的受重視程度，也頗值得商榷，如山鹿素行侍淺野侯時，歲祿千石；聲明若被聘，不在祿而在於其學能否採用的朱舜水，歲祿為500石。[21]

總體而言，筆者認為丸山與貝拉兩書，瑕不掩瑜，其對戰後思想界開展德川時代以來的日本政治思想研究有開山之功。近年渡邊浩教授出版的《日本政治思想史》，將其師丸山的研究以更寬廣的視野提上了新高度。[22]下面先討論日本古學三位創始人伊藤仁齋、山鹿素行、荻生徂徠轉向古學的原因與主要主張。

二、伊藤仁齋：擯棄旁註臆解，直讀聖人之書

日本學者中最先提倡古學的人，應屬伊藤仁齋。[23]被稱作古學先生的伊藤仁齋，在最終將自己的學問定位在古學之前，曾有過數次方向不同的探索與掙扎。仁齋生於文化氣息濃厚的京都，出身於崇尚文化的商人家庭，當時家中藏書已有朱熹的《四書》、《語錄》、《或問》、《近思錄》以及《性理大全》等。11歲時，父親給他找了個私人教授，讓他通過日本傳統的方法誦讀、理解漢文文章，即按日語文法順序誦讀漢文文章，了解文意。[24]此時的仁齋，始被「授《大學》，讀治國平天下章」。[25]

《大學》為《禮記》中一文，原作者名未定，但朱熹認為是孔子及其門生留下的遺書。南宋光宗紹熙遠年(1190年)，身在福建漳州的朱熹將《大學》、《論語》、《孟子》和《中庸》匯集，作為一套經書刊刻問世，名為《四書》。此後，各朝皆將《四書》列為科舉考試範圍，造就了其獨特的地位。朱熹自己也稱「《四子》，《六經》之階梯」(《朱子語類》)，並另著《四書章句集註》詮釋之。仁齋大約也是從那時候起，被治國平天下之類的文章所感動，立志於儒學之道。[26]不過在其後數年間，他自言「困於俗學，溺於詩文，不得進者，亦幾歲哉。」[27]漸長，仁齋讀到李延平的文章與朱熹的《小學》，「始大感悟」，隨後又讀到朱熹的《敬齋箴》，迅即為之傾倒。

儒學在仁齋的時代，並不被當作有鮮明異國烙印的舶來品。吉川幸次郎形容仁齋後來所從事的古學，也是先秦儒學的事業，是「一種存在於人類、普遍而妥當的意識，是自明自然之物」。[28]因此，彼時日本學人闡釋和演繹儒學，只不過是學人自身對學問和真理追求而已。持此立場，仁齋對所謂的華夷觀，自然以文明作基準。譬如，其說「(夫子)作春秋也。諸侯用夷禮，則夷之；夷而進於中國，則中國之。蓋聖人之心，即天地之心，遍覆包涵無所不容，善其善而惡其惡，何有華夷之辨？」[29]仁齋以孔子所倡文明的普遍性為依

據，卻非以地域及族群/民族來分辨「華夷」，值得今人深刻反思；現今學人中有將「華夷」譯為「civilization and barbarism」者，也顯示出其深得傳統儒學主流的精髓。[30]

1. 徬徨期：由「敬」至太極之學、佛學

伊藤仁齋讀到《敬齋箴》，是在他27歲那一年(1653)。朱熹此書，讓仁齋覺悟到所謂儒學真理、孔子費心所編的六經真諦，歸根結柢，唯以「敬」一字概括之。仁齋因而敬慕朱熹，遂立己號為敬齋。對朱熹以「敬」闡述儒學真諦，當時的仁齋是這麼理解的：

> 夫惟敬者，仁之則也。仁者，善之本也。捨敬則無以見仁，捨仁則無以見性。
>
> ……故苟不從事於持敬，則雖欲求仁，不可得也。吾道之要，其不在於茲乎。然世之儒者，多徇其末，而捨其本。
>
> 守其死法，固非善讀文公之箴也，概六經之學，雖浩博奧妙，若無涯矣，然謂不出於敬之一字可也。……
>
> 昔敬自為敬，仁自為仁，今知敬即仁也，昔敬自為敬，天道自為天道，今知敬即天道也。[31]

在「捨敬則無以見仁，捨仁則無以見性」的認識基礎上，好學的青年仁齋再行探索，期望求得更深層的結果。不久，新的發現果然接踵而至：

> 太極者，道之極也，萬物之所由生也……所謂天地萬物，莫不根於太極焉……不可形名焉，不可以色言焉，謂之有則無形，謂之無則有理，既無有無之可辨，復無終始之可議，此所謂太極之真體也，謂之道，謂之性，謂之未發之中，謂之造化之樞紐，是故太極之妙也，無聲無臭，不可得而見也。[32]

此時的仁齋將儒學論道的真諦歸為「無聲無臭、不可得而見」的「太極」，並據此發現了畢生追求的聖人之學的真正實質。這個實質無法用文字表達，僅存於深奧莫測的「心學」之中：

> 聖人之學，心法也。不可以文字言説求焉，不可以意度臆想得焉，蓋具於心而不假外求，出於天而不得他取。……以六經之學，本不過求於其具於心而出於天者也，其始見於經。……蓋肇於堯之一言，開於舜之四句，而用功之密，具備於學、庸、語、孟之書焉。[33]

由此可見，此階段的仁齋將他對儒學思想的追求和理解發展到不可知論之中，而這個不可知論的始點則可追溯至佛理化了的儒學末流學説。當時的仁齋渾然不覺，還頗沾沾自喜，自認發現了宋儒從未發現的真正原理。學以至此，聰明的仁齋，一定在宋儒的著述中發現了包含佛教和道家思想的説教內涵；[34]換句話説，宋儒學風中引佛道入儒的流習，影響了此時的仁齋。時年29歲的仁齋，誤以為儒學思想源於佛老之道，開始利用生病離家隱居的時光，潛心研究佛教道家。其寫道：「問求之於佛老之教，嘗修白骨觀之法，久之而覺山川城郭悉現空想。既而悟，其非是而醇如也。」[35]此期間的仁齋，一心讀禪學及老莊書籍而否定儒學，[36]並發表了新的學習心得《白骨觀法》。所謂白骨觀法，按仁齋所言，就是「當工夫熟後，不僅可見自己一身為白骨，與他人談話也會覺得是在同白骨對談，路上行人看上去也像木偶在動，萬物皆呈空相，無天地也無生死，山川宮殿皆如幻」。[37]自幼立大志於學問的仁齋，就這樣將自己的儒學研究，從宋儒李延平、朱熹等人的性理之學，逐步伸延至佛教道家的虛無縹緲説教之中。

仁齋在求學道路上的思想探索與變化，與當時東亞社會大環境與學風有關。譬如，與仁齋居所僅一江（京都堀川）之隔、年長仁齋九歲的山崎闇齋，在學習朱子學的過程中，融入神道思想，以為政治服務。山崎闇齋46歲時(1665年)受聘於四代將軍家綱輔佐，當時紅極一時的高遠藩藩主保科正之(1611–1672，時年44歲)。保科正之為三代將軍的異母弟，受其託孤，成四代將軍家綱輔佐。保科輔助弱年將軍執政，急需提升將軍威望。獲聘後的山崎隨即推出「垂加神道」說，而垂加神道其實是借朱子學糅入神道説的混合物。保科與山崎以此說來吹捧德川家康的神性，為的是強調將軍幕府的合法正統性，強調若冠的四代將軍德川家綱(1641–1680)權威。[38]

秦朝建立了中央極權政體，當時儒學只有坐冷板凳的份兒。漢武帝時儒教被尊為國教，卻是走了味的，與孔子所倡儒教之政治目的相距甚遠。當讀書人無法以學經世，為政治和社會服務時，魏晉的士紳就玩道家佛教，高者清心欲，低者求遁世。隋唐一統後，武輩凌駕於文職，彼時雖文才輩出，但多盡心鑽研文章、推敲詩詞，水準登峰。此現象引起諸如像熊十力批「唐世，儒學無人才」的聲音。之後的五代，則所謂「五季俊傑，盡在禪宗」。兩晉以後，有着縝密思想體系的佛教，刺激並促成了道教思想體系的建立，為中國人的精神世界灌入了新血液；玄深的佛理説也為儒學貫註了新養分，並為儒學在內理辯證思維方面提供了理論要素。與此同時，轉向注重思辨的儒學學風，也使不少學人困惑其間。

宋朝成立後，政體呈嶄新局面。讀書人受到重用，地位高於武職，儒學也現出繼往開來的新面貌。二程的「萬物皆只是一個天理」的新説、[39]朱熹的《近思錄》等，均展現了新理學家的道德觀特質。程顥、程頤與朱熹都受到佛學影響，朱熹的幾位授業之師也都有佛教背景。此時，在東南沿海一帶，文化開放，經濟發展，出現了將理學聯繫日用、經世的主張，誕生了為學講究事功、包括永嘉與金華學派在內的浙東學派。明朝中後期，在江浙沿海地區，則出現了王陽明的《傳習錄》、東林黨人等的經世主張。明朝末期，帝國日衰，皇家政權管理鬆懈，加上西方傳教士的文化與宣教活動，在江南沿海地區，儒學又呈一嶄新面貌。當時學人以文化開放心態，汲取外來文化，發展了儒學。此動向與結果也影響了東亞其他國家的意識形態與政治思想建設。

德川幕府之前，由於日本朝廷傳統，有志事儒的學人基本都出自菩提界。歷史上，京都朝廷指定個別世襲貴族家庭，才有資格專門從事與傳授儒學，所以德川幕府成立時，當時的儒學者如藤原惺窩、林羅山等均出自佛門，而佛寺也是日本的文化重鎮。且不説讀懂佛典需精深的漢學知識，平安時代以來日本最重要的一些寺院主持，也多出自皇家貴族，他們的儒學根柢相當厚實。元、宋、明朝時，既有從日本往中國學佛(必須學習漢語)的日人，也有深諳儒學赴日的中國佛僧。譬如被鎌倉幕府執政北條時宗從中國請到鎌倉，建長寺廟並任主持的無學祖元；[40] 17世紀赴日的日本禪宗黃檗宗始祖隱元隆琦(1592–1673)，即後水尾法皇的師父，均可為例。[41]受此大環境影響，德川初期的日本儒學難免不沾佛氣。1664年，在日本已居住了五年的朱舜水，因深悟明朝學風之弊，故對當時日本知識界的問題也輕易看破：「貴國讀書，甚非其道。不獨作詩歌者，不可言讀書，即治道學者，亦不可言讀書。但僕此言一出，怒者多矣」。[42]對當時佛儒難分的日本思想界，朱舜水還曾對他的知交、金澤藩官員奧村庸禮歎息道：「不佞儒而日本遍地皆佛。噓佛之氣，足以飄我；濡佛之沫，足以溺我。」[43]仁齋後來在問學上知其所迷後，回顧當時日本思想界此現象，不禁感言道，日本社會僅知究理學之宋儒，但「於孔孟之旨，茫乎不知其為何物」。[44]

2. 轉向古學的伊藤仁齋

1662年(寬文二年)，京都遭遇大地震。時年36歲的仁齋以此為契機，在震後結束隱居生活，返回家中。同年5月，仁齋設私塾、招弟子，並立同志會，每月三次，與社會同好興會論學。仁齋為此撰寫〈同志會籍申約〉，並訂立〈同志會式〉。對於辦學方式，仁齋所採用者，有如當年孔子、亞里士多德，以相當民主的討論形式(seminar)，與眾弟子共同問學。[45]〈同志會籍申約〉聲明，學習的目的是「盡人之所以為人之道。」欲盡人道，則須先知人性。因為人「性之貴且靈，非物之所能比。」所以，「唯能知性，為知為貴為靈之真；唯能知性，為盡為貴為靈之實。蓋性即天命，命即天理。」可見，當時仁齋所事之學，是將宋儒學說中的性理說當作他的學問。仁齋長子東涯根據仁齋的〈同志會籍申約〉，肯定了這個事實。其在〈申約〉的附註中添寫道，「〈申約〉中有蓋性即天命，命即天理等語，此亦襲宋儒舊説，非定論也。」[46]

兩年以後，仁齋在治學方向上有了脱胎換骨的大轉變，此次轉變造就了仁齋一生的治學方向——古學。所謂古學，是直接學習經典原著，而不是通過後世人的批註所云來理解經典。仁齋之後的學人尊稱其為古學先生，就是因為仁齋在此領域的拓展與取得的成就。仁齋此次學風的巨變，與他好學謙虛以及對學問孜孜不倦的追求有關，而他這種問學精神與人品也為他入門古學創造了機會。同年某日的例行同志會上，仁齋遇見了柳州青年學人片岡宗純。二人此次的會面，成為仁齋人生和問學的轉折點。片岡宗純來自南部九州，遊學京都，慕同志會之名登門問學就教。宗純師出於柳州藩武士學者安東省庵，省庵不但是朱舜水在日的首位入門武士弟子，也因其極盡尊師之人品，向學之誠心，被朱舜水認作是「賢契」的知己者。得舜水私授後的省庵，學風與當時學儒者大異其趣。仁齋發現，片岡給他和同志會學友送來了令人面目一新的學問春風(詳見第三章第二節)，喜不自禁的仁齋不由激歎曰：「吾前所欲得而觀之者，則此人也！」[47]自此之後，仁齋走向古學，將研究、探討、詮釋、講解儒學經典的原義，即所謂經典之古意，作為終身之業，並開始一邊學習，一邊「草定《論語古義》及《中庸發揮》」。[48]

仁齋是第一個在日本提出問學人須讀經典原著，直接理解古代先賢之教的本土學者。他指出，將後世各類註釋者對經典的註釋，當作理解和學習的目標是錯誤的。仁齋在此方面的主張、論述以及講學，隨着他的學問深入，聲譽日隆。在仁齋的整個生涯中，慕名到其坐落在京都的私塾，聽講解並參與討論的人士來自全國各地，數至三千；仁齋晚年時，朝廷還專門請他著文以作諮詢。仁齋在世時，抱着對學問精益求精的態度，並未公開刊印著述。終身為一介平民的仁齋，去世後留有《孟子古義》、《語孟字義》、《童子問》等遺作，它們得以問世，多虧了承傳父業、也是古學大家的仁齋長子東涯。東涯認真整理和校刊仁齋遺文，並將之刻板成書。

仁齋的學風轉至古學後，以先秦經典為依據，開始抨擊摻入儒學中的佛學、老莊説，再進而駁斥宋儒理學與心學的末流之非。仁齋認為，當時德川學界風行宋儒之學，「皆為註腳之所累」。[49]其説：

> 孔孟之學，厄於註家久矣。漢晉之間，多以老莊解之。宋元以來，又以禪學混之。學者習之既久，講之既熟，日化月遷，其卒全為禪學見解，而於孔孟之旨，茫乎不知其為何物。雖有大智辯，為之解其縛，拔其釘，而終不能使其回首焉。
>
> 噫。余每教學者，以文義既通之後，盡廢宋儒註脚。特將語孟正文，熟讀翫味二三年，庶乎當有所自得焉。緜思蠻貊之間，有獨有語孟正文，未有宋儒註脚之過，而得大聰明之人。與之講學，則直自得孔孟意思，而無後來許多説話。
>
> 以此觀之，則知專據註脚理會正文，而不知去註脚理會正文者，大率多部免與孔子背馳，而為佛老門中人也。必矣。[50]

讀經典使仁齋擺脱了對偶像的迷信，先秦哲人之教則使他有了批判宋明理學的底蘊。仁齋指出，朱熹之學有「欲專以理斷之，則其説愈長，而去實愈遠矣」的通病；儘管朱熹本人也聲言，其不樂見將解釋經典的註腳發展成文：「凡解釋文字，不可令註腳成文。成文則註與經各為一事，人唯看註而忘經。不然，即需各作一番理會，添卻一項工夫。」[51]但有學人指出朱熹實際上並未做到這一點。譬如在為《孟子．告子上》以及《孟子．梁惠王下》所作的註解，朱熹也常常逾越自己所訂的解經標準。[52]仁齋對以前崇拜朱熹以「敬」字表述儒學之真諦的認識，也有了一百八十度的轉彎：

> 或謂余不喜說敬字，是大不然。語孟二書，具有成訓，豈可廢之耶。但不喜後世持敬之說耳。夫執一而廢百，孟子之所以惡於子莫也。……若謂主一敬，而聖學即了，則奚異於欲以一味陳皮療百病乎。[53]

仁齋在28歲時曾深信，所謂的聖人之道是「聖人之學，心法也，不可以文字言說求焉，不可以意度臆想得焉，蓋具與心而不假外求。……《學》、《庸》、《語》、《孟》所謂格致誠正，明善其身，博約一貫，盡心知性等說。」[54] 1664年後的仁齋， 開始斥責佛學道家，指出佛學道家雖然也講正理、正道，但實際上對正理與正道的實質並不辨其虛實。他說，「若二氏之學，專以虛無空寂為道，無形影，無條理。故謂有亦得，謂無亦得，謂虛亦得，謂實亦得。」[55]

通過直接學習、理解原典，仁齋開始反省以前在《心學原論．並序》、《性善論》等著述中的思想立場。他批評佛教以坐禪入定為識以及王陽明以心學為知的說法，顯示出這種新思維：

> 佛氏以見聞學知，為妄見。以坐禪入定，認得本來面目者，為見性，為實知。然其以為見性，為實知者，本由坐禪入定則得，不由坐禪入定則不得。然則與以見聞學知而得者奚以異。豈可謂之性乎？
>
> 夫吾所謂實知者，固不由見聞學知，亦不由坐禪入定，自母胎中帶來。孟子所謂良知良能是也。非若佛氏必可以坐禪入定而得也，豈可不謂之性哉？
>
> 王陽明亦以見聞學知為意見，以良知良能為真知，其以良知良能為真知似矣。然以見聞學知為意見者，亦猶佛氏之見

也。……凡人之所能為者，皆吾性也。見聞學知，豈獨謂之非人之性可乎？禍天下之學者，實二氏之言也。[56]

至此，那種將聖人之道視為高深莫測、玄虛不可及的看法，遠離仁齋而去。仁齋認識到，所謂聖人之道，簡單明瞭，存於每日生活中；真正的聖人之道，與隱晦難懂、脫離日常生活實踐的宋儒理學末流，南轅北轍。[57]他感歎道：

聖人之道，在於君臣、父子、夫婦、昆弟、朋友之間，而德不出於仁義忠信之外。……天子不能廢焉，聖人不能改焉。……故謂之天下之達道德，若禪莊之理，宋儒理性之學，其理隱微而難知，其道高妙而難行。遠於人事，戾於風俗，推之於人倫日用，皆無所用，豈得謂天下之達道德乎。大抵騖於高遠，而無益於人倫，無資於日用，無補於天下國家之治者，便孟子所謂邪説暴行。[58]

仁齋認為學聖人之道，要「學須為日常所用，須為經世致用；而宋儒之學卻反其道而行之，故其所事，絕非聖人之學」。他相信人需明聖人之道，而聖人之道寓於日常實用之中，決非海市蜃樓，可見不可及。聖人之道，再不是那種「其理隱微而難知，其道高妙而難行，遠於人事」的玄虛之道，[59]也非先前他想從宋明理學、心學，甚至佛教道家的道説。聖人之道，就是堯舜孔子之道，所以，「若堯舜孔子之道，一日離之，則天下君臣父子昆弟朋友，皆失其所」。

轉向古學後的仁齋，強調真正的聖人之道，具普世價值，寓於日用常行之間，合人世常情——人情，必可身體力行，決非曲高和寡，晦澀難明：

謂常道非至道。余曰：常道即是至道。豈天地之間，外常道，而別有所謂至道耶？識常道即至道，是聖學。謂常道之外，別有所謂至道，是異端。何者？論天地之道，至親至切，所歸宿處，則不過於子臣弟友、日用常行之間。[60]

正道易知，正教易從，但以篤志勤行為要。其難知難從，而無益於人倫日用之間者，皆邪説暴行，非君子之道也。[61]

道者，人倫日用當行之路。非待教而後有。亦非矯揉而能然，皆自然而然。至於四方八隅，遐狄之陋，蠻貊之蠢，莫不自有君臣、父子、夫婦、昆弟、朋友之倫，亦莫不有親義別敘信之道。萬世之上若此，萬世之下亦如此。[62]

蓋人情盡乎詩，政事盡乎書。……夫子雅言，獨在詩書者。何哉？夫人情無古今，無華夷，苟從人情則行，違人情則廢。……聖人之為政也，本於人倫，切於人情，而無虛無恬澹之行。[63]

人情之至，道之所存也。故聖人仁以盡其愛，義以立其辨，猶天道之有陰陽，地道之有剛柔，不可偏廢也。[64]

所以，那種不合人世常情、那種「渺茫恍惚，極高窮遠者，都歸於空言」；[65]「口可言，而身不能行，心可思，而不得施之於物，高而無本，文而無實」的價值取向，[66]當然也不再屬於仁齋原先所認定的聖人之道。

在政治體制方面，仁齋認可並贊同幕府挾天子、霸諸侯。其在《語孟字義．王霸．凡三條》中寫道：「王者，有天下之稱。霸者，諸侯之長。當初未有王霸之辨，文武之後，王綱解紐，號令不行於天下。桓文互興，約與國，務會盟，而不能以德服天下，於是王霸之辨興。非必以霸為非也。觀文王為西伯可見矣。」[67]仁齋也因此讚揚管仲之政治，以為肯定王霸共存之政體：「管仲之志之才，甚大矣。其志不在於區區修政事善齊國之間。將以振頹綱，拯生民，而貽利澤於後世。其才亦稱之。故夫子曰：管仲相桓公，霸諸侯，一匡天下，民到於今受其賜。…… 又曰：桓公九和諸侯，不以兵車，管仲之力也！如其仁！如其仁！」[68] 仁齋因而主張聖人之道是天下之公共，而非一人之私情；若違背此道，湯武放伐就有其正當性。仁齋也反對逆天下之公共利益的個人獨裁：「若伊尹之放太甲，固是權；如湯武之放伐，可謂之道，不可謂之權。何哉？權者，一人之所能，而非天下之公共。道者，天下之公共，而非一人之私情。故為天下除殘，謂之仁，為天下去賊，謂之義」；[69]「夫事苟無害於義，則俗即是道。外俗更無所謂道者，故曰：『君子之道，造端於夫婦』。故堯舜授禪，從眾心也。湯武放伐，順眾心也。眾心之所歸，俗之所成也。故惟見其合於義與否可矣，何必外俗而求道哉？」[70]

仁齋是德川日本首位對儒學經典按古文本義作出解讀的學者。其提倡古學的目的，為了解聖人之道的真諦，為追求人生真理，為經世致用。仁齋認為，聖人之道只能從「孔孟之正宗」獲得：「予往年過為諸友所推，自開門戶，以待學者。…… 然學者多狃與舊聞，牽於意見，卒無以得孔孟之正宗」，[71] 他並闡述對佛學道教與政治的新看法：「…… 佛老之道，有之而無益於天下，無之而無損於天下 …… 老莊之說，盛於戰國秦漢之際。浮屠之法，後漢永平八年，始來於漢土，唐虞三代之時，皆無之，然天下泰平。黎民壽考，治皆及數百年。時不以無二氏而害其治也。秦皇漢武，唐玄宗，宋徽宗，最通道教，然政治日壞，國俗日墜。佛法盛於晉宋齊梁陳隋，延及唐宋，六朝之間，亂亡相尋，時不以有二氏而救其亂也。」[72]

由此看來，此時期的中日思想界出現了基於個體獨立思考，從古代經典尋求精神資源的新動向：那就是欲知孔孟先哲之教，須學原著，並在此基礎上推陳出新，以服務於社會現實問題。此時期，西半球的新教教徒通過直接讀聖經原著來理解上帝的旨意，進而推動了對世俗社會與自然社會的求知；天主教改革派的耶穌會信徒也註重對聖經教義的理解，並產生了諸如耶穌會、方濟各會等新的教派。這不啻是所謂軸心時代後，人類在相近時期思想探索上又一次的歷史巧合。[73]

受諸多條件所限，仁齋難以全面了解幾百年來的宋明儒學，譬如王陽明褪衣挨大板受辱後開始強調的知行合一説。當時，幕府尊崇的朱子學在日本有官方化的教條傾向，在思想界中也有將理、氣分為二元，理論思辨脱離經世的問題。儘管如此，仁齋通過直接學古代聖人經典原著，重溫先秦孔孟思想的本義，在註重以政治倫理基本的仁為本，將問學用於人倫日用的經世致用方面，取得矚目的成就；在體制建構方面，仁齋基於禮樂社會秩序的理念，則得出支持封建共主制的結論。

作為一介民間學人，得天時地利之便，加上本身的不倦努力，伊藤仁齋終能大膽否定官方推崇的程朱理學，鑽研並宣揚古學，在德川思想界聲名鵲起。仁齋基於原典，通過對孔孟思想的詮釋，揭示了聖人之學與聖人之教並不需要中間媒介，知仁踐行，人人可為，人人可行。仁齋強調了個人在社會秩序中的自主獨立人格，也造就了他的獨家新説。仁齋的治學方法和理論，以及其古學所帶來的新學風，無論對後來另一位古學創始人荻生徂徠，還是對以去除「漢意」為目標的(日本)「國學」，以及對註重日用之學的「實學」思想開展，都有着不可忽視的影響和啟蒙作用。值得註意的是，仁齋追求的聖(人之道)學，是基於當時東亞學人共識中，有關以文明、也就是所謂「聖人之學」來辨「華夷」(civilized or uncivilized)的努力與結晶。在這一點上，仁齋可以説是真正繼承了孔子的本意，毫無狹隘的民族主義觀。

三、山鹿素行：聖人之學在日本

緊接着仁齋，在江戶異軍突起、公然宣揚古學的是武士浪人兼兵法家山鹿素行。山鹿素行本名高祐，字子敬，素行是其號。1845年成書的《續近世叢語》作者角田簡曾指出，素行此號是朱舜水所起。[74]山鹿素行出身於關東地區的武士世家，父輩時因所仕藩主斷嗣絕後，封地被幕府沒收，素行的父親也失去了經濟來源。由於德川幕府規定，武士不得擁有耕地，也禁止務農。無藩屬武士的素行父親，不得不帶領全家外遷，一番周折後，全家最終在江戶落腳。

當時幕府倡文教政策，素行父母深知，若後代要在和平時期謀得體面的生計，已無法倚靠戰場上的驍勇善戰，武士若想在事業上獲得成功，必須掌握文化知識。所以，他們從小勉勵子女勤學，並盡量提供力所能及的學習條件。素行女婿在《山鹿誌》中說，其岳父「九歲諳四書、六經及七書、諸家詩篇文集」，雖不免誇大，但可察知素行父母在孩子教育上的苦心與投資。素行九歲那年，被引見給名學者林羅山，因能誦讀《論語》序文以及山谷道人(北宋詩詞家黃庭堅)的詩集，被林羅山收作弟子。[75]由此可見，當時的素行已具初步漢文根柢。

此後，素行研習過佛釋老道。15歲那年，又拜兵學家北條氏長為師，學習甲州流派兵學。22歲時，因兵學知識而獲赤穗藩主淺野長直聘為藩臣，年俸千石，在當時來説已屬厚祿。十年寒窗，學有所成，終帶來不錯的收穫。素行成為赤穗藩藩臣後，學習的腳步並沒有停下來。31歲時，素行已著有《兵法神武雄備集》、《兵法奧儀集》，以及將領主視為牧人、向封建主建言為目的的《牧民忠告諺解》。[76]同年，素行辭去赤穗藩臣職，並宣布與其兵學之師北條脱離師生關係。隨後，素行在江戶自闢新館，創據儒學思想的兵學新流，同時也開講儒學。素行此舉，既可兼顧生計，也為擴大影響。不久，素行的兵學知識在武士、大名間逐漸流傳。素行的最終目的，應是期待被幕府破格錄用。按素行自述，三代將軍家光(1601–1651)「聞素行名，屢使待御之士試之，乃有擢之意」；[77]並讓負責服侍將軍日常生活的領班駒井親昌拜素行為師，學習兵學。[78]只是家光不久驟然去世，素行期望入仕幕府的期望未竟。

素行有寫日誌的習慣，存世之日誌為後人了解素行此期間的問學及其他情況，提供了重要信息。從日誌可知，素行能抽出時間讀書，並好社會交際；廣結權好，以助提高身價。後世有人根據素行的日誌，寫道：「當時素行聲望益貴。上自諸侯、幕府麾下之士，下至藩國大夫、閭閻處士，爭入其門，不可勝計矣。」[79]自立門戶的素行漸漸恃才傲物，對他以前的恩主淺野因幡守，竟然放言說若再聘非萬石不應：「淺野因幡守長治嘗訪素行，語次從容謂曰，仄聞先生之言，自今以後，非祿一萬石，則不肯出仕。」[80]山鹿素行對非萬石不欲受聘，也給予過解釋。他說，戰國時期大名陪臣就有高俸祿（高知行）的，其中不但有得五萬石，甚至還有得十一萬石。[81]當時日本的學者或武士，雖倡儒家的君臣名分關係，但武士與主公的君臣關係建立於工資（祿）、養家生計的基礎上。士可辭，另就他職，猶如中國春秋封建，甚至刑不上大夫的宋朝時期，與明清情況完全不同。素行恃名而待高薪之聘，與諸藩主所得厚祿相比，無可非議；也如《山鹿素行》作者堀勇雄婉轉的批評，山鹿這種功利行為背離了自身宣揚的儒家君臣忠義思想。

山鹿素行曾在所寫的《配所殘筆》提到，自己從幼小到壯年，專學程子朱子學，期間著述也充滿程朱學思想。不僅如此，山鹿還喜歡上老莊之學。但在1665年秋，時年44歲的素行卻一反先前所尊的程朱及老莊之學，突然轉倡古學，並猛烈攻擊程朱理學與心學，自述道：「寬文年（1661–1673）初，見漢、唐、宋、明學者之書，難以首肯，而直接看周公、孔子的書，並以其為本，欲糾正自己學問之道。自此之後，不再用後世之書籍，而晝夜思考聖人之書，並開始對聖學之道有所分辨，以定聖學之模本。」[82]素行是德川幕府建政後，率先向官方所倡的朱子學發難的武士學人。他公然斷言，所謂學問，非其他，僅在古學。山鹿在《聖教要錄》中指出：[83]「所謂聖教，不是以前所學的理學、心學，而是以三皇五帝、禹、湯、文、武、周公，自古為聖教道統規範，並可萬世仰慕之物。孔子繼述此古，但孔子沒後，聖人之統殆盡，儒教衰微」；因此，「周、程、張、邵，相繼而起，聖人之學，至此大變。學者陽儒，陰異端也，道統之傳至宋竟泯沒。況陸、王之徒不足算，唯朱元晦大功聖經，然不得超出餘流。」[84]

素行並對理學、心學開火，激烈地批判道：「學者嗜性善，竟有心學理學之説。人人所賦之性，初相近，因氣質之習相遠。宋明之學者陷異端之失，唯在這裏」；[85]「學必在問思，不思其知不至，學必有蔽。心學、理學甘心嗜性，其蔽過；讀書泥事，其蔽不及，共學之蔽也」。[86]素行痛批時人學宋儒，而儒者又盛行以習詩作為學問的時風，認為宋朝以後的吟詩者都是些天下沒正經事做的閑人，其之所以如此，皆因不明聖人之道所致：「古詩自然之韻葉也，其志或存諷諫，或評事義，或述好風景，或自警，或稱時政君臣德。如此，則六義自然相具。後之學作詩，巧言奇趣，其所言皆虛誕也。故詩人者，天下之閑人，佚樂遊宴之媒也。作詩必事經書文字，言道德仁義。欲涉世教，亦詩之一病也。學教何借詩，宋明之儒多有此蔽，不知聖人之道也。」[87]由此可知，此時的素行已不認同先師林羅山及林家的觀點。

素行並開始諷刺日本崇尚宋學的學人。他指出，所謂學，須直接學儒家經典並理解經典的真髓，聖人之教淺顯易懂，但「唯學於古訓」，「讀書在聖人之書，聖教甚平易也。」素行並指出，儒家經典不難讀，讀書目的也並非為了鑽研深奧的玄理，只是為指導日常實踐而已，亦即所謂「致其知，而施日用也。」學以致用，即為經世致邦，也為日常實用，但當時日本的學風並不如此：「專記誦博識，乃小人之學也。忌多走作，詳味訓詁。本聖人之言，可直解，後儒之意見無所取材。」[88]此階段，京都伊藤仁齋關於聖人之道寓於日常實用且日日所需之説，宛如異地迴聲，也出現在江戶的山鹿素行《聖教要錄》中。素行在此文中數次強調，聖學之道並非為標新立異，捉摸不透的奇談怪論：「天地之道，聖人之教，不涉多言，無奇説造為，以自然之則而已，可一言而盡之。百姓日用而不知，古今相由而無窮，弄精神，認性心，乃道遙遠」；而是切切實實、古今通用、日常生活中的必用之道。真正的聖人之學，實際上融於平民日常所學之中，所謂「道有所行也，日用不可以由行，則不道。聖人之道者人道也，通古今亘上下，可以由行也。弱涉作為造設，我可行彼不可行，古可行今不可行，則非人之道，非率性之道。」[89]

對於那些不知「百姓日用」以及不能用於「日用之間」的學問，素行均抨擊為假聖人之道。素行在《聖教要錄》中還指出：「聖人之教終極，為仁；聖人之教要點，為禮樂」；「聖人之教，以仁為極處」，「聖人之教，唯在禮樂」，[90]展現出與「宋儒以敬為學問之本」的殊異。[91]轉向古學後的素行，對衡量聖人的標準有了新的看法。他認為，聖人必須符合以下標準：「其行也篤而有條理，其應接也從容而中禮，其治國平天下也事物各得其處矣。別無可謂聖人之形，無可見聖人之道，無可知聖人之用，唯日用之間，知至而禮備，無過不及之差。」[92]

比起仁齋，對兵學也有造詣的武士浪人山鹿在問學方向上，顯示了更關註經世與實用的取向。仁齋與山鹿對儒家經典的詮釋及理解，因此在側重面上顯出不同，這當然也與兩人不同的家庭背景、生活經歷、所處環境以及社會職業有關。素行將先秦儒學作為指導日用與經世之用，那麼對當時喜好誦詩吟詞弄文之風的習文者，他又是怎麼看待呢？「詩，古代為論政道仁教。⋯⋯現在詩虛巧，為關人玩。⋯⋯宋明儒無真學人」。[93]素行對此風氣的批評毫不客氣。《聖教要錄》全文不長，總共才四千五百餘字，但由於公然宣稱要徹底否定宋明儒學，所以此書問世後旋即引起軒然大波。當時的素行對宋明儒學當然不可能達到通盤了解（更不用說全盤），其對宋明儒學全盤否定所持的自信，也確實令人驚訝。素行、仁齋二人倡古學，反理學與心學，認為聖人之教唯在日用之間，以及不將詩詞視為學問的主張，都顯露出水戶藩主德川光圀賓師、朱舜水在日所倡之精神；[94]不過，氣盛調高、恃才傲物的素行與當時幕府所尊的主流儒學——朱子學公開叫板的行為，激起保科正之的震怒，不期然給他帶來了事與願違的後果。出自德川家族的保科正之是將軍最倚重的權臣、山崎闇齋的僱主、也是德川光圀從兄弟。[95]

寬文六年(1666)九月，幕府最高行政機關以誹謗惑眾罪，宣布將山鹿素行逐出江戶，流放到關西僻地的赤穗(位於今日日本兵庫縣上郡町與赤穗市、相生市交界處)。[96]赤穗是山鹿前奉仕赤穗藩主的領地，雖屬僻地，但多少還可得到藩主安排當地下臣，對山鹿進行照顧。山鹿平日與一些大名及中等官職的武士往來頻繁，但此次他想方設法改變自己突遭橫禍的命運，卻未能成功，幕府上層並未改變決定。這恐怕不僅是素行身份僅為浪人，即便赤穗藩主有意保護，其本身只屬中小藩主階層(年奉僅五萬餘石)，人微言輕。更重要的是，當時力主嚴懲素行的會津藩主保科正之，正與新聘學人山崎闇齋熱倡後來成為垂加神道的神儒合一說，要將朱子學和神教混合，以加強新接任的第四代將軍德川家綱幕府的權威，根本容不得反朱子學異說，保科因之稱山鹿素行為「誣惑者山鹿甚五左衛門」。保科正之當時擁數十萬石歲收，是年輕將軍的輔政，正紅極一時，其近臣在記錄保科正之生平事蹟的〈土津靈神事實〉(土津靈神是保科的神道靈號)中披露，保科當年對流放並禁錮山鹿素行，扮演着決定性的角色。[97]另外，保科所聘的山崎也是個器量不大、不苟言笑的人。

在流放地的山鹿素行，初時並未妥協。他認為加罪於他，就是加罪於周公孔子之道，說：「蒙當二千歲之今(呂註：自孔子去世二千年之當今)，大明周公、孔子之道猶欲糾。吾誤於天下開板《聖教要錄》之處，當時俗學腐儒，不修身，不勤忠孝。況天下國家之用，聊不知之。……夫罪我者，罪周公、孔子之道也。我可罪而道不可罪，罪聖人之道者，時政之誤也」。[98]不過，素行的古學信念不久就灰飛煙滅，消失得無影無蹤了。此後，素行再不言及古學，而開始思考聖人出自何方的問題。

對於聖人出自何方，今後還能否出現的問題，素行認為中國以前確實出過聖人與聖學，原因在於風土之特殊：「天地之間，人物之所生太多，唯中國天氣和、地脈調，而人物之精秀異於四夷，故聖人君子興於世，仁義忠孝之說行，是自然之勢也」。[99]但是，素行看輕孔子以後的中國學風，認為中國深受佛道淫浸，已不再出聖人，聖人之道當然也蕩然無存：「晉宋而下，士大夫好奇嗜怪，取其侏離之言，而以莊列助之，文飾之，其所出戎夷，而其所教偏僻也，豈同聖人之道乎。……孔子之教衰，聖人不興於世。而同師六經之徒，其趣向大概出入老佛之間，尤異端之甚也。漢唐宋以來，漢晉學者，皆宗老莊，唐宋則宗禪佛，宋陸子靜、明王陽明者，切陷溺於佛見，人人可以見也。……聖學不明於世亦命也」。[100]在僻地的困苦流放生活中，山鹿認為學古學已無意義，進一步提出孔子之後的中國不應再被當代日本學者尊崇為高高在上、需認真學習的文明國，因為自孔子之後，中國學風墮落，根本就不出聖人了。既然如此，日人還有必要學習儒學新派別的古學嗎？

山鹿素行提出古學主張前，朱舜水在日本也一直提倡先秦儒學，讚揚三代之治，主張古學，並批評先秦之後的儒學學風。站在此立場的朱舜水，肯定封建日本體制如同聖人所倡的三代之治，其好於秦漢以後中國。朱舜水的主張無疑大增素行新觀念的底氣。流放在赤穗的素行，在尚未研得古學精髓時，卻因倡古學而政治前途毀於一旦，家庭生活也備受煎熬，又因返城無望，日子過得確實不易。在這種情況下，素行通過否定秦漢以來的儒學，對何謂本土文明產生了新的思路。

1668年，素行撰成《謫居童問》，借童問之口，闡述了新的治邦之策。本來對不同地域如何實現儒家為之奮鬥的所謂三代之治和聖人之道，應從客觀的歷史文明發展過程上找原因，素行卻依據宗教性的唯命觀來解釋。其在《謫居童問》中開始強調，聖人之學在日本，日本當仁不讓地為中華；因為天孫降臨日本，日本祭神以尚武為最重：「天神……平中國，天孫降臨……」；[101]「本朝者神國也，政崇神示為大。有社稷神，有宗廟神，有山川神，有人鬼神……有敬神之道，有事神之禮，有祠部社人之制，敬而遠之。伊勢八幡者，本朝宗廟之大祖武義之元始，故天下之神祭事義，以此為最者，古今通法也。」山鹿在《謫居童問》中，表現出還是贊成德川幕府體制，認為日本實行了封建制，是因為封建制優於皇帝一人在上的中央集權郡縣制：「凡封建之政，其重載列侯，郡城之主地頭次之。郡縣之政，其重在民，王室用郡縣制，故政以民急。英武者以封建之制，故以公侯群臣為先」；「郡縣之制，今日不全，故封侯亦致其制；」[102]由於王朝失去了天下人心，所以武士為順天意，建立了幕府以及四等階級制度。[103]山鹿自覺其作為統治階級的一員，將從事農工商業者稱之為民，心裏也當然明白封建制是他社會地位和經濟生活的保證。

關於日本神國說，實際上也並非現今某些人主張的神道源說，而應是具道、佛教與原始自然神思想，有神靈之國的說法。譬如，渡邊浩指出，《日本書紀》卷九中所指的「神國」，詞義是諸神所守護的國家；中世紀後，由於日本神佛一體（神佛習合）的宗教信仰，所以將神國視為佛國也並不矛盾。再者，佛教是當時遍及（東亞）世界的宗教，不但祭祀德川家康的東照宮是神社和佛廟的混合體，1614年由金地院崇傳起草，第二代將軍德川秀忠蓋上朱印的〈伴天連追放之文〉中也聲稱「夫日本元為神國，陰陽不可測，譽名為神（此為引用《易》〈繫辭傳〉中的詞語）。聖者聖，靈者靈，誰不尊崇？……又稱佛國，非無可據，日本為神國佛國，尊神敬佛。」[104]渡邊浩還另舉德川初期由禪僧歸依天主教的不干齋巴鼻庵的話，說明當時日本人對所謂「神國」的概念：「日本為神國，依東漸之理，亦可稱佛國。」[105]鑑於此歷史事實，應能看出山鹿素行的「神國」說，走的是意識偏激路線。

翌年，山鹿素行在對比中國與日本方面，思想主張比《謫居童問》走得更遠。在該年所寫的《中朝事實》中聲明，經過主觀推論，他有了新的發現。素行將這個新發現當作「事實」，並據此一舉將日本推至優於萬邦的世界第一之偉國。在《謫居童問》中，素行還認為中國和日本在政治上之所以不同，是因為風土、地理關係而導致日本武士當道。[106]但是，山鹿素行在他的新推論得出的「事實」——日本才是中朝。素行在《中朝事實》中，不遣餘力地抨擊日本社會儒學流行，以為中國處處比日本強的風潮，甚至開始自嘲以前所學古學和中國經典是愚昧之極之舉：「愚生中華文明之土，未知其美，專嗜外朝之經典，嘐嘐慕其人物，何其放心乎，何其喪志乎，抑好奇乎，將尚異乎。夫中國之水土，卓爾於萬邦，而人物精秀於八紘」。[107]

山鹿素行還將儒教聖人以德治為先的教理，與日本諸神建國神話說調和，並在此基礎上對兩國的發展與國勢下結論。他說：中國由於學風敗壞，所以數次被戎狄侵入，外夷得以在中國成王。春秋二百四十餘年間，有二十五個下臣殺君篡權；而在其他年代，亂臣賊子則更不勝枚舉。與中國相比，日本自開天闢地到出現人皇的二百萬年間，皇統未變；從人皇到現今的二千三百年，皇統也未變更；歷史上的殺逆之亂也屈指可數，更且武家執政後王室仍存君臣禮儀。[108]素行從日本皇室世系延續，從日本風土、地理的獨特，找到了日本聖人之學以及日本政治體制優於中國的根據。素行又唯恐昭彰不顯，硬生生地把日本皇統的誕生期，拔擢到已是基於杜撰、神武天皇之前的更早二百萬年前，走向了視「神代之事，率皆怪誕」的初期水戶學反面。

素行因之主張，按聖人之道而論，日本在這個「事實」的基礎上，就是當之無愧的中朝、中華、中國。在這一點上，素行比倡神儒一致的山崎闇齋走得更遠，同時也給人留下他以這個矚目的新意識形態，跟他不便明示的對手闇齋較勁的印象。素行熟悉中華文明在歷史發展中形成、以文明辨華夷的思想，但他與仁齋以及同時代諸多認真紮實治學的學人不同。素行從意識形態着手，將明知無法求證，但卻能增加文明自豪感的所謂百萬年神國神話史，應用到日本為聖學中心(雖然還在儒教的聖學框架中)，日本為中華，「卓爾於萬邦」的概念上。

鑑於思想界對德川時期學者出現的華夷世界思想轉變較為重視，山鹿素行在此方面的思想也大受關註。譬如信夫清三郎主張，從18世紀進一步上溯歷史，尋找劃時代的人物，結果可能會落到17世紀後半葉的山鹿素行身上。信夫並說，村岡典嗣也曾指出，山鹿素行在《中朝事實》之前，已經在《謫居童問》中表示中朝是日本而不是中國，村岡曾說道，「該書名之所符的『中朝』，非如當時的慣例指支那，而是如素行其人向來所說的『我國』，這實際上表明他的思想向徹底日本化之轉變。」(村岡典嗣《素行．宣長》，1938年)信夫清三郎據此提出，山鹿素行「從周公孔子主義徹底轉向日本主義，同時不也是在政治思想史上，將日本區別於舊『華夷世界』的最初標誌嗎？」[109]素行此說也為日後將神話史當作歷史事實，宣揚日本優越的有心人提供了靈感。

世界文明發展的歷史過程顯示，當某地域遭遇強大外來文明時，當地群體初始的反應大多為抗拒或排斥。健康的民族主體意識的覺醒，會經過外來文化衝擊的過程，但最終必定要仰靠理性的回應與互動，才能避開歧路。學儒教並以儒教的華夷觀稱本國為中華，是日本社會政體、文化成熟到一定程度後的可見結果，[110]這種情況也見於其他東亞國家。可惜的是，山鹿素行只是熱鬧地走了個古學的花架子，他未能像仁齋那樣認真靜下心來研讀經典，吸取養分，了解其豐富的內涵。對此，甚至為山鹿素行寫傳的學者也無法不批評他。那些曾經被素行拋棄的道學、佛教、心性、神道以及虛玄之學，又被素行重新撿回，來為《中朝事實》展開的神國皇統思想服務。此外，山鹿素行並不打算因堅持古學主張，而在遠離江戶的僻野之地度過餘生。他在《武家事紀．皇統要略》中讚美幕府奪取朝廷政權，承認幕府權力的合理性，他說：「天子須以學問為首要，而學則是為了明古道，否則不能政天下以太平」；又說：「由於上面（呂註：此處指天皇）君道不明，武臣才承之，使天下安寧。」[111]誠然，素行這方面的主張與他在《中朝事實》中強調的論點，充滿着矛盾。

四、荻生徂徠：日本可出聖人

繼仁齋與素行後，在古學方面出現了另一深有造詣的學人荻生徂徠。徂徠，本名雙松，字茂卿，徂徠為號，其也用物部姓。[112]受仁齋啟發並沿襲仁齋的事學方法，徂徠直讀經典，以求先秦儒教的本義，並在批駁宋儒著述的基礎上，將古學推向新高峰。雖然徂徠矢口否定仁齋對他的影響，自稱從宋儒學轉為古學的原因，是受到李攀龍與王世貞的啟發。李攀龍與王世貞都是明朝學人，因倡文學復古而廣為人知。荻生徂徠詮釋並註重儒學的經世致用思想，有他要將儒學用於經世輔政（幕府與藩政）的現實考量。雖然徂徠在古學方面的基本觀點，與因言獲罪的素行在《聖教要錄》所提出的論調頗為一致，但時過境遷，人事不一，徂徠得到了機會。

同仁齋、素行一樣，徂徠也是「從幼守宋儒傳註，崇奉有年」，[113]中年後才轉攻古學。[114]轉至古學後的徂徠，提出古學的目的是求聖人之道，而此聖人之道主要存於到孔子為止的經典（六經）內，徂徠稱為「古文」。徂徠又稱，由於那些古文是用古代語言寫出來，所以要懂古文，必須先能讀懂古言，徂徠稱此類古言為「古文辭」。換句話說，由於聖人之道寫在先秦文章之內，今人唯有知古文，才能知古義，知古意才能知何謂聖人之道；而古文必須以當時人的思維和語言去讀，才可知其本義。那麼，怎樣懂古文之古意呢？徂徠給的鑰匙是古文辭。徂徠主張的「文」，已非單純文字、文章、書籍之意，而是包含了聖人之道與先秦禮樂。[115]

所以，對於荻生徂徠而言，先秦時代的古漢語是追求真理最重要的、獨一無二的工具。當然，我們也可從中看到徂徠以新符號追求獨創、吸引社會注目的另一面。徂徠出身於將軍侍醫家庭，其父後來成為大名柳澤吉保侍醫，全家住在柳澤吉保在江戶的府邸。柳澤吉保當時是幕府側用人（官名，將軍與老中之間命令傳遞人，其中有獲得將軍信任而權力甚至大於老中者），深得時任將軍信任。[116]孩童時的徂徠也因此得到較好的學習條件，其父不僅親自教他漢文，並不時帶他造訪名士。當時諸大名風行聘用飽學之士為師，各地人才因此湧入江戶城，少年徂徠得此便利，眼界亦大開。[117]徂徠在中年後仍能專心讀書，將先秦的禮樂作為治學的主要目標，並成為當時日本最出名的學者，既有個人努力的原因，也與其成長及社會環境有關。歸納起來，大致可分以下幾項。

第一、徂徠14至25歲時，全家隨父親下放至僻地，11年後才重返江戶，因此對基層社會實際、民眾生活的困苦和需求有切身體會。他曾回憶：「余幼從先大夫，遯於南總之野，距都二百里而近，然諸侯所不國，君子是以弗居，乃田農樵牧海蜑民之與處。性好讀書，書無可借，無朋友親戚之歡驩者，十有二年矣。」徂徠並把此段被迫困於僻地、最寶貴的人生時光，當作不可多得的寶貴經驗：「當時，心甚悲，以為不幸也。然不染都人士之俗，而悉外州民間之事，以此讀書，所讀皆解。如身親踐，及後遇赦得還，乃與都人士學者相難切。」[118]

第二、徂徠的學業受到大名藩主柳澤吉保賞識，後者盡力減少徂徠日常工作及瑣事，並屢增徂徠俸祿以鼓勵徂徠專心向學。柳澤吉保與時任第五代將軍的德川綱吉私人關係密切。徂徠約在27歲始，到藩主吉保去世為止的13年中，每月三次陪同藩主前往將軍府，聽將軍講儒書及參與諸舞藝（「能」、「猿樂」之類）。期間，將軍綱吉還親自到藩邸幾十次，徂徠也每次在場作陪，因而得到聆聽將軍講解儒書，並參加藩主和將軍講學討論的機會，甚至還能和幕府首席儒學家林大學頭一起，與將軍切磋一些深奧的學習難題（當時徂徠還未轉向古學)。[119]此外,五代將軍和官位昇至老中格(等於老中)的柳澤吉保均對儒學情有獨鍾,且將軍綱吉對其他學派也懷較寬容之胸襟;不似四代將軍的輔佐保科正之(責山鹿素行的古學為邪教者),自己倡儒學神道混合,但卻難容他說。

第三、在藩主的安排下,徂徠從中年開始,每年得四百石俸祿。生活無憂確保了徂徠能專心治學。1709年將軍綱吉去世後,柳澤吉保致仕隱居,不但繼續提供徂徠俸祿,還讓他搬離柳澤府邸,使徂徠能專心問學,不須再為藩務分心。藩主柳澤冀望徂徠能成為日本一流學者,臨終前更將徂徠年俸增至五百石。[120]相比之下,同時代皇權專體制下的明朝士大夫官員,知府月祿為二十四石,大學士也不過區區十六石,皇帝的侍讀侍講學士年俸僅十四石,需供養師爺文書的知縣月祿才七石半。此體系迫使從政的士大夫官人不得不找其他渠道彌補生計不足,更且買官者還需以各種手段將所費之金補回。清廉的海瑞,僅是一個難以在此體制中成功的異象。因此,到日本的朱舜水才會誇讚德川士祿優於明朝,並以此作為當時日本國政優於明朝的一例。[121]

第四、當時伊藤仁齋已聲名鵲起,其古學也廣受思想界關註。此外,幕府對學問也持較開放態度。如1682年起獲聘為將軍綱吉的侍講、與朱舜水有深交的木下順庵,雖尊朱子學,但受朱舜水教學影響,學問務實,也兼古學之風。順庵門下,更是人才輩出,其中有日後將軍政治顧問的新井白石、將軍侍講的室鳩巢等,人稱木門十哲名儒。

在此形勢下,徂徠與當時大多數學人及有心向學的武士一樣,嚮往儒家文化。其著書行文,遵中國單姓之習,將祖姓物部略去一字為「物」,署名物茂卿(如徂徠對其著作《辨道》、《辨名》之署名)。其號徂徠,源於山東泰安東南的一座山名,並還可追溯到宋朝初期被稱為三先生之一,倡經學變古,敢於直諫荒淫而不勤國事的宋仁宗,人稱徂徠先生的石介(1005–1045)。[122]

1. 道在六經，為經世治國之本

徂徠的學業，與素行、仁齋一樣，也始於二程、朱子學。其後轉向韓愈、柳宗元。[123]徂徠自述，39歲時讀到伊藤仁齋的《大學定本》和《語孟字義》，「擊節而興，以謂先生真逾，時流萬萬」。[124]恰在彼時，仁齋門下有個叫渡邊子固的弟子，離開仁齋所在地京都，北上江戶，被甲府藩錄用，並安排與徂徠同一部門。徂徠深慕渡邊子固所學，與其結友，時時與其討論。[125]徂徠後來稱，當時在問學方面所見已與仁齋相似。不過，證據顯示，徂徠的學風倒是在此階段開始改變，並在此後將古學作為終生之學。徂徠遇仁齋弟子子固，與仁齋遇省庵弟子片岡宗純，並因此為契機，從宋學轉向古學，如出一轍。此等人間巧遇，使人感到，看似偶然的際遇能對有心人帶來多大的意義；也不由得對當時的交通和資訊傳播條件下，日本的問學風氣與交流管道，追思審視。

徂徠稱，在39到40歲之間，一次偶然的機會下，購得明朝李攀龍(1514–1570) 16卷的《滄溟集》和王世貞(1526–1590) 174卷的《弇州山人四部稿》，並說自己的學風自購得《滄溟集》與《弇州山人四部稿》後開始轉變。

> 蓋不佞少小時，已覺宋儒之說，於六經有不合者。然已業儒，非此則無以施時。故任口任意，左支右吾。中宵自省，心甚不安焉。隨筆所云，乃其左支右吾之言，何足論哉。中年得李於鱗、王元美集以讀之，率多古語，不可得而讀之。於是發憤以讀古書，其誓目不涉東漢以下，亦如於鱗氏之教者，蓋有年矣。始自六經，終於西漢，終而復始，迴圈無端。久而熟之，不啻若自其口出。其文意互相發而不復須註解。然後二家集，甘如甘蔗。於是回首以觀後儒之解，紕繆悉見。只李王心在良史，而不遑及六經。不佞乃用諸六經，為有異耳。[126]

有趣的是，筆者據史料研判而知，那段時間正是徂徠與渡邊片岡相識，讀片岡所攜其師仁齋著述而驚歎，並與片岡共同探討研學的時期。李、王二人是明朝提倡文學復古運動的「後七子」中主要人物，他們以復古自命，詆宋文、反當時流行的「台閣體」文風及「理氣詩」，[127]推崇先秦以及漢魏盛唐時代的詩詞。李攀龍主張「學不的古，苦心無益」；[128]王世貞在此方面的主張也不出李攀龍之外，認為時人寫作應以古人所用「辭」為標準，必須「摭其華而裁其衷，琢字成辭，屬辭成篇，以求當於古之作者而已」。[129]《明史》作者評論李攀龍：「其持論謂文自西京，詩自天寶而下，俱無足觀，於本朝獨推李夢陽。諸子翕然和之，非是，則詆為宋學。攀龍才思勁鷙，名最高，獨心重世貞，天下亦並稱王、李。又與李夢陽、何景明並稱何、李、王、李。」[130]李攀龍推古文之甚，以致於其文章用詞均「無一語作漢以後，亦無一字不出漢以前」；其極端處，甚至發展到「視古修辭，寧失諸理。」[131]王世貞雖然沒有李攀龍那樣極端，但也強調「文必西漢，詩必盛唐，大曆以後書勿讀。」[132]

上述二人的復古文學主張，對未能直接向仁齋請教的徂徠應有一定影響，這在徂徠利用古詞的古意，詮釋古典的事學方法上可見一斑。徂徠承接王世貞「琢字成辭，屬辭成篇，以求當於古之作者而已」之主張，花費多年精心鑽研艱深的古漢文「辭」，再在此基礎上研讀古漢文，了解古人當時寫文之原意，即所謂古意；而當時日人讀漢文，一般是按平安時代以來的習慣，按照日語文法語序，所謂的訓讀法來解讀漢文。徂徠提出，古「辭」與古文是不同的兩個概念，當時的日本學人把它們混為一體是錯誤的。對於兩者的不同，他這麼解釋：「夫辭與言不同，足下以為一，倭人之陋也。辭者，言之文者也。言欲文，故曰尚辭，曰修辭，曰文以足言。」[133]李攀龍的「無一語作漢以後，亦無一字不出漢以前」之主張，在徂徠這裏變成「欲識古言，非學古文辭不能也。前漢去孔子時未遠，故解經多傳授之說。至後漢漸失古義。」[134]古辭，在徂徠這裏被設定為古文辭。

筆者認為，徂徠在問學目的方面，超出並勝過了李攀龍和王世貞，這是因為徂徠事學古(文)辭的重要之處，不像李王二人對古辭的認識與應用多費在吟唱風花雪月方面。徂徠稱，其經十年摸索鑽研，[135]將李攀龍、王世貞知古辭、明古文而得古人之心，以及兩人用古辭作今文之法，用於探索、求知先秦聖人之道，以為「安天下」之政治目的服務。徂徠這種意見解，可從回答同時代一名儒學者的質疑文中可證：「李王二公沒世用其力於文章之業，而不遑及經術。然不佞藉其學，以得窺經術之一斑焉。」[136] 那位名儒學者是堀(屈)景山，國學創始人本居宣長的儒學業師。從徂徠所述，可以看出徂徠的古學具體對象，與仁齋主要用功於探索聖人倫理之道，雖有不同，但主方向一致。徂徠攻古辭學的另一收穫，是他的漢語及古漢語水平在德川日本達到登峰之境。有學人指出，其用漢文撰寫的著作，甚至成為現今日本學人研究其思想與作品的很大障礙。[137]

徂徠在51歲後，相繼發表《辨道》、《辨名》等著作，開始具體闡明其古學的內容、主張與目的。譬如，其在《辨道》中說道：

> 讀書之道，以識古文辭識古言為先。如宋諸老先生，其稟資聰敏，操志高邁，豈漢唐諸儒所能及哉。然自韓柳出，而後文辭大變，而言古今殊矣。諸先生生於其後，以今文視古文，以今言視古言，故其用心雖勤，卒未得古之道者。職此之由。及於明滄溟先生，始倡古文辭，而士頗能讀古書，如讀後世之書者亦有之。只其所志，僅在丘明子長之間，而不及六經，豈不惜乎。然苟能遵其教，而知古今辭之所以殊，則古言可識，而古聖人之道可得而言焉。[138]

徂徠強調，如果要「知」、要「識」與當世文章辭句不一樣的古文辭，必須先學古言，唯此才是真正的讀書之道，若在此基礎上讀懂六經，即可知聖人之道。何為聖人之道？徂徠認為：它就是古代中國聖人建立的制度與體系，是先王之道；道的原理都在六經中，具體則體現在夏、商(殷)、周的三代之治，三代之治是人類政治制度的通用模本，又由於六經經孔子編纂並傳世，所以也等同於孔子之道。[139]

徂徠還認為，在資源有限的天地世界，歷史不是無限發展和成長的，而是循環性的，有高有低，因此為政者治(社會的)病要先治本。如何治理呢？按渡邊浩的理解，徂徠的藥方是：三代先王立鬼神(靈、神)，並奉此為天道；故，道者，須基於封建制，基於儒家的禮樂規範，具體可利用供奉於東照宮的德川家康靈位(祭鬼神)，以祭祀或祭奠方法，依據將軍與下臣不同顏色、式樣衣着等手段，明示上下等級秩序，用以安定、維護德川的封建體制。[140]

徂徠此種見解，可知朱舜水與德川光圀在此方面的主張已在德川思想界落根發芽。朱舜水生前在日本一直提倡學六經知先王之道；朱舜水與德川光圀通過舉辦、操練先秦禮樂祭奠，以期正社會政治秩序；朱舜水的諸如「聖人未生，道在天地；聖人既生，道在聖人；聖人已往，道在六經，則先王之道尚矣」(朱謙之《朱舜水集》)；「宗廟之禮，……即所以教子姓，教臣民也。是故君子將營宮室，必以宗廟為先，是宗廟急於宮室，重於宮室也。」(朱舜水〈宗廟圖序·其二〉)均可為例。誠然，徂徠根據日本的具體情況，在用詞(神佛為一的神道)與對象(祭鬼神)上作了調整。事實上，徂徠也曾通過信函，向舜水門生、水戶史館(彰考館)總裁安積覺，請教過舜水對學問的主張，以及對祭祀、祭奠為政的看法；並且，水戶藩編纂的《朱舜水先生文集》在此前的正德五年(1715)已公開於世。[141]在《辨道》中，徂徠表露了要從六經中具體所學之物，是六經中的禮樂，這也是徂徠的古學之定義。徂徠稱頌的聖人之道，非宋明以來的理學，而是先秦儒學在禮樂方面的範式與實踐，其曰：「古者道謂之文，禮樂之謂也。……文者道也，禮樂也。……古之時，道謂之文。」[142]文以載道，道即禮樂，徂徠此清楚表明了他費心研習古文辭，解讀古文的目的。[143]

由此可見，與其他兩位古學創始人相比，徂徠在古學大方向上，與山鹿素行在《聖教要錄》中表述的古學之目的，實際並無大異；徂徠只是多了個以古文辭通向古學的手段。但是，徂徠在《辨名》中屢批仁齋，應是懷着對古學先驅者仁齋投函不覆的羞惱及競爭意識，因為徂徠的批評並無鮮明不同要點，説仁齋不懂古文辭，也應是徂徠為立自己的特點而已。譬如，「仁齋先生活物死物之説，誠千歲之卓識也。只未知先王之教，區區守孟子爭辯之言，以為學問之法，故其言終未明鬯者，豈不惜乎」；「仁齋先生負英邁之資，抱特見之智。然其不知古文辭也，是以不能讀六經，則不知敬天敬鬼神先王之道以此為本。故能知朱子持敬之非，而不自知其猶未離宋儒之域也，猶且傲然自高，獨任其臆，而岐先王孔子之道而二之，是其論敬而曰徒謂敬民事者，所以有所不通也，豈不惜乎，學者察諸。」[144]

關於道，徂徠在《辨道》中還指出：

> 道者，統名也。舉禮樂刑政凡先王所建者，合而命之也，非離禮樂刑政別有所謂道者也。[145]

> 大抵學經，所以求知道也。道之大端二，曰禮曰義。禮聖人所立也，義亦聖人所立也。故學道者，求知義焉。苟能知義，則治天下國家，其如示諸掌乎。後世古言不明，認理為義，由是儒者之言，蔓衍自恣，無所不至焉。[146]

既然古學的終極目標是通過尊禮樂、學禮樂以明經世致邦之道，[147]那麼，對國家政治制度的思考當然也在徂徠的治學範疇之中。徂徠認為，日本的封建制是行先王之道之本，天皇只是幕府及諸大名之「共主」。[148]但是，現今中國早已背離了此道之本：

> 先王之道，安天下之道也。後世言經濟者，莫不祖述焉。然後世更封建而郡縣，而先王之道，為世贅旒。故世之稱

先王者，乃所謂以經術緣飾吏治是已。大抵封建之道，其於民猶且有家人父子意。

至於郡縣，則唯法是仗，截然太公，無復恩愛。加之隋唐後，科舉法興，士習大變，所務紙列，詳備明鬯，是其至者已。士生於其世，法家之習，淪於骨髓，故其談道解經，亦從其中來，是烏知所謂道術者乎。

宋儒所貴，綱目悉舉，巨細曲盡，豈足以為先王之道也。[149]

同樣的主張，徂徠也在另一篇文章〈復水神童〉中表述過：

秦漢而下，以郡縣代封建，以法律代禮樂。其言吏治者，亦不援經術，而郡縣之治，凡百制度，不與古同。而先王之道不可用，故亦僅用以緣飾吏術云爾，豈能法先王哉。[150]

2. 凡夫均可成聖人

徂徠依據他的聖人之道原理，通過對比不同政治體制，總結出聖人以及聖人之學在孔子之後的中國已不復見，故其言「殊不知古有聖人，而今無聖人」；[151]「六經不言天理，唯樂記有之。亦曰：人欲盛，而天理滅，而未嘗求無人欲。求必無人欲者，從宋儒始，則宋儒所言，實與樂記殊焉。故以天理論聖人者，不信六經而信宋儒者也，豈足謂之古聖人之道哉。」[152]對滿清統治的中國，徂徠當然更不抱期望。但對文明發展抱樂觀態度的徂徠，則慶幸聖人之學轉道東夷（徂徠原話），日本在封建制的基礎上已具備行聖人之道的條件。[153]

古時「夷」、「倭」二字並無貶義，徂徠深得古哲之韻。周朝時，吳、越、楚及山東東部之民雖被中原人稱為夷，當地民眾亦自稱夷。出身貧苦的孔子，對稱為外夷的異域之民，也全無所謂的種族等級觀，《論語》所載「子，欲居九夷」者，亦為一證。徂徠更指出，雖然儒道也是幕府封建制的侍道，即武士道，但中國出了聖人而日本未出，原因是日本的武士道過於偏武。[154]徂徠深知，當時日本社會嗜武崇武的風習仍盛，在短期內無法做到文備，所以他提出即便能先將外表的舉止禮儀做好，也是習禮樂的進步。我們確實能從此後日本人民的外觀禮儀舉止，看到徂徠主張的影響。徂徠此識之先覺，經歷史驗證，真不愧為思想大家。吉川幸次郎則據此分析道：徂徠認為日本的武士道，(因尚武而)需要高級的詩書禮樂來補其缺陷。[155]徂徠在此方面的認識，源於他看出數百年來日本武士社會過於崇武，令人擔憂今後的取向；而他對日本根深的尚武文化精神之批評，當然在二戰時期遭到了日本思想界的責難。另一方面，朱舜水確實也早看到日本社會在此方面的問題。朱在幾十年前，也對有志汲取文化知識的武士，反覆苦口婆心地強調過武士尚武蠻橫以及惑於迷信之非，須習文以知「名教」、知禮儀、知「仁」的重要：「武將悍卒，閑居退處，得祿而無所用，積金而無所洩；又上畏憲令，不敢有所舉行。及夫細民富室，黠慧士女，飼食煖衣，群居無事，安能鬱鬱兀坐屋子下？乃思招提蘭若，引類呼朋，說法聽經，談因論果，冀粵從前之罪過，妄希身後之福緣。於是窮愁抑鬱，罪惡過多之流，一皷而牢籠之矣。彼釋子姿其顛誣，萬千變化。愚迷欲生極樂，一味貪癡，政如寒熱風邪，交侵迭乘而不已，豈非元氣不固之患哉？彼誠知聖王之道之為美，則名教之中，自有樂地，君臣父子之際，無限精微，家修之尚懼不足，何有餘功及於邪徑耶？僕故曰是主持政教者之過也。或者謂貴國『尚武、何必讀書』，是未知古來名將讀書者之多也。為將而不讀書，則恃勇力而干禮儀，能讀書，則廣才智而善功名，彼惡知之？謬承深愛，故敢自獻其愚，任筆極言，不顧忌諱。」[156]

徂徠的不凡之處，也展現在他通過直接領會先秦儒家思想，還原了所謂聖人應有的面貌。他指出「夫聖人亦凡人也」，[157]他這種聖人即是凡人論之說法，摘下了後世人套在所謂聖人身上的神秘光環。居住在江戶、立志於服務於大名和將軍的徂徠，深刻領會朱舜水在日本屢屢強調「以孔子之道教之，行且民皆堯、舜」，「學之則為善人，為信人；又進而學之，則為君子；又進而學之不已，則為聖人」之教的內涵。[158]徂徠充分理解孟子的「堯舜與人同耳」，「人皆可以為堯舜」，[159]以及舜水多次伸張的有關孔子「有教無類」(致學無等級之分)之主張；更重要的是，徂徠將所謂聖人即是凡人的學習體會，傳入封建等級制度森嚴的市民階層，視凡人與武士一樣，也具獨立人格，應有平等地位，可説具有現代意義的公民權力呼籲之先聲。

此外，在京都，從事古學的伊藤仁齋、伊藤東涯父子，開辦私塾教育平民，也反映了封建體制下經濟地位逐漸提高的市鎮居民在問學方面的需求。「城下町」中聚集着大量拿俸祿、依靠商品經濟生活的武士，間接促進了商品經濟的發展；市民人口的增加，也必定促進市民為追求自身權益，改變自己人生與社會地位而努力。講究經世、實學、平易近人的古學，對此無疑起了重要的推動作用。

既然中國「蓋程朱之後，無聖人」、[160]聖人之道又有普世價值，聖人不再由中國出，那麼，悟得聖人之教，努力踐行聖人之道的日本凡人百姓，若能像凡人孔子那樣努力的話，當然也可以成為聖人。荻生徂徠通過對儒家經典的學習、領悟和應用，水到渠成地發出了震動當時日本學人的呼聲：聖人並非中國的專利，日本可以出聖人，而且也要出聖人了！古代中國出過聖人，但是當今中國已不再出聖人！因為它政治黑暗，學風腐敗，儒學不僅摻雜着佛學，學問也只為個人修行私利，而非為國家及公眾利益，更遑論彼時中國還受「蠻族」的統治。那麼在日本要出現的聖人應是何方人氏？對自己功績頗具信心的徂徠，恐是認為自己應已接近聖人的標準。[161]徂徠遂較婉轉地提出：以熊澤了介之知、伊藤仁齋之行，加上余之學，則東海始出一聖人也。[162]

徂徠的主張，體現了17世紀末至18世紀初，日本學人經過學習先秦儒家經典，提高了文化方面的自信，同時也發展了儒家文明，並將儒學進一步納入了本土文明之中。在日本創立、發展的古學，是本土學者在開放的社會中(鎖國未久)，受到世界文明新悸動的影響與衝擊，對東亞文明反思、建設之成果。古學，不但是德川日本本土學，也是儒學發展的一個重要里程碑。整體而言，無論是初期水戶學人的工作，還是仁齋與徂徠的古學，都進一步彰顯了儒學對人本之關懷、以文明辨華夷的重要性。

徂徠期望所學能用於幕政，以實現自己的經世實踐理想；但在封建體制內，越過世襲跳級出世，直接參與幕政的機率相當小，徂徠沒有得到那樣的機會。其實，低階位武士出身者，無論學問多好，即便偶得機會，造成上下階層的斷裂與緊張關係，也因此體制所限，難以持之。儒學者木下順庵的門生新井白石參與幕政的經驗，就是個很好的例子。儒學者新井白石，因門生德川家宣(1662–1712)接任將軍職位(1709–1712在任)，得到了學以致用、叱咤政局、改革朝政的機遇，但白石在他門生去世後，頓失政位，諸多改革措施也付諸東流。

德川體制中，由於沒有像中國般確立國家定期經考試選拔人才的科舉制，使得許多有抱負的人才，特別是下級武士，無法得到發揮才能的機會。另一方面，因封建體制、世襲等級制本身的制約，德川幕府也難以沿用新井白石的許多政治改革。這種局面，隨着市井街民經濟力量的提高，上層統治者與市民及下級武士之間的張力日漸加大，當幕末日本受到外力強烈衝擊時，就出現了突變的可能。整體而言，德川時代，民間或下級武士出身的學人難以進入德川體制參政，這種狀況常被一些學人用來證明儒學在德川政治中無甚作用。但是，儒學在德川時代仍是諸多中上層(包括數位將軍、藩主)武士管理者，甚至武士集團(如水戶藩)的思想武庫。徂徠的治國策略，在一些藩國通過執政、參政的武士管理者得以開花結果。譬如小島康敬所查證的莊內藩、米澤藩以及津輕藩等。[163]所以，那些認為儒學對德川幕政並未起到甚麼作用的學人，無法合理解釋此現象。荻生徂徠雖然沒有得到像新井白石那樣的機會，將所學用於幕政；但無論徂徠還是仁齋的學説，到現在仍影響着思想界。孔夫子與亞里士多德的境遇，不也如此乎？

當19世紀中葉西方以武力強迫日本開港、前所未有地攪動日本社會時，孔子的有教無類、人人皆可成聖人的教誨，為社會轉型帶來積極的作用。社會動盪，對熟讀儒學，羨慕有教無類説，無法施展抱負、積極改變自身命運的下層武士，帶來了千載難逢的好機會。這些武士借後期水戶學倡導的尊王攘夷口號，想方設法貶低幕府信譽，在明知攘夷不可為的情況下，卻偏偏高叫攘夷，使幕府上層進退維谷，窮於應對。以儒學知識盛讚美國實現了三代之治的這些下級武士，最後借尊王之名，拉大旗作虎皮，組成了由他們為主的新政權——那個竟是一心一意要入夷的明治政府。徂徠的論著於19世紀初傳入中國，受到俞樾、錢泳、李慈銘、劉寶楠、譚獻等學者的關註。在當代中國學者中，還有人認為徂徠的思想影響了清末學人對體制變法的思考。[164]學人跨地域的互動，展現了他們唯求文明正道，卻無沙文主義、狹隘民族主義的寬闊胸襟。伊藤仁齋、荻生徂徠以他們的經典詮釋，向世人揭示以禮樂為典範、尊文抑武的普世文明載體，不應以地域、族群辨優劣、分等級。此歷史經驗，在當今許多國家統治者或思想者極力強調民族國家利益和激進的域族民族主義時刻，仍有重要的警世作用。

第三章

朱舜水與水戶學、古學創始人的互動

明末東亞時局的大變動，不但促進了學風、思潮的發展，也促進了地區間思想與學問的交流。許多漢文書籍從大陸輸往日本，來往於長崎與中國東南沿海的走私貿易肩負起此項任務，其中不少是通過葡萄牙人的中間貿易進行的。萬曆年間豐臣秀吉發動的侵朝戰爭，使得明朝和朝鮮學人的大量漢文書籍運到日本，如陳建(1497–1567)的《學蔀通辨》和薛敬軒(1389–1464)的《讀書錄》。[1]學識高深的朝鮮官員姜沆(1567–1618)與其家族也被擄至日本。姜沆是學人，也是政府官員，當時中朝官方與民間往來密切，朝鮮學人對明朝思想界動態也有基本掌握。通過與藤原惺窩等學人的接觸，姜沆修正了日本思想界對宋明儒學的認識。據此，當代韓國學者中有人主張德川日本的儒學源自姜沆。[2]姜沆歸國後，將其對日本社會的觀察輯成《看羊錄》出版，還與宰相申叔舟共同編寫了《海東諸國記》。

中日思想交流的例子也很多，明朝遺民朱舜水，可謂典型。1658年朱舜水驚獲朱永佑、張肯堂及吳鐘巒等尊師數年前在舟山抗清「死節」的消息，次年避居長崎。問學方面，朱舜水批判那種將知與行分開的宋明儒學末流，主張內在修身與究理的目的是經世致用。在政體構思上，他根據先秦經典，推陳出新，主張從體制上限制君主專制獨裁。朱舜水不認可朱熹對重事功的永嘉學派陳亮的批評，提倡以經世為目的的格物致知，[3]並繼承泰州學派王艮「百姓日用即是道」的主張。他與同道在家鄉餘姚一帶舉辦溫故(先秦經典)知新的昌古社，[4]參加深受西學東漸影響的松江陳子龍、徐孚遠的幾社及復社活動，還借讚揚周公執政，肯定日本的「百王一姓」，推崇虛君政治體制。[5]在問學主張以及政治體制方面與朱舜水有相同或相近理念的學人，除了幾社學子、黃宗羲之外，[6]還有顧炎武、呂留良等。朱舜水的餘姚同鄉黃宗羲與昌古社主要成員諸敬槐是摯友，黃因此還特地為長於他十歲的朱舜水，留下了重要的歷史記錄。

朱舜水在餘姚辦昌古社，意圖通過重溫先秦經典，明舊訓、思新道，針對的是明朝以八股文取士，世間政學乖謬、綱紀敗壞的狀況。朱舜水這種思想，在當時的有識之士中也能見到。如顧炎武曾在《日知錄》中指出：「孔門未有專用心於內之說也。用心於內，近世禪學之說耳。吾見近來講師之學，專以聚徒立幟為心，而其教不肅。孔門弟子不過四科，自宋以下之為學者則有五科，曰語錄科」。[7]生逢亂世的朱舜水，見證了明朝「嘉、隆、萬曆年間，聚徒講學，各創書院，名為道學，分門別戶，各是其師。聖賢精一之旨未闡，而玄黃水火之戰日煩。高者求勝於德性良知，下者徒襲夫峨冠廣袖，優孟抵掌，世以為笑，是以中國問學真種子幾乎絕息」的墮落風氣，[8]他告誡日本弟子，「中國之所以亡，亡於聖教隳廢。聖教隳廢，則奔競功利之路開，而禮儀廉恥之風息。欲不得亡夫？知中國之所以亡，則知聖教之所以興矣」。[9]

朱舜水倡古學，基於認可先秦封建政治體制下的政治實踐與先人之教，目的是為了經世，據本文前述，應可見與歷史上所提的古學，有實質上的不同。以前所提古學，或以古文為當時新意識形態伸張找理論正統性，或依據古文重新詮釋儒家思想，或在文學上重古文而輕今文。具體而言，其中有以天人感應說試圖制約皇帝專權的漢朝董仲舒所事的今文經學，有差點被皇帝殺身的唐朝韓愈以及北宋范仲淹的倡以古文見古道說，有王安石的「獨古人是信」以為皇權下的新政策正名，還有明朝唯視古文詞為正宗學問的李攀龍與王世貞等。重要的是，朱舜水借古學倡虛君政治，所以他反對後人將詮釋古籍與古文作為治學本義，顛倒問學目的之本末。舜水更痛恨究理於文章，辯理於心學，取枝葉卻忘其本、渾然不知治學目的的現象。舜水對問學的這種態度，世紀後仍能得到共鳴。譬如，上世紀90年代，首任韓國駐華大使的黃秉泰認為，19世紀末韓國受西方衝擊時，未能及早完成社會轉型的重要原因，是李朝知識分子只埋頭於窮究宋儒對儒家經典的詮釋，並為此發展成黨派紛爭，卻完全背離了儒學學以經世、學以致用的原本目的。[10]

朱舜水之前，明朝知識界已出現倡導古文的學風。15世紀末倡導文章詩詞復古的李夢陽(1472–1529)，被朱舜水讚為氣骨錚錚，足為國家砥柱，文章為明朝第一。[11]李夢陽「倡言文必秦、漢，詩必盛唐，非是者弗道」，與當時同倡古學的何景明，大受那些厭惡八股文風的學人熱捧。《明史》作者也讚道：「夢陽才思雄鷙，卓然以復古自命。弘治時，宰相李東陽主文柄，天下翕然宗之，夢陽獨譏其萎弱。倡言文必秦、漢，詩必盛唐，非是者弗道。與何景明、徐禎卿、邊貢、朱應登、顧璘、陳沂、鄭善夫、康海、王九思等號十才子，又與景明、禎卿、貢、海、九思、王廷相號七才子，皆卑視一世，而夢陽尤甚。吳人黃省曾、越人周祚，千里致書，願為弟子。迨嘉靖朝，李攀龍、王世貞出，復奉以為宗。天下推李、何、王、李為四大家，無不爭效其體。華州王維楨以為七言律自杜甫以後，善用頓挫倒插之法，惟夢陽一人。」[12]徂徠述其古學帶路人為李攀龍和王世貞，而李、王都把李夢陽視為學宗之祖。就朱舜水本人年輕時的問學歷程來看，曾隨吏部左侍郎朱永佑、東閣大學士兼吏戶工三部尚書張肯堂以及禮部尚書吳鐘巒研究古學，並擅長《詩》、《書》。[13]由此可見，明末部分學人不但追隨前哲所學，反思當時頹廢墮落的學風，也摸索新的學以經世方向。誠然，在文章詩詞方面更早提倡古文之風，還可上溯到漢朝的今文經學，唐朝的韓愈、柳宗元以及宋朝的歐陽修、蘇軾等唐宋八大家，但他們主要側重在詞章文風方面。

朱舜水之前的學人研習古文與古學，關註也多在文章詩詞層面。這些學人中，既有期望以文章詩詞來闡明儒家的「道」，也有涉及對封建制的緬懷或徬徨，但卻完全看不到像明末一些思想先行者那樣，從體制建構上主張限制君權專制。如黃宗羲在《明夷待訪錄》中狠批皇權獨裁政治體制之弊，可謂石破天驚；朱舜水公開稱頌虛君諸侯的封建三代之治優於皇帝集權統治，是因深諳封建體制遠勝於君權專制。

從朱舜水這裏，我們可以看到明末部分浙東知識分子通過事學古學，推陳出新，積極吸收傳教士所傳來的西學知識與哲理，並將學識應用於經世和反思政治體制，與西半球稍早出現的社會新思潮，頗有異曲同工之巧。文藝復興時期的學人通過研讀古希臘著作(從阿拉伯語翻譯古希臘的著作)，觀察了解伊斯蘭教社會，反思教理，尋求個體意識，曾努力為擺脱社會壓抑之束縛，並從當時腐敗教會和不合理教諭之桎梏中，找尋新的人生出路。[14]此時期的西歐，一些天主教徒對教會詮釋的聖經教諭心生疑竇而直讀聖經，為的是不假他人之手，自己直接領悟神的教諭。[15]個人獨立思考，產生了新教，並進而帶來了對自然法則的探索、如日心說、人體解剖以及牛頓萬有引力理論之類。此後，對人類社會法則的探索，終產生反對君主專制的新論，並在一些國家實現了虛君君主立憲制。諸此歷史事實，顯示出不同地域的思想先行者，在新形勢或外域文化衝擊下，通過汲取先哲教誨與經驗，推陳出新，服務現今政治及社會的經驗。

另一方面，儘管嚴禁民間海外經商活動是明朝大部分時期的基本國策，但16世紀時的浙江舟山佛渡島雙嶼港，曾一度是東亞與西方貿易的重要港口，當時所謂倭寇中人也多出身於浙江福建沿海，如鄭成功之父鄭芝龍。即使朱舜水本人，為復明籌資，亦曾在海外經商十數載。舜水除與東亞、東南亞諸國商人經商外，根據他對當時西方人極力索求、產於東南亞的香料之熟悉來看，應也有與西方商賈接觸。所以，身處世界航海通商已拉開序幕的時代，又出身於海外經貿異常活躍的東南沿海地區，而且迄今為止，朱舜水在問學方面顯示出相當的務實作風。

朱舜水對朱子陽明學並非完全否定，還認為讀書之法既然是為了經世致用，那麼即便是經典原著，能懂大意即可，不必拘泥於後人註解，舜水的所謂「大意既得，傳註皆為芻狗筌蹄」之説，即基於此認識。[16]此類主張，從德川光圀及朱舜水的其他水戶門生處也充分可見。由於朱舜水在江戶服務的主要對象，為「御三家」之一的水戶藩主與藩臣、與水戶藩關係較密的加賀藩主與藩臣（包括光圀的侄子藩主前田綱紀、學人木下順庵）等，其學為經世的思想也易於具體落實貫徹。相對而言，平民伊藤仁齋和浪人山鹿素行的治學，則主要在以古學為基礎的思辨方面。朱舜水到日本後，以個人的學識和信仰，向當時日本的思想界傳輸新的儒學治學方法與內容，其中也包括從體制上反君權專制的嶄新思考。因此，朱舜水對水戶學及德川思想的影響，數百年來一直受思想界關註。有關朱舜水研究著述已逾數百，[17]但關註的目的、論證方法以及視點卻各有千秋，也體現了時代的需求和問學主張的異同。[18]

朱舜水對德川時代的日本思想建設產生的影響和貢獻，思想界並無反對意見，不但由水戶藩公刊、主要收錄在《朱舜水集》中的文獻可考可證，在舜水遺文中也有許多他回答日本各界人士的問學問政書函。不過，對於朱舜水的具體思想與影響，學人卻意見分歧，對朱舜水有關體制的看法之解讀更呈二極化。譬如，二戰結束後，日本學界和社會對水戶學多持負面看法，那是因為明治以後到二戰前，水戶學（如前所述，主要是後期水戶學）被捧為尊皇意識形態的鼓吹者，思想界主流認為水戶學對軍國主義的發展，從理論上起了惡劣而且巨大的推動作用。朱舜水是水戶學創始人之一，又是藩主德川光圀的賓師，又為保護南朝皇室而死的武士楠木正成寫過《楠正成像贊》，受到幕末時期的吉田松陰等尊皇分子以及日後的日本國體優越至上分子之盛讚，朱舜水也因此被貼上了尊皇分子的標籤。

不過，隨着時代的改變，學術自由的空間擴大，學問的發展，使得人們對歷史事件的看法也日趨務實與理性。譬如，稻畑耕一郎近年提出，「朱舜水接受常陸國水戶藩德川光圀之邀，入居江戶，講授漢學。在日本學界，繼承其精神氣象的學問被稱為『水戶學』，在整個江戶時代對眾多學者產生了深遠的影響」。[19]儘管如此，涉及主要具體事項時，需澄清的問題就浮現了出來。譬如，有關朱舜水對水戶編史的綱要制定和日本古學思想的產生是否起了作用，目前仍眾說紛紜，莫衷一是，主要是因為不少重要的相關原始文獻至今尚未公刊，查閱不易，基於原始文獻所作的較透徹研究也不多。在此狀況下，明末學風東漸的主張，若無具體證述，也只能停留在認識的層次上。若從更寬面來看，此問題不解決，即便有心貫通當時東亞地區學理發展的理路，也只能停留在推論階段。本章論證有關水戶學、古學創始人與朱舜水之互動，便為釐清上述問題而作。

一、朱舜水、德川光圀與水戶學編史方針的確立

水戶學的影響，主要建立在編纂日本史的基礎上。水戶學編纂的日本史，在朱舜水、德川光圀去世後，由光圀下一任藩主決定，被命名為《大日本史》。《大日本史》的重要，體現在該書的編史方針。如前章提及，《大日本史》將天皇列入首項的〈本紀〉內，其後，按當時日本執政為幕府將軍的實際情況，將歷代將軍列入緊隨〈本紀〉的〈列傳〉中。將軍以下，設〈諸侯〉；對王妃，則另立傳。除此

之外，還特地另闢專章，以儒教的禮樂秩序與道德觀，對歷代天皇進行褒貶，名為〈論贊〉。

〈論贊〉是在德川光圀的授意下，由朱舜水入門弟子、時大日本史總裁安積覺執筆完成。安積覺在寫作過程中，每完成一篇，都讓史館的編史人員傳閱。此外，他還徵詢幕府儒臣三宅觀瀾的意見，請木下順庵的門生、將軍侍講的室鳩巢批改，以求文章的公正性。基於此，鈴木暎一認為〈論贊〉實際上並非安積覺個人的著述，而應該視為當時史館之公論。[20]朱舜水對水戶學者的教與育，有朱舜水與水戶內外學人留下的大量遺文可證，應無異議；但朱舜水與《大日本史》編纂方針之制定有多少關聯，由於可證史料非常有限，迄今為止的研究，意見兩極，未有定論。而且迄今為止，即便肯定朱舜水對制定編史方針的影響，也無一例外地認為朱舜水去江戶水戶藩邸與水戶前，德川光圀與水戶學者已經定下編史方針。[21]

從整體看，有關朱舜水與水戶學編史方針的關係，在學界中，尤其是日文研究學界，多有無視之嫌。原因有二。首先是意識形態的作祟。18世紀後半期起，隨着國學、以後期水戶學為首、激進排外的極端民族主義意識在日本社會興起，強調日本國粹、特殊國體的風氣日盛，此方面研究自是難以展開。其次是缺乏原始文本證據。造成原始文獻缺乏有兩大原因：一、水戶編史方針在德川光圀時代，礙於當時幕府意識形態大環境，難以明言；[22]二、僅存的相關重要材料又屢受天災人禍，散佚不斷(如舜水死後第二年住房失火、二戰期間原為編史館的水戶彰考館遭轟炸等)，時至今日，更難尋得可做明證的史據。其中難以考究的一個現象是：在朱舜水文集中，可見不少他答德川光圀提問的「策問」，但在諸多歷史檔案館，包括原水戶藩編史館的彰考館中，卻極難見到德川光圀詢問朱舜水問題的書簡和兩人的筆談記錄。光圀聘舜水為終身賓師，俸祿頗高，舜水70歲後數次提出辭請而被堅拒。光圀尊師，盛讚朱舜水為世上真正有經世濟民策略者，精通百技，還破祖宗規制，建舜水墓於德川氏族水戶宗室所屬瑞龍山墓區內。此瑞龍山墓區內，甚至水戶出身的末代將軍德川慶喜(1837–1913)，因自覺愧對祖宗，死後未將自己的棺柩安置其中。德川光圀與朱舜水師生之間的緊密互動，非常人常識可想像。所以，即便有心弘揚水戶學的本地相關學人也會明白，對於關係如此緊密、共同開創水戶學的先人之業績，若研究並非建立於充分可靠的史料論證上，水戶學的實質與影響將難以得到彰顯。

置身於幕府將軍執政體制，朱舜水倡導的尊虛君主張現已受到較廣泛的關註與研究。因此，明瞭水戶編史方針制定與編史工作正式開展的時間，了解朱舜水對水戶編史的具體影響及參與，不僅涉及水戶學的基礎研究，對重新檢視德川思想發展以及儒家思想在政治體制方面的思考與實踐，都有不容忽視的深遠意義。

1. 對德川光圀18歲讀《伯夷傳》立志編史的質疑

有關《大日本史》成立目的與主旨，日本學界一直流行這種說法：德川光圀在18歲時，因讀《伯夷傳》有感，反對孟子有關暴君可被放伐說，因此生念，立志編史，宣揚尊皇之「大義名分」。持此主張者頗多，如高須芳次郎、瀨谷義彥、菊池謙二郎、肥後和男、佐藤進、清水正健以及駒田富士子等。[23]大體而言，他們依據的史料，是在德川光圀後裔、水戶藩主綱條(肅公)的授意下，由史館人員大井松鄰所作的《大日本史序》。[24]

不過，此說是後人為德川光圀編織的聖環，德川光圀在世時並無此說，這可以從《義公行實》找到證據。《義公行實》為光圀一生行事的總結，由光圀最為信任的武士學人安積覺執筆。安積覺自孩提時受藩主光圀之命，師從朱舜水，後成為水戶學編史棟樑。光圀還特意命安積覺撰寫他視為編史方針最重要、評價歷代日本天皇功過的〈論贊〉，可見其對安積覺的信任。在《義公行實》中，有這麼一段話：

> 公仲兄龜丸夭，超伯兄賴重為嗣，居常不安於心。年十八，適讀《伯夷傳》有感，遂欲傳茅土於賴重之子，不露其跡，而藏於心中有素矣。承應三年甲午四月十四日，以威公（即光圀父）命娶前關白左大臣信尋公女。
>
> 明曆三年丁酉（1657），始撰第日本史。及襲封（1661），置彰考館，招致才俊，編修檢討。如列神功皇后於后妃，揭大友皇子於本紀，繫正朔於南朝，及三神器入京師，始歸統於後小松帝，皆公之卓見也。
>
> ……寬文元年、八月、十九日，台使傳命襲封。……前一日，公集母兄賴重及諸弟於威公神位前，謂賴重曰，意者明日台使，使我紹封。我以弟為世子，負心舊矣。然以威公在世，晦跡去位，則眾將以為父子不睦，所以隱忍至今。願兄以松千代賜我，我以為嗣，不然，台使至邸，不敢奉命，直遁世矣。賴重固執不可，弟賴元賴隆勸賴重曰：兄宜允諾。事將不測，賴重不得已許之。公大喜。
>
> 松千代，即綱方小名也。[25]

光圀對於被指定接任藩主職位而非兄長，本心存不安；伯夷的故事，激勵了他決心要讓兄長之子繼任其藩主職位。光圀敬仰伯夷，也毫不眷戀一般人視作可獲取絕大利益的藩主地位。他在幕府命官到府邸，宣布其接任藩主職位的前日，以拒絕接受宣命為挾，要全家族同意，他年致仕後要將藩主職位傳給兄長之子。光圀知道，他當時這種破釜沉舟的非常舉動，可能會帶來極嚴重後果，不僅會擾亂了德川家族內外部諸勢力的平衡，也會影響德川水戶一系的存亡和光圀一生的榮辱。光圀這種禪讓江山的胸懷，受到賓師朱舜水的高度稱讚。問題是，從這段記錄中看來，年方18歲的光圀並未顯露編寫日本史的大志，對於編史方針更無從稽考。後世學者製造的神話，通過下文的舉證與分析，應更為明瞭。

2. 1657年水戶藩編史狀況

按《義公行實》所指，《大日本史》開始編纂的時間，是在光圀三十虛歲的明曆三年(1657)。矛盾的是，為甚麼又說寬文一年(1661)德川光圀「及襲封」，正式接棒當藩主後，才開始「置彰考館，招致才俊，編修檢討」呢？1657年，德川光圀徵得藩主父親首肯，在一小茶室內設立史局，準備修史。[26]茶室一般為低矮的簡陋草房，總面積僅數平方米。此史局所配置人員也只有三個儒生。此三人均出自林羅山門下，其中最年長者為人見卜幽，其次為辻了的，還有一位則是時年二十歲的小宅生順。[27]三人中，小宅生順正在隨人見卜幽學文；辻了的則因患病，從1652年至1662年七年間一直在京都養病，僅在明曆二年(1656)回過位於江戶的水戶藩邸一次。[28]據此可知，唯一的主力應該是人見卜幽，但水戶學研究者吉田一德查證指出，人見對學問缺少批評精神，對水戶學思想的形成貢獻甚少。[29]

編史人員情況如此，物質裝備就更匱乏了。當時連編史所需要的最基本史料也無法具備，即便打算開始編史，也面臨巧婦難為無米之炊的窘況，以致無法開展。大內逸郎根據史館的歷史記錄，入木三分地再現了當時情況：

> 義公(德川光圀)要着手修史事業。某日問人見林塘和辻端亭對此的想法。二人答道：「修史固然為不朽盛事，但六國史以下具不備，恐難預期成功。」[30]

所謂六國史，是指日本奈良、平安時代編輯的六部史書，起自公元720年完成的《日本書紀》，止於公元901年的《日本三代實錄》。

被任命為專職編史的儒生也如此說，當時的困難程度可想而知。此狀況猶如水戶本地學人名越時正所指出的：從明曆三年起至寬文五年(1665)，水戶在此八年中的編史工作，不僅幼稚，幾乎無所事成。[31]據此可以斷定：1665年夏朱舜水去江戶之前，水戶藩的編史工作仍屬草創階段，無論編史方針還是編史方法，仍未有定案。

3. 1665年夏朱舜水至水戶藩邸前後編史情況

1661年，德川光圀繼任藩主，有了對藩內政治、財政收入支出以及屬員聘裁調動的權力。1664年10月，幕府御用學者林鵞峰受幕府之命，重開《本朝通鑑》的編纂工作。林家史館再開，對無甚進展的水戶藩編史是個不小的刺激。1664年11月28日，光圀特地在水戶藩邸設席，宴請林鵞峰。席間，光圀告訴鵞峰，有心修史，「然歷歲未成」，並客氣地要求林鵞峰，允許水戶史員到林家編史處的國史館觀摩學習。[32]實際上，半個多月前，人見卜幽已開始到林家史館了解林家當時為編纂《本朝通鑑》所制定的十六條條例。[33]編史之外，重視禮樂的光圀，有心在水戶興建學校與造孔廟，但因不了解具體制度，也無人能助其成事，只得暫時作罷。[34]在這種情況下，尋找和聘請優秀的思想型學者，成為新藩主的當務之急。光圀不但需要能制定編史綱領、培養編史人才的優秀學者，也需要一位能為藩政提出建設性意見的顧問。

1664年，光圀憑藉其御三家之一的特殊地位，私下徵得幕府老中酒井忠清(1666年後成為握有幕府實權的大老)同意，意欲聘請當時在長崎的65歲的明朝遺民朱舜水。1664年農曆五月，光圀派青年小宅生順到長崎，與朱舜水接洽並確認。次年夏，將朱舜水迎到江戶的水戶藩邸。光圀後來追憶道，舜水「寬文乙巳夏六月，惠然寓我」；[35]並說自此「我茲師資，終日淳淳，論文講禮。嗚呼先生，博學強記，靡事不知，起廢開蒙，孜孜善誘。」[36]名越時正對於水戶藩主德川光圀聘朱舜水的動機，曾總結為四點：一、鄭成功向日本乞師，林鵞峰等對中國的華夷變位甚為擔憂，對明朝深表同情，也影響到光圀對奮身抗敵的朱舜水的同情；二、原來光圀在思想學問方面可依賴的叔父兼扶養人義直、學者林羅山以及林讀耕齋都已去世，身邊無可信任可請教之人；三、光圀從明曆三年(1657)開始的修史事業，已過八年，但研究幼稚無所事成，而且從寬文四年(1664)開始，幕府命林家重啟《本朝通鑑》的編纂工作，刺激了光圀；四、鑑於當時武士還未擺脱戰國時代之習氣，不諳文章，各大藩爭相聘用學者，以振興藩內政教及對武士的教育，光圀需要一個有力的政治思想顧問。[37]筆者認為，名越的分析基本上顧及到諸種情況，但第一點需更詳細的推敲並應關註更大的社會背景。

朱舜水到江戶不多日，年輕的藩主光圀即帶着恩師到水戶視察藩政。[38]在不到半年的期間內，水戶藩實行了諸多新政，其中包括毀去上千「淫社邪寺」，引起轟動，消息甚至傳到江戶，作為光圀老師的朱舜水也被流言所責。[39]返回江戶後，在朱舜水對編史立項、綱領制定方面通過文件批註及顧問，水戶藩的編史工作走上軌道，史館也開始招收編纂人員。水戶彰考館《史林年表》載，水戶藩儒臣史員在寬文二年(1662)增一人、寬文四年三人、五年二人、六年二人、七年五人、八年四人、九、十年各一人、十二年三人，延寶元年(1673)納七人。[40]

朱舜水到江戶前後，光圀對編史有截然不同的看法，這可以從此期間光圀與林鵞峰的幾次談話中清楚得知。據林鵞峰的《國史館日錄》，1664年11月28日，德川光圀與通曉儒家經典和日本歷史的林鵞峰，討論了幾個日本史上難以定奪的大問題。光圀首先問鵞峰，對謀殺大友皇子、以政變奪得皇位的天武天皇有甚麼看法；[41]其次，對由蘇我馬子捧上台的聖德太子(廄戶皇子)有甚麼看法(蘇我家族當時為實現中央集權下的全國統一，力學當時中國的律令體制，馬子涉嫌謀殺崇峻天皇，並扶植外甥當上聖德太子)；第三個問題是在室町幕府時代，同時並存的南北二朝，哪一方的朝廷才是正統。當時大友皇子雖已即位執政，卻不被天武天皇與其未亡人持武女皇主持編纂的史書所承認。原因很簡單，若承認大友皇子為合法國主，意味着承認天武弑君，歷史上的「百王一姓」說也勢必出現破綻；若不承認大友皇子是事實上的合法國主，則又背離史實。此外，在處理兩個同時並存的朝廷正偽方面，不僅涉及當時的朝廷，也涉及幕府及社會的看法，是個非同小可的挑戰。

林鵞峰對這些問題當然有自己的看法，而且也不失客觀，他說：「先父曾於大友、天武事，亦有所思。然上覽之書，非無遠慮。故以大友不為帝，唯不準叛臣之例。亦馬子弑逆，廐戸不逃其罪。先父想可記廐戸弑天皇。其事見文集。然於上覽之書，則不能如意。今於某亦然。……若夫於吉野事，則未決。考帝統二流之本，則光嚴、光明為嫡，後醍醐為庶。然光嚴、光明即位出賊臣之意。唯熟思以定之。」[42]但鵞峰同時也不無擔心地表明，自己因礙於「朝議」而難將私見寫入《本朝通鑑》內：「馬公（筆者註：指司馬光）以曹魏為正統，其論世儒不為正。然今所修妄以當時帝王之祖為僭，以南朝為正則書出之後，未知朝議以為奈何？是非公名，則所難私議也。」對此，光圀認為，「近世事者，直書則有障，曲筆則有意者嘲之」，不如與幕府上層相關主持人商談，也或可避之，「留筆於百餘年以前而可也」。林鵞峰則為難地答道：「官議決，以後陽成（在位1586–1611）讓位為限，則今難辭焉。且當時事嫌憚，亦非無先例，唯記實事則必無妨乎」。林鵞峰筆錄道，光圀聽鵞峰此言後，「參議（指德川光圀）默默」。[43]北朝，是1336年在室町將軍足利尊氏的擁護下，光明天皇踐祚而始立；光明天皇踐祚後，原後醍醐天皇出京南逃，另立南朝。

幕府決定《本朝通鑑》的編史涵蓋期從神話時代（神代）到後陽成天皇退位的1611年，林鵞峰勢必牽涉到對政權合理性的解釋，而難以避免當年兩個皇朝與幕府同時並存的難堪。此時兩人討論的問題，與日後水戶編史所謂的「三大特筆」中的兩個問題緊密相關。此外，從德川光圀與林鵞峰的交談與提問，還可得知光圀雖有問題意識，但對如何處理這三個棘手問題，尚無主見。林鵞峰私下記錄了自己對這些問題的看法。如在送出《本朝通鑑正編》後，自撰《國史實錄》為己記錄；其在(卷5)〈天智天皇紀末、壬申是年條〉寫道：「皇太子在近江朝廷。《日本紀》(指《日本書紀》)以是年繫於天武紀，以為元年。今按：天智存時，天武辭太弟位為僧，避居吉野。大友既為皇太子，天智崩，大友臨近江朝廷，則雖未即位，政令出自近江朝，不可以是年繫於天武。故今繫於天智紀末。本朝先輩不着眼於此，以大友為叛臣者，大妄也。《日本紀》者，天武之子舍人親王所作，故有所忌憚乎。大友事宜以《懷風藻》為正。」鵞峰另在同書之卷3〈崇峻天皇紀壬子五年條〉中還寫道：「馬子逆謀廏戶皇子既有預聞。然不討馬子而相俱同志興佛法，則廏戶亦不可免罪。……在儒者則效春秋例，宜書皇子廏戶弒天皇。」[44] 寬文六年六月，鵞峰口授、門生筆錄的《史館餘話》中，對於南北二朝並存，誰為嫡庶的問題，鵞峰私下認為「二帝無輕重」；至於大友皇子是否為叛臣，鵞峰的看法是「舍人親王紀以天智崩翌年繫於天武元年，非定論。天智存時，天武既潛吉野。大友在儲居喪，雖未即位，其正統不待弁而明矣。」[45]

1665年3月28日，也就是朱舜水抵達江戶水戶藩邸的四個月前，德川光圀跟林鵞峰再次面談，詢問了《本朝通鑑》的編寫進程。兩人談詩論文之餘，林鵞峰還記下光圀的感歎：「本朝無真儒，唯藤原惺窩、林羅山(林鵞峰父親)而已。以二人為神主配位。」[46] 但是，自同年7月朱舜水到江戶後，德川光圀對問學和有關編史難以定奪的重大歷史問題，開始有了自己的看法。從師朱舜水後的光圀，畢生敬佩其師學問，「惟仰舜水先生為師範，自稱門生弟子」。朱舜水去世後，光圀以極盡讚美之詞，盛讚朱舜水在經世濟民、詩書文章以及士農工商方面的非凡造詣。他說：

> 世上有可敬可仰學者，但唯先生也。先生才屬真正經濟之學問也。
>
> 倘若要在無人曠野中興建一座都邑，建都邑者需集結士農工商各專業者，否則定難以成。無論何方賢哲，即便該賢哲一人善萬事，也需將各行業者聚集起來進行。但是，先生應該一人就能將都邑建成。
>
> 先生不僅對詩書禮樂，對耕田造房，以及酒食鹽醬，也有詳細研究。[47]

德川光圀對舜水的頌讚之詞，是他長期作為舜水門生的心得。此心得不僅來自光圀請舜水參議藩政、指導編史，答疑眾史員、門生以及幕府及外藩藩主、武士及學人的問題，還有朱舜水基於德川武士崇武輕文、令人擔憂之現狀，基於儒學以禮樂固社會秩序的理念，帶領全體水戶藩臣武士操練並學習釋奠之禮，[48]指導匠人製作後來成為聖島聖堂(今東京孔廟)的木造模型，以及撰寫《改定釋奠儀註》、《學宮圖説》等諸事例。[49]當然，朱舜水帶領光圀和武士所行的釋奠，也是基於周朝的皇室與諸侯之禮，目的是「興周道於東方者也！」[50]

在朱舜水的教導與影響下，好學勤思的光圀在思想上有了很大的變化。光圀的侍醫井上玄桐記載道，「(藩主)如此敬仰先生，自身也學習先生之業，躬身向學。從禮樂刑政到耕作販粥、工商籌算以及割烹裁縫，無一例外。(藩主)並説，若視紡織、舂米等為皆賤業，則如何將格物用於實踐？」[51]光圀這種將知與行、格物與經世合為一元的思想，確實深得舜水思想的精髓，其對編史方針也有了嶄新的認識。發生在光圀思想上的變化，我們在明末江浙一帶學人、安東省庵、木下順庵、伊藤仁齋、荻生徂徠，甚至戴震那裏都可見到。這顯示了儒學主流，經過學人在文化交流與思想互動上的努力，所展現出的新動向。

1667年（寬文七年）7月14日晚，林鵞峰應德川光圀之請，赴水戶邸。「君問國史編輯幾代，幾年成。余詳陳其趣。……」爾後，德川光圀不無得意地向林鵞峰展示了由光圀授意、小宅生順執筆的《常陸國風土記》。[52]證據顯示，此書經朱舜水批註而成，體裁也模仿《大明一統志》。朱舜水還對此書的綱目及體裁提出修改意見，目的是為了讓日後水戶編史「史官採擇」。[53]朱舜水對此書稿的修改與建議，也旁證了舜水去江戶前，水戶編史尚處於模糊未定階段。此次光圀與鵞峰會談不比以往，不但顯出相當的自信，也流露朱舜水嫉惡學人同道互攻對光圀的影響。[54]林鵞峰事後寫道，「其後或談當時武人、學術，或談排佛、僧事。君度量拔群，其言豪氣快達，無所憚焉。余亦不及遠慮，殆不覺貴賤之分。君曰：當時學者，其行志稍有異同而互相謗，是俗所謂同士軍也。不辨為佛僧之大敵，而小軍同士相爭，故大敵彌競。云云。君平生甚厭佛法，然有好新奇之癖，故有此言。余悟之，故點兒及他談」。[55]

林鵞峰此處的「余悟之，故點兒及他談」，按筆者查證，應是林鵞峰明知德川光圀之實指，在文字上有所隱。首先應該是光圀表露出對編史和學風的新看法，明顯受朱舜水的影響。其二，是林鵞峰身邊人受到的朱舜水影響。舜水抵江戶後，鵞峰二子爭先恐後地往舜水處走動，勤懇問學。舜水諄諄教誨林鵞峰的長子林春信，勿將詩詞文章作為經世致用之學。林春信在舜水的教導下，得以反省註重詩詞文章的學風確實不該用於經世，並開始思索轉向經世致用的實學。可惜的是，春信因突患霍亂而英年早逝，朱舜水也為之痛惜。因為按照幕府規定，林鵞峰之後，應是春信接任。朱舜水盡心教育春信，為的是期望日後幕府的學風走向務實。其三，當時江戶不少權貴及文人仰慕朱舜水及舜水之學，但林鵞峰並不認同朱舜水這種明顯異於林家傳統的學問觀點，這在林鵞峰的日誌中屢有表露。[56]更且，朱舜水還是編史競爭者光圀的賓師。

1669年（寬文九年）5月，光圀再次在府邸設宴，招待林鵞峰。

鵞峰先在水戶藩臣的引領下，參觀了前後花園(由朱舜水設計，現今東京文京區的後樂園)，一行移入池亭，見「相公在焉。先進膳，而談本朝通鑑之事，疑問數條，聊辯解之。相公快然。其餘或及漢朝歷代事，論高祖光武優劣，或辯曹操劉備正偽，或議韓、柳、宋元明文章，或談本朝神道佛者事，或竊及當時事。其中有相合者，或有執拗者，是此公之癖也。」[57]光圀對學問、編史的自信，與1665年前，判如兩人；與林鵞峰相左的意見，也清楚地躍然紙上。

4. 尊王敬幕與「三大特筆」的形成

幕府編纂《本朝通鑑》，為的是提高將軍聲譽、肯定幕府合法性，以達到鞏固政權的目的。盛讚將軍，將諸侯的領頭人將軍視為最高權威，成為《本朝通鑑》的主旨。相比而言，《大日本史》的編纂主旨，則是在敬幕府的基礎上，尊虛君之天皇，目的是為朝、幕體制的長治久安。因為水戶學創始者認為，德川幕府的合法性源自天皇委任，在尊虛君的旗幟下，管理全國二百餘藩府，能達到「名正言順」。如前所述，朱舜水的以孔子政治思想為本，倡東周之主張，其實在他去江戶之前已存在。那麼，德川光圀18歲讀《伯夷傳》時，是否就產生了國家最高政治君主是天皇，但卻不是將軍的定見？下面幾項史料可幫助我們作出判斷。

寬文三年(1663)，新任藩主光圀寫了一篇紀念祖父、江戶幕府首代將軍德川家康的文章〈祭大樞猷公文〉。水戶學人宮田正彥據此文分析，當時的德川光圀並未樹立諸多後世學人強調的所謂「我主君就是天子」之「定見」。[58]在此文中，光圀稱德川家康是全國人民的「生民父母，王室棟樑，……綏懷八荒，功標大樹，德茂甘棠，……羽儀朝寧，砥柱頹綱，當世之望，百代之光」。[59]此外，上舉光圀於1664年11月詢問過林鵞峰如何在編史時處理南北二朝共存以及天武政變謀殺大友皇子的問題，也顯示了其躊躇的心境。

《大日本史》中的所謂「三大特筆」，均尊藩主光圀之命。其中一大特筆是將神話史中的神功女天皇，改為皇后，列入「后妃傳」。[60]此決定是根據光圀在貞享元年(1684)八月十一日對史臣中村新八和的示喻：「皇后應立傳，不得入本紀。其餘女御等，皆應附在皇后傳之末」。[61]三大特筆中的另一要項，是處理南北朝的合法性。松本純郎的研究表明，水戶學人將皇室南朝作為正統，也是根據光圀的意見。松本通過對水戶藩早期編史期、江戶與水戶間編史人員的公文往來記錄《往復書案》的研讀，尤其對延寶八、九年間(1680、1681)的書案研讀，發現德川光圀表明將南朝設為正統的想法，最早出現在〈新葉集序〉內。[62]〈新葉集序〉被收錄在署名德川光圀為編者的《扶桑拾葉集》中的〈勅撰集序部〉裏。[63]松本並認為，從延寶八年春天起，光圀安排人員開始積極蒐集有關南朝(也稱吉野朝)資料，從側面可以證明光圀在此問題上的立場。[64]京都大學文學部和茨城縣立歷史館所《往復書案》目錄顯示，《往復書案》收錄了延寶八年(1670)一月十四日至文化四年(1807)十二月二十九日間的480件書函。[65]松本找到了文獻證據，證實所謂光圀在18歲時就有了「三大特筆」的「定見」，是後人所杜撰。值得添加一筆的是，如果延寶八年前水戶編史館中的記錄若能公刊問世，當更有助此問題的深入探討。

《扶桑拾葉集》的編纂及印刷公刊，也是在光圀的安排及主持下，由水戶藩出資實施的。該書實質上是史料彙編，收錄了日本的主要歷史文獻。這些文獻均是水戶藩為編寫《大日本史》從全國各地蒐集得來。[66]《扶桑拾葉集》共30卷，按類編輯，囊括日本平安至江戶初期為止典籍中的序、跋、日記等，共三百餘篇。該書署名德川光圀(編)，元祿二年(1689)完成全書的整理與編輯，並在四年後刊行。[67]延寶八年(1678)，《扶桑拾葉集》完稿，水戶藩呈送上皇(退休天皇)，獲上皇御筆題名。彰考館員小宮山楓軒(1764–1840)認為，負責編修《扶桑拾葉集》的是書院組長安藤為實，安藤是水戶藩從藩外所聘。[68]但名越時正考證，有三個學人參加過《扶桑拾葉集》的編輯工作，分別是板垣矩、伴武平以及安藤為實，後兩人只是校訂增補，真正的編纂者是板垣矩。[69]板垣矩號聊爾，稱宗憺，寬文六年(1666) 29歲時仕義公光圀，入彰考館，元祿十一年(1698)歿。伴武平，號香竹，貞享二年(1685)仕義公，入彰考館。安藤為實，號抱琴，貞享三年(1686)仕光圀。[70]據上述資料，《扶桑拾葉集》的編纂也是在寬文五年(1665)朱舜水赴江戶水戶官邸之後才開展。

筆者支持松本純郎有關光圀在18歲時就有「三大特筆」之「定見」是後人杜撰的論證，因為除了上述諸例證外，其他史料也可佐證此論據。史料之一，為發生在1683年3月晦日之事。當天，從流放地返回江戶已數年的山鹿素行，在日誌中記下了他與水戶史臣今井小四郎(1652–1689)談學的記錄，其中提到「水戶相公將述作百王百代之事」。[71]此記錄告訴我們，此刻的水戶藩即將編寫從古到後小松王的「百王百代」之紀傳史。史料之二，是有關水戶學人對二朝並列的處理，決定以天和三年(1683年)為分界。明德三年(1392)，北朝小松天皇(在位：1382–1412)的皇室系統，吸收南朝，南北兩個皇朝合併為一。當時日本政治實權，握於將軍足利義滿為首的室町幕府手中。水戶藩將南朝定為正統後，史員對合併之前的北朝天皇曾一度放入列傳之中，顯示當時史館內部對正統與非正統之把握尚欠熟慮。但在天和三年(1683)，最終確定將小松天皇明德三年之前的所有在位天皇，不論南朝、北朝，均列入「帝紀列傳」，以避免在論及皇朝時，仍陷入成王敗寇的舊思維。[72]提出這個主張、糾正原先不當處置的人，正是朱舜水的入門弟子安積覺。[73]可見此時期的水戶學人基於尊王敬幕政治體制的主張，對二朝並存現象的處理，已跳出歷代史書以及《神皇正統記》非王即寇、君主須掌握最高政治實權的政治思維。舜水讚揚孔子有關政治體制的政治理念，在光圀以及舜水其他門生處得到了迴響。光圀在1670年(寬文十年)說的一段話也清楚證明：「汝好春秋，其言名分，其筆謹嚴，一字之褒貶如游夏亦不能贊也。」[74]

以上諸證，都是朱舜水到江戶之後發生。上述諸研究及史據顯示，德川光圀18歲時因讀《伯夷傳》而反對孟子暴君可被放伐的主張，進而生念立志編史，以為宣揚尊皇的說法，並非事實；所謂德川光圀在繼任水戶藩主伊始、舜水到江戶之前，已定下尊王敬幕觀念為編史宗旨之説，在該時段也不成立。[75]再看同時代的當事人與見證人鵜飼錬齋的相關闡述。他説，德川光圀聘請朱舜水，是因為「寬文五年七月，公(指光圀)議，招聘大明賢人，為我師範，為編纂傳世萬代之日本史，作後代之鑑。因此需聆聽大國賢者的書簡議論，廣開見聞後，才能順利撰述。朱之瑜，是大明三百年間僅出一、二賢人之中一人」。[76]鵜飼錬齋於1678年進入彰考館，此後以史臣身份開始在水戶藩的編史工作。鵜飼錬齋此記錄，寫於朱舜水去世的1682年，相距朱舜水到江戶水戶藩府已17年之久。鵜飼道出水戶學編史要等到舜水到江戶，「聆聽大國賢者的書簡議論，廣開見聞後才能順利撰述」的實況。水戶編史確實也是在朱舜水到江戶後才走上正軌，定下了方針。鵜飼錬齋此言，與1664年小宅生順向光圀的匯報有共同之處，前者見證了朱舜水對水戶編史的貢獻和對史員的指導。小宅的那份匯報，是受命到長崎見朱舜水回江戶後撰寫，主要目的是向藩主匯報朱舜水的學問與人品。朱舜水對光圀的影響，也得到其他學人的正面肯定。如吉田一德指出，「舜水的毅然之節義、實學之學風，對水戶藩教學形成給予了重大影響，這是無庸贅述的。義公實學的學風，多得於舜水，這種理解，也應該是正確的。」[77]

水戶學尊虛君天皇、敬執政幕府的理論與實踐，影響並波及了幕府的政策制定。譬如德川光圀迎見京都敕使前，基於禮樂之規，先行沐浴更衣之禮。後來將軍綱吉(在位：1680–1709)接見京都來的敕使時也會先沐浴更衣，以示敬意。綱吉的幕府還將皇室的年貢由一萬石增加到三萬石，極大地緩解了皇室的經濟窘況。此外，在光圀與綱吉個人關係方面，還包含着光圀作為御三家之一，曾提議並支持綱吉繼位將軍職。當年光圀反對前大老酒井忠清力挺京都出身的幸仁親王繼任將軍之提案，也是基於他所堅持的禮樂制度與尊王敬幕之理念。[78]此形勢下，《大日本史》在享保十七年(1734)獲得幕府首肯，先行板刻當時已完成的部分；[79]約二十年前的1715年，水戶藩已將朱舜水的遺文及教誨輯成文集，在日本思想界中廣為流傳。[80]

二、朱舜水與古學創始人的互動

當程朱理學及陽明學在日本漸興時，反宋儒理學，提倡直接從先秦經典探索事理的「古學」，在1660年代的日本突然顯現。古學創始人伊藤仁齋和山鹿素行，從摻雜着佛教說教的理學、心學末流，遽然轉至古學，給德川思想界帶來不小衝擊。釐清古學異軍突起的內外大環境原因以及古學學人的思想變化，對打通近代東亞儒學交流互動的脈絡，極為重要，對繼而進一步追蹤古學之後興起的日本國學起源，意義重大。18世紀後，國學日益走向狹隘的民族主義意識形態，後期水戶學亦步其後塵，為後來的日本國家神道與軍國主義提供了重要的理論源泉。

前章提到，德川幕府成立(1603年)後，政府為鞏固政權而倡學。時東亞理學盛行，日本也深受其蘊。儘管如此，誠如有些學人所指，德川幕府建政初期的日本知識階層，「對中土學術文化的認識，還處在較淺的層次。」[81]即便當時被視為正統學說的朱子理學，也是經入日朝鮮學人姜沆的傳導與糾正後，才迅速成長起來。宋朝儒學，固然以理學為主軸，但也有陸九淵的心學、福建的事功學等。明朝中期，還出現了抨擊將理、氣視為二元，脫離實踐的新主張，彼時的羅欽順(1465–1547)、王廷相以及王艮可為代表。古學在日本的產生，如同日本的理學、心學，本非孤立的本土產物，但包括丸山真男在內的日本知識界主流，長久以來將這個在東亞大情勢下產生的古學學派，多視為德川日本本土自生，此有違邏輯的現象，令人不解。從一方面也證實了所謂獨自發展、一國特色之孤史觀（日語稱「一國史觀」），至今在日仍有不小市場。

井上哲次郎將古學的產生歸納為「大膽喝破其（宋學）謬見，支那人絕無僅有，卻由日本人率先脫出朱子學之圈套，超然歸古學，為山鹿素行與伊藤仁齋二氏也。」井上此主張，將歷史上東亞儒學的發展，人為地進行切割，並不可取，但井上的論調至今仍有市場，以至西方學界也出現質疑聲音。[82] 回顧19世紀後半期以來的日本文明發展歷程，可以發現此類認識實際上也是社會思潮的反映。究其原因，既有因當事人鮮少留下直接證據（譬如荻生徂徠自己就否定受到伊藤仁齋的影響）；也有日本學人為抗衡已融入日本文化的中華文明影響（國學者稱為「漢意」），故意曲解歷史，將日本歷史文明視為自閉性的獨特發展。此風氣上漲，加快了日本文化沙文主義與極端民族主義的盛行。譬如，近代日本在脫亞入歐的意識形態下，厭惡「東亞之惡鄰」（福澤諭吉語），宣揚地域文化特殊論，以期徹底否定東亞世界內思想交流與互動的史實，即入此例。

迄今為止，以較宏觀視野探討古學在日本的思想來源及產生的文章，已出現數篇。[83] 不過，有關古學創始者從理學轉向古學的動機、具體時間、思想原因與契機，研究仍頗為匱乏。筆者查閱古學在日本誕生期前後的相關史料時發現，朱舜水對伊藤仁齋轉向古學有直接影響。筆者也發現學界一直認為山鹿素行早於伊藤仁齋轉向古學之說，與事實不符。實際上，德川初期日本古學的突然出現，與朱舜水關係甚大，但由於缺乏此方面的研究，對於古學學派的興起是否與朱舜水有關，迄今為止，學界中既有無視，也有持正反兩極意見。其中對朱舜水研究較關心的華文知識界，在論及朱舜水對古學影響方面，多持肯定態度。[84]

查閱那些持肯定意見的著述，發現不少對文獻查證尚欠火候，有的甚至僅一筆囫圇帶過，此現象至今仍未有明顯變化。徐興慶在

《朱舜水與東亞文化傳播的世界》中表示：「朱舜水流寓日本期間，與德川前期儒學界朱子學、闇齋學、古學等三大主要流派之代表人物有過直接或間接交往，因此，日本學界對於朱舜水與三學派間的思想主張之異同比較頗有興趣」，[85]他委婉地指出，「究竟朱舜水的思想與日本古學派的思想關係為何，尤其是朱舜水與荻生徂徠思想比較，雖已有若干先行研究，但是這個領域仍有繼續探討的空間。」[86]此現狀恐怕也是部分學人在談及德川思想史時，無視或乾脆繞過朱舜水與日本古學關聯的原因之一吧。

針對上述問題，下面對古學三位主要創始人伊藤仁齋、山鹿素行以及荻生徂徠，從當時流行的理學轉向古學的社會背景、誘因、時間，以及與朱舜水關係，依據相關原始資料梳理分析，以望拋磚引玉，釋除這個歷史疑竇，還原東亞社會各地區在歷史上的文明發展並非割裂的史實。

1. 朱舜水與伊藤仁齋

丸山、貝拉等據古學以及國學的思辨來解釋日本現代化為何成功，對當時的學術界作出了開創性的貢獻。但他們的研究有個較顯著的疑點：德川初期社會盛行宋學，學者們都沉迷於理學、心學的學習，為甚麼唯獨這幾位古學創始人能憣然醒悟，獨具慧眼地從一直所事的宋學中直奔古學？此疑點至今令不少學人困惑，也影響了他們對東亞學統連貫性的認識。

彼時，在日本儒學主流為宋明理學，若不明瞭山鹿素行、伊藤仁齋以及荻生徂徠突然從理學轉向古學的原因與過程，此新生之學似乎就成了無源之水。說來也有趣，這個問題只要站在縱觀當時整個東亞地區文明發展的立場上，認真分析研究應能迎刃而解，卻一直不受重視。對流行遞減演繹（deduction）邏輯思維的西方社會而言，原因說來也簡單：在中國未對外開放改革，沒有建立現代化體制，忙於革命內鬥無暇顧及人民溫飽，而日本卻早已邁進西方工業化體系的年代，豈會讓人相信在中國傳統文化中有促成現代社會轉型的理性主義？又怎可能會有影響日本朝向現代社會，韋伯稱之為「ethic」的傳統核心價值？當年學界持此類觀念者大有人在——不但是筆者在東西方的親身經歷，甚至沿襲韋伯治學法，以伊藤仁齋和荻生徂徠的思想來證明日本具有先進傳統價值的丸山真男，也向世人舉證過「支那歷史的停滯性與儒學」。[87]

秦朝以來，有着二千多年皇權專制傳統的中國社會，不論是體制還是民風，也有很多積重難返的問題。19世紀中葉起，中國步入現代社會轉型，更是困難重重，此狀況也使許多現代日本人對中國的看法大為改觀。德川初期的日人，將儒學視為具有普世價值的學問，崇尚中國文化；而此時日人，如福澤諭吉那樣，貶「支那人卑屈而不知恥」，並提出要遠離亞細亞東方的惡友。[88]當時，就連承襲東大美濃部教授反對天皇神格說的津田左右吉，也力圖否定歷史上中國文明對日本的影響。研究中國學的名學者內藤湖南，更自述曾與中國人衣袖不經意接觸而引起不快。[89]

目前學界對仁齋從性理心學、佛學轉為古學的思想變化之具體過程，以及對古學派起源的交代，明顯仍有許多工作要做。譬如，有學人認為，伊藤仁齋針對宋儒理氣說無視現實世界，站在宇宙人道活動的立場上提出了一元之氣。[90]余英時則撰文指出，早在日本古學之前，明朝的羅欽順已有氣、理一元說。[91] 1998年，英文版《語孟字義》問世，英國學人詹姆士．麥克穆倫(James McMullen)寫了書評，質疑譯者未能具體交代影響伊藤仁齋從宋學轉向古學的原因，並試舉明朝的羅欽順為追蹤線索。[92]麥克穆倫此論，恐怕是受到余英時的啟發，後者在《論戴震與章學誠》中探索戴東原與伊藤仁齋思想共性的源頭時，提到羅欽順。[93]變化的形勢，多維的思考，拓寬了人們的想法。[94]麥克穆倫的質疑，也顯示出其立於更大視野的學術背景。

思想的啟蒙與傳播，不一定須直接師承某人，也不一定要親自聆聽某人教誨，才可作為真憑實據，正如文藝復興以及近代西方有關政治體制建設的啟蒙者，便不是直接聆聽過亞里士多德教導的弟子。世人可能難以發現伊藤仁齋、山鹿素行親筆書寫、有關朱舜水對他們治學影響的遺文；相反，荻生徂徠還不遺餘力地譴責伊藤仁齋的觀點，極力撇清仁齋對他的影響；本居宣長則一邊私下抄寫荻生徂徠文章，作為其詮釋本國古籍的座右銘，一邊卻公開大力批判荻生徂徠呢！(詳見第四章之二、三)

有關伊藤仁齋從信奉宋學轉向直接閱讀先秦儒家經典的思想變化方面，學界通過其文章進行的對比研究已有許多，恕不一一枚舉。在探究仁齋何以轉向古學，學界也付出了努力。由於伊藤仁齋從未面晤朱舜水，也沒有發現兩人之間的直接書信往來，關於舜水對仁齋事學的影響，主要是通過朱舜水與武士弟子柳州藩士安東省庵、省庵與仁齋之間有限的殘存信件，以及他們的學問主張來解讀。

1960至1970年代以不同宗教對話而聞名於日本社會的神父約瑟夫・斯貝(Joseph John Spae)，曾在英文版《伊藤仁齋：德川時代的哲學家、教育家和漢學家》(1948)中稱，未發現伊藤仁齋給安東省庵寫過信，並認為這應該與仁齋處世過於超然的性格有關。他舉例道，某日仁齋與學者貝原益軒共席，兩人甚至未曾有片言隻語交集。[95]斯貝有關仁齋轉為古學源頭的探討，僅及於此。這方面的中日著述雖也有數篇，但力度與深度明顯不夠。在新的原始文獻問世前(目前可說機會渺茫)，似很難再考出新證。但是，釐清朱舜水與日本古學的產生，涉及到東亞文明發展的關聯性與歷史互動的經驗，影響到審視東亞地區知識分子在世界航海經商時代、西學東漸到來時，對問學的目的以及對政治思考產生的新思索，意義重大。所以，在有限的第一手資料上，努力挖掘其他相關素材，排比對照，盡力還原史實，是學人無法避開的挑戰。[96]

觀當時東亞地區學風，明末學者從先秦經典中汲取養分，推陳出新，重新審視政治體制的主張，因內陸大形勢所致而未能深化。彼時出現的經世致用學風，在清朝轉化為考證與文字訓詁，體現了當時學人在政治無奈下，對問學的有限積極。但是，明末江浙學人興起的古學學風，卻在東瀛開出另一奇葩。筆者數次對朱舜水及仁齋的遺文進行對比，發現仁齋轉向古學後的主要觀點、行文，甚至一些用詞，都與朱舜水貼近；而在同期日本學者中，持相同觀點以及行文的，除山鹿素行外，無出其右。筆者因此覺得，對先行學人中肯定仁齋學風受朱舜水影響的研究，在實證上需進一步推進，尤其是仁齋轉向古學的時間、舉措以及思想上的變化。[97]寫到此不由感歎，倘若朱舜水當時不拘外因，破釜沉舟，答應仁齋易地作其門人的話，真可省去數百年來學界在這方面反覆費時、爭論不已之勞。下面據有限的殘存史料，期望盡量還原當時事件發生的時間與過程，並在此基礎上澄清尚不透明的史實。[98]

1.1 伊藤仁齋轉向古學

我們先看仁齋對自己轉為古學時間點的回顧：

> 予自十六七歲，深好宋儒之學。尊信近思錄，性理大全等書。手之口之，目熱心惟，晝夜不輟然曉通，略有所得。於是著前面三論，自以為無赧於宋諸老先生。
>
> 其後三十七八歲，始覺明鏡止水之旨非是。漸漸類推，要之實理，要之實際，釁隙百出。而及讀語孟二書，明白端的，殆若逢舊相識矣。心中歡喜，不可言喻焉。顧視舊學，若將誤一生。[99]

仁齋上文，是晚年所寫。提到了他在學問上轉向直讀先秦經典的時間，是在1664與1665年間；不過，他並沒有挑明自己轉向讀《論語》、《孟子》二書的具體因由。

1662年(寬文二年)5月2日，京都大地震。地震後，仁齋從隱居處歸家，聯絡志同道合者，立〈同志會籍申約〉，定期共同討論學習。從仁齋在〈申約〉中所寫的「性即天命，命即天理」詞語可知，當時仁齋所學仍未出佛理與宋儒學。同志會每月舉行三次，會員按長幼排座。每次推一人為會長，仁齋則出「策問」或「論題」，試問諸生。討論會首先向「歷代聖賢道統圖」行禮，然後開始。[100]從當時仁齋及眾人所事之學來看，會場懸掛的「歷代聖賢道統圖」中，當然應有二程、朱熹等人。此外，另閱仁齋在寬文二、三年間所作的〈策問〉，也有正心、存心等佛儒詞彙夾雜在內，如「且後儒者流，有平心之說。然《大學》、《孟子》，既有正心、存心之說，而無平心之名」之類。[101]

仁齋的同志會，與山崎闇齋的私塾所在地僅一江之隔，同志會因平等、民主的討論性學風，吸引了京都的有心志學者，聲譽也傳到外藩。就是在這種情勢下，青年學子片岡宗純在同志會成立後的第二年春天，出現在討論會現場。片岡宗純與仁齋之結緣的時間，涉及到一個重要的問題，就是仁齋轉向古學的時間與朱舜水的具體影響。筆者將斷定片岡宗純開始參與同志會是在1663年的論據列出來以資佐證：一、1662年京都大地震是在5月2日。震後仁齋返家，收拾妥當後，才開私塾、設同志會；二、仁齋〈送片岡宗純還柳州序〉中有「片岡去春訪余處」，當時東亞社會均按農曆計日，春為一至三月，五月已出春；三、1662年寫的〈同志會籍申約〉中，還有性理之類語言；四、對比其他相關文獻，也不應在1663年後。此外，石田一良在此問題上與筆者意見相同，認為是1663年，而童長義則認為是1662年，雖然二人並沒有進一步舉證其說來源。[102]

這個新來的青年所事之學，不但與同志會的學子迥異，與當時學界流行之學也不一樣。仁齋驚詫：「予觀其為人也，言語有序，進退有度。雍容閑雅，大非向四方遊學之士比。予疑之，曰其性然乎？將由其所學乎？」[103]仁齋對片岡宗純另眼相看，迫不及待地尋問為何其學與眾大異？之前受教何方？宗純據實答道，他從學於同藩(柳州)的安東省庵先生。宗純並應仁齋請求，展示了安東省庵所寫的十多篇文章。仁齋大喜，「執而閱之，則皆出入經術，根據義禮，鑿鑿有意味，繇歎曰，生之可觀者，因此而已矣。」[104]學術不抱門戶之見、真心事學的仁齋，在內心受到大震動的同時，也非常高興遇見問學有成的學友：「又自喜曰，吾前所欲得而觀之者，則此人也。而其師省庵又得中華真儒為之師，則柳川生之藺田合浦，而非假求之洛市焉者也。」[105]

仁齋此思，並非忽發奇想，而是早有前因。仁齋早聞安東省庵之盛名，也知道省庵已成為朱舜水門生，從其問學。仕於柳州藩主的安東省庵，竭盡己力留朱舜水避居長崎，並將二百石歲祿的一半贈舜水，自己因此生計窘迫。安東忙於藩政，而且從今福岡縣南部所在地的柳州至長崎，須路費數十金，故與舜水生前聚少別多。[106]仁齋在聽說「中華真儒」朱舜水於1659年被准許定居在長崎後，也曾打算離家到長崎，從學於朱，但終因諸因憾而斷念。儘管如此，仁齋從未動搖過他捨醫從文的初衷，希望將所學用於醫治社會之疾。安東省庵的文章，給了仁齋重要啟示，這就是所謂學問、學習心得及議論，均應直接「出入經術，根據義禮」，而不是本末倒置，將後人對經術的詮釋與註解當作學習對象。〈送片岡宗純還柳州序〉中的話語，很能體現仁齋當時的想法與心境：

> 今之俗者皆知貴醫，而不知貴儒。其知為學者，亦皆為醫之計而已。吾嘗十五六歲時，好學，始有志於古先聖賢之道。然而親戚朋友以儒之不售，皆曰為醫利矣。然吾耳若不聞而不應。[107]

此後，片岡宗純將其所攜業師安東省庵文章，悉數交給仁齋閱覽，也將這個情況報告給業師。片岡還盡可能將被朱舜水批改過的省庵文章，甚至朱舜水文章的抄件，送至京都伊藤處。另一方面，此時的安東省庵經朱舜水數年間的耳提面命以及對其文章的批改，也早已放棄以前曾全心鑽研，深受佛學影響的心學末流，轉向註重經世、講究實學的儒學流派。[108]自此，仁齋對久仰的朱舜水、舜水門生安東省庵的學問，通過片岡宗純開始有了實際的接觸。仁齋找到了志同道合的學友，特地致函安東省庵，表達其喜悅之情：「……茲遠賜函教，存錄不肖，無我之仁，樂取之美。備顯言詞之表，至感之感，足以觀度越一世萬萬。志同道合，古之所罕，揚善成美，亦今世所乏」，鴻雁傳書，論學問道，盡在其中。[109]

次年（1664年），片岡宗純因病回柳州休養，伊藤仁齋依依不捨，作〈送片岡宗純還柳州序〉，並在書尾謙虛並懇切地寫道：「吾亦欲生之以歸，而所聞於其師者，教之於我；故於其往，不為之贈，而為之請。」[110]片岡宗純歸鄉前後，發生了一件事，導致仁齋學問、學業，舜水學問的傳播以及其個人生活發生巨大的變化。

1.2 伊藤仁齋求教於朱舜水

1664年農曆五月，水戶藩主德川光圀有意聘請朱舜水，在得到幕府最高權力中樞的首肯下，命家臣小宅生順及水戶藩下士數人，專程從江戶來到長崎，拜訪朱舜水。小宅與舜水通過筆談，問學談事。小宅此行，是遵照藩主命令確認朱舜水學問並兼請教。[111]對小宅生順出發到長崎的日期，存在不同的說法，譬如木下英明斷定「寬文四年八月，光圀派小宅生順去長崎。」[112]由於此事涉及到僅存的幾封有關伊藤仁齋學問轉向期間至關重要的書狀日期，非加以釐清則無法辨明史實。由於幕府當時已執行鎖國政策，甚至禁止國外的日本人回國，所以有關光圀有意聘請朱舜水之事，事先已獲幕府中樞首肯，林鵞峰在他的私人日誌裏也留下了記錄。請見下列原始文獻與分析：

一、「小宅生順，生順字安之，坤德，號處齋，父重長仕本府。

生順承應元年為儒官，食二百石。」[113]小宅在寬文四年(1644)農曆五月，被命去長崎。水戶藩檔案中載：「(寬文)四年甲辰閏五月，為赴長崎自歸化唐人中招聘文學之士，遣吟味役小林善左衛門勝澄，步行目附大石彥衛門先勝，同伴至長崎為差，事畢歸。」[114]

二、後世水戶藩彰考館員編纂記錄載：「寬文四年，生順年二十七，奉命至崎陽，與明人流寓者陳三官、陸方壺、釋獨立之徒筆語，遂得朱舜水」。[115]

三、小宅生順在《西遊手錄》結尾處自述，「予今年承君命，西遊紫陽長崎，棲遲三月，公務之暇，汎交蕃客，以欲得異聞……。寬文甲辰十一月十七日宅順坤德父書之。」

四、林鵞峰在《國史館日錄》寬文四年(1664)十一月二十九日條內提到：「三宅生順待席，此主人(卜幽)門第，而同事水戶君也。今秋蒙君命赴長崎遇華人朱之瑜筆談……。水戶君聞其名，使保宗雪密告廐橋羽林有招之志，故使順往遇之。」

五、當時在長崎的通譯穎川入德(陳入德)曰：「朱先生之事，近日東方宗叔(即德川光圀)命小宅生順到長崎探其行動學問，亦常至其寓，終日筆談而無阻誤，來意盡是快足，朱公亦稱此人為台兄之亞也。次日生順至政所謂鎮公曰，『朱公博學鴻儒文章高古、體貌嚴，可法可則，吾儒中第一人也。』弟亦至政所，鎮公謂予曰，昨江戶生順所言朱儒者之為人，與入德前言相合，吾始慰矣。又問柳川省庵可到崎否？江戶亦聞其名也。謹此怖悃，不盡所言。一六六四桂月六日啓上，大文宗省翁仁兄安東老先生至契通家教下弟入德頓首拜」[116]

當時從江戶到長崎，路程需一個多月。5月出發的小宅生順一行，應在6月上旬到長崎。由於隨行二人為下級武士，且小宅生順時年27歲，路上所費時間較一般可能更短。一行在三個月後，9月上、中旬前後，離開長崎，先由海路至京都，然後經陸路，10月或11月初回到江戶水戶藩邸。回到江戶水戶藩邸的小宅，迅即整理出筆記(《西遊手錄》)，向藩主德川光圀彙報。在時間判斷上，還需註意的是，1664年農曆閏月應為六月，即同年應有兩個六月，閏月六月之後是正常六月，同年共有13個月。

御三家之一的水戶藩主德川光圀派屬下長途跋涉特地到長崎向朱舜水問學，當時是個轟動社會的事件，身處京都的仁齋也迅即得知。[117]當然，片岡宗純也會在第一時間從安東省庵那裏得到消息。隨即就有了伊藤仁齋那封給安東省庵的書狀(以下數篇原始文獻不易彙集，主要部分抄錄如下)：

> 僕本州野之鄙人，材質譾劣，為世所棄。杜門掃軌，漠然度日。近歲以來，偶有一二同志，相共討論，特出望外矣。詎意以燕雀之志，適與鴻鵠同。上冒高明之聽不虞之譽，在僕最當深恥之甚也。茲遠賜函教，存錄不肖，無我之仁，樂取之美。備顯言詞之表，至感之感。足以觀度越一世萬萬。志同道合，古之所罕，揚善成美，亦今世所乏。僕於台下，平生未有一日之雅，何千里神交。若合符節耶，從今教翰往來，商榷今古，心期寄之筆箚，此僕固所深冀也。
>
> 然若僕者學無真師，家無書籍。臆度之見，詎敢言學。徒有進取之意，猶無為已之實。尚不鄙我，當屢奉簡記，就正於有道焉。
>
> 茲及聞盛命，稍自覺從前芥蒂已釋然於胸中矣。何幸如之。
>
> 承聞明國大儒越中朱先生，躬懷不帝秦之義，來止於長崎，台下忽執弟子禮，師事之。且不蓄妻子，不恤衣服食，奉廩祿之半，以作留師之計。其志道之高，行義之潔，非不待文王而興者，豈能然乎。……
>
> 儻若先生之道，得大行於茲土，則雖後來之化，萬萬於今，實台下之力也，豈不偉哉！豈不偉哉！

僕嘗聞仙槎着於長崎，竊欲摳衣相從於門下。然以人子之孝，不可航海遠遊，遂不果往……。嗣欲附宗純弟處上狀，又深恥文采鄙拙，濡滯到於今矣。千萬悵惘。

聞先生(朱舜水)近以親藩之招，將赴於武城，僕又欲竢侍養有人，往從先生於武城，不知先生許之否。若獲為僕言之於先生，實大幸也。至懇至懇。大抵此事非有真實朋友為之經營，決難成就。然若台下素以篤志力行，直受鄒魯的傳，惟僕欲自承日月之末光，以補既往之蹉跎。無謂我昏暗而舍我，幸甚。

僕姓伊藤，名維貞。讀書之室名曰誠修。自料兩地千里，風聞相久，恐姓名錯亂，迷於尊聽，故謹此附聞。……

會宗純弟，以疾歸往。肅裁以復，不勝縷縷。[118]

現存此書函的抄錄，遺漏了重要的具署日期，筆者參考彼時其他文獻，經分析得出：此信當寫於1664年夏。原因：一、記錄顯示，小宅生順該年五月被派往長崎，而此時朱舜水仍在長崎；二、片岡宗純此年經京都返回柳州(伊藤仁齋此後另有書信給片岡宗純，其中有「去夏書已收」字樣)；三、同年6月19日舜水致函安東省庵，表示難以攜仁齋次年往江戶的水戶藩邸；四、同年秋，朱舜水在致省庵函中提到，已見仁齋所著文，朱舜水在其後的其他書函中還提到，他批改了仁齋和片岡宗純的文章。石田一良斷定「在仁齋學的形成過程中，給予仁齋積極影響的是朱舜水」，他也認為此信函寫於1664年，但並未舉出文獻來源。[119]與筆者此結論相左的，則認為此信當寫於1662年。[120]

從仁齋「僕嘗聞仙槎着於長崎，竊欲摳衣相從於門下。然以人子之孝，不可航海遠遊，遂不果往」可知，數年前仁齋曾打算到長崎師從朱舜水，卻因須盡孝而事未成。仁齋為家中長子，按日本習俗須嗣家業(迫使無產業的次子外出謀生，是促成日本現代轉型及早成功的重要原因之一)，但由於仁齋既不願順從父母之命從醫，對從商的家業也缺乏興趣，一心只想讀聖人書，所以伊藤家的祖業最後傳給了其弟七左衛門。不幸的是七左衛門在1663年時暴卒，使得仁齋必須挑起家族大樑，承襲家業而一時無法離開京都。

迄今為止的研究，都根據仁齋上述之言，判斷仁齋於1659年打算到長崎從朱舜水事學，最終卻因家事而無法成行。但朱舜水是在1659年方被幕府允許定居長崎的，其學問、知識以及人品，要過了幾年後才被傳開和認可，這可從舜水與安東省庵信函中提到初到長崎時，屢受宵小之欺可證。[121] 此外，仁齋在1664年的信中也說過，「欲竢侍養有人」之後，要跟從舜水到江戶。考慮到當時仁齋家中實際情況，其言下之意，應是下決心先要將家業安排好，使雙親及祖業無後顧之憂。因此，筆者認為判斷仁齋於1659年打算到長崎隨舜水學習，並不準確。生性敦厚的省庵收信後，[122] 立刻將仁齋的請求連同仁齋部分著述，轉交舜水。舜水為之困惑，不久回函作如下答：

> (首欠)將養身子平安自然有好處。揣摩語氣是言江户之事也。以愚意料之，亦是明年光景。禮意殷勤懇摯，如此不佞之榮悴行使止厄，賢契不啻自身之事而迫切更倍之參之，故一一奉聞，不少拘忌也。
>
> 伊藤誠修貴國之翹楚，頗有見解。賢契歉然不足，大為推重，虛心好賢，此更賢契美德。然賢契豈遂出其下，評駁數端，言言中竅，聞之自廣心服。昔有良工能於棘端刻沐猴，耳目口鼻宛然，毛髮咸具，此天下古今之巧匠也。若使不佞目炫玄黃忽然得此，則必抵之為砂礫矣。即使不佞明見其耳目口鼻耳目口鼻宛然，毛髮咸具，不佞亦必抵之為砂礫。何也？工雖巧，無益於世用也。彼之所謂道，自非不佞之道也。
>
> 不佞之道，不用則卷而自藏耳。萬一世能大用之，能使子

孝臣忠，時和年登，政治還醇，風物歸厚，絕不區區爭鬥於口角之間。宋儒辨析毫，終不曾做得一事，況又於其屋下架屋哉。

如果聞其欲來，賢契幸急作書止之。若一成聚訟，便紛然多事矣。此是貴國絕大關頭，萬勿視為泛泛也。其人年幾何矣？世間淳誠謙厚，更有如賢契者一人否？不獨貴國，即中國亦在所必無也。果若來，不佞當以中朝之處徐鉉者處之，必不與之較長絜短也。

六右衛門昨日方過寓，又云明日回柳川，製棺事不及矣。……目下米已盡、未知次右衛門可作緣否？如可，即當就之，幸賢契速速示知為望。

六月十九日燈下草瑜生頓首

安東省庵賢契知己[123]

就信中內容來看，此刻朱舜水已見到伊藤仁齋作文，也見到安東省庵應伊藤仁齋「尚不鄙我，當屢奉簡記，就正於有道焉」之請，對仁齋著文「評駁數端」。省庵所改仁齋之文，雖不在此函中，但一定傳給了舜水，所以才有朱舜水誇獎省庵的「言言中窾，(伊藤仁齋)聞之自廣心服」之讚語。這是因為朱舜水所見仁齋諸文，掉入宋儒性理心學末流的「辯析毫」，與經世完全無關；且仁齋所稱之道，如「於其屋下架屋」，多此一舉，與朱舜水所倡之道，南轅北轍。此函所署月日得以存留，對了解仁齋學風轉向的時間與動因非常重要。從該信函所提到的人事所知，必為1664年或1665年所作。我們可以查核其他相關文獻，以幫助確認具體日期。此函提供的信息有：舜水已見仁齋文章；安東省庵對仁齋文章的批語；舜水本人當時在長崎；舜水說米已告罄，問次右衛門可否作緣。

朱舜水是在1665年7月17日抵達江戶的水戶藩邸。據〈江府江御差下囚人差添一件留〉遺文揭示，當時押解犯人從長崎到江戶，約1,400公里的路途須34日，[124]每日均41公里的步速已相當不易。另可選擇水路，但須視風向與風速而定。一般而言，先從西日本的長崎步行到東日本的大阪，再候風乘船。考慮諸種因素，再加上當年66歲的舜水，乘坐的日本陸路交通用具應是人抬坐轎，而須更添加數日。再者，舜水還在此函中說尚需米度日。綜合上述分析，此函寫於1665年的可能性便被排除。[125]

朱舜水婉拒仁齋從其問學，與其一貫遵從夫子的有教無類、誨人不倦之做法大相徑庭。筆者分析，恐怕是特殊情勢下的非常判斷，事出有因。首先，幕政規定，武士無幕府許可，不得自行跨藩行動，各地平民也輕易不敢跨藩到長崎與朱舜水接觸。反之，在朱舜水方面，若接待外藩訪客，也需向長崎最高行政官稟報。如此非常時期，朱舜水應會擔心若名士伊藤仁齋到其處求學，會帶來意外糾葛。其二，朱舜水閱讀仁齋文章後，除了擔心他在京都已有聲名，與自己問學大相徑庭，不熟悉仁齋秉性人品，也難免躊躇。此外，時機上的尷尬也是重要原因之一。一介避難在日外僑，即便因大儒聲名獲德川光圀聘為賓師，但因其尚未面見光圀，不知光圀性格，又怎會不顧禮儀，攜同素未謀面、志同(事儒學)學殊(性理心學加佛教影響)的異地學者，共入江戶水戶藩邸？與此相反，朱舜水堅持將肥前小城藩主鍋島直能所託、隨學幾月的少年下川三省帶到江戶水戶藩邸，就連小宅生順日後也成了最得意的門生之一，倒頗能說明朱舜水歡迎學子的真實一面。

朱舜水在信函中，寫下了要省庵婉拒仁齋的理由：

> 伊藤誠修學識文品，為貴國之白眉，然所學與不佞有異。不佞之學，木豆、瓦登、布、帛、菽、粟而已；伊藤之學，則彫文、刻鏤、錦繡、纂組也，未必相合，一也。且不佞居於此地，人地則甚輕而聲價則甚重，京華人士不敢輕與相接，即有書來，亦當稟明黑川公，其為煩瑣二也。此間人情多好自高，稍有學識，猶且岸然，如此淹貫，豈更求益？且不佞亦不能有益之，三也。[126]

伊藤仁齋當然應該見到這封信。他不但理解舜水的想法與難處，通過持續的信函求教與論學，在學風上自此也認同和響應舜水説。此後，仁齋開始提倡朱舜水關於學則六經、學以為日用的思想。仁齋同安東省庵之間的聯繫和學問切磋，也藉此開展起來。下函是現今僅存、仁齋〈答安東省庵〉二函中的另一封：

> 連領累幅，教言既荷不遺。又欲付僕以聖賢之事業，何敢當之，何敢當之。僕拜書後欲即裁答，忽罹微恙，荏苒句月，嗣以廣接無暇，不覺遲留，殊睽初志矣。
>
> 夫先王之道，禮樂之用為急，而禮之節文最為難明，況非德之與位兼備者，決難措議於其間。故孔子曰，雖有其位，苟無其德，不敢作禮樂焉。雖有其德，苟無其位，亦不敢作禮樂焉，此乃所謂禮也。後之儒者不然，躬處匹夫，而自當有位者之教，吾不知其何説，其意必謂吾固有德可以制禮矣。又必謂不答，此即禮乃壞矣，而不知禮之大本，既已缺然矣，此非老蘇所謂亂與僭與散者耶。
>
> 然僕竊自以謂準古酌古，自為一家之禮焉，則可若欲為天下定其禮，則不可此真偽公私之辨，最不可不察焉。若孔子之喪，公西赤為志，子張之喪，公明之義為志，則自為一家之禮而行之者也。若諸家禮範，則欲為天下定其禮而制之者也，其事雖是，而其心實胥壞矣。
>
> 來書曰，不斟酌，則拘泥不通，妄損益，則僭踰有罪。夫禮固不益損益，而弊必易至拘泥。然拘泥不通，其罪小矣。越禮躐節，其罪大矣。不若先以古禮為之本，而至於其不可通者，則或減或闕，別用時俗之所宜。耳目之所安者，臨時參酌之，稍可也。苟有好禮之士，而欲有為焉，則自有文公家禮，儀禮通解在。就此斟酌可也。奚依自製為，惟禮經廣博殆若入海取寶，初學之士，遽難得通。

僕嘗欲仿魏鄭公類次禮，採摭上自尚書三禮，下至春秋內外傳暨荀子等書，凡一切係於禮者，薈萃彙輯，立門分部，附以漢唐註疏諸儒論議，脈絡相通意義明白，使其前足以有所考，後足以有所傳。而其損益斟酌，自付之於後學者自擇焉。庶乎當自無僭踰有罪之失而亦免拘泥不通之病矣。然徒有其志，而力未能也。若天假我於年，方自成一家之書，略為行禮，者之津梁，不知能成否乎。

……僕近為諸生略讀周易，嘗以謂程傳從孔子，而宗義理者也。本義(呂註：為朱熹所著《周易本義》)，從文王周公，而主卜筮者也。二家皆各有其理，而不可相無。然而六經皆夫子之手，而為萬世斯道之權衡焉。則本義之理，愨實簡當，固可自得文王周公之舊。然於開物成務之道，則不若程傳之該盛浹洽為直得夫子之心也。……故僕於道理則以程傳為主，於文義則以本義為主，兩者並行，而庶幾得於先儒歸一之旨矣。

聞台台亦曾講易，不知當時講究如何。謹玆併附，以求正於左右。

片岡宗純學進否。其人甚明敏可喜，未教曰，必不為下喬木，而入於幽谷，甚慰甚慰。……

頃一書生來，僕語之曰，讀書如淘砂，取金必也擇其善者而從之可也。蓋自非聖人外，必有一長，則有一短。若專主一家之説，則必先得其短，而遺其長，此不可不知也。其人不心肯，退而謂僕為從新建之學者，甚可笑。語所謂不可與言而與之言，失言，實僕之過也。大抵非有大氣魄，有大力量，不為言句所轉者，決難與論君子之大道也。

不知何日合併一處，共論平生之所蘊，儻若議論文字，有可受用者，勿悋示及。薰沐以待。[127]

此函也是仁齋在片岡宗純離開京都後所寫。從此信中，可知：

一、仁齋將文章送交安東省庵以望得到指正，並期望省庵也能送上文章切磋；二、當時仁齋還未徹底轉向「古學」，學習先秦經典仍是通過程朱對經典的詮釋，這可從其長子東涯日後的追憶可知；[128] 三、此時的仁齋已清楚「六經皆夫子之手，而為萬世斯道之權衡」，「書如淘砂，取金必也擇其善者而從之可也。蓋自非聖人外，必有一長，則有一短。若專主一家之說，則必先得其短，而遺其長，此不可不知也」的學理。

朱舜水批閱仁齋的著述，也出現在三人間的互傳書函之中。1664年10月3日，朱舜水在覆安東省庵9月23日的信中提到，將安東省庵轉來、請求批閱的伊藤仁齋文章送還：「來稿及問二經、伊藤集奉璧」。[129] 是冬，朱舜水在寄給安東省庵的信函中，又提及仁齋：

> 初四日，江口氏附去書，諒已收到矣。聞著有伊藤集、敬庵記及□□三條。前者□□、敬齋箴俱收到矣。訓蒙集以□字著之，而□之以國字，誠為兩便，可謂有識著書□□純為名耳，然不得不近於名。惟文公家禮中評駁諸事，言之太早，俟不佞事有次序，或見或隱，然後暢言之。不佞亦欲考古合今，著此一書也。若使言字無害，不妨言之，但恐有識之士實難其人，非立廟設表為住，彼徒臆決，未深省耳。將來一有橫議者，與之辨不可，不與之辨不可，故須躊躇。
>
> 伊藤誠修是學者，闇齋又賓師於井上河內公。貴國文學之興，指日事也。若使二兄不□自私自利之心，而以力興重學為主，誠貴國千年奇會矣。然世人自私自利者實多，此道之興廢，未可期也。蓄髮之事，恐未必即遂。賢契之願，徒為此□耳。……
>
> 穀價，久敬行時留有一票，後問其令兄亦未至。……米船至今未到，不知何故？
>
> 初六日，加賀守遣來一童子拜於門下，就此學問，看此童氣宇頗沉靜，頗似可教。姓名下川三省，……。[130]

自此，仁齋、片岡宗純還有省庵自己的論作，不斷通過省庵送到朱舜水處，經朱舜水批改後，再送還仁齋。石田一良則認為，仁齋將文章直接送至朱舜水，仰懇其批改。[131]因為對上函日期存之爭議，筆者須指出，將此函確認為1664年冬的依據是舜水在同年冬受加賀守鍋島直能託付，收下川三省為門生，有兩封相關信函可證之。[132]

在此期間，仁齋的學風有了根本轉變，朱舜水為之欣喜。1665年春，朱舜水在給省庵的一封信函中，開始盛讚仁齋之學：

> 伊藤誠修兄〈策問〉甚佳，[133]較之舊年諸作，遂若天淵。儻由此而進之，竟成名筆，豈遜中國人才也，敬服敬服！
>
> 片岡宗順文雖未得肯綮，而語氣絕無蹇澀之病，大不類日本風味。少年又能力學，當大加獎進也。三詩不佳，且有大病，殊不如其文。
>
> 二兄作本不應批閱改竄，因賢契之言，遂不顧僭越耳。
>
> 至若門人之稱，恐非所宜。好為人師，古今通病，且恐世人未必復有安東省庵也。
>
> （下川）三省回，竟無資訊。聞其母已故，或為此耳。諸再悉。[134]

仁齋在學問上的轉變，從下面其給片岡宗純的信函可充分看出。此信也是現存仁齋寫給片岡宗純僅有兩封信之一：

> 去夏所惠書及七月二十五日書，皆已達也。承貴恙已平復，何喜如之。……
>
> 僕從秋仲以來，舊病相尋，綿延不已，頃寖復常。以故久闕奉狀，恕□恕□。近讀何書，成何事。大凡初從學者，其進易。已知學者，其進難。至於通經能文，體段以具者，其進尤難。

僕嘗識善碁者，言對國手，受一二子者，其才已定，雖用一生之力，亦難進。使吾閑居屏處一二月，方進一子。

僕聞之喜甚得。吾所欲言者，要賢契於此討一其去路。大凡因循苟且，學者之大患。勇往奮發，進德之要路。不濯去舊見，奚以來新知。不能有打疑，奚以會大進。

……學者之患，多在於以先人之言為是，不知所以自思焉。譬則戴襬襶子者，惟視前面，左右上頭皆不見。若卸去之，則赫赫天日即在吾目中矣。自王侯大人以至布衣韋帶，一人必有一個襬襶子。子平生所讀書策，平生所守義禮，平生所務事業，平生所得功夫，皆為吾頭上襬襶子。一卸去之，然後聖賢真實之指，自相撞着。此言唯可與賢契道，不可與他人道。……

若將易書、春秋、語孟、庸學、讀去讀來，不因註解，不論照應，從容體驗，深自熟於心焉，則其言皆若從吾口出，其理皆若從吾心生，而諸儒論說，皆在其後，然後方自知此言之不我欺也。勉哉。

五經會讀，今已及周易。眾推僕進講，既至坤之文言。林宗孝、濱田敬庵屢相會討論，每恨賢契不在。……聞賢契以明春又來於京師，若各為吳下阿蒙，亦可深愧焉。[135]

上述可以證明仁齋的學問方向轉往直接學儒家經典，直接從原作吸取精神營養，以避後儒歧義。仁齋學風，自此定位在究明六經之古義。為明六經，仁齋決定先攻《孟子》和他稱為「最上至極宇宙第一書」的《論語》。[136]他耗盡畢生精力，為後人留下《論語古義》十卷、《孟子古義》七卷以及《語孟字義》兩卷。

舜水與仁齋最終未能謀面，但性格寬厚的仁齋對朱舜水的敬仰之情一直未變。晚年的仁齋，曾接到省庵弟子元簡的書函，後者說要從水戶返鄉途中專程拜訪。為接待元簡，仁齋特地將家居打掃乾淨，靜坐等候，但最後元簡須陪從藩主築前立花侯歸國，無法抽身。《伊藤仁齋》的作者石田一良為此歎道，仁齋當時的失望之情即便幾百年後的今人也能感同身受。[137]筆者讀此，也一時忍不住掩卷。古人今人，均史上流星，那些追求益於人類文明努力者所具的寬厚胸襟，又何其相像！仁齋去世後，伊藤與安東兩家族的友情經久不斷。繼承父業的長子伊藤東涯，與安東省庵的後裔也保持密切的來往。東涯稱安東省庵如「父執」，[138]省庵的兒子仕學齋（守經、喜七郎、多記）則專程從九州地區的柳州北上京都，投學於東涯門下，實為歷史佳話。[139]

仁齋之後的徂徠，承仁齋攻古學的理念，並按其事學法，提出先要依據語文學（philology）的方法，弄明古人寫的文辭本意，然後按此來理解六經的原意；只有在了解六經原意後，方能進一步探知聖人之道。徂徠深明舜水學以經世、學為日用，人人皆可為聖人的教誨，提出日本人人亦可至聖，貫穿於六經中的禮儀之教，是建構社會秩序之本的主張。徂徠所倡的尊禮樂社會秩序，多年後影響了日本社會。古學也為國學的發展提供了營養。國學創始人賀茂真淵，聲稱依據和語（本土原生詞）古詞的古意來詮釋《萬葉集》，並要求門生本居宣長以相同方法解釋《古事記》。這些現象均展現出新意識形態再創對日後日本政治思想發展的衝擊，意義重大。

2. 朱舜水與山鹿素行

稍晚於伊藤仁齋的山鹿素行是被井上哲次郎盛讚的古學主要創始人之一。井上讚揚他大膽抨擊宋學以來學者唯奉朱子、陽明之謬見，由日本人率先脫出朱子學之的圈套，是超然歸古學之先行者。有趣的是，史料展現了山鹿對朱子學尚未有深入了解之時，驟然轉向，開始批判所事理學、倡頌古學，且其在還未開始研讀六經前，又一次鷂子翻身，放棄了古學。釐清山鹿從理學轉向古學的具體時間、動機以及思想變化，與理解仁齋轉向古學的諸種原因一樣，在政治思想史發展上具有重要性，但是此方面的研究至今仍有很大空白。

山鹿素行事古學，為何容易使人聯想到朱舜水？這是因為素行所倡的古學，甚至其對詩詞的看法，與朱舜水1659年到日本後，跟其接觸的日本各界人士所倡所言，多有相同；而朱舜水的問學主張，與當時日本整體學風則差異甚大。再者，素行從宋儒性理學轉向古學的時間，與小宅生順1664年11月在江戶撰寫《西遊手錄》(與朱舜水筆談問學內容)展示的內容以及1665年舜水到江戶的時間又如此一致。更且，居於長崎的朱舜水聲名與學問主張，在他到江戶的前幾年已傳至當地。[140]

山鹿素行轉向古學前，水戶學的創始者們已從朱舜水處得知宋儒末流與先秦經典之異，[141]並要將三代之治的理念，默默地投入藩政及編史中。[142]水戶藩主德川光圀明言的「三代遺法為王道之本」，[143]以及「尊王室，敬(德川將軍幕府)祖宗」之言，[144]即為初期水戶學的宗旨。山鹿素行在轉向古學那段時間寫下的文字，對了解他當時所學與思想應有幫助。那些文字顯示：素行對當時宋明儒學的掌握不深，而山鹿曾經拜師的林家(林羅山及後裔)，所攻儒學也主要在文章詩詞方面(曾被朱舜水婉轉地批評過)。[145]

山鹿素行在該時期曾對心學表示過懷疑，不過那是基於他的理學學識，並非源自對先秦經典的理解。山鹿素行因未窮精力研讀經典，古學造詣有限，僅停留在表面的認識上；轉向古學後，他也未像仁齋、徂徠那樣，盡心鑽研六經，將古學作為終生事業。為山鹿素行做傳記的堀勇雄深知此情，所以會說山鹿不僅對宋儒的見解僅停留在囫圇吞棗水平，對古學的研究也根本無法與伊藤仁齋、荻生徂徠相比。堀勇雄曾舉一例說明：山鹿素行在《讀〈大學〉之法》中，竟能武斷地亂說「六經皆為《大學》明證，天下古今之學，天下古今之治，不出此一經」；[146]相比之下，伊藤仁齋則通過認真學習，精細考證，寫下了《大學非孔子之遺書辨》，顯示出仁齋能在掌握經典的深厚基礎上，否定朱熹的《大學》，並展現出其在哲學思想上與朱子學的對立。

朱舜水到江戶前，山鹿素行業已辭去赤穗藩臣職，成為浪人，而且也脫離了原兵學師門，自立新派。山鹿素行深諳和平時期需以文韜出世的道理，在江戶努力擴展上層關係的同時，也花時間讀書。隨着聲譽日隆，山鹿素行待聘的歲祿索價也逐步上升。山鹿素行此行為，為原兵學恩師北條氏族所不齒，時人也批評山鹿素行對原主公欠忠義、失誠信。對於新到江戶、被視作數百年來鮮有從中土來的大儒朱舜水，自是山鹿素行想方設法要接近的對象。

既然當時的山鹿素行尚沉緬於宋儒學說，對古學一知半解，[147] 那他為甚麼會不顧門生反對，率先公開詆毀宋儒、宣揚古學的《聖教要錄》呢？這從《聖教要錄》公開後，素行意外受到幕府流放處罰之後的行為可看出端倪。1666年秋，山鹿素行被流放到生活條件相對困苦的偏遠之地。時隔不久，他就放棄了古學主張，開始嘲笑自己學古學、學外來文明之愚。本來，讚美故鄉、感激養其水土是人之常情，但舜水基於虛君封建制所讚揚的日本「百王一姓」，卻開始被山鹿素行用於褒貶族群及國家之優劣。山鹿素行以狹隘的地域主義觀，提出以要皇統長短來區分地域、國家間的優劣，並還以日本國風尚武，作為日本之所以「百王一姓」、優於中國的理由，以此來證明日本「卓爾於萬邦」：「愚生中華（素行在此將日本指作中華）文明之土，未知其美，專嗜外朝（在此指中國）之經典，嘐嘐慕其人物，何其放心乎，何其喪志乎。抑好奇乎，將尚異乎。夫中國之水土，卓爾於萬邦，而人物精秀於八紘。」[148] 表面看，山鹿素行的思想與觀點似是再次蛻變；實際上，他的問學內涵裏，根本沒有接受人類社會大同理想，未具不以地域、民族，但以文明、追求反專制獨裁政體的「聖人之道」的認識與追求，而這種認識與追求，在孔子、朱舜水、顧炎武、伊藤仁齋、荻生徂徠、戴震以及宋恕等人那裏都可見到。

素行公然率先猛烈否定宋學，提倡古學，一時引起社會哄動。不過，由於素行對宋儒之學不僅未能有通盤了解，也無心研究古學，所以最終只是在古學的舞台上跑了個令人眼花的龍套。那些被素行一時擯棄的道學、佛教、心性、神道以及虛玄之學，不久又被他重新採用，放在《中朝事實》裏，為他宣揚神國皇統思想服務。山鹿素行此舉並不令人感到奇怪，也再次顯現出了他的人生態度與性格。反觀伊藤仁齋，自從轉向古學後，盡畢生精力鑽研，終成為德川時代的思想大家。仁齋不但影響了古學另一創始人荻生徂徠，也為傳承發揚先秦儒學精髓，為人類朝向文明大同，作出了令後人稱道的貢獻。知識淵博的仁齋，人品寬厚，虛心待人，民主的辦學作風也在德川日本獲得很高的聲譽，門下弟子眾多，桃李遍地。因此，將山鹿素行與伊藤仁齋、荻生徂徠相比，使人不得不懷疑山鹿素行首先公開提倡古學主張，隨即又能棄之如敝屣，是否說明了他對古學的了解與認同僅是淺嘗輒止？倘若如此，他的古學轉向是否也如同他致仕、脫離兵學師門一樣，有為實現個人最大利益的投機成分在內？

2.1 朱舜水與山鹿素行交往之考證

有趣的是，現存有關朱舜水與山鹿素行直接交往、互動的史料，相當匱乏。原因眾多，大體應不出以下幾種可能：

一、朱舜水到江戶後的第二年秋，山鹿素行因倡古學成為流放主因。當時勢如中天、第四代將軍最倚重的輔政、會津藩主保科正之，在前不久聘用了山崎闇齋，並提出了神儒(朱子學)合一說。保科與山崎將此說作為正教，排斥其他學派。水戶藩主及住在水戶藩邸的朱舜水，應明白此形勢，並會考慮到水戶藩與幕府中樞以及從兄弟保科正之的關係，所以當時未見公開提倡水戶學及朱舜水在編史、古學以及實學方面的主張。

二、1715年，德川光圀具名刊行的28集《朱舜水先生文集》，僅收舜水為山鹿素行所作的「子敬箴」。或是因素行曾被幕府流放，或是因對素行個人的看法，文集未收朱舜水與素行的其他書函。更且，文集出版已是德川光圀辭世後15年。相比之下，文集卻收錄了當時另一名儒、木門學派的創始人木下順庵的許多書信。木下順庵是當時將軍德川家繼（1713–1716年在位）賴以輔政的新井白石之師。

三、《朱舜水先生文集》並未收入朱舜水諸多「筆語」與「批」，[149] 原因眾多，其中一條的說法是，朱舜水辭世後的當年冬天（1682），「故第罹災，原稿悉為灰燼」。[150] 儘管朱舜水的相當部分遺墨保留在彰考館，並構成《朱舜水先生文集》的素材。

四、寬文九年，山鹿素行在流放地（時朱舜水在江戶）作《中朝事實》。該文顯示出山鹿素行思想的偏激，具文化沙文主義傾向。此時的山鹿素行，即便堅持古學，亦難承認其古學思想受到外邦人影響，而成為自身所痛斥的崇華媚華之「嘐嘐慕其人物，何其放心乎，何其喪志乎」。[151]

五、山鹿素行堅稱自己從事古學，源自其大腦「原發」，決然否認受到任何人的影響。這一點跟伊藤仁齋和荻生徂徠差別不大；不同的是，從仁齋和徂徠的行文中，流露了對朱舜水的崇仰之情，山鹿素行卻隻字不提。山鹿素行待師態度，可以從他對待其恩師林羅山（撰寫貶斥林羅山學問的文字）、兵學之師（幾近斷絕往來）以及曾聘用他的赤穗藩主（辭仕，欲得更高俸祿）的態度與言行，可見一斑。

六、放棄古學後的山鹿素行，所持狹隘激進的沙文主義思想與水戶學已格格不入。舜水在世前後，朱舜水的門生弟子可能因此而處理了涉及舜水與山鹿關係的文字。

1683年3月晦日發生的一段插曲，也可為以上分析背書。當日，山鹿素行在日誌中記下了與朱舜水貼身弟子、水戶史臣今井小四郎（弘濟）談經論史的經過，但行文間卻一字未提前春才逝世的朱舜水。兩人席間不提朱舜水，悖於常理，令人生疑。[152]這是因為今井小四郎為舜水最親近的弟子之一，自13歲起跟隨朱舜水，並視舜水如父。今井從舜水處習得「唐音」，長漢語口語，獲時人高評，[153]惜38歲英年早逝。朱舜水去世後，今井將舜水的神牌供奉於家中神壇，還與安積覺共同編寫《舜水先生行實》，並受命於藩主光圀，將從朱舜水處學得的知識之筆記，交給安積覺，由安積覺編輯成《舜水朱子談綺》。[154]

筆者多年前在日本查資料時，也曾讀到朱舜水向山鹿素行請教過攻城兵術方面的文稿，憾不慎將手抄記錄丟失(存此以記，冀望日後機緣)。據目前筆者管見，現今可證朱舜水與山鹿素行交往的文字證據，只有朱舜水為山鹿素行所作的《子敬箴：為子敬山鹿翰史》。全文如下：

> 問學如何，徵乎素行。素行如何？希賢希聖。匪敢僭逾，勉承來命。堯舜可為，人皆此性。儒道非難，善至德盛。懿美內涵，聞望外令。文武張弛，維人無競。温恭誠允，端莊靜正。不在他求，是在子敬。[155]

此文顯示，該箴是朱舜水應山鹿之邀所作，朱舜水也因之賦素行為其別號。從內容上看，朱舜水熟悉素行，對素行所學也稱讚有加。山鹿素行的外孫津輕耕道，在1710年(寶永七年)為其外祖父寫下傳記《山鹿誌》。在《山鹿誌》「先生名高祐、字字敬，藤姓、山鹿氏、堂號曳尾、軒號素行」下，還特別註出：「大明朱之瑜，稱先生之德，書素行號記。後據之，唯素行子為號，不用子敬字」。津輕耕道此言，揭示了素行家人與至親都知道素行私下對朱舜水的態度。今人熟知山鹿素行，而不知山鹿子敬，緣由於此。[156]

有趣的是，在上世紀激進民族主義甚囂塵上的年代，日本學界還出現過懷疑此物真實性的聲音。二戰時期出版的《山鹿素行全集·思想篇》(共15卷)作者廣瀨豐，對二百多年前津輕耕道的這段註，加評道：「不可附會此說，素行對舜水並不抱有敬意。此號只是在外孫寫的語句中出現，其實那是(素行)21歲以後開始使用的。《山鹿語類》卷頭是收錄了舜水的素行號記，但其僅是山鹿素行門人所揭，非山鹿素行之請」。[157]

筆者認為廣瀨豐此說純屬臆評。首先，在註重等級的幕府封建制下，豈有門人能肆意在主人著作中做此事？《山鹿素行》作者堀勇雄也清楚地指出，這個所謂由山鹿自己署名的「山鹿素行軒」，是在山鹿素行21歲時所作《略東鑑》一書的內頁中，根本不在書名的題名處。山鹿在21歲時曾請名儒堀杏庵(藤原惺窩四盛名大弟子之一)為《兵法神武雄備集》作序，自報家門姓氏為「其(尾畑景憲)門葉姓藤，氏山鹿，名義目，字子敬。」[158]「目」是「以」的本字。此序正如山鹿弟子說，「杏庵正意，為之冠序，先生名聲充世。」堀杏庵在〈序〉中言明「義目就請書號，乃曰題兵法神武雄集。」即便在1656年秋，山鹿在他所寫的《武教全書》的自序中，仍以「後學山鹿平義目」為自己的姓名，「平」是武家貴族平氏。[159]

更為矛盾的是，廣瀨豐一邊否定津輕耕道所作的註，一邊又肯定津輕耕道所寫的《山鹿誌》是絕對無誤的真實傳記。廣瀨肯定《山鹿誌》真實性的理由為：津輕耕道在撰寫《山鹿誌》時，不但山鹿素行的嫡子高其與猶子高恆均在世(時年均61歲)，而且他們的母親以及終生服侍素行的近身弟子磯谷十介也都在世。廣瀨的言下之意，是那些人不可能容忍津輕耕道作假。[160]按當時禮節，請人作「箴」，須先敬函懇問。山鹿素行請朱舜水作箴，即便先請熟悉者居間，在習慣寫日誌的素行那裏或朱舜水處也應留下相關記錄；更何況，當時主要以筆語與日人溝通的朱舜水，住在江戶水戶藩邸域內，一般而言，造訪者不投名刺通報難以入門。相反，山鹿素行在拜訪赴江戶的中國名僧隱元和尚後，將其與隱元的談話卻是一字不少地記於日誌內。[161]

儘管如此，朱舜水與山鹿素行的交往是不爭事實。如1845年版

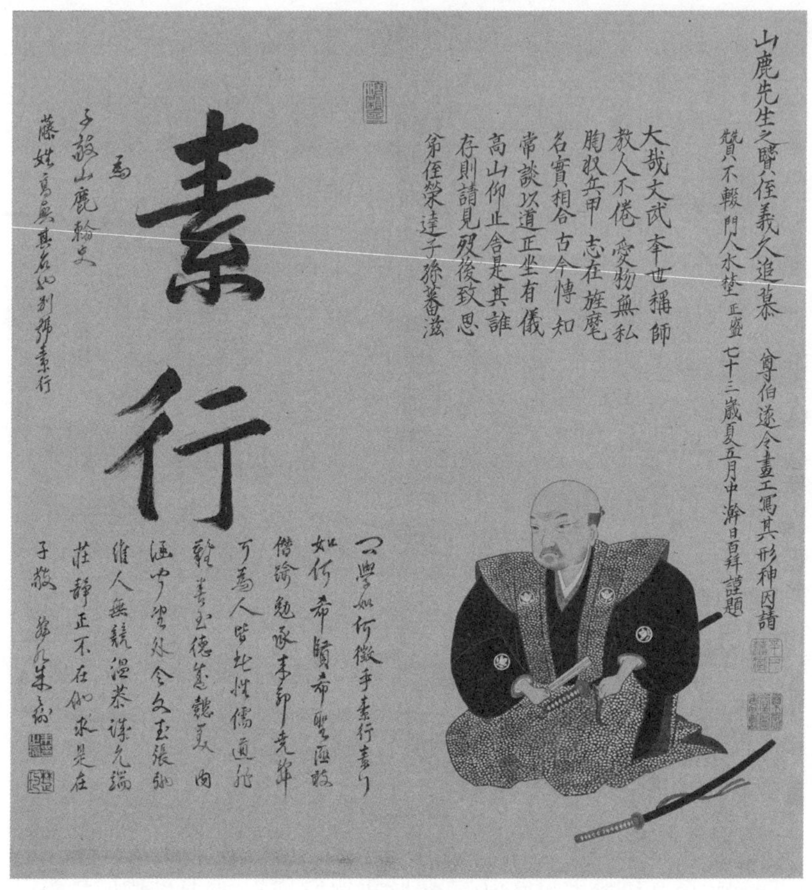

圖二：朱舜水箴之山鹿素行畫像（松浦史料博物館提供）

的《續近世叢語》作者角田簡說：「朱舜水見山鹿子敬，嘉其學識，及與號素行，且作銘而獎勵之。」[162] 1895年版《朱文恭遺事》作者青山勇也轉抄角田簡的話。[163]《山鹿素行全集》還收錄了上為山鹿描真、下為朱舜水筆跋的〈子敬箴〉真跡。此真跡本是山鹿素行女婿家的傳家寶，現被保存在日本長崎縣平戶市內的松浦史料博物館，原件右側是特地請畫工追描的素行像，還有素行門人水野正盛的題詞（見圖二）。不僅如此，還發現了至今未載於史錄、朱舜水在〈子敬箴〉上的註：「為子敬山鹿翰史，藤姓，高興其名也，別號素行」。此真跡為歷代平戶藩主珍藏。藩主松浦靜山（1760–1841）所著《新增書目13》中錄此為：「山鹿甚五右衛門肖像，明人朱舜水真跡之摸附，併一幅。」

此外，無論從地點還是時機上看，朱舜水與山鹿素行兩人的會晤，都有絕對的可能性。朱舜水到江戶後，住在江戶水戶藩屬私地的駒込邸，即現今東京大學農學部一帶，農學部內還豎有「朱舜水先生終焉之地」的石碑。駒込邸內有為編史所設的史局和彰考館，朱舜水起居在此，方便編史人員的就近隨時答疑。素行1652年（承應壬辰年）辭去赤穗藩臣職後，住在江戶本鄉，離駒込僅數分鐘步行距離。明曆二年，素行住宅被燒。次年初，整個江戶也遭大火，建築主要為木結構的全城過半街道被燒毀。素行在該年（明曆三年）十一月遷入位於高田（今高田馬場）的新居。[164]高田離朱舜水府邸，現今若以自行車代步，半小時內可達。從時間上看，舜水在寬文五年（1665）七月十七日抵江戶，九月十八日與光圀一起離江戶前往水戶，十二月返回。寬文六年十月，素行遭流放，被逐出江戶；期間，朱舜水一直在江戶，再次去水戶是在寬文七年八月。[165]素行遭流放之前，是行動較自由的浪人，社交頻繁。[166]另一方面，在文教氣息日漸濃厚的江戶，造訪人稱夫子的朱舜水，是當時江戶學人、社會名流以及中上層武士的風尚。譬如，幕府儒官人見洞想去朱舜水府邸問學聊天，就以便條邀請同好，詢問下班後可否去敲朱舜水府門。因此，此時期素行理應出現在朱舜水府邸門前。[167] 1672年，保科正之去世，為山鹿素行重返江戶帶來了希望。三年後的1675年，山鹿素行得以遂願，從流放地回歸江戶。朱舜水1682年去世前，山鹿素行當然也有與朱舜水再聚的條件。

朱舜水的弟子今井弘濟與安積覺合寫《舜水先生行實》中的一段話，可再現當時造訪朱舜水府邸人潮絡繹不絕的景象：「碩儒學生常造其門者，相與討論講習，善誘以道。於是學問之方，簡牘之式，科試之制，用字之法，皆與有聞焉。先生飭身以禮，燕居儼若也。平居見客，雖親暱必具衣冠。謙而接物，不盡人歡；嚴而自持，苟無虛飾」。[168]明治時期，伯爵德川孝也撰文追緬道：「當時有名的學者，都出入舜水先生的住所，以受其教。其中有大學頭林信篤先生、新井白石先生及室鳩巢先生的師匠木下順庵先生，以及向赤穗四十七武士宣揚武士道精神的山鹿素行先生」。[169]

朱舜水在日本倡古學，源自他看見日本學風猶如明末時期，充斥着教條與空談化的理學與心學之末流；同時，也基於他在故鄉時與志同道合者，在吸取先賢思想結晶的基礎上，結合政治實踐所得出的政治經驗與新思維。[170]舜水學為經世濟民的務實思想、尊虛君擁幕府體制的政治主張，成為水戶學的理論基礎。[171]舜水對日本古學的影響，始於在長崎時，江戶則是他此方面思想傳播的延續。譬如，水戶學名儒安積覺説舜水，「務為古學，不甚尊信宋儒」，便是深知舜水問學思想，有感而發。[172]

2.2 山鹿素行轉向古學的時間

田原嗣郎在〈有關山鹿素行思想的基本構成〉、伊東多三郎在《國學之史的考察》中，論及伊藤仁齋、山鹿素行提倡古學的時間與動機方面，未及朱舜水；《山鹿素行》傳記的作者堀勇雄，也未提及朱舜水。[173]雖然堀勇雄在該書〈山鹿素行略年譜〉中素行出生那一年，註上舜水年齡，似乎故意留下伏筆。此外，林俊宏主張朱舜水與山鹿素行「二人主張的古學思想有相同之處，但是，彼此思想互動的可能性，時間上並不吻合」，原因是素行「是41至45歲期間(1662–1666)，提倡周公、孔子思想，註重古學的。後來55歲(1676)被赦免，從赤穗到江戶(今東京)時，才與朱舜水認識交往。」[174]林先生此斷言未舉原始文獻出處，筆者為此困惑，盡搜書海無以證。

學界也有與上述意見相左的研究結論。大衛 · 厄爾(David Earl)

指出，「水戶學派和山鹿素行關係密切、熱忱，素行的名字也是朱舜水所起。素行的思想，尤其有關武士道和日本國家認識，也經常可在水戶學者的著述中可見。」[175]井上哲次郎在《日本朱子學派之哲學》中提到，「山鹿素行抱一家之見，主古學，所云古學，在朱舜水學說中多少也有。可見在山鹿氏學脈系統中，不能說與朱舜水全然無關」。[176]井上甚至認為「稱(義公(呂註：此指德川光圀)與安積澹泊、安東省庵和山鹿素行這四人為舜水的門人似亦無妨)。井上還指出，「與其他純粹的舜水門人相比，素行真正的不同處，是他通過各種提問的方式向舜水學習過。」[177]筆者相信井上哲次郎是有的放矢，但他舉出的具體史證卻說服力不夠。另一方面，井上此說，與他有關山鹿素行、伊藤仁齋的古學，是他們大膽抨擊宋明儒學謬見、支那人絕無僅有的主張，存在矛盾。

專攻中國與朝鮮史的稻葉君山，在1912年編輯出版過《朱舜水全集》，他也主張朱舜水與山鹿素行有過直接交往：

> 當時在江户的有識之士，基本都求交於朱舜水，或成其門生。首先為諸侯與林家一族，其二如木下順庵、浪人山鹿素行等，都得舜水交往以努力獲得新知識。特別需要指出的是，舜水其人並非普通之學者。當時日本或是朱子學、或是陽明學等，行所謂性理之學。而舜水對明末中國的學者流於空理空論，遠離經濟政治已厭透，對那種學問不僅幾乎不論，對性理之學問也是避而遠之。
>
> 因而若論舜水的學問是何等學問，吾等需說其學問是古學。然此古學與伊藤仁齋等所倡古學不同，是實學，是以究明禮樂刑政為學問主旨的學問。若需舉例對比的話，則與顏習齋(顏元，1635–1704)有相似之處。義公就曾說：「先生是真的經濟學問，假令要在曠野無人之地與建都邑，若非招集士農工商曠各行業者，便不能行。不論何等賢哲，無一人能具萬事並

集諸功者而興之；然若先生在，恐其一人即足以建成都邑矣。先生上至詩書禮樂，下至耕田建房，酒食鹽醬，無不精通，若有此人，人間所作，具能教之」。[178]

稻葉君山當年從彰考館和東京大學史料編纂所獲得不少第一手資料，但同樣可惜的是，上述言論也未註出原始文獻來源。[179]

據上述可知，學界對舜水與山鹿素行在問學上的關係與互動存在不少分歧，因此有必要努力挖掘相關原始素材，認真梳理，澄清史實。由於可作為直接證據的現存史料極為有限，較可行之法是尋找、橫向對比與之有關聯的史料，根據素行轉向古學的時間及轉變過程，來考證他與舜水學說之關聯。

《聖教要錄》是山鹿素行正式表明其否定宋儒理學，提倡天下問學者須從事古學的檄文。此文一鳴驚人，為山鹿帶來一時盛名，但也意外地帶給他十年流放的厄運。《聖教要錄》的〈序〉由山鹿素行門人撰寫，所署日期為寬文五年冬十月；[180]但記錄顯示，該書實際上在次年即寬文六年的四月刊行。另查山鹿素行自錄，從寬文五年十月至寬文六年四月的日記，知其在寬文六年四月二十九日之前，未曾涉及《聖教要錄》刊行及坊間反應的記載。寬文六年四月二十九日當日，與素行熟悉、就任不久的老中駿河藩主板倉重矩(寬文五年十二月二十一日就任)，召素行至法泉寺見。談話中，板倉問山鹿如何看待保科正之的學問，山鹿初避談，說未曾與保科正之相見，不知；板倉再追問，山鹿只得說：「風聞其學問之道與我有異。」由此可知，此時《聖教要錄》已刊行，並引起當時將軍最器重與依賴的國事顧問保科正之相當不快，故有此番問話。[181]

那麼素行是甚麼時候從宋儒學轉向古學的呢？以素行自己的話來說是「棄宋儒而直學周公、孔子」。《聖教要錄》的作者並沒有提供這方面的資訊，為《聖教要錄》寫〈序〉的素行門人也未提及，但是素行門人在同年(寬文五年)編纂的《山鹿語類》的序中，言及素行新從事的「聖學」：

庚子(1661)致仕，淺野氏甚厚遇，先生猶存君臣之禮不怠。先生聖學之志愈進，詩文詠歌之詞章，老莊釋氏之異說，眾技小術，介以為非聖人之學，退述《治教要錄》三十一卷，《修教要錄》十卷。此書專以周程張朱之學為宗。[182]

也就是說，山鹿門人稱山鹿素行1661年後從事的「聖學」，是周、程、張、朱之理學，此前從事的是不屬於聖人之學的老莊與佛學。序中提到的《修教要錄》與《治教要錄》，寫於1656年(明曆二年)，山鹿門人所言盡顯實情。在這一點上，井上哲次郎的看法倒是合乎史實，他評論該時期的山鹿素行所學為：「由此觀之，素行尚未脫周程張朱之圈套，其所謂『先生聖人之學愈進』，斥詞章之學、異端之說等，說的是一轉而歸宋儒性理之學。」[183]在《山鹿語類》序中，其門人還寫道：「癸卯，先生之學日新而真，以聖人為證。故漢唐宋明之諸儒，其訓詁論，各可執用而至其聖學之的意，悉乖戾先生之志。」[184]癸卯為寬文三年，是年素行42歲。成於寬文五年的《山鹿語類》，是從寬文三年冬十一月開始編輯的。

山鹿素行本人對自己真正轉向古學的時間，卻言詞曖昧，其中隱情，應可想見。山鹿素行在延寶三年(1675)寫的《配所殘筆》中說過，「寬文之初，我等見漢、唐、宋、明學者之書，覺有不合處而直看周公、孔子之書，並以其為範，正學問之道，與其不符後世之書物自此不用。晝夜讀聖人之書，而始能分明聖學之道，定聖學之理。」[185]

日本寬文年號共有13年，自1661至1673年。素行說的寬文之初，是哪一年呢？井上哲次郎隨山鹿素行的說法，也說「可能是寬文初年吧！」[186]未作進一步論考。田原嗣郎、守本順一郎則在山鹿素行此段文字上註道，「寬文之初，依素行自記(山鹿隨筆5)，應為1662年(寬文二年)」；[187]堀勇雄的看法也無出其右，同樣認為素行開始轉向古學是在寬文二年，並在次年完成了學問的轉向。堀勇雄的見解，應來源於《山鹿語類》內〈語談〉中的一句話，「皆以先儒之言糾其道」。[188] 儘管堀勇雄對素行在寬文三年仍在看與古學無關的「後世讀物」，心存疑惑。[189]

如果真是按照山鹿門人（肯定是在山鹿素行的授意下）所稱，《山鹿語類》始輯於寬文三年冬，且當時山鹿素行若已有了真正體現古學精神，如同在《聖教要錄》中表述的思想，那麼伊藤仁齋在寬文三年開始書寫，去世後才由長子整理出版的《論語古義》、《孟子古義》以及《中庸發揮》，是否也可作為伊藤仁齋古學思想在寬文三年已確立的依據呢？如果不能肯定後者，又怎可根據相同理由，僅為前者背書？

堀勇雄推斷素行轉向古學是在寬文二年的另一個根據，恐怕是源自收錄在素行自著《山鹿隨筆》中，寫於寬文二年八月十九日的一條記錄。此記錄為，「八月十九日在宿見《近思錄》，今夜為此自發」。素行稱在《近思錄》中看出周濂溪的無極思想，並稱這個看法是山鹿自己所發，不見於先儒。素行寫道：「《易．繫辭》出太極，生兩儀，而未言無極；而周濂溪之無極，無聲無臭，云不可言之等語，與佛教說法無異。」素行還提醒自己，「今夜為自發，更需下功夫。」[190] 素行此見解，是個令人稱讚的醒悟，是他從「老莊釋氏之異說，眾技小術」，轉向「專以周程張朱之學」後的又一新起點。但重要的是，此文也顯示當時的素行仍以朱熹的語言為準繩，來評判事理和衡量問學之道是否正確。

據山鹿素行自己寫的筆錄，他在寬文二年一月十四日夜，讀明儒鄭維嶽的《四書知新日錄》；[191] 同年一月二十八日與七月十一日，分別讀《明清斗記》、《總武經總要》等後世讀物；六月朔日，讀包括《太極圖說》在內的、宋朝周濂溪著書（周濂溪著有《太極圖說》等）；八月十九日，則閱朱熹《近思錄》。[192] 此期間，素行並沒有讀任何一部先秦經典或與古學有關的書籍。即使在寬文三年，山鹿素行仍未脫出以濃重的虛緲理氣說來推論聖人之道的思維。筆者此識，源自同年一月十日山鹿對淺野長治問「仁」所作的解答。譬如，他將儒學理念中最為重要的「仁」，解釋為「人生滿腔子皆為仁」，說是源自太極，與氣有關：

> 十日（寬文三年正月）淺野長治公來面問予仁。
>
> 曰：仁以天地之德，天地皆仁。人受天地之德而相生，故人生滿腔子皆為仁。由此，仁於人則出於中庸，人今靜坐而欲見始發之心，渡萬般之本，以閑思離慮之心，暫且靜坐，則此時初發之念，豈止是稱之實地，人初生時無萬慮，唯一天理，此時相生之心則見之。氣如洗濯至清，內不存任何之物，此即為天地之心。見此心時，除愛其親之心無它，故此為仁的生生之初，其上太極動而生陽，動處即為仁，仁由動處生。仁若為生生無息之物，尋今日言行之本，受天地之氣，思出生之處，一息未斷，此氣相生而更不止，循環處皆以天地之氣，去外火，而暖熱。此為仁之體，由此，即便霎那之間，未止之處，亦皆為仁之本體。若此，有善知此仁體志處，則賦名為人，可稱作聖人君子。
>
> 長治離席致禮，曰，吾今日方知仁之本源。[193]

三年後的寬文六年，山鹿素行在《聖教要錄》裏對「仁」之要義，作出「仁者之所以為人，克己復禮也」的詮釋，與上言相比，如天壤之別。[194]山鹿素行在寬文三年的學風，還可從他在《山鹿語類》中仍屢屢引用林羅山、林氏之語可見一斑；[195]次年的寬文四年，素行仍未脫宋儒以來盛行的「格物致知」等詞語，[196]這與他在《聖教要錄》徹底不談格物有本質上的區別。即便在寬文五年，由山鹿素行審校、門人所寫的〈聖學篇·序〉中，仍可看出當時素行深受宋儒影響的痕跡：「顯示教之所，直以聖人為證。日用事務之間，格物致知之極，正心修身之要，凡天地人物，均不出先生之學。」[197]

此外，山鹿素行的《聖學》也提供了他問學思想的相關線索。在《山鹿語類》卷33至38的《聖學》中，素行專闢一文，論「論格物致知」。該文稱：「……朱子曰，養得根本是也，物格而後知至，知至而後意誠心正，是聖人示教，深切著明而尤簡易也。物格則知至，真知大開，義理粲然，乃別無可存養」，[198]這跟《聖教要錄》〈道統〉中的下述表述大相徑庭：「及宋周程張邵相繼而起，聖人之學，至此大變，學者陽儒陰異端也。道統之傳，至宋竟泯沒，況陸王之徒不足算，唯朱元晦大功聖經，然不得超出餘流。……宋理學心學也。」[199]基於此，筆者無法同意堀勇雄認為《聖教要錄》就是該《聖學》要略的觀點。[200]這部數萬言的《聖學》，與被稱作同年輯完、僅四千餘字的《聖教要錄》相比，使筆者得出與學界迄今為止的不同結論：後者最後成稿，應在寬文六年出版前不久的日子裏。如此，朱舜水對山鹿素行突然轉向古學的巨大影響，在時間點上也有了佐證。此外，通過對上述史料的分析，山鹿素行轉向古學，在學業進展上並未顯出循序漸進的合理步驟；素行如此驟然轉變，不得不令人考慮到外在的影響。筆者相信，根據上述諸史料及解釋，有關仁齋、素行誰先從事古學之爭，應該到了可給出明確解答的時候了。

2.3 山鹿素行與朱舜水言論對比

井上哲次郎稱，朱舜水與山鹿素行在「古學」方面有相似論述。下面先列舉有關讀書和宋儒方面的例子。朱舜水在長崎居住時，曾向省庵指出當時問學之弊：

> 中國以制義取士，後來大失太祖高皇帝設科之意。以八股文為文章，非文章也。……縉紳貪戾，陵遲國祚，豈非學問心術之所壞哉？故其四書五經之所講說者，非新奇不足駭俗，非割裂不足投時，均非聖賢正義。彼原無意於修身、齊家、治

> 國、平天下也。至若註腳之解，已見別幅。即嘉、隆、萬曆年間，聚徒講學，各創書院，名為道學，分門別户，各是其師。聖賢精一之旨未闡，而玄黃水火戰日煩。高者求勝於德性良知，下者徒襲夫峨冠廣袖，優孟抵掌，世以為笑。是以中國問學真種子幾乎絕息。況乎貴國素未知此種道理，而又在稂莠桀桀之時，獨有嘉禾油然秀出於其畔，然亦甚可危矣。[201]

對日本當時的問學，朱舜水感到「貴國害於邪説最為深錮」。[202]他指出，問學以四書、六經為根本；問學不能紙上談兵，貴在實行；問學的目的在於經世：

> 作文以氣骨格局為主。當以先秦、兩漢為宗，……讀書作文，以四書、六經為根本，……學問之道，貴在實行。……書理只在本文，涵泳深思，自然有得。註腳離他不得，靠他不得。如魚之筌、兔之蹄；筌與蹄卻不便是魚兔。然欲得魚得兔，亦須稍藉筌蹄。……所謂「博學而詳説之，將以反説約」也。若義理融會貫通，真有「活潑潑地」之妙，此時六經皆我註解，又何註腳之有？程子云：「學者於《論語》，孟子熟讀精思，則六經不待讀而自明矣。」六經豈有不讀自明之理？[203]

朱舜水赴日後，日本思想界出現實學一詞，並日漸普及。朱舜水所述實學之內涵，體現了明末視理氣之學與經世應為一元，其中也兼受西學東漸影響的新興學風。朱舜水在此方面的主張，盡現於下文中：

> 為學當有實功，有實用。不獨詩歌辭曲，無益於學也。即於字句之間標新領異者，未知果足為大儒否。果有關於國家政治否，果能變化於民風土俗否。台深知其弊，必不復蹈於此。果能以為學修身，合而為一、則蔡傳、朱註、胡傳，儘足追蹤古聖前賢，若必欲求新，則禹稷契皋陶伯益所讀何書也。[204]

> 晦翁之註自當遵依，詩序等但可參考，不敢以古而戾今也。然看書貴得其大意，大意既得，傳註皆為芻狗筌蹄，豈得泥定某人作何解，某人作何議也。[205]

> ……明道先生渾厚寬恕，伊川先生及晦庵先生，但欲自明己志未免有吹毛求疵之病。[206]

1664年，朱舜水對小宅生順說：「貴國讀書，甚非其道。不獨作詩歌者，不可言讀書，即治道者，亦不可言讀書。但僕此言一出，怒者多矣。」[207] 朱舜水明顯地表示出他強調「文」非為吟花詠草，非「於字句之間標新領異」，而應該為經世、為日用、為學、為實踐聖人之道；非此，則讀書作文，為非知「文」之思想。舜水的主張不但影響了水戶學、木門學等，當然也影響了山鹿、仁齋和徂徠。對有關道、日用以及仁的闡述，朱舜水將所倡貴在實行的學問之道、仁之具體，歸為六經、孔子之學，也就是所謂的古學：

> 儒者之道，振古由今，極天際地，仲尼日月，無得而踰。然而亦有不行不明之時，則浮雲風霾薄蝕之也，終不能奪其炤臨之體。……仲尼之道如布帛菽粟，誠無詭怪離奇，如他途之使人炫燿而羨慕。然天下可無雲綃霧谷，必不可無布帛；可無交梨火棗，不可無粱粟；雖有下愚，亦明白而易曉矣。[208]

> 聖人未生，道在天地；聖人既生，道在聖人；聖人已往，道在六經，則先王之道尚矣。……子輿氏有言曰：「堯、舜之道，不以仁政，不能平治天下。」……是故仁心仁聞，民不能被其澤，法不可傳諸後。故詩曰：「不愆不忘、率由舊章。」總之兩言而決之曰：「徒善不足以為政，徒法不能以自行。」今文、武之政未墜於地，布在方策者，班班可考也。幸而處昌明之極運，不能更化善俗，而狃於淺近荒忽之談，一則曰「如是已足」，一則曰「何必改作」，所以誦詩讀書者，徒為呫嗶之

具，詠歌先王而已，豈不重辜先王之道哉！後有豪傑者起，將必非笑前人。因陋就簡，不能作新舊邦，其又何辭以解之？願諸君子攄其素蘊，悉心而對，為國家煥文明之治，著之史冊，垂為典章，光耀萬代也。[209]

相比之下，素行在《聖教要錄．讀書》中言：

讀書以學之志，則大益也。以讀書為學，則玩物喪志之徒也。……讀書之法，專記誦博識，乃小人之學也，忌多走作，詳味訓詁。本聖人之言，可直解，後儒之意見無所取材。[210]

又在《聖教要錄．仁》中稱：

……仁者之所以為人，克己復禮也。聖人之教，以仁為極處。……漢唐儒生，以仁作愛字，其說不及，至宋以仁為性，太高尚也，共不知聖人之仁。[211]

至於道，素行則在《聖教要錄．道統》中解釋道：

伏羲神農黃帝堯舜禹湯文武周公之十聖人，其德其知施天下，而萬世被其澤。及周衰，天生仲尼，自生民以來，未有盛於孔子也。孔子沒而聖人之統治殆盡，曾子子思孟子亦不可企望，漢唐之間有欲當其任之徒，又於曾子子思孟子不可同口談之。

及宋周程張邵相續而起，聖人之學，至此大變，學者陽儒陰異端也。道統之傳，至宋竟泯沒。況陸王之徒不足算，唯唯朱元晦大功聖經，然不得超出餘流。……宋理學心學也。[212]

另外，再來看朱舜水對詩詞與學問關係的看法。朱舜水親身經歷了明末社會亂象亡國，對當時學人醉心於詩詞之現象，看法不尋常：

為詩豈盡無益哉？能如三百篇，風者足以勸，刺者足以懲，善心發而逸志創，於世道人心，未嘗無補也。然必天子巡狩肆觀，陳詩納賀，而後有益也。是故王跡熄而詩亡，豈遂無詩哉？詩之用亡矣。至宋之中葉，天子猶自讀書知詩，「瓊樓玉宇高處不勝寒」，則曰：「蘇軾終是愛君」。「世間惟有蟄龍知」，則曰：「彼自詠檜，何名謗訕？」

今之詩益無用矣，高者宣淫導豫，下者學步效顰。掇取《事文類聚》及《詩學大成》等書，節令名物，敷衍數字，雜合成章，此不過欲虛張名譽，巧取世資，何嘗發之性靈？

甚至公候卿相不能禁飭，反捨其政治，習效成風。如東晉清談，遺落世事，及嗤時賢，謂含瓦礫，執鄙吝，是豈邦家之福哉？故曰，詩不可為也。[213]

舜水早在長崎時，對安東省庵「作詩文」之問，曾答曰：

所貴乎儒者，修身之謂也。身既修矣，必博學以實之。學既博矣，必作文以明之。不讀書，則必不能作文。不能作文，雖學富五車，忠如比干，孝如伯奇、曾參，亦冥冥沒沒而已！故作文為第二義。至於做詩，今詩不比古詩，無根之華藻，無益於民風世教，而學者汲汲為之，不過取名干譽而已。即此一念，已不可入於聖賢大學之道。故程子曰：「為之大足喪志」。[214]

對照素行在《聖教要錄．詩文》中對作詩文的看法，與朱舜水之言竟然如出一轍：

詩者志之所之，內有志，則言必動，古詩自然之韻葉也。其志或存諷諫，或評事義，或述好風景，或自警，或稱時政君臣德。如此，則六義自然相具。

後之學做詩，巧言奇趣，其所言皆虛誕也。故詩人者天下之閑人，佚樂遊宴之媒也。

> 作詩必事經書文字，言道德仁義。欲涉世教，亦詩之一病也。學教何借詩。宋明之儒多有此蔽，不知聖人之道也。
>
> 文者言辭之著於書也。聖賢之言不得已而發，自然之文章也。後之作文，皆巧言令色也。無事之處求奇趣向造作來，尤可汗。韓柳歐蘇文章之達，而其學皆乖戾，文過質史也。[215]

從以上數例，應清晰可見朱舜水與山鹿素行在古學方面主張的雷同。此外，朱舜水有關事學、政治思想，以及山鹿素行轉古學期間，其思想言語與朱舜水所言之相近處，則可詳考朱舜水與山鹿素行的著述如《朱舜水集》和《山鹿素行全集》。

3. 朱舜水與荻生徂徠

荻生徂徠轉向儒學，主要受到伊藤仁齋的啟發，雖徂徠本人並不承認這點。伊藤仁齋曾通過書翰、文章批註等方式，受教於朱舜水，其為得六經真諦，先從《論語》着手，原來打算解明《論語》之後，再循序攻六經。仁齋最終窮其一生，致力於精讀詳解《論語》、《孟子》，未再有精力和時間詳習其他經典。與他相比，荻生徂徠更專註經典中有關禮樂方面的內容，註重政治經世。

有後世學者認為，伊藤仁齋僅關註儒家哲學倫理，而未及傳統禮樂對社會秩序的作用，這種說法恐有失公允。[216]筆者依據仁齋著述，相信他對禮樂在建設社會政治秩序方面的重要性，有充分認識。[217]伊藤仁齋出身於經商的市井家庭（德川封建體制將人民分為士農工商四個不同等級），荻生徂徠不但出身於武士家庭，其所仕藩主又是得到將軍信任的近臣，徂徠受惠於此先天條件，故能更註重禮樂與封建秩序的關係，期望學能所用，以政治經世。徂徠主張，問學須先據所謂古文辭知古文法，然後再解六經，以明先王之道。其事學法實際上與仁齋並無不同，也深顯仁齋學風與問學法的影響；但徂徠註重禮樂理論與實踐的論說，更易受到德川管理階層的關註及共鳴。徂徠對先秦經典的研究，將古學推向了新高峰。縱觀古學在日本的興起與發展，可以發現明末思想先行者的問學新思，在東瀛綻放出新光芒。朱舜水在德川日本所倡直讀六經、明先王之道，並在此基礎上推陳出新，服務於社會文明的思想，在數十年後興起的徂徠學中，也得到了充分的體現。

有關荻生徂徠基於古學對政治思想方面的貢獻，已有不少著述問世，本文僅就徂徠與朱舜水在問學方面的具體關聯作探討。荻生徂徠接觸古學的媒介，多得益於伊藤仁齋和朱舜水著述；而徂徠介入古學，可說是有心人的因緣際會。因為勤於問學的徂徠意想不到地在工作的同一部門，巧遇伊藤仁齋門生渡邊子固。彼時，子固獲甲府藩主柳澤吉保聘用，從京都到了江戶，巧與荻生徂徠結為同僚。子固隨身攜恩師仁齋的著述，平日空暇時捧其學習。徂徠迷上子固所事的古學，借與子固工作的機會，與其結為知友。此後，兩人共同切磋仁齋的《大學定本》和《語孟字義》等文章。[218]按徂徠之言，他們成為「同局共事最熟」的同僚，惺惺相惜。[219]勤於探索、向學心強的徂徠與子固相遇，與仁齋多因巧遇安東省庵門生片岡宗純而轉向古學，實在是具有戲劇性的巧合。

此後不久，一樁小事惹來心氣甚高的徂徠誤解，使得他在一段時間內屢屢撰文抨擊仁齋的古學，並標榜自己所事的古學才是真貨。當時，居於京都的伊藤仁齋已名揚四方。徂徠自述，幼時已聞仁齋聲名。見到子固後的徂徠，由於對仁齋的景仰，對進一步研究古學的嚮往，權衡良久，時年38歲的徂徠，於1704年向仁齋寄出了一封信函。[220]徂徠在信中提到巧遇仁齋弟子子固，與其結友，兩人在一起共同學習討論仁齋的古學著述，還對仁齋的學問極盡讚美。他不但表達了對仁齋的嚮往，還婉轉地提出要隨仁齋事學，做其弟子。相關原文如下：

> 始不佞少在南總，則已聆洛下諸先生。亡踰先生者也，心誠鄉焉。後值赦東歸，則會一友生新自洛來，語先生長者

> 狀，娓娓弗置也，而益慕焉。迨見先生大學定本、語孟字義二書，則擊節而興，以謂先生真踰時流萬萬。居一二歲，入仕本衙，乃獲與子固友也。……子固亦時時與不佞討論上下語孟諸書。……嗚呼茫茫海內，豪傑幾何，一亡當於心，而獨鄉於先生，否則求諸古人中已。亦曰不佞不自揣之甚也。先生或能思其情，豈不大哀憫乎。此不佞所以神飛左右之久也。山川千里，所賴斯文。氣脈流通，惟先生恕其狂妄，而待以子固之友人，幸更甚。[221]

令徂徠感到失望的是，仁齋沒有回函。四年後，仁齋長子東涯將徂徠此信收入已去世的仁齋傳記《古學先生竭銘行狀》內，公開刊出，[222]東涯此舉使心氣很高的徂徠覺得丟了面子。這個即便在彌留之際仍會自信地對枕邊的人說「海內第一流人物物茂卿(筆者註：指徂徠自己)，即將終焉。天也為此，使世界銀裝素裹也」的徂徠，[223]多年後仍對此事難以釋懷；在「覆芳幼仙」的信中還抱怨道，「憶不佞曾修書伊仁齋，而仁齋不報，予今薄其為人矣。」[224]實際上，仁齋未回信給徂徠，應是事出有因。當時的仁齋已病弱體衰，恐難以提筆給徂徠回信，在收到徂徠信後不久的次年四月五日，他77年的生命便畫上了句號。

徂徠心有芥蒂，導致他不僅否認自己轉向古學與伊藤仁齋有任何關係，還多次撰文指責後者古學之非，並稱自己所學才是真正的先秦聖人之學。徂徠此後開展的古學事學法與目的，與仁齋所事者並無不同，他所謂的古文辭主張，實際上也是在玩語文學遊戲，為的是盡量與仁齋撇清關係，以方便彰顯自己的古學理論之創新。

此事件後，徂徠將自己轉向古學的契機，說成源於39到40歲間，因購得明朝李攀龍的《滄溟集》和王世貞的《弇州山人四部稿》，受到李、王的影響。徂徠強調，其接過李、王「琢字成辭，屬辭成篇，以求當於古之作者而已」的主張，花費多年研究艱深的古漢文「辭」，但目的與李、王不同。徂徠是要在此基礎上進一步研讀古漢文，以了解古人當時寫該文之原意，即所謂的古意，然後，再根據古意，了解六經經術的原義。徂徠主張，是他發明了將古學用於經世的學問，因為「李王二公沒世用其力於文章之業，而不遑及經術。然不佞藉其學，以得窺經術之一斑焉。」[225]

1682年，朱舜水辭世那年，荻生徂徠虛歲十六。朱舜水生前與當時的青年學子徂徠並無直接交往。但是，據上述可知，徂徠通過閱讀朱舜水和伊藤仁齋的著述，以及朱舜水對伊藤仁齋文章的批改，了解到朱舜水與伊藤仁齋的古學內涵及事學目的。中年以後的徂徠，在與他人的信函中，開始沿用朱舜水自稱的「不佞」為己稱，也倒是個頗令人遐想的有趣現象。徂徠對朱舜水有關禮樂、政見以及學問的了解，主要通過閱讀早已由水戶藩公刊的《朱舜水文集》以及通過舜水門生安積覺等人獲得。徂徠強調，識別與當世文章辭句不一樣的古辭(徂徠稱古文辭)，學習古言的真義，才是真正的讀書之道，若在此基礎上讀懂六經，即可得聖人之道。於徂徠而言，聖人之道就是先王之道，而先王之道寓在六經，學人需通過學習古文辭後自行探索。由於六經為孔子所編並傳世，所以也等同於孔子之道：「夫道，先王之道也。……程朱諸公，雖豪傑之士，而不識古文辭，是以不能讀六經而知之。喜讀中庸孟子易讀也。……孔子之道，先王之道也。先王之道，安天下之道也。」[226]徂徠在此段論述中表現的對問學目的之認識，顯示了朱舜水在日本所倡以學六經知先王之道，所謂「聖人未生，道在天地；聖人既生，道在聖人；聖人已往，道在六經，則先王之道尚矣」之主張，已生根發芽。[227]

徂徠的著述，展示其深得朱舜水基於肯定虛君政治，肯定封建體制優於君權專制，讚揚日本「百王一姓」理念的內涵，了解朱舜水與德川光圀的「尊王敬幕」(尊虛君天皇敬執政幕府)」編史之真正宗旨，這可從徂徠兩段話證明：「日本的封建制是行先王之道之本，天皇只是幕府及諸大名之共主」；[228]「秦漢而下，以郡縣代封建，以法律代禮樂。其言吏治者，亦孰不援經術。而郡縣之治，凡百制度，不與古同。而先王之道不可用。故亦僅用以緣飾吏術云爾，豈能法先王哉」。[229]

安積覺曾以信函的方式，回答徂徠有關朱舜水在古學方面的問學主張。他寫道，「文恭務為古學，不甚尊信宋儒；議論往往有不合者，載在文集，可徵也。」[230]對荻生徂徠來函詢問其他有關朱舜水的教諭，安積覺也認真回覆。譬如，對徂徠有關神主制與五廟之制的問題，安積覺回函曰：

> 問神主制，清誨詳悉，感謝有餘。……抑如足下所云，「宋儒都不知禮，鑿空為之說」乎？皆不可曉也。……先侯嘗問朱文恭以五廟之制。文恭不采家禮，其言曰：「家禮乃庶士官司之禮，豈所以施於諸侯者哉？庶士官司之禮，尚不得以施之士，況得以施之大夫，施之諸侯乎？」
>
> 其對奉神主宜廟宜寢之議，曰：「古者為主，所以棲神也。祭則迎主以祭於廟，祀事竣則送主還櫝。寢者皆以人道奉其親者也，而廟則神之矣。」朱子謂凡廟之制，前廟以奉神，後寢以藏衣冠，但失之粗率，亦非鑿鑿謂前廟奉主也。又對大夫人配廟之議，曰：「程子以翁婦為嫌，欲為別廟別祭，於禮固為支離。」
>
> 文恭不專尚程、朱，往往此類是也。[231]

徂徠接過安積覺覆函後，回謝道：

> 神主制度，乃承以西山先侯（指德川光圀）及文恭先生遺事見教，亦足以證鄙見不悖大雅也。竊以為幸已。……又近考究歷代度量制，因讀朱氏談綺，載文恭先生論。[232]

初期水戶學學人，並非僅將所學理論停留在認識階段。寬文十三年（1672）七月，朱舜水在德川光圀的支持與請求下，在江戶水戶藩邸親率水戶藩臣舉行釋奠典禮，轟動江戶，前去觀摩者眾。

林鵞峰聞訊，也率數人前去觀摩學習，並留下記錄，其中提到隆重莊嚴的釋奠儀式使得在場人士感動落淚。[233]釋奠習禮之外，朱舜水在寬文十二年還撰寫了《釋奠儀註》，並於次年又發表《改定釋奠儀註》，以為日後釋奠的指導。[234]元祿六年(1691)，位於江戶的湯島聖堂首次舉行釋奠禮，五代將軍德川綱吉親臨湯島聖堂，參加在大成殿舉行的釋奠禮，[235]並指示每年春秋兩次舉行釋奠須成恒例。[236]

湯島聖堂的建造，與光圀、舜水關係亦甚大。建聖堂、設學校、習三代遺法，實為光圀夙願，也是舜水藉此展現尊君但抑君專權的主張。朱舜水告光圀，「建學必於朝，刑人必於市，非徒予之棄之，與眾共之，示王者不敢自專」;[237]學宮應由幕府建造，且應選址在眾人便於參祭處。光圀接受舜水的建議，並將朱舜水指導匠人所做的聖堂模型，呈送幕府。綱吉將軍時代的幕府，根據模型來建成聖堂。幕府為此，在享和元年(1801)六月朔日，專程指令幕府御用人左衞門到水戶藩邸，表彰德川光圀與朱舜水的功勞。水戶藩於該月五日，由史館總裁主持，在舜水堂舉行祭祀，獻酒果供品，向朱舜水在天之靈匯報。[238]此外，光圀在1682年(天和二年)，準備好從各地蒐集的文獻與費用，組織人員開始編纂《禮儀類典》。[239]1710年(寶永七年)，水戶藩將500卷的《禮儀類典》呈交幕府，數年後京都朝廷亦經幕府轉手，得水戶此書的另一抄本。[240]水戶諸種舉措，均顯示了朱舜水和德川光圀對禮樂秩序中釋奠、辦學宮作用的深刻了解與重視。

徂徠在此方面的主張，與朱舜水、德川光圀的初期水戶學頗為相近。他指出，三代先王立鬼神(靈、神)，先王之道即用其之，奉以天道而行；同理，幕府因此也可利用供奉於東照宮的德川家康靈位(祭鬼神)，通過祭祀活動和採用將軍與下臣不同制服等方法，明示君臣等級秩序，以穩定德川封建體制。徂徠先王立鬼神奉以天道的主張，也影響了日後國學創始人本居宣長。徂徠在世時，「獨以伊藤東涯為一勁敵」，[241]但惺惺相惜，互敬不攻。伊藤東涯為仁齋長子，秉承父業，後來也成為從事古學的名學者。徂徠的古學思想，是對儒學發展的新貢獻，也可說是朱舜水的古學思想在日本所結碩果之一。所謂學問的傳承以及對社會文明發展的影響，由此可見。

近代東亞文明世界的思想交流和變化，通過上述中國明末、日本德川初期中國、朝鮮、日本學人之間的互動，以及他們與西方傳教士之間的互動清楚可見。譬如姜沆與藤原惺窩有關宋明理學的交流，朱舜水與德川光圀的金蘭之交及思想上的共同追求，朱舜水與思想家(木下順庵、人見傳、林春信、伊藤仁齋、山鹿素行)、加賀藩主前田綱紀，以及朱舜水的武士門生(安東省庵、安積覺、小宅生順、今井弘濟)等人在問學上的互動，均為具體體現。目光長遠的德川光圀編纂的《舜水先生文集》，則為後世提供了重要的歷史記錄。

澄清水戶學尊王敬幕之本意，還原古學興起原因與問學目的原貌，能幫助我們深刻了解日本社會在其後興起的國學影響下，即便離追求文明大同之道的東亞傳統文化主流愈來愈遠，但是人類世界思想文化的交流與互動，不應該、也不可能長久地被激進的族域民族主義意識形態所拖累。此歷史經驗，對東亞地區以至其他各國反思文化走向與發展，都是重要的前車之鑑。另一方面，審視古學，也應思考為何古學會在荻生徂徠後進入停滯階段，而國學借用古學方法，但與古學目的迥異，強調日本由天神選中，神孫天皇神國與神民優於世界所有國家與民族，卻為何能在日本日益受到青睞，並在明治後受到追捧的深層原因。事實上，中外學界對此問題的探討與思考一直沒有中斷過，近年來台灣大學出版中心出版九十餘冊的《東亞文明研究叢書》，便是當代學人努力成果之一。

重新檢視近代史上水戶學初衷、古學的興起與發展，我們可以得知在東亞文化歷史的長河中，不少先賢先哲秉承、發揚先秦儒家思想，尊夫子教誨，以不分地域種族、有教無類的精神，為建設適合大多數人生存的政體(在當時的局勢與條件下)，曾作出過不朽的努力，他們的經驗足以給後人帶來思想上的重要啟迪。

第四章

曲徑逸幽

國學之路

17世紀末，一個被稱為「國學」的新興學派在德川日本誕生。該學派深受早於其幾十年出現的古學與水戶學之影響。此三學派都抱着為建政、為構建新社會秩序服務之目的，但不同的是，古學與水戶學依據當時被東亞社會視作具普世價值的儒學，結合本民族文化資源創立與發展起來；國學在契沖之後，則標榜本土文明獨特與優秀，排斥外來文化，日漸走向排外與狹隘的文化孤立主義。國學重要思想者之一平田篤胤的一段文字，頗能道出該學派源頭：

> 古道學風，東照大神君（德川家康）開其端；公子尾張之源敬公德川義直承御遺意，而水户中納言光圀卿，則大興古學。其御作《大日本史》、御撰《神道集成》，並據古書，編纂有關朝廷禮儀的《禮儀類聚》。真言宗僧契沖又受其請，作《萬葉代匠記》，萬葉學自此始之。[1]

國學的興起與水戶學、古學有直接關係。水戶藩主德川光圀因編史需要，撥出資金，派出史員，在全國蒐集了大量史料。光圀知道，蒐集得來的史料，也可為解讀日本古詩詞、了解古代文明服務。在日本，可與《詩經》媲美的古詩詞集，是奈良時代編纂的《萬葉集》。《萬葉集》收錄了到公元8世紀為止的詩歌共四千餘首。水戶學創始人的本土古籍研究，即以《萬葉集》為開端。國學初始，期望通過訓詁古文詞義，了解古代「倭歌」或曰「和歌」所表現的當時社會真實之「古意」，也有讚揚古人不受禮教束縛的美好生活，從而達到反對抑制人性的理學末流之目的。

自荷田春滿(1669–1736)起，國學學人搭上古學開創的反宋儒末流便車，將國學進步的初衷，逐漸轉化為要徹底去除千年來深入影響日本社會的外來思想——國學者稱之為「漢心」、「漢意」，以建立純正、不受任何外來文明污染的「皇國之學」。此目標甚高，卻由於欠缺高於外來文化的「純本土」哲理，最終國學者註入神皇神國主張，因為此舉可徹底避開世俗理論的質疑與爭辯。所謂復古神道，即為此國學理論之一支，國學也因此被拖進盲目自大、激進排外的本土獨特優越意識。

國學的興起，是近代日本政治思想發展史上的一個新里程碑；可惜的是，德川建政思想與文明的發展自此卻日漸曲徑逸幽。後來的國學創始者，兼受鎖國逾百年帶來的觀念影響，取文化孤立主義。為去除外來影響，他們通過宣揚日本獨尊，將德川社會封建等級的觀念推展到種族、人種優劣觀，也擯棄了德川諸多學人(如創始期水戶學、古學)以文明而非以族群辨「華夷」的努力。18世紀末，此國學意識形態受到後期水戶學人的推崇，兩個學派在19世紀與西洋激進民族主義觀一拍即合，遂成為明治帝國憲法以及20世紀軍國主義的重要思想武裝庫，給日本社會所帶來的惡劣影響長久不散。譬如，自明治時代起一直活躍在媒體與學界的德富蘇峰(1863–1957)，持有強烈的社會達爾文主義以及日本帝國主義侵略擴張觀，上世紀後半期一度盛行的日本人論以及現今日本的右翼理念中，都可以見到它們的影子。[2]

中世紀後，西方逐漸興起民族主義思潮，近代更擴散至世界。這個西方舶來品，時常成為現今東亞及世界其他國家朝向和平發展的意識形態障礙。19世紀後，人類世界被狹隘的民族主義與種族主義切割得四分五裂，20世紀發生的數次全球大型戰爭，創造了人類文明史上死亡人數最高的集體屠殺紀錄。二戰中，東條英機代表日本軍部宣讀、士兵人手一冊《戰陣訓》中的「大日本為皇國。萬世一系天皇在上，紹繼肇国皇謨，君臨無窮、皇恩遍及萬民，聖德光照八方。日本臣民忠孝勇武，此精神祖孫相承，並以宣揚皇國道義、翼贊天業，君民一體，致力國運隆昌。戰陣將兵，須明我國體之本義，持堅固之信念，誓以完成守護皇國之大任」之訓令，[3]從用詞到思想，無不充斥着國學與後期水戶學那種極端民族主義與種族主義之思。所以，了解國學的興起與發展，可幫助知悉現今日本極端民主主義思想的根源所在，同時，對反思清末以來，深受日本民族主義影響的中國思想界之轉變以及未來文明之走向，日本國學之經驗，也可作為重要的前車之鑑。

國學初起時，其目的與古學創始人伊藤仁齋，有共同之處。二者同樣希望從官方所青睞的朱子學外，找出一條為建設良好社會秩序、為市民追求精神服務的思想途徑。但是，契沖之後，荷田春滿與賀茂真淵，將神道內涵融入了國學；賀茂的弟子本居宣長則將詮釋本土經典的古學研究，帶入排外性的宗教神道復古，即所謂的「復古神道」。本居復古神道的理論根基，源自其堅稱古代日本皇家神話為真實；在此基礎上，通過文字訓詁，進行了歷史「求實」考證，得出神皇神國日本優於世界任何體制與國家的結論。本居的未謀面弟子平田篤胤(1776–1843)，青出於藍，從世界諸文明史書中挑些碎片，東拼西湊，製造出不但神國日本，連神孫子民的日本民族也凌駕於世界所有文明與民族之上的理論，最終將國學推上狹隘、激進的意識形態不歸路，為19和20世紀日本社會思想意識形態的發展帶來巨大危害，也重創了世界文明的發展。

一、從契沖到復古神道

德川初期社會興學的熱情，使儒學在日本得到了新發展，並促進了日本有識之士重新審視本土典籍，以服務於本土學再建、界定民族本位的目的。德川光圀盡水戶一藩財政之力，在全國遍尋史料，除用於編纂《大日本史》外，還編輯了《禮儀類典》、《神道集成》等書。此外，光圀在1680年代初，委託佛僧契沖提供相關原始資料及財政資助，委託他依據史料文獻訓詁、考證、註釋，以解明《萬葉集》詩歌的原意（古意）。書寫《萬葉集》的文字，被稱作萬葉假名。所謂萬葉假名，是因為日本當時尚無本土書寫文字，故借用漢字表音兼表意（漢字詞意）。光圀此舉，自是帶有朱舜水古學思想的影子。契沖出身於武士家庭，自幼出家，23歲時已成為攝津國西成郡西高津村曼陀羅佛院的住持，除佛經外，對漢典與日本古籍也深有造詣。契沖謙虛，不敢專名，初稿完成後，稱作《萬葉代匠記》，呈交水戶藩。[4]光圀收到契沖初稿本後，再將水戶藩裝訂的校本借給契沖，請他增補改訂，全書終在元祿三年（1690）完成。[5]

水戶藩出資印刷的20卷《萬葉代匠記》問世後，契沖被視為國學創始第一人。後來的另一位國學創始人本居宣長誇獎契沖，說：「難波的契沖師，初開大明眼，歎此道之隱晦，據古書，破近世之妄說，首見本來之面目。⋯⋯予觀此書，頓開茅塞」。[6]詩詞在傳統儒家思想中一直扮演着重要作用。孔子就認為，詩詞的作用是「興於《詩》，立於禮，成於樂」（《論語．太伯》），「不能詩，於禮繆」（《禮記．仲尼燕居》），將陶情怡志的詩歌，也視為禮樂秩序之基本。孔子整理、編輯《詩經》，主要動機亦在此。熟讀儒家經典的水戶學創始人德川光圀、朱舜水，又豈能不知孔子稱讚感物道情、吟詠情性的《詩經》之重要性？即便是佛僧契沖，也是根據孔子對詩歌功用的主張、做為詮釋《萬葉集》的理論指導：

> 子曰，學詩乎，對曰，未也。不學詩無以言。又云，小子何莫學夫詩。詩可以興，可以觀，可以群，可以怨，近之事父，遠之事君，多識鳥獸草木之名。子夏詩序云，詩者志之所之也，在心為志，發言為詩，情動於中而形於言，言之不足，故嗟歎之，嗟歎之不足，故永歌之，永歌之不足，不知手之舞之足之蹈之也。情發於聲，聲成文，謂之音。治世之音，安以樂，其政和。亂世之音，怨以怒，其政乖。亡國之音，哀以思，其民困。故正得失，動天地，感鬼神，莫近於詩。[7]

《萬葉集》是日本用文字記載的最早詩歌，德川光圀首選《萬葉集》，便出於這個原因。那麼甚麼是和歌？契沖又是如何認識它的重要性？

> 「倭」與「和」為同音，故用和字。倭字音於烏切《説文解字》曰為順貌。「和」與「於」同五音，「義」也與「和」通。《日本紀纂疏》依此義解釋道：蓋取人心之柔順，語言之諧聲也。這種解釋很有道理。因此本朝以和為名。
>
> 三教（儒、佛、神）也以柔和為貴。由此，《論語》云，禮之用，和為貴，又云，君子和而不同。字書（呂註：此指《説文解字》、《玉篇》之類書）云：儒柔也，此應從其教可知。老子云：人之生也柔弱，其死也堅強。萬物草木之生也柔脆，其死也枯槁，故堅強者死之徒，柔弱者生之徒，是以兵強則不勝，木強則共，強大處下柔弱處上。柔和忍辱為佛教常談。
>
> 和歌如百煉黃金指環，並非僅僅通以上之道，還及合於世間人情。[8]

從契沖所寫的上文中，可以看出他不但擁有豐富的日本古詩文化修養，也熟知儒家、道教基本要理。契沖抱有海納百川的開放文化觀，認為吟詠性情的和歌不但能體現儒教、佛教、神教「以柔和為貴」的精神，也希望和歌能反映人世間的悲哀喜樂。此思維，代表了德川幕府建政初期文化界的一股清流。《萬葉代匠記》貫穿着契沖此方面的主張，成書後由水戶藩印刷發行，也説明了德川光圀的態度。

歷史上，儒教與佛教隨着中國文明，經年不斷地傳入日本。入日的佛教，雖宗派繁多，但大部分是漢化佛教，譬如在中國產生的菩薩、權限觀念等。儒家思想及佛道信仰被引入日本後，與本地文化必會產生一個長時間的磨合過程。千餘年來，存在於日本社會的所謂「三教(儒、佛、神)習合」、「儒神習合」以及儒釋道與神道「習合」，即反映了此狀況。

公元7世紀，包括聖德太子在內的蘇我氏族以及天武天皇氏族，都借用中國的先進文明與佛教，來打擊信仰氏族神祇的本土地方勢力。他們通過實施律令制，在日本歷史上首次建立了中央政權，統一了日本。觀新政府頒布的十七條憲法，不難發現，其實就是個佛、儒、道教概念的混雜體。[9]中央政府建立後，在較長的一段時間內，皇室貴族將佛教作為國教，視其為重要的國家意識形態，所以，在日本歷史上，佛教也被視作神道。另一方面，日本的本土神祇信仰，也不斷從儒、佛、道教吸取養分而漸成肉身。[10]譬如室町幕府時代由卜部兼倶(別姓吉田，1435–1511)起家的唯一神道，即吉田神道(也稱卜部神道)，其理論就融入了儒、密、道教以及陰陽五行説。卜部兼倶本人就闡述過日本神道的來源。其説：「神道，名曰宗源何也？神書曰，掌神事之宗源也。宗者萬法歸一謂之宗，源者諸緣所起謂之源。是故，上宮太子曰，神道者儒佛之宗，萬法之源也。」[11]所以，契沖此類主張在那個時代的日本是社會常識。歷史上的和歌或倭歌，體現了對世俗人世之情的詠讚；從歌詞所見，詠唱者也受到了三教影響。[12]契沖強調將「和」代之「倭」，欲取其柔和的涵義，他在這裏將「倭」字釋作毫無貶義、表意為日本的同義詞，實際也並非新説。

契沖之後，出身於神主世家的荷田春滿，稱其所學為「自發」，也主張「古語不通則古義不明」，積極投身於《萬葉集》的詮釋工作。[13] 荷田春滿在問學方面，是個走捷徑的人，他的許多著述均竊自契沖。荷田這種剽竊行為，連他的兒子荷田在滿也無法否定，說其父的學說「暗合契沖」。事實上，迄今為止，學界也認定荷田所學是受契沖的影響。[14] 如伊東多三郎指出，荷田春滿不但親自抄錄契沖著作，他寫的《萬葉僻案抄》、《萬葉集童子問》以及《萬葉集童蒙抄》，與契沖的《萬葉代匠記》多有一致之處；荷田所寫的《伊勢物語童子問》與契沖的《勢語臆斷》亦有多處相似的地方。另一近代國學者山田孝雄(1875–1958)在《國學的本義》中也提到，荷田春滿抄錄契沖著述，並因此肯定契沖對荷田的影響。[15]

荷田誇獎契沖，說契沖在廣考古書的基礎上，以現代日語(此指德川時代語)解釋了《萬葉集》、《古今集》等歌書，為千載第一真人。[16]「真人」這個神主荷田春滿所用的詞，本身也體現了外來文明對日本神道思想的影響。這個源於道教、大受唐玄宗喜好的名稱，在玄宗採用後不久，也出現在自命為「天渟中原瀛真人」的天武天皇稱號中。天武天皇為加強政權的合法性，以道教、儒家思想大規模的改造日本本地傳統信仰、神明之道(簡稱神道)。

丸山真男認為，荷田春滿從古歌中尋找「道」的思想，也受到了荻生徂徠的影響。[17] 荷田批判「唐宋諸儒之糟粕」之類的言行，確實有古學學風的影子。[18] 不過，抄襲並不代表荷田的問學主張與契沖以及徂徠相同。荷田抄襲契沖僅是他的問學手段，並非目的；他要將契沖的國學帶到一條新的道路上去。荷田研究國學的目的，並非僅為通過文字訓詁來解明《萬葉集》中和歌的古義，而是想發掘出他認為深藏於日本古歌內、古代眾神在「道」方面的涵義。任職於神社的荷田希望以此驅除那些在日本文明發展過程中，不斷滲入本土神「道」的外來影響。為此，荷田強調「今之談神道者，是皆陰陽五行家之說，世之講詠歌者大率圓鈍四教儀之解，非唐宋諸儒之糟粕則胎金兩部之餘瀝」；[19] 並堅持認為若非如此，則無法恢復日本人的真正遠古宗教觀，無法建立全新的本土神「道」學，也就是後來國學者稱作的復古神道。

德川初期，思想界對於註重世俗人間信仰的思辨哲理，尚未深入展開，而民間百姓則對宗教信仰（包括佛教）虔誠。德川建政後，自意識形態上對本土神祇——神「道」的再詮釋，也成為思想界須面對的課題。譬如，幕府御用文人林羅山就曾給神道註入「理一神道」的自家詮釋。表面上，羅山承認日本「人皇始於神武天皇已有一千二百餘年，守神國之風更無別法」，[20]實際上，羅山更認為神道儒道出於同理（理學所稱的「理」），神道即為儒道。站在「敬鬼神而遠之」、「未能事人，焉能事鬼」的儒者立場，林羅山不但否定將神道帶入絕對主義（absolutism）的主張，也否定將絕對主義作為手段，高抬神道的神秘主義。林羅山強調，所謂神、神道、人道其實基於同理：

> 民為神主也。民，人間之事。有人才崇神，無人誰崇神？……人間如晝，神道如夜，晝夜雖不同但其理無不同。生死之道亦如此。若能知生道，當然也能知死道。若知人間之理，也應知神道。敬神遠之，不可汙之，民道亦宜合此義。[21]

> 所謂神道，其實與人道品異而理同，無人何以立神？能看見者為人道，藏而不露者為神道，神道神秘之處即在此。[22]

持上述認識的林羅山，要除掉神道的神秘性：「未生以前是神也，是過去也。出生則為人也，是現在也。死後又為神也，是未來也。夜如神，晝如人，又夜成神也」。[23]是故，「備三種神器治王道，王道、神道，理一也」。[24]「或問神道與儒道如何別之，曰，自我觀之，理一而已矣。……曰，日本紀神代書與周子太極圖說，相表裏否？曰，我未知。嗚呼王道一變至於神道，神道一變至於道。道，吾所謂儒道也，非所謂外道也。外道也者，佛道也」。[25]以上就是林羅山的「理一神道」主張，寥寥數語，便將皇室與神道之「神」鬼功能清楚道出。儒學不空談宗教，重世俗人事、禮樂及祭祖，以其為社會秩序之基石，而在羅山所謂的儒家「務民之義，敬鬼神而遠之，可謂知矣」，[26]正是將儒學這種精神，顯露無遺。

古學者荻生徂徠，了解日本社會對神祇信仰的變遷史，對神道也表示過看法。徂徠根據當時日本的實際情況，對何謂神道以及日本為神（之道）國，作如此判斷：

> 今世之奉神者五，曰巫、曰祝、曰陰陽、曰僧、曰修驗。其所奉之道二，曰神道，曰佛道，然均之皆神道，五者何擇也。但僧寔繁，所在皆有之，頗識字，其所居寺院亦大，宗派等轄甚嚴。而它四者頗微，亦鮮識字，莫有等轄，其所居與編氓弗殊。[27]

徂徠還指出：

> 所謂神道者，為卜部兼俱所作，古代並無此説。《日本紀》、《續日本紀》、《日本後紀》、《續日本後紀》、《三代實錄》、《律》、《令》、《延喜式》等正書，有應學聖人之道言説，但不見云神道者。物忌、祝祓之類，皆巫祝之業也。[28]

> 唯我國神道者，祭祖考以配天，天與祖考為一。諸事均以鬼神之命而行，文字未傳之前如是也，其亦是唐虞三代古道也。[29]

荻生徂徠將日本的神道之源頭，歸為唐虞三代古道，凸顯出他的古學造詣與對先秦儒家思想的理解。《易．彖傳》曰：「觀天之神道，而四時不忒。聖人以神道設教，而天下服矣。」文字未傳入日本之前，諸事均以鬼神之命而行，與唐虞三代古道一致；日本以皇室名義舉行的所謂大嘗祭，「嘗」即為「祭」之名，在《周禮》中可見，且周朝有「秋嘗」之祀。誠然，古代日本在祭祖時，「考以配天」，並將「天與祖考為一」，作了些改動。此外，福永光司的研究也揭示了道教與日本神道的關係。譬如，現今日本社會的拍手禮習俗，實則也是唐虞三代古風的遺留。今天日本祭祀參拜以及慶典活動中的拍手禮，是傳承自日本古代宮廷禮儀以及平民見尊者的拍手儀式，也應與周王朝祭祀所用九種禮法中的拍手「振動」禮拜法有關。[30]林羅山與荻生徂徠對日本神道的認識與主張，體現了神聖即在人間世俗、「即凡而聖」的儒家傳統影響。此儒家傳統的積極正面意義，也得到當代西方哲學家的共鳴。[31]

另一方面，徂徠提到的卜部兼俱在室町時代創立了吉田神道，別名唯一神道。《日本紀》是《日本書紀》的簡稱，成書於公元720年；《延喜式》為律令施行細則，成於公元927年。公元7世紀中期，日本仿隋唐體制，採用律令，建設中央統一政府，史稱大化改新。律令實施後的大和朝廷中央政府，由神祇官與太政官兩大部門構成。神祇官的職責是祭祀，最高官階為從四位，但當時並無神道一詞，當然更沒有系統化的神道信仰。相比之下，太政官下有八省，各省又分若干寮與司，並管轄地方的國、郡、里。此外，太政官中官階最高的大臣，為正一位。[32]徂徠有關在10世紀的日本，也「不見云神道者」言，據史言實而已。

徂徠視佛教為日本最具影響力的神道，不但源自當時的社會常識，也基於歷史事實。自飛鳥時代起，外來佛教在日本的神祇信仰上舉足輕重，無任何其他宗教可超越或替代。無論是朝廷期望的佑國保皇家，還是武士需要的精神依托，佛教都很好地滿足了他們的需要。此外，徂徠將道家的陰陽說、民間的巫祝習慣，都納入神道，也合乎當時常理。譬如，德川初期仍盛行的唯一神道，便是融儒、佛、道思想與信仰為一體的神道。神道並非後世國學者鼓吹為弘揚皇家神性目的之專利，神道本身也不僅止於神祇。驅鬼鎮魔是世俗社會賦予神道司鬼神的任務，此功能仍存在於現今日本各地神社的例行祭典中。譬如，每年2月在東京上野公園五條天神社舉辦的驅鬼去病的「蕪凱拉神事」祭祀、以及京都地主神社舉辦的驅鬼迎福「地主祭」等。

荷田春滿對神道的認識，與林羅山、荻生徂徠不同。荷田源自地方神社世家，家業對他的神道思想產生了深刻影響。荷田認為，神道在德川時代已被陰陽五行説弄得渾濁不清，他希望通過闡明《萬葉集》中古歌的古意，回歸神道的本來面目。荷田説：「詠歌之道敗闕，大雅之風何能奮。今之談神道者皆屬陰陽五行家之説。……若六國史明，則豈止官家化民之小補哉。若三代格起，則抑亦國祥悠久之大益哉。《萬葉集》者，國風純粹，學則無面牆之譏。《古今集》者，語詠精選不知，則有無言之戒」。[33]荷田所説的「今之談神道者皆屬陰陽五行家之説」，實指當時的神道權威吉田神道，其摻雜了道家與密教等學説。荷田對此明顯地表示出不滿，也透露出古學對他的影響。江戶時代，吉田家神社為全國神道本所，各地神社、神職受其支配。吉田神道的創始人是室町時代的吉田兼俱，其當時在京都的神社供職。吉田神道也稱唯一神道、宗源神道。吉田兼俱稱，神道緣起分三類，其中的元本宗源神道是由吉田祖先傳下來的正統神道，而元本就是「明陰陽不測為元，明一念未生為本」。吉田兼俱此説，將道教與密教對神道的影響躍然紙上。[34]

荷田將研究《萬葉集》的古意，稱為「皇國之學」(以區別儒學、「唐國」之學以及佛學)，[35]國學是皇國之學的簡稱。為推廣國學，荷田寫下〈創倭學校啟〉(後名〈創學校啟〉)，[36]倡議建立「皇國之學」的專門學校，[37]並為此積極奔走呼籲。荷田期望通過對《萬葉集》的詮釋，給予神道再造新肉身，但由於研究不深，無甚起色。儘管如此，荷田倒是為其後的國學發展方向，開拓出了一條新思路。荷田之後的賀茂真淵、本居宣長以及平田篤胤，均沿此路前行，無一例外。荷田的國學新思維，使後來不少國學者力主要將契沖剔出國學，因為這些人再容不得契沖有關儒佛道三教在日本合一、互為影響的說法。譬如，平田篤胤的弟子大國隆正(1792–1871)，在《學統弁論》中指責契沖，說契沖在和歌學問方面「與道不合」；[38]平田篤胤後來也表明，他只認可荷田春滿、賀茂真淵、本居宣長為國學創始「三大人」，但不認同契沖；平田的弟子更將平田篤胤也納入國學創始人的行列。

綜上所述，原始社會的先人對超世俗力量的信仰，無論是天地山川樹草還是先祖，是民間原生的、無實體敬拜之神鬼(道)觀。在日本，借用外來文明充實此樸素的神祇(鬼神妖怪)信仰，產生了吉田神道。皇室(如伊勢神社、三神器)、將軍(如東照宮)以及地方首領也各司神道，其所立神宮及神號，目的是弘揚並肯定權力的合法性；為此目的所建樹的理論，當屬政治權威神道。此外，祭祖是東亞社會的重要信仰，為逝世的祖先立神牌、神位，視其為神，也溶入日本社會的神道信仰中。國學者後來所努力建樹的，則是神孫天皇神國之道——所謂的復古神道，尤其醒目的是樹立神靈肉身的在世偶像崇拜。明治建政時，取國學所倡之皇室神道為唯一合法宗教信仰，將天皇神信仰與國家整體連在一起，所謂政教合一的國家神道即源於此。二戰後，充斥着極端民族主義思想的國家神道被明令禁止。但在日本社會，仍存在着民間信仰的各種神道。

此時期，幕府令林家編寫的《本朝通鑑》早已出版，1660年代下半期正式開始編纂的水戶《大日本史》方針與主述，也廣為思想界所知。編史對歷史的回顧，舜水、仁齋、素行、徂徠的古學主張，以及相對寬鬆的事學環境，不但為日本儒學帶來了嶄新的學風，註入了新內容，也直接刺激並促進了所謂「皇國之學」的發展。東亞地區學界、思想界的交流互動以及學脈的承先啟後，因之可見。此社會環境，也為荷田之後另一新國學創業人賀茂真淵(1697–1769)的出現，提供了平台。

賀茂同荷田春滿一樣，出身於神主世家(賀茂神宮神主岡部家)，37歲時到京都師從荷田。與荷田相比，賀茂在治學目標上有所不同，後者更期望通過辨明日本古道，展露國學的優越性，以反對當時社會過於側重性理說教的宋學。賀茂真淵辨明日本古道的方法，是倚靠對本土固有古字詞的訓詁考證。賀茂真淵以訓詁得出詞義的本土固有詞，來詮釋古籍、闡明古代之道。雖然真淵的主要著述與契沖撰寫的作品過於相似，學界中也有人懷疑真淵是否真用心於學問；[39]但真淵在問學方面鮮明的終極目的，與契沖所追求已現出鴻溝，是不爭之事實。

另一方面，賀茂真淵的國學新主張，流露出古學，尤其是荻生徂徠的方法論對他的影響。首先，可從賀茂真淵的求學經歷得到印證。譬如，當真淵到了問學年紀的時候，不但仁齋的著作業已問世，徂徠以所謂古辭學問路古道、辨道統、昭明聖人之教的事學法及問學目的，也廣為人知。其次，賀茂真淵曾拜儒學家渡邊蒙庵(1687–1775)為師，而渡邊蒙庵所授課業，主要就是荻生徂徠的古學。那是因為，渡邊蒙庵是當時名儒太宰春台(1680–1747)的弟子；被稱作為蘐園學派(徂徠學派)雙璧之一的太宰春台，則是荻生徂徠的高徒。不僅如此，賀茂真淵與蘐園學派雙璧的另一人，也是荻生徂徠高徒的服部南郭(1683–1759)有較深的個人交往。服部南郭雖從徂徠治經世之學，但因平民身份難以在德川封建體制得到被重用的機會，最終心灰意冷，將重心轉向詩詞文學。[40]服部南郭的個人經歷與側重於詩詞的論學思想，自然也影響了賀茂真淵。賀茂真淵弟子村田春海的門生、也是國學者的清水濱臣記錄道，賀茂真淵與服部南郭的交往匪淺，賀茂真淵甚至說過，要將自己的墓地安置在服部南郭墓地旁、同一佛寺中。[41]當代日本學者如丸山真男、伊東多三郎都肯定清水濱臣此說，認定古學對賀茂真淵的影響。[42]

契沖通過考《萬葉集》中古歌原意，來了解古代社會及古人的想法。但是，賀茂真淵考證《萬葉集》，則是為了詮釋日本史前神話時代的「皇國」精神，強調在未受外來文化影響的神話時代，山川純淨，人民天真無邪。[43]賀茂真淵要用這種方法對荷田春滿的神道觀國學註入新的內容。當時的日本社會，多按朱子學來判斷立身處世的內涵。賀茂真淵和古學創始人一樣，不滿此種風習，要另闢蹊徑，尋找一條異於存天理、滅人欲的個性解放之道。不過，疏於哲學辨析的他，要借用道家老莊思想來構建其理論。譬如，賀茂真淵通過考證古代本土詞彙，通過詮釋他認為在一些古詞中內藏不露的「神道」之古意，來達到他盛讚無為而治的古代日本之目的。真淵強調，神代日本之所以無為而治，是因為有其天生自然之道。老莊的自然無為思想，就這樣被賀茂真淵用來編造古代日本的神道。

儒學的聖人之教，被真淵批評為不過是人以其「私智」所創之謬論而已。伊東多三郎指出，「真淵的思想中有極其濃厚的老莊思想。其關於日本的神代觀、道的思想，無非是無為自然哲學。此外，真淵反對人間是萬物之靈長，說天地之際，所生均為蟲；因人類只具淺顯的認知機能，故生邪惡。也因此，人類是萬物中最惡物，鳥獸應該不會喜歡與人類相同之行為。真淵並根據老子責斥『人智』的立場，應用老子有關人類最可尊的是稚童、次而老年、但壯年最壞的說法；將日本比做幼年，天竺(印度)比作老年，而支那則是壯年。諸此，足可證明，真淵的思想與老莊思想不僅暗合，並且是有意取之。」[44]

真淵以老莊思想為理論武器，在1769年寫下《國意考》，批評當時日本社會認為治理國家須依「唐國之道」的說法。對於水戶學、古學及其他儒者讚揚西周封建之教，但現實中的漢土中國卻篡君迭出、朝代屢換，賀茂真淵指出：所謂儒教的聖人之道，不過是心胸狹小之人，硬以其私智作亂天地之心之舉而已。[45]賀茂真淵要反其道而行之，他的辦法是提出一個具道家無為思想因素、非常人可為的自然之道。這個自然之道，宗教性十足，是賀茂認為存在於上古、所謂神代的日本神(之)道。重要的是，賀茂真淵將此自然神之道，與日本皇室國家串在一起：

> 凡世間有山有原野有人住處，道自然生。神代之道，因之自然擴之。各國(呂註：此指日本各地、封建制中各國)亦

自然侍此道。皇室因之愈盛。而儒不僅亂其國，更侍及此地，儒且不明「物之（本）心」，表面唯貴其道，其實質是取天下之伎倆，不足取也。[46]

儘管賀茂真淵以老莊思想宣揚日本神代之美，但在本質上並未脫出儒家、道學以道為本論是非的思想，所以他的辯文中心思想中處處不離道說。對於他文中提及的神代之道，也就是何謂神道之具體，賀茂真淵卻託辭遁脱，不願表述，只是聲稱此道玄妙，凡人夫子難以言表。言辭間流露出深深影響了他的道家玄虛，也展現出家族神主世職的對他的影響。賀茂讚揚老子看出天下無道而要以歌之心復古，他在《國意考》中說，「我皇御國之通古之道，在天地間隨意或圓或平擴展。人言難以盡表，以致後人難以得知。」[47]真淵的這個通古神道，使他認為自己找到了合理解釋諸如史上天武天皇政變篡權、奈良宮廷內外爭鬥等亂象的鑰匙：「皆因儒學傳至日本」。[48]

另一方面，對19世紀後提倡萬世一系的民粹國學者以及極端民族主義分子而言，賀茂真淵關於天武天皇暴力篡政說，卻是個極力要避開的話題。賀茂真淵作《國意考》，也是因為受到了儒學者太宰春台所作的《辨道書》刺激。春台在《辨道書》中稱：從所謂神武天皇到欽明天皇，是一段史實無證的歷史，[49]彼時天下無「道」，而日本的所謂神道是儒教傳到日本之後才產生的。太宰春台的言論，實際上是其師荻生徂徠有關日本古代（其曰上代）根本沒有甚麼神道說法的延續。孔子為代表的先秦儒學，提倡聖在世俗，凡可至聖，與歐洲中世紀後基督教開始遠離極端原教旨主義，走進世俗的變革一樣，是人類文明朝向和平共處、共同發展的重要精神資源。所以當代美國哲學家赫伯特・芬格萊特（Herbert Fingarette）會認同孔子「即凡而聖」的主張，並著書加以讚揚。[50]持此論調的太宰春台、荻生徂徠以及其他德川學人，在歷史文明發展的過程中，也因此留下了令後人緬懷的足跡。與此相反，此時期的國學卻與儒學背道而馳，在鎖國體制、文化孤立主義抬頭的社會環境下，日漸走向以排外的神學原教旨主義取代理性思辨的道路。

二、本居宣長的立學背景

本居宣長是賀茂真淵之後國學學派的佼佼者。本居繼承其師賀茂真淵未竟事業，將國學推至新的意識形態。本居宣長的國學，目的明確：驅除在日本文化中的「漢意」、「漢心」，反璞歸真，彰顯未被外來文化污染的皇國日本，不僅優於中國、也優於世界上所有其他國家的「事實」。在理論鋪張方面，本居宣長與賀茂真淵一樣，也是通過詮釋日本古籍來進行，首先訓詁古籍中的字詞，再在此基礎上詮釋古籍。不過，與仁齋、徂徠等儒學者立於史據考證的訓詁不同，他常以自己意念肆意訓詁，以為自己需要的文本詮釋作證。另一方面，本居宣長對本土古籍進行的現代語通俗詮釋，為民眾接觸古籍架設了橋樑，贏得不少庶民讀者。他提倡的「物之情」(物の哀れ、物のあわれ)、「大和心」、「大和魂」，強調日本民族自古就持有對事物認知的特殊情感、特殊的民族精神，從19世紀後半期起，廣受日本社會讚賞，風行不衰。本居宣長所詠的「若問何為敷島大和心，朝日燦爛山櫻花」和歌，被吉田松陰的和歌「縱然身朽武藏野，生生不息大和魂」接棒，[51]成為二戰時日本社會熱唱、鼓吹日本種族特殊、甘為神皇神國人生如瞬開即謝的櫻花般「玉碎」之名句；以自殺殉身聞名的神風特攻隊隊名，就是以本居宣長此和歌中的敷島、大和、朝日與山櫻命名。

所謂「物之情」說，實際並非本居宣長原創。不但儒學有感物道情、人之情感的主張，在日本《源氏物語》等平安時代晚期的作品中，也顯現了當時貴族階層對人世風情頹廢、世道無常的感歎與悲

圖三：本居宣長61歲自畫像（本居宣長博物館提供）

觀。平安時代「物之情」心緒的產生，既有貴族階層對內部勾心鬥角、爭權奪利的厭煩，女性因地位不平等對愛情與婚姻的無奈，也有因平安時代中期起，律令體制日漸解體、武士階層興起（如公元939年的平將門之亂）並蠶食貴族階層利益，給深受佛教影響的貴族帶來的頹廢甚至末世感。不同的是，德川時代的賀茂真淵、本居宣長以及其後的國學者，對「物之情」（或「物之哀」）賦予了新的時代涵義。

在契沖與荷田春滿時代，國學尚在初創階段；在辦學授徒方面，既沒有像賀茂真淵、本居宣長那樣形成一定的規模，也沒有制度化的師徒制。本居宣長申請做賀茂真淵弟子時，被要求呈上誓約書，要經過批准才准入門。本居宣長承賀茂之法，對申請成為其弟子的人不但需保證遵守師規，還專門設立了一個審查與維持小組，由宣長養子負責，制定了更詳細的拜師入門要求。[52]

在學問目的及研究法方面，國學與朱舜水、荻生徂徠功用性較強的經世之學相距甚遠；儘管如此，自賀茂真淵和本居宣長開始，國學經過從古學進一步攝取養分，無論在問學法還是在理論構建方面，發展迅猛。賀茂真淵和本居宣長作為新起的國學學人，期望借批評儒學、詮釋日本本土古籍中古詞的古義，來還原他們臆想中的、從未受到外來影響污染、孤立於世的日本古代烏托邦理想社會。他們要以此復古主義肯定、弘揚日本本土文化的優秀，並驅除滲入到日本文化中的外來文化影響。在相對封閉的鎖國體制內，國學的這種民粹主張，得到社會的響應。據芳賀登統計，至19世紀末，本居宣長學門的門人已有491人，本居宣長弟子、平田篤胤學門的門人更多，達525人。人員構成方面，宣長門派中的武士約佔14%，篤胤門派中的武士約佔31%，其他則或是城鎮居民、或出身於大戶的農民以及神社供職者。[53]

另一方面，賀茂真淵與本居宣長的主張之所以未受官方阻擾，得益於當時社會及學界的新形勢。首先，御三家之一的水戶藩，藩主為主帥創建了水戶學，建立了新學說。其次，受將軍信賴的「御用人」柳澤吉保之仕臣荻生徂徠能公然抨擊官方尊崇的朱子學，顯示出該時幕府官方對不同學派的容忍。此大環境，對賀茂真淵和本居宣長理論的誕生，提供了有利的客觀條件；另一方面，賀茂真淵和本居宣長理論，可以說也受到水戶學、古學的啟蒙與激勵，以及其他儒學學人的影響。水戶學的「百王一姓」之尊王主張，古學創始人直接學古籍以求真理真道的理論，是賀茂真淵與本居宣長架構理論的平台。毫無疑問，水戶學、古學者通過學習聖人之學，得出日本也是中華的結論（也就是據儒家文明原理的所謂「華夷之辨」），大大鼓舞並啟發了賀茂真淵與本居宣長。[54]

換言之，「國學」的誕生，是新生本土學人承接同時代儒學學人事學法上的推陳出新。古學學人通過詮釋古言、古文辭以明經典之古義的學習方法，來研究、了解古道和聖人之學。國學學人承襲了古學的問學方法，但目的卻是為揭示未受外來文明污染的原始社會的日本純古「聖道」。有的學人因而將賀茂真淵求古道方法總結為「古言→古意→古道」；[55]有的學人則將反宋儒、反空論，從釐清古辭含義為出發點、研究經典的仁齋、徂徠、宣長之學，放入同一系譜之中。[56]

除了出家人契沖對諸學持包容心外，國學的創始人無一承認受到過古學的影響。儘管契沖曾明言，「見此集（筆者註：指《萬葉代匠記》），成古人所具之心，而應忘現今之心。神道亦有可換成佛法儒道之處，見日本紀等即可知之。應神天皇時儒教來之，欽明天皇時佛道來之。其後，王臣兼用二者共同治世，因其適用。誦歌之人，以神道為本，並兼儒佛，不應有取此捨彼之心。」[57]同文中，契沖還指出：「書舜典云：詩言志，歌永言，聲依永，律和聲。《禮記》云：孔子曰：入其國，其教可知也，其為人也，溫柔敦厚，詩教也。論語云：子曰、……不學詩，無以言。又云：小子何莫學夫詩。詩可以興，可以觀，可以群，可以怨。近之事父，遠之事君、多識鳥獸草木之名。……與此為準，將和歌與之對照，可知和歌之功矣。」[58]不過，本居宣長還特意強調，契沖與伊藤仁齋雖是同代人，但國學完全起源於契沖，而且契沖的古學還稍早於仁齋。[59]當然，本居也因此不願提及和分析契沖是如何得以開展、完成《萬葉代匠記》的。

本居宣長與仁齋一樣，也出身於市鎮商賈之家。孩童時，受到較好的教育，如習字、和文、漢文、詩歌以及射擊等。20歲時，還隨佛廟住持誦讀過《易經》、《詩經》、《書經》和《禮記》。青少年時期的本居已對和歌與歌學情有獨鍾，這從他在25歲後輯成四冊《和歌之浦》可見一斑。據說，《和歌之浦》的素材，是他在18至25歲時，從諸多書籍中抄錄的相關和歌要項，再加上自己的學習心得輯成。[60] 23歲時，本居宣長離開家鄉到京都學醫。舊時日本醫學源於中醫，國學興起後，因避諱漢學，中醫學被改稱為「皇國醫方」、「和方醫學」(現今日本稱作「漢方醫」)。彼時，因為藥名、藥草，以及藥方與醫藥理論均須漢文知識，因此只有能誦讀漢文者，才能拜學醫門，成為醫生。所以，入京後的宣長，首先拜儒學者堀景山為師，隨其讀了不少漢文古籍。[61]同時，本居宣長還隨景山的另一弟子武川幸順學醫。[62]堀景山出自聞名於江戶時代的儒學世家，祖父是藤原惺窩的得意弟子堀杏庵，是個治學態度相當開放的儒者。景山以儒學為主業，但也喜歡和歌。此外，景山在學術上與徂徠也有交往，並深知徂徠學風。譬如，徂徠在寫給堀景山的一封三千多字的書信中，說明自己從事古文辭的起因，並詳細地解說他反對宋儒傳註、鑽研古文辭以明古文的目的，是為了「守古聖人之書，以詔後世」。[63]

可能是受到徂徠的影響，堀景山對日本朱子學偏重禮教、忽視世間人(之常)情的風氣，也表現出不恭的態度。他說，「人間五倫，猶如吟詩誦詞，從中可看出(世間)沒有超越夫婦間的深情厚誼。……將欲望都稱之為惡是大錯，欲望即是人之情。無此，則無人。……無欲望者，只能屬石木類」。[64] 對於後世儒學的「勸善懲惡」說，景山則批判道：「愚所事之經學，雖以朱子學為主，但讀詩卻不得朱子註解之意。對於何謂『思無邪』，朱子在《論語》的註釋為勸善懲惡。但所謂勸善懲惡，無論在《春秋》還是《詩經》的教誨中均無此說。」[65]景山還認為，在勸善懲惡外，「《詩經》三百篇中，由邪念所出的詩不勝枚舉。……只是邪念歸邪念，正念歸正念，我等不經意間所作，即為詩詞」。[66]所以，「和歌本與(漢)詩為同一物，都是由人內心所發的氣鬱、以及受所見所聞觸動，將不經修飾、自發而出的詞語即時現出色彩來。」[67]景山展現了孔子的「不能詩，於禮繆」、

「興於詩，立於禮，成於樂」的思想，在當時東亞思想界具有普世價值性，對本居宣長日後開展的「物哀」論也極具啟發。

在京都時，本居宣長還讀到了契沖所作的《百人一首改觀抄》，為契沖學識所折服，還順此得知契沖的《古今餘材抄》與《勢語臆斷》，並將它們抄錄下來（本居從其師景山藏書中抄得後者）。本居自述，其自此而能分辨今世和歌與心不合。[68] 宣長在京都遊學時期，在此方面所受影響之深，恰如丸山所指出，[69] 自然地體現在本居日後以和歌、以所謂「物之情」、「物哀」來釋道、反禮教的思想中。本居宣長在京都遊學期間，還兩度抄錄了荻生徂徠有關日本神道的論述。徂徠此論收入《蘐園談餘》第一卷中：

> 日本神道即為中華神道，天照大神之御靈在大殿，與神宮皇房無別；祭祀之禮由輔臣所司，朝政皆以神德行之；唐虞三代之禮，載於尚書三禮中，大政皆於宗廟進行……治祭祀之禮，承神靈之命，異國、本朝神靈之道為同一體也。蘐園談餘，物部茂卿曰。[70]

物部茂卿者，為荻生徂徠自稱（物部氏族原為古代日本貴族）。由此可知，徂徠的古學思想，對求學時期宣長探學之路的影響，也非同一般。此後不久，自稱有幸讀到契沖《改觀抄》的宣長，開始確立他立志本土古學的生涯志向。宣長佩服契沖「首開大明眼，除和歌之道之陰晦，據古書破近世妄說，首還本來之面目。」並說「有幸讀到此書而明此道，並得以悟近世歧路還原和歌之道之本來面目」，而遙尊契沖為師。[71]

在京都遊學五年後，本居宣長回到了家鄉松坂。是年秋，宣長偶見當年六月問世的賀茂真淵新著《冠辭考》，對該書提出唯有解明上古日語詞彙本意，才可知古代日本人之心的論說相當折服。[72] 賀茂真淵的主張，鼓舞了本居宣長，增強了他投身國學的信心。不久，宣長召集同好，在家中開辦私塾，以講授《源氏物語》和《萬葉集》，作為自己論學的開端。這是因為宣長先前已讀過賀茂真淵的《冠辭考》，並知賀茂真淵視《古事記》為了解日本古代真意的第一要書。

1763年（寶曆十三年）5月的一個夜晚，34歲的宣長偶得機遇，拜訪了旅途中投宿其家鄉不遠處、時年67歲的賀茂真淵。當晚兩人短暫的會晤，成為宣長此後人生的大轉機。席上，宣長向賀茂真淵敞開心扉，談到他今後打算據古語原意註釋《古事記》的志向。[73]賀茂真淵聽後，緩緩地回答：自己為遠離「唐心」而鑽研日本古人之「古心」，目的是為了知日本人之「古意」；又因為古意寓意於古言之內，所以窮畢生精力解讀《萬葉集》。但時至今日，餘生不長，已無時間再詮釋《古事記》和《日本書紀》，甚為遺憾。賀茂真淵鼓勵宣長：君正年華，若從此珍惜光陰，認真向學，應可遂此願矣。[74]此次會晤，使得宣長下定決心，日後要將主要精力投入詮釋日本最早的經典《古事記》。

賀茂真淵通過考證古詞之古意，來了解寓於古籍中的古人思想之研究法，猶如伊藤仁齋、荻生徂徠問學法的翻版。事實上，在儒學者渡邊蒙庵處學習過的賀茂真淵，[75]其師渡邊蒙庵所著的《老子愚讀》與《莊子愚解》也應是課業中的一部分，而且渡邊蒙庵所撰寫、解釋古代日語詞彙詞義的《國語解》，對賀茂真淵應該也有影響。此外，仁齋那種先攻《論語》、以古文得知《論語》之趣，然後再攻六經的治學法，在真淵的治學法中也得到充分的體現。譬如，賀茂真淵在《邇飛麻那微》中就強調：「先學古歌，習古文、知古文之趣，然後再讀《古事記》、《日本書紀》。……遂可知神代之事」。[76]賀茂真淵此語可謂給本居宣長具體指明了問學的方向。與賀茂真淵有了一面之交的本居宣長，此後公稱自己為賀茂真淵的弟子，開始詮釋《古事記》。遇到問題時，不但會借助賀茂真淵的學力，也常常將自己的研究與問題向真淵求教。[77]宣長的學問，自其入賀茂真淵師門後，也明顯地向論「道」的方向傾斜。[78]經過三十多年的不懈努力，宣長終於在1798年、69歲時完成了44卷的《古事記傳》。[79]

以攻國學為業的本居宣長，接過古學批判宋儒「講天理，滅人欲」的衣缽和事學法，轉而用於攻擊古學本身和儒學，並指望通過對儒學的徹底批判來構建心目中的本土學——獨特的純日本之道。

本居宣長的着眼點，首先放在批判儒學教條、對人的品行過度束縛，以及儒學的無人情味方面，提倡尊崇人的自然而然、無為寡欲的自然本性，才是真正的道——「真道」。這個真道，既有很深的道家的影子，也深藏着鎌倉幕府以來武士階層與日本社會所理解的禪宗的影響，後者強調「世人妙性本空，無有一法可得；……世人性空，亦復如是」(《六祖壇經》)。南宋後，整體文化水平不高的日本武士階層之所以偏好禪宗，其主要原因是無需讀辨義，即可從生死不定的世俗生活中得到精神解脱。重在當下也是那些禪宗佛教徒武士的心態體現，比如包括金閣寺在內的北山文化。此外，丸山真男指出，宣長對徂徠關於聖人與聖人之道説偷梁換柱盜為己用。徂徠認為聖人制道，凡人只要身體力行聖人之道，就有望成為聖人。徂徠關於聖人制道説，是基於對文明建設程度的認識。其説，「制禮焉者，三代聖人是也。虞夏讓，商周繼。所因雖同，其文質損益，豈凡人所能與知哉。……夏殷雖善，奈其亡滅；周禮雖備，奈其散軼。聖人之智不可測。而散軼之多，不得類推以識之。故恪守殘經，不敢廁以私見，是今日儒者所務。」[80]徂徠還指出：「不佞則以為，道之大，豈庸劣之所能知乎。聖人之心，唯聖人而後知之，亦非今人所能知也。故其可得而推者，事與辭耳。事與辭雖卑卑焉，儒者之業。唯守章句，傳諸後世，陳力就列，唯是其分。」[81]徂徠那個凡人無法測其智慧、帶着光環的聖人所設之道，摻雜了宿命觀，倒被本居接了過去。不同的是，本居宣長的真道是非世俗、先天已具。這種以超自然的宗教為盾守，更趨向自圓其説，以對抗世俗凡人的質疑。丸山真男也曾在《日本政治思想史研究》指出：宣長對神道的關心，從人對理性認識有其局限之不可知論開始，而宣長的這個主張卻源自荻生徂徠。因為徂徠曾強調道是聖人(先王)制定的古代中國政治制度，由於先王具凡人不可知的聰明睿智而制定了道，後世之人即便求證道的意義，也會陷於一己之臆斷，因此世人不必去求道的意義，辯道說對否，只要老老實實接受道的外形即可。[82]

本居宣長雖然處處抨擊融入日本的中國文化，卻盡量不提、不反老莊，應是擔心弄巧成拙。宣長只是堅稱，儒學的說教、析理都是反自然客觀的淺薄之見，最終不但徒勞無益，反而會將人性搞得更糟；那些中國的古書，只是一味地教戒，令人討厭之極。人並非因教而變好。……戰國時，人之所以邪智頗深，因均出於周公之教。[83]宣長為宣揚、興建、加固底氣不足的皇國之學，使國學在理論上優於並超過儒學，在神秘浪漫主義方面比賀茂真淵走得更遠。譬如，賀茂真淵避開攻擊堯、舜、夏、殷、周的治世之道，只說儒教之道並不治世，從堯、舜、夏、殷、周之後的「唐國」可以得到證明。[84]而宣長則更進一步地主張，「要想問學以知『道』，首先必須徹底驅除漢意」。[85]只有徹底否定、去除千年來不斷被日本社會攝取的中華文明，否定那些毒害了日本人心靈，宣長所稱的「漢意」、「唐心」後，才能談及日本之道。熟讀漢典的本居宣長，借《楚辭》中屈原的典故高呼：眾人皆醉我獨醒，因為「漢籍是毒酒，是千餘年來所有日本學者都飲了的毒酒，而眾人之口卻因其文辭之甘而沉溺，皆沉醉卻不悟」。[86]

提出此主張的本居宣長，勢必率先攻擊他行醫必備之知識——儒學，以壯大己說。宣長對儒學的批判力度不僅遠超出其師賀茂真淵，更違背了水戶學開展本土學研究以及光圀委託契沖詮釋《萬葉集》的初衷。佛僧契沖諳佛典、研古籍、知儒學，並不完全排斥外來文明；相反，本居宣長雖然傳承古學批判宋儒的主張，但對古學派依據先秦儒學所倡的大同「聖人之道」，卻不屑一顧。本居宣長的理論根據，源於朱舜水曾指出並稱讚的日本「百王一姓」。[87]但是，本居宣長將日本皇室從未改朝換代的原因，以超世俗且排外的宗教觀作解釋，歸因於皇室是神的後裔所致。本居宣長將所謂的「神代史」

認定為絕對的史實，批判「那個提倡聖人之學的國俗，卻是將殺君篡國的賊痞，當作符合道德的聖人敬仰」，也正建基於此理論。[88]

宋學在當時的日本，雖非今日學界有人提出的日本思想界之霸(hegemony)，[89]但確實是受到幕府官方支持的主要意識形態。德川思想界學儒成風，而理學常常又被統治階級用作規範思想的工具。一些學識淺薄的投機者藉此渾水摸魚，或借儒裝風雅，或以道德高尚者自居，沽名釣譽，打擊異己。本居宣長痛恨此種風氣，提出要以人本性、不受任何拘束的「性情」，來徹底否定植根於日本社會的儒家道德是非觀，以便可以重返原始社會古人的生活，日日無憂，與世無爭。本居宣長提出此說的理由很簡單：那些日本儒學者不以不懂日本「皇國」之事為恥，但卻以不知「唐國」之事為大恥。[90]而那個被日本社會尊為至上的聖人之道，是外國的舶來品；那些崇拜中華文明的日本儒學者，有「天上的月亮都是外國的圓」之怪癖，必須大肆鞭撻。[91]

伊東貴之也曾指出，德川日本自山鹿素行以來，出現了以地理風土肯定日本優越的主張，這類主張也為真淵及宣長批判「漢意」提供了依據。伊東氏認為，「明清交替」後的德川日本社會，在通俗文化與民眾心態的層次上，已呈露出原始民族主義。他列舉幾個典型事例加以說明：早在國學式民族主義的言說形成之前，在相當程度上庶民情感已呈現出「尊和鄙唐」(即尊日本鄙中國)。如近松門左衛門(1653–1724)所編寫、轟動一時的淨琉璃《國性爺合戰》通俗文化劇，雖將明朝視為「興三皇五帝禮樂，傳孔孟之教，五常五倫之道」，但將「韃靼」清國視為「無道」、「畜類同然之北狄，俗呼之畜生國」，以及將清國人稱做「韃靼頭的芥子坊主」、「毛唐人」、「髭唐人」等。與此相反，日本則是懂義理、知人情與恥，且武勇。[92]伊東此說，為我們了解國學能被日本社會接受，提供了另一個基於史實的視角。整體而言，被當作日本現代民族主義首倡者的本居宣長，將本來從理性出發點的國學，迅即轉化成激進狹隘的意識形態，與日本經百年鎖國，島民難知世外(雖然有極有限的對外貿易窗口)，日漸自我膨脹的意識不無關係。這種文化孤立主義環境，易造成國民唯我獨尊心態日漸上升。

德川天明期間，日本發生了全國性大饑荒，史稱天明饑饉(1781–1789)。支持朱子學為官方正統意識形態的幕府政策，受到質疑。學人不滿於統治者以禮教為名壓抑個性，以及國學者批判理學所強調的滅人欲主張，確實有時代進步意義。實際上，即便在中國，民間對統治階級借用理學、強調所謂存天理滅人欲，也心懷不滿，抗爭不斷。宣長作為一介市井學人，看不慣動輒借宋儒禮教訓別人，厭惡那些自以為掌握了道德制高點的偽道學者。如果本居宣長所作努力，是希望從側重三綱五常禮教的宋學外，找到一條思想自由之路，不但無可非議，更應為令人讚賞之舉。宣長不喜人人都可成聖人的儒家說，要盡褪儒家思想中的聖人光環，本應帶來令人刮目相看的新意，卻因他所憧憬的思想自由之路、日本的理想社會，是要徹底復舊的想像復古主義，並且全是根據非世俗、所謂日本皇祖神安排的無為之人情、人自然本性來運作管理，而落入充滿社會等級觀、以皇室為神主的宗教性宿命論中。[93]

宋明理學中的去人欲說，違背人性、人情，也不符先秦儒學思想，明末學人對此末流說進行過揭示與批判。譬如在日本的朱舜水強調「義者萬物自然之明，人情天理之公」；[94]「人情懈體，而聖教不興」。[95]本居宣長為建構他的「真道」理論，將儒學的感物道情、人之情感主張，移花接木，宣稱萬物生來具有「物之情」，目的是為了對「物之情」賦予重要而嶄新的政治涵義。本居宣長在67歲時寫下的《源氏物語玉之小櫛》，展現了他對「物之哀」亦即「物之情」的成熟看法。本居認為，「物之哀」、「物之情」在日本有特色涵義，不同於儒教，無功利性。本居此主張，要將日本古代小說《源氏物語》中所描寫的人之情欲，從後世理學的道德說教中解放出來，具有正面的積極意義；但另一方面，本居則又強調此物之情、物之哀，完全不同於其他文化，而是源於兩個被宣長稱為「高御產巢日神」與「產巢日御祖神」的日本皇祖神，不但顯露出本居辯證基點之匱乏及在理性辯證方面的無自信，也點出了本居宣長所熱唱的復古神道之內涵。這個以漢字表意的「哀」字，被本居宣長賦予了新的字義。其說，「物之哀」(物の哀れ) 中「哀れ」此詞並非只是表達悲哀，諸如高興、有趣、快樂、奇怪的感覺，都屬「哀れ」。[96]本居宣長並強調，明此「物之情」的目的，在於「明物之情，繼之，則可擴展至慎身、齊家、治國。」[97]要去除漢意的本居宣長，竟然也避開不了用令人熟悉的儒家話語，來表述其「真道」的目標。

本居宣長對神皇神國史的訓詁考證，本身就是個偽命題，而且此訓詁考證又基於宗教宿命論觀的預設立場。可惜的是，理性主義自此失去了在國學理論體系中的立錐之地，同時也失去了與其他學派理性對話的基礎。

三、本居宣長：神皇神國為史基的訓詁釋道

德川時代，有些學人認為，受到水戶學與古學肯定的三代封建之治，在當時的日本已經實行。但如何解釋歷史上既無禮樂傳統、也沒有科舉制的日本，何以實現猶如三代之治的封建制呢？徂徠去世後，他的門生們就面臨着這種理論困境。這問題本來可以從了解發生此現象的社會原因着手，追溯現象發生的相關歷史事件，然後在此基礎上綜合調查結果，嘗試作出解釋。但是，主要在詩文方面用功的徂徠門生服部南郭，卻走了條捷徑：他將日本之所以實現猶如三代之治的封建體制，歸因於日本人的人品：「中華聖人天子設宗廟，諸侯敬天子而分治立為卿，故人品相當不好；聖人因之以禮樂治國。日本無禮樂而治，因為人品比華人好。」[98]正因為日本人本性單純，性格自然無飾，人情純真，而且人品也比華人好，所以日本

實現了三代之治。服部南郭的主張，與三鹿素行強調日本山川地理優於他國因而日本國家與民族優越，出於相同的單一化思維，影響了國學、賀茂真淵和本居宣長，也影響了後來的日本儒學者。徂徠另一得意門生太宰春台的弟子松崎觀海（1725–1775）還提出，日本治世大大優於中國的夏周朝。[99]

服部南郭的主張，影響了本居宣長。宣長主張，真道存於自然。倘若追根究柢，問真道從何處來，宣長的答案也簡單明瞭：來自日本人本性；再問日本人的本性何來？神造。本居宣長這種思想，不但顯示了他與賀茂真淵在論道方面的不同，也將國學帶向一個新的分水嶺。宣長認為人隨己本性，是自然真道的體現。但由於這個自然真道是神所造，所以所謂的人之本性，天地自然，人間一切，均出自神祇手筆。正因為世間諸事皆由神安排，人事根本不可為，所以「凡神經手之事，無論大小，人決非能以尋常理測之；因為，不論人有多大的聰明才智，都有其局限性」。[100]本居宣長要說明的是，凡人求道，無論如何盡心努力，必然枉費心機：「世上萬物均為奇妙無比的神所作為。倘若不明此，而以己意推測理，則愚蠢之極。將自己不明之事，以理解之，是唐人之癖。」[101]宣長將真道、人之情、人性的來源都託付給神明，證明了他想不出更有說服力的理論，來驅逐他認為已深入影響日本社會，並敗壞了日本世俗的「漢意」與「唐心」。神化皇室，借用超世俗的宗教力量，可使持不同意見者憚言，也省去了從辯理思維和從邏輯上詮釋真道的艱巨挑戰。此雖捷徑，卻無益於日本文明中極重要的哲學思辨系統的逐步建立，帶來後患。

本居宣長宣稱他的「真道」是普世標準，「道由高御產巢日神、產巢日御祖神得神靈，由伊邪那岐、伊邪那美二柱神開始，因之天照大御神所受行之道，必為萬國天地之間遍及世界之道。」[102]這個真道的源點，是日本獨有、並由日本皇室世代相傳的宇宙最高神。宣長此說，既可徹底否定諸如佛教的外來神明，絕不應該存在於日本「真道」中，也避開了佛教神明對日本神道有否影響的論爭。依此推論，世界各國亦須尊從「真道」唯在神國的日本。

宣長此論調，難免有伊藤仁齋、荻生徂徠的影子，後者否定宋儒、唯以先秦思想與制度為標準。此外，徂徠有關凡人若無深厚學識理解先秦聖人之「道」，只要依聖人之教實踐即可的主張，是否也給予宣長啟發？按照本居宣長的思路，若將日本封建制何以產生及如何更好發展，繫於神佑這個唯心觀的道德制高點，那麼，再辨析「道」的對錯以及如何與時俱進、發展改進，就是多餘的了。凡人的智慧豈能同神意相比？即便有人置疑，最終答案都可推諉於神的安排、神的旨意。所以，宣長將他極為重視的《直毘靈》，放入《古事記傳》首卷開端。本居宣長認為，他在《直毘靈》內闡述了真道的真義、表述了日本勝於萬國的理由。宣長的「漢意」論，也是首次在該文中提出。[103]《直毘靈》是這麼開頭的：

> 皇大御國，為可畏之神，御祖天照大御神所生之大御國。其勝於萬國之由，首先因此而顯見。世上諸國，無不蒙受此大御神之大御德。大御神之大御手捧持天璽，代代御承傳之三種神寶，即為御證。[104]

更重要的是，這個「神皇御德」是世代承傳，永不變更：

> 御世代傳之天皇，即為天照大御神之御子；故，亦為天神御子、日神御子。天神之御心者，為大御心。其不依智技，不依己心，唯襲神代古事而治。若疑，則以卜問天神之心。
>
> 神代至今未斷隔，且不僅天津日嗣，下至臣連八十伴緒，部族諸氏，子孫八十代續、家家承祖傳之業。不異祖神，世世如一代，如同神代，一直侍奉之。[105]

所謂天照大神，首見公元8世紀初日本最早的古籍《古事記》和《日本書紀》。二書源於篡政的天武天皇為強調政權的正統性而編寫。天武、持統及其後裔，為努力建造中國模式的君權一統之中央集權，在史書中編造了天照大神，並聲稱其家族為神孫皇胤。天武、持統希望依據此論調，在意識形態上建立起能讓諸勢力世代臣服天皇的宿命觀。[106]日本古代史倉本一宏亦認為，所謂天照大神，是持統女皇所撰。[107]本居宣長沿用此說，以此為基礎開展他的復古神道說，但矛盾的是：本居指出，這個世代延綿的皇統，在將軍德川家康的功勳下得以再次興盛，國家在此基礎上因將軍安民治國而合乎真正的「道」——自然之真道，因此真道合天照大神之念，故受天神保護。[108]宣長此說，不但顯示了對自己所倡的自然「物之情」在權力方面的宿命觀，也暴露出他為加入武士階層，在行為與理論間的二面性。

本居宣長的論點，也是在山鹿素行、北畠親房讚揚神國日本皇胤「萬年一系」基礎上的新發揮，是對朱舜水肯定日本虛君封建制的異類解讀。1734年（享保十九年），經幕府許可，水戶藩出版了肯定南朝為正統（當時北朝系皇胤在位）的《大日本史》，水戶藩此舉對本居的言論也創造了有利的社會環境。[109]宣長將公元8世紀皇家編造的皇胤神話以及所謂的天照大神，都當作歷史事實，進而以天照大神生日本，所以日本勝於萬國作為立論據點，通過對《古事記》的詮釋，將國學理論發展成日本優於世界上的任何國家。日本主流意識形態若接受此說，那麼整個島國國民也會被綁在以天皇為代表的族群認知共同體內。不幸的是，這確實成為日後日本國粹論者、國體論者以及軍國主義者，要將日本全民與皇室從精神到肉體上繫於一體的理論根據。

要樹立優於世界其他國家的理論，日本須同其他文明對比，才有說服力。於本居宣長而言，當時所能比較的最高目標，是千年來影響日本最深、源於島國西面的中華文明。因此，本居的工作必先從貶低和否定受當時日本學者尊崇的儒學文明做起。自漢朝起，儒學作為馴服庶民、提高皇權的官方意識形態，被專制君權歪曲利用，避免不了末流糟粕混雜其內。譬如，將孔子的君臣關係曲解為愚忠愚孝、盡失人格的磕頭下跪、以婦女小腳為美的畸形心理、宣揚三從四德以及極端壓抑個性的文化等，不勝枚舉。儘管如此，先秦所傳儒學主流，經後人努力而不斷發展，終被東亞社會肯定具普世價值的學說，屬於人類重要文明之一。

古學創始者強調中國自孔子後聖人之道已不復在，唯日本保留了聖人之道。此說啟發了宣長。由於深受儒家以道論是非的傳統影響，本居宣長為達到驅除日本社會中的「漢意」、樹立本土意識，自身卻也深陷以道求理的偏執中，以致其辯說邏輯中充滿矛盾。即便是本居宣長重視的《直毘靈》，從開卷第一句話裏，都可看到儒家思想對本居的影響之深，以致連他也無法撇去以儒家的「德」來讚揚日本的神：「諸國無不蒙受此大御神之大御之德。」[110]

仁齋、徂徠等人以先秦儒家經典和政治制度，來批判包括日本在內的後世政治制度和儒學之道。宣長越過他們，不再拘泥於中國因多次改朝換代，聖人之道早已蕩然無存，唯日本可行聖人之道的論爭，就連對凡人通過努力均可至聖的說教，也不屑一顧。宣長另起爐灶，站在一個人間常理根本無法與之爭辯、超世俗的神聖高度，來肯定日本的優越；因為，日本受到神的眷顧和庇護。本居在58歲(1787年)時再作《玉勝間》，重新強調他在《直毘靈》的主張：日本皇祖是可畏的天照大神，日本國是天照大神所生；所以，日本勝於世界上任何一個國家，皇國之道比異國萬道都優越。本居認為這篇《玉勝間》表達了他的治國經世策略，獻予御三家之一的紀伊藩領主德川治貞，冀望被聘入仕，晉升為武士階級。在此文中，本居舉出他所堅信的事實根據：

先前，普照四海萬國的天照大御神，生自日本。故，日本為萬國之元本、為大宗主國，萬事均優於異國也。其詳細罄竹難書，此僅舉二例為證：一、本國稻穀優於各國，無可類比

> 之……；二、本朝皇統，即普照此世的天照大御神之胤，如其天壤無窮之神勅，與天地一起，永世長存、代代相傳。[111]

本居宣長將日本的稻穀作為日本優於各國的證據，在20世紀的日本思想界中再次出現，儘管人類學、考古學等的研究都證實古代日本的稻種、稻耕技術均由中國傳入。[112]所謂天照大神子胤的日本皇統，如德川光圀所批評，也不過是違背常識的神話而已。不過，宣長對日本優於諸國理論的演繹，倒是與古學派學風有關。所謂先弄懂古詞(辭)在古文中的詞義，再理解古文；進而詮釋古文所表述的古意，以知古道(古代的道)。本居通過對《古事記》的字義訓詁來詮釋「道」，他的一些(並非全部)詞學訓詁確有實證，為詮釋日本古籍作了很有意義的工作。但本居宣長訓詁這些詞彙的主要目的，只是為了詮釋無法經科學實證得出結論、日本國家起源之諸神，以致常常落入無法避免背離考證、需自圓其說的窘況。

在本居宣長的主張中，包括整個世界在內的日本「古道」創始者成為《古事記》和《日本書紀》中超脫於世俗的神祇。本居宣長所求的國學之道，是回復遠古的神之道，也就是他的所謂復古神道。古學創始人學習經典，為闡明日常生活中的人情，人際交往的倫理關係，為的是經世、反思體制建設。可是，本居宣長詮釋經典，為的只是發掘日本文化不遜於其他文化，為樹立日本優於世界上其他所有國家尋找理論上的依據。於古學而言，古道是先秦的聖人之道，在水戶學、仁齋、徂徠那裏，也是文明之正道，具有普世性，徂徠更明確地定義為盡現世俗人情的日常正道。[113]相比之下，本居宣長所宣稱的人間世俗人情，僅存於純復古的古道。而且該道「既非天地所造，也非人造，而是唯存於日本、由世界上最古老、令人敬畏的日本高皇產靈神和神皇靈神(來源於《古事記》)所造，並由天照大神承之，故其才為神之道。」[114]本居宣長的這個神之道，利用訓詁，首先將神等同於天，然後再將神勝於天，而且是《古事記》所稱的最優越的日本神祇所構成。此神道，是本居一廂情願創造的復古神道，顯示了德川知識界存在着狹隘、激進的本土主義分流。此分流為何在近百年內瀰漫於日本社會中，值得深思，這也是二戰後學界批評本居宣長給日本社會帶來巨大危害的原因。

本居宣長承認真正的道在天地，不論在何地何時，道的標準都是一樣，而且也是唯一的。但他強調世界上只有日本承傳了真道，原因是「外國從上古起就失傳，而只有日本正確地承傳之。所以異國就出現了各式各樣有關道的論説，而且諸道都強調其道為正道。其實異國之道，都是道的旁枝末節，非真正的正道之本」。[115] 日本之所以承傳了這個真道，是因為皇國日本以正直、重厚之風儀，事事只守古跡，卻不輕易以個人私智亂改的緣故。相反，中華國的「唐戎」卻耍小聰明，國俗又興私智，更且該國古書又以作者個人之心撰就，自然導致根據時代來作毫無意義的所謂古近、勝敗，以及優劣之分。

本居宣長為他建構於神話上的理論尋到合理性，還蓄意模糊歷史事件發生時間的重要性，以方便為《古事記》和《日本書紀》中有關日本國家初創期、所謂神代史那些虛無縹緲的描寫申辯。與本居同時代的部分日本學者曾撰文批評《古事記》和《日本書紀》中所述神代史不實、年代不清。對此，本居也有他的爭辯法：

> 生長快的動物和變化快的事物，其壽命必短；國家的命數也是如此，變化遲緩則存之永久，其經數千萬年後自可顯見。皇國之古，以重厚之風儀，諸事不以一己私智，輕易改舊。故古傳之説，由神代原模原樣地傳至後世。將古傳説原封不動地記錄下來的《古事記》和《日本書紀》，自然也不會同「唐戎」所編的書類一樣，以時代論之。[116]

本居宣長點出了《古事記》和《日本書紀》神代史部分的重要性，他認為那是「真道」的起源，也是世俗學者問學的真正無瑕之道。寬政十年（1798）本居作〈初踏山〉，強調：

> 道之學問，為天照大御神之道，為治理天皇天下之道，其為遍及四海萬國的真正之道。而此道為何僅傳皇國日本之因，詳記於《古事記》、《日本書紀》中的神代、上代諸事跡中，故須反覆閱讀此二典的上代卷部分。[117]

對於日本在公元7世紀末首次建立有限的中央集權制國家後，由皇室授意編寫、充滿「漢意」、並以漢文表述的正史《日本書紀》，要竭盡心力去除「漢意」的本居宣長無法避而不談，只得敷衍道：若讀該書，必須與《古事記》相對照，才可知古代所承傳之趣。相比之下，雖然《古事記》全書也是以漢字構成（當時日本還未發明本土書寫文字），但由於全書構文借用漢字表音（本地詞彙）與漢文混合，本居宣長沒有其他選擇，只能兩權相衡取其需。實際上，本居和賀茂真淵的漢學根柢都很強。本居終身為醫，且當時行醫，雖稱和醫，醫典藥籍，盡源自漢文，非詳熟漢文不可。觀一生竭盡要去除日本「漢意」本居的隨筆《石上雜抄》中所用的漢字，數量之多，絕不亞於當時的儒學者。本居甚至連他自己設計的墓碑，也盡用漢字，卻不用他生平對外寫作時盡量使用的日語假名，顯示出其人格與問學的雙重性。當然，賀茂真淵在這方面的情況與本居也差不多。[118]事實上，即便日語假名，也源自漢字拆借。又譬如，從《古事記》神代史部分頻繁出現「八十神」、「八千矛神」、「八雷神」、「八十禍津日神」、「子孫八十代」等明顯帶有道家色彩的詞中可見，[119]無皇家祖蔭可託的唐朝始皇帝，曾不得已借稱老子為祖先、大肆弘揚道家，此舉不僅對天武與其後的日本皇室，對包括神道在內的日本思想與宗教產生了多大影響！

本居宣長對道的理解與詮釋，是在批判儒學的過程中逐漸發酵和深化的。初始，本居宣長尚無具體細則，只是聲明：「若以學問問道，首先務須徹底去除『漢意』。若非徹除唐意（即漢意），無論怎樣看古書，無論怎樣思考，都難知古意。……所謂道，非以學問知之，其存於生而所具真心之中。所謂真心，不論好惡，均為人出生時所持。然而世人在出生後悉數移至漢意，而失卻真心。」[120]本居宣長在〈排蘆小船〉中又說：「吾邦大道者，即為自然神道。自然神道，為開天闢地之神代以來所有道也。今世神道者等所云神道者，即為此也。」[121]此後，本居宣長在《石上私淑言 · 卷二》中又表現出對道的進一步認識：「天照大御神所御傳，天日嗣御知的天皇高御座之御業，為神道。」[122]由此可以看出，本居宣長對「道」的漸進認識，最終轉換至以神道為本，而這種神道思想立於從未受外國思想與文化的污染之古代，是要復古的神之道。這個神之道，內涵貧瘠(或可謂極其樸素)，僅靠神與後裔為支撐。日本中世紀以來的神道，則因「受儒、佛」等外來毒害與侵蝕而被他唾棄。

賀茂真淵尚肯定老莊之道與日本「皇朝」的古代之道有相似處，但本居宣長已無法認同其師賀茂此觀點。本居否定老莊之道對國學有任何影響，原因很簡單，它是外國的舶來品：「所謂儒道，為人私智所造。老莊與其大異，故厭儒道而尊自然。其行雖似，但儒者、老莊者畢竟非生自神之御國(呂註：指日本)，世世代代僅聞聖人之道而已。老莊所云，自然亦是聖人所云之自然，完全不知神之語，故難合大御國之道。」[123]

本居宣長《古事記傳》的第一、二卷，是對《古事記》神代遠古(日語：上代)部分的詮釋。當他完成這兩卷的編寫後，對「道」的認識顯然更有自信：「唐國那種所謂的道，究其要旨，不過就是介於欲奪人之國、與不被人奪其國兩者之間而已。」[124]本居宣長並說：「異國因為不是天照大神之國，所以沒有固定的君主，其只有像小蒼蠅一樣的神；又因國亂，使得人性露惡，習俗不規。因此，卑賤的下奴若取得國家政權，即可成為君主。上位者須戒防下人奪權，而下人則窺測上位者孔隙、伺機篡權。上下互仇，因而自古以來，其國難治。」[125]與「唐國」相比，本居宣長強調日本的「神之道，為世上最優秀之真道，其為人智不可測之皇國御道，現僅存此世微薄一線，只是真而已。而他國諸道，卻到處蔓延，究竟成何？禍津日神之御心，對此亦是一籌莫展」。[126]

歷史經驗顯示，以暴易暴，以武力推翻現政權，一般都成為舊體制繼承者，而且會比前朝統治更暴虐；若不從體制上改變極權專制政體，自會成為本居宣長所說「那種所謂的道，究其要旨，不過就是介於欲奪人之國、與不被人奪國兩者之間而已」的狀況。但是，本居宣長將各國的體制看作是宿命，唯有日本的神祇安排的道最好、最真。此說顯示出本居以文化孤立主義觀、文化沙文主義觀看待問題，人為製造與域外文化對抗的嚴重性。本居宣長這種以無所不能的神明(或精神領袖)為擔保、不容置疑的宗教性說教，在貶低人類其他文明與民族的基礎上，要將特定人群、甚至全人類，帶往烏托邦極樂世界的末世論誓言，並不鮮見，不但一度出現於中世紀教會，在20世紀上半期的日本軍國主義、德國納粹、伊斯蘭原教旨主義、波爾布特的柬埔寨、文化大革命，以及其他以階層專政名義壓迫、奴役其他階層的暴力革命那裏都能看到。

自此，本居宣長定下了他詮釋《古事記》的標準。這個標準，以萬物均由神造、神定的理論為基調，來開展對《古事記》中的日語古詞之訓詁，目的是盡去《古事記》中的「漢意」、回歸原神皇神國之「古道」。首先被開刀者，是以漢字作為表音符號書寫的固有詞彙。此任務艱鉅，國學祖師契沖早有感歎。譬如，契沖在對日本最古詩歌集《萬葉集》進行現代文詮釋時曾說：「為證此書，須以先於此書(出版)之書為之。然除《日本書紀》等二、三部書之外無他，不得已而為之」。[127]《萬葉集》的編纂晚於《古事記》與《日本書紀》，契沖按水戶學要求，尊其學風，重考證實據，自會理性地承認求證的局限性。但是，本居宣長偏要根據個人感性上的領悟，向這些固有古詞彙的詞義挑戰。為找回史前真正的「耶麻土」人種和國家的純淨「精神」，[128]本居宣長常根據自己的主觀意念來「破解」漢字的古意(當時日本書面語唯有漢字），來詮釋日本最古的史書，如此一來，本居宣長也不得不走上其痛斥的以「私智」論道之路。

本居宣長的《古事記傳》，是《古事記》的今文通俗版，有功於現代日本人讀解此書。由於撰寫《古事記》時，日本尚無本國書寫文字（即後來基於漢字邊旁創建的平、片假名），全文以表音或表意的漢字構成，後人要讀懂並不容易。但是，宣長的詮釋卻是個「私家任意版」，目的在於宣揚神創造日本、日本史前所有事物都以神的意願所定。這一點是本居畢生問學的立論根本，絕不能容忍任何質疑。[129]後世的日本政界及學界中人即便竭盡為本居宣長背書，表彰宣長揭示了日本真正的古道內涵，[130]也無法改變本居宣長以「私智」肆意將神話詮釋為史實的事實。

譬如，子安宣邦曾經就本居宣長對《古事記》的肆意轉文釋義，做過令人信服的分析。子安以《古事記》首句「天地初發之時，於高天原成神。名天之御中主神……」為例，檢視本居宣長如何玩弄文字於股掌之間。子安指出，本居將漢字「天地」音訓為「阿米都知」，稱天為「阿米」（あめ），然後又將「阿米」詮釋為神。但本居對其將「阿米」無端當作「天地」的緣由，卻含糊其辭，說無法進一步解析。子安不由感歎，本居這種做法真不愧為一個誠實的「傑作」。[131]我們不但可看到本居通過假訓詁，實現了他要將《古事記》中的神與天視為同義的目的，也可發現密教盛行、也是佛教中密教僅存重地之一的日本社會文化傳統，對本居的影響。

「物之哀」（或「物哀」）、「物之情」說，是本居宣長的另一個發明。所謂「物哀」，實際上應該追溯到平安時代後期。當時，走向沒落、有高度文化修養的宮廷貴族，常以文章詩詞表現他們對世界觀的心境。「物哀れ」（也常寫作「物憐れ」）即被他們用來哀歎世情人生的無常。平安時代的日本雖習中國律令治國，但佛教亦是官方宗教，地位遠超出還未系統理論化的本地信仰之神道，此外，道教信仰也經遣唐留學人員傳回日本。所以，深受佛道教影響的皇族、貴族，在「物憐」、「物哀」中也深含佛教道家因緣轉世、人生無常說教的思想。

本居宣長批判紫式部在《源氏物語》中表現的物之情沾有太多佛教影響，實際上卻正好體現了本居有關「物憐れ」思想的來源之一。此外，對於「物哀れ」，本居在《紫文要領》中，將所謂知「物哀れ」的情感，也解釋為知物之心、知事之心。本居還說，他所寫的《源氏物語玉之小櫛》，是為了去除儒佛兩教所謂善惡邪正說教的影響，而直接體察古人之純情。[132]本居宣長的初衷，本來是為了反對理學重教條之偏、提倡以人性自然來解脫思想束縛(以「物之情」為主唱)，但這樣的結果卻造成激進地全盤否定外來文化，走向以假理性包裝，實際卻借神意宣道的歧路。宣長在文字、文獻上的訓詁努力，同樣也被他一味堅持的神創日本皇國、古勝於今、日本優於世界所有國家那種宗教神道悖論所蓋過，[133]令人惋惜。

《古事記》全書所記，是從遠古到公元6世紀推古女皇為止的所謂「神代」傳說史。本居宣長鑽研《古事記》的主要目的，就是為弘揚神代事跡，以「事實」證明神國日本優於包括中國在內的世界諸國，其辯理的底線是「皇國即是皇國之所以」，[134]如用現代語言表述，就是所謂道理就是道理。對於道理本身合理與否，無可爭辯，也沒有必深究是否基於事實的理性論證、分析與歸納。基於這個「道理」，宣長冠冕堂皇地把《古事記》與《日本書紀》中所描述的神代諸神，當作活生生與天地永存的神祇，容不得任何人置疑。雖然古今學人具悉，即便是神代史，也是在天武天皇與其未亡人持統女皇的授意及安排下，為伸張政權合法性所編，多為杜撰。[135]本居宣長將貌似經訓詁考證得來的神道宗教信仰，以基於神話的「學術」捆綁政治的做法，成為19、20世紀日本思想界持狹隘激進思想者的學習範本，為製造激進種族主義意識、煽動軍國主義之目的服務。

本居宣長在立論上的先天不足，導致了論證的非理性，屢屢遭到學人批判。譬如國學造詣也相當深厚的古文辭學學者市川鶴鳴，批評宣長在《直毘靈》中將高天解釋為天上之平原說的非合理性，並指出天上怎可能住人，無非是癡人說夢。[136]雖然如此，由於本居宣長的訴求不但代表了當時日本一些人士極力想擺脫中華影響，創建獨立本土學的訴求，也贏得了被排擠在領導階層外、經濟地位逐漸上升的部分市民認同。在江戶時代，正如寬政年間幕府對御用大學頭林家所頒發的〈異學之禁〉通知中所說，「朱學之儀為慶長（年間）以來代代信用之御事，（林大學頭）須與門人嚴守正學，認真學習，不得有誤」。[137]幕府此禁令，主要針對服務於幕府並主管聖堂（孔子學校）教育的林家一門，因為林門內當時出現了鍾情於古學的學人。所以，此禁令並非為排在四等階層末位的商人階層（誠然士農工商外，還有被稱為不可碰觸、主要從事屠宰業的「非人」階層）而設，而商人群體偏偏成為日益增長的重要經濟力量，並構成了以財產與知識武裝起來的市民階層。再者，此時期日本社會因俄英等國頻頻前來要求開港通商造成了對正統意識形態的挑戰。當然，後來日本社會這種狹隘沙文主義的民粹風起，與本居宣長的這種煽動性臆說也脫離不了關係。

本居宣長要去除充斥着日本思想界的「漢意」、「漢心」，動機不難理解，就是在德川初期也有如朱舜水批判的那種「貴國讀書，甚非其道。不獨作詩歌者，不可言讀書。即治道者，亦不可言讀書」之傾向。[138]本居宣長要以本土純生、未受外來文化污染的日本古代原始文化精神，依據皇國日本由神創建、皇室胤嗣從未斷絕，因而優於世界上所有國家的理論，來掃清日本社會中的「漢意」、「漢心」以及其他外來文化，走的卻是一條將國學帶向以宗教、地域、種族辨優劣的險惡歧路。其開創的將日本歷史文明發展與東亞文明割裂的意識形態，造成所謂本土自生、具有獨特語言、文化與歷史的日本史發展觀（日語所謂「一國史」），在明治日本後加速發酵，影響至今。國學此新主張，在經年鎖國、文化沙文主義日漸抬頭的風潮下，遂得到社會的共鳴。同時期，那些反對狹隘本土學觀、反對以先天的地域種族辨優劣，堅持以文化修養辨文明與否的學人聲音，在日本則日漸衰弱。[139]本居宣長對世紀後日本出現了極端民族主義激進論調，應負責任，該論調的主旨是：日本民族為世界所有種族中唯一的神選之民(the selected nation)，優等種族的日本人必須領導世界其他民族。

四、平田篤胤：優於世界各民族的神孫皇民

自18世紀下半期起，日本既面對日西方列強要求開港貿易的壓力日益增加，國內也因氣候變冷致使農作物歉收，造成天明二年至天明八年(1782–1788)、天保年間連續三年(1835–1837)的全國大饑饉，各地餓死者無數，放火、強盜事件不斷。數據顯示，1700至1850年間的人口增長率為0.10，比起1500至1700年的0.28低近兩倍。[140]一些學人不滿官僚腐敗、貪商驕奢淫逸，揭竿而起，率領民眾，襲擊富賈糧倉，救助百姓，幕府執政能力受到質疑。此社會動盪，對思想界也帶來了衝擊。

此時期，國學學人開始拋開縛手束腳的以釋古籍求「真道」法，借助本居宣長神皇神國理論，大張旗鼓地從宗教方面開拓神道國學。在水戶學內部，受國學學說影響，也出現了派系紛爭，此時期的水戶學人主流，以儒學充實宣長的復古神道說，對建構國家神道起了重要作用。自此，水戶學也因問學新主張、意識形態與創始期水戶學有別，被稱為後期水戶學。後期水戶學人對國學學說投桃報李，提倡全民應對神孫天皇盡最大的忠與孝，以「尚武」精神對外擴張，這種主張為平田篤胤的國學理論充實了骨骼。

平田篤胤是國學另一重要創始人，將本居宣長的神皇神國之神道說推向了新高峰。本居宣長去世後，平田自稱在夢中被本居接納

為門人，將國學從根據訓詁古詞、論證古代神道的事學法，轉至空間更大、更容易發揮的敘事性神學領域，同時也關註對神、冥界以及靈魂歸宿的詮釋。換句話說，從平田篤胤開始，國學主流，不再究於以考證釋道。平田篤胤這種有別於賀茂真淵與本居宣長的做法，一度受到主要由賀茂門人構成的江戶派以及由眾多本居弟子組成的「鈴木屋」成員的反對。和本居一樣，平田將日本的道優於中國和其他國家的終極原因，歸納為源自日本神祇的創世。由於本居宣長只承認所謂「真道」僅出自日本神祇的締造與安排，也就賦予了所謂日本祖神強烈的排外性。篤胤站在宣長建構的國學平台上，通過他的鋪述，將國學推至新的高度：日本的神祇是全世界的創世者，也是世上所有神明的締造者和統治者。

篤胤的理論，雖然也是在批判中國文明與儒家思想的平台上展開，他也放眼搜尋「劣於」日本文明的其他文明，目的是為日本文明統轄其他文明提供證據。對於宣長所謂外國從上古起就失傳了「真道」，只有日本正確地承傳之的主張，平田篤胤認為是畫地為牢，不利外展。平田篤胤也不承認本居宣長有關日本神祇對外國的非道一籌莫展的說法。平田篤胤這個理論，使得他需要承認異國也有「道」，但同時也必須強調，那些所謂的「道」都是「真道」的旁枝末節，並非真正的正道，所以日本的神祇有責任與義務去矯正外國的非道，世界各種文明也因此必須尊奉日本文明。

平田篤胤承認各國人民都有他們自己的文明，不過世上所有文明都是低劣的，都是「皇大御國」之附庸，日本才是「萬國之國」。[141] 他指出，萬國之國中的道，有其父，此道之父是上皇太一神，也就是日本的天中主神（天之御中主神）。[142] 平田還聲明，「皇大御國」日本之所以是萬國萬神的領軍，是因為「我皇神的道之趣，以清靜為本，惡汙穢，對君親事忠孝，惠妻子，多繁子孫，和睦親族，朋友盡信，憐奴婢，思榮家，唯此才是神御傳之真道。」[143] 平田提倡日本人要像道家那樣追求清靜，將儒家的忠孝觀無條件地轉為尊奉上級、主君，愚忠愚孝，並且還須親和友愛，這樣日本就能成為萬國之國。平田篤胤下一步的工作，便是要彰顯及強調史前日本的輝煌之道，詮釋日本皇祖神如何創造，安排世俗及非世俗世界（包括人死後的世界）。

平田篤胤宣長與本居的理論目標一致，在具體鋪張上卻有分歧。本居宣長僅依據日本古文獻，證實未受外來文化污染前的日本人之純真，平田篤胤則積極利用外國文獻，抱持着取能為我用者則用之，不拘一格的隨性態度；因為平田篤胤主張，諸國文明都是為最優秀的日本文明墊底的，所以他不避諱借用道家及儒家思想來強化己説。如果説本居宣長還需借考證的名義為自己的神皇神國史觀鋪路，那麼平田篤胤就完全是天馬行空的放任式。《平田篤胤》的作者田原嗣郎指出，平田篤胤將經驗性的事例塞進古籍，混為一體，即便古籍中毫無記載，他也會憑主觀意識肆意編織並放大，當作真正史實那樣處理。[144]換句話説，平田篤胤會假借古籍，無中生有，製造他所需要的「歷史事實」。本居宣長通過訓詁古籍中的詞語證實神話的真實，而平田篤胤應該看出本居宣長借訓詁説假的矛盾及束縛，所以乾脆將他個人認為需要的故事當作史實，將之放大，省去了訓詁求證的困擾。在這一點上，平田篤胤可説青出於藍，膽量比本居宣長大得多。

平田篤胤稱自己的理論來自於曆法、制度、地理，甚至語言文字等方面的考證成果。譬如，他在《三五本國考》中提出，中國三皇五帝的原籍都在日本，他們原本都是日本的神。在《赤縣太古傳》中，平田篤胤進一步指出中國三皇五帝中的天皇是日本的伊邪那岐神，地皇是伊邪那美神；天皇地皇的兒子人皇，是健速須左之男神；創世初的太昊伏羲，則是日本的大國主神。[145]平田篤胤還稱，五帝中的神農是日本的味鉏高彥根神（也稱言代主神），黃帝是鹽治昆古命神，少昊則是大惠昆古神。三皇五帝是為了教化中國人，才從日本渡海到中國去。[146]在《赤縣太古傳》中，平田還強調：中國所謂的太古傳說實際上源於日本。日本的泰皇、泰一等諸神，將日本有關皇產靈神的古傳說帶到中國(赤縣)，傳給了盤古氏，並且還帶到印度(天竺國)，傳給了梵天王。[147]

本居宣長根據《古事記》、《日本書紀》的神話年代記載，認定日本的歷史比中國悠久得多；平田卻大幅削減日本神代的年數，目的是要與中國的遠古時代匹配，以符合他所宣稱中國的伏羲氏，實際上就是日本大國主神的主張。[148]本居與平田為抬高本國文明，編造歷史考證充作史實，他們造成的惡劣影響，甚至遺害至今。上世紀末至本世紀初，日本考古挖掘的多次造假，是為餘毒。時考古學家藤村新一，背靠學術考古權威組織的日本東北舊石器文化研究所，以科學發現之名，在短短的幾年間令人眼花繚亂地頻頻出土了自史前四萬年到七十萬年石器(超過周口店遺址)，隨即宣稱日本為世界古文明之最。藤村新一等人的考古大發現，使得日本全國大受鼓舞，一些學校的教科書等不及紮實求證，迅速納入此成果，並旋即通過文部省審查，送至課堂。事後證明，藤村的所謂考古挖掘，其實都是他預先埋在考古挖掘現場的石頭塊。[149]

平田篤胤在《古史本辭經》中宣稱，日文的假名是根據日本神明的道理傳世，假名本是神祇所用的文字，後來在應神天皇(《古事記》、《日本書紀》中記述的所謂神代天皇之一)時被整理過，所以它不僅是日本，也是全世界所有書寫文字的源頭。不僅如此，平田還將日語假名五十音圖與古印度悉曇文對照，並得出結論：彼悉曇之法及其原本，都源自吾天神所授，故符合日語的五十音圖。[150]此外，山鹿素行從地理上尋找日本不遜色於中國的主張，也影響到平田篤胤；後者在其重要著述《古道大意》中，以神明眷顧包括地理環境在內的日本，論證日本居萬國之上的原因。[151]篤胤強調，「本國要害，勝於萬國也……日本風水要害之好，萬國最上也。住乎浦安之大城，備乎千矛之武德，而永久與天地無窮矣。此民者神明之孫裔，而此道則為神明之遺訓也。」[152]

上述主張都是平田篤胤為其新理論所作的鋪排，那就是居住在世界上風水最好、尚武而高尚的神孫日本人(種)優於他國人(種)。平田篤胤更舉出下列理由為其觀點背書，百王一姓仍是國學者的理論基點：

> 天地初發，開闢以來，御皇統連綿，榮幸之至。御國並非與萬國並立，而是事事物物都優於世上各國。又，御國之人，因在神國，故自然地具有正確真心，那是自古以來就有的「大和心」，也稱「大和魂」。[153]

> 有幸生於感恩不盡之此神國；作為神的後人，不可不知其本之源。實際上，僅只有吾國人，無可置疑地遠遠優於中國、印度、俄國、荷蘭、暹羅、柬埔寨以及世界上所有其他國家之民。這不是吾等自吹自擂，而是萬國開天闢地，皆由「神代」的可敬諸神為之；而此諸神，悉出於吾國。故，吾國為神之御本國，稱作神國，此實為全宇宙舉世之公論。[154]

本居宣長伸張其意識形態而厭惡漢字，認為漢字充滿了漢意，為其解說神話史需要，對明明白白的漢字詞義硬要另行解讀和轉義，並重新以假名予以新解；但同為國學重要創始人之一的平田篤胤，卻實在無法擺脫自己津津樂道地以「大和魂」漢字，來代替基於表音的習慣用詞「耶麻土魂」。反正，日本神祇發明的假名是全世界書寫文字的源頭。按平田此說，漢字拆借而成的日語假名，本末顛倒，就成了漢字的來源？那又如何解釋諺文(언문)的來源呢？

平田篤胤站在本居宣長日本優於萬國的理論基礎上，進一步跨上了視日本民族優於世界上所有民族的理論高地。[155]平田篤胤將天皇尊為天照大神的直系後裔，要將全體日本人凝聚在這個宗教神主之下，成為其子民(所謂「皇國之神民」)，此子民也就是神性凡體、人間上帝的特殊選民，平田因之給國學的復古神道註入了新的內容。自此，國學完成了將整個日本國民同神道國家綁在一起的意識形態新創，距明治維新後將日本國民與神國神主天皇以及天皇名下的政權綁在一起，建立民族國家的輿論與目標，僅半步之遙。從另一側面來看，平田篤胤的理論新說，同後期水戶學的主張一樣，顯示了19世紀初日本在國際新形勢衝擊以及國內問題的壓力下，民間學人在文化孤立主義意識日益膨脹的鎖國體制中，為應對此形勢所作的努力。1806年蘇俄船進入日本北部，要求貿易，日本社會嘩然；平田去世前三年，中英鴉片戰爭的結局，震撼日本。此時期的後期水戶學，已大異於創始期的水戶學，深受國學強調日本為優越無比的神國神土神皇影響。會澤正志齋撰寫《新論》，主張日本為世界大地之元首、萬國之綱紀，是表現之一。

平田篤胤一直期望躋身官僚權力體系但未能遂願，為從社會上得到財政和學業上的支持，將他的《古道大意》、《俗神道大意》以及《歌道大意》等主要著述，以通俗文體發行，贏得不少市井平民讀者。日後日本全民捲入狂熱躁動的年代，也與平田篤胤將他的論爭廣及市井有關。雖然近年來學界有人認為平田篤胤國學的原意主要在末世學方面，應該將平田篤胤的國學真正動機「還本正源」，[156] 其實，平田篤胤要證實日本的神不僅是創造神國之真道者，也是世界眾神之祖，此神國真道還必須擴展到全世界世俗與非世俗的社會，天照大神的子民因之必須擔當此重任。平田的《古道大意》，最具體地表現了他的這種思想。

第五章

後期水戶學的新創
忠孝均奉君

18世紀後下半期起，水戶學出現了與前期反差極大的新意識形態，此後的水戶學因此被稱為後期水戶學。後期水戶學，受到國學思想的影響，尤其是本居宣長與平田篤胤。同時也與當時日益增大、以現代工業化武裝起來的西方勢力有關。

後期水戶學人贊同平田篤胤有關日本是世界上最優秀的主張，但又難以接納他的信口開河、胡編亂道。國學者認為天神製造了日本，日本天皇是天神之「天孫」，日本皇統一姓的神話是真實史實，後期水戶學人對此認同之餘，還將傳統儒學中的忠孝思想改頭換面，變成無條件地尊奉「神孫」天皇。後期水戶學人並據此強調優越無比的日本「國體」，同時也從理論上充實了國學的神皇神國觀。他們提出此説的主要目的，是期望各藩及全體國民盡忠盡孝神孫天皇，在代天皇「攝政」幕府的領導下，舉國一致、全民一體（所謂「一民一心」）、尊王攘夷，渡過難關。

後期水戶學此主張，頗易將全國各階層人民綁在一個大軍事體內，如履秦國前轍，卻背離了因商品經濟發展，市民（「城下町」人口增加，民眾日漸趨向脱離獨裁政治束縛的文明大趨勢。受這些水戶學人影響的七代藩主德川治紀(1805–1816年在位)與九代藩主德川齊昭(1829–1860年在位)藩主，挾御三家參議資格積極參與幕政，不論有意還是無意，其結果卻是加劇弱化了幕府獨立執政的合法性，造成政制困局。事實上，日本往後政局並未走向後期水戶學者所設計，被抬出來的神靈肉身天孫被推上前台，成為倒幕的聖具。

後期水戶學的理論，卻成為日本近現代種族主義、極端民族主義，以及軍國主義思想的重要資源。當日本取得甲午、日俄戰爭的勝利，佔領朝鮮、台灣，以及東北三省(舊滿洲)後，在國家的引領與干預下，利用學習西方工業革命的成果，工業化也取得了成功。整個日本社會瀰漫着激昂的極端民族主義、沙文主義氣氛，終將國家與民族逐漸推向深淵。

一、後期水戶學興起諸因

18世紀後期起，有着較長海岸線的水戶藩沿海地區，開始出現以熱動力運行的大型西方船隻。經過第一次工業革命洗禮的西歐諸國，將世界海洋視為本國內湖，挾武力進行商業與殖民擴張，一些船隻不時借索求食物與用水等名義，擅自登陸。橫跨歐亞的俄國，自彼得大帝(1689年即位)自上而下地推行全盤西化，經俄土、俄瑞(典)戰爭取得北方出海口與大片新土地，此後也開始向亞洲擴張。此現象使日本一些思想者敏銳地註意到工業革命發展對世界所帶來的巨變以及將對日本帶來的衝擊。天明三年(1783)，仙台藩醫工藤平助(1734–1801)，根據對俄國南侵動向的調查所得，撰寫了《赤蝦夷風說考》(赤蝦夷指俄國)；天明七年(1787)，同屬仙台藩的林子平撰寫了《海國兵談》，並請工藤平助作序。兩本書都是日本思想界對此新形勢的反思。

在水戶藩境內及與水戶藩相關區域，1792年(寬政四年)俄國使節亞當·拉斯克曼(Adam Laxman)到根室要求通商，1823年(文政六年)外國船隻在那珂湊海面出現，以及次年英國船員在水戶北部的大津濱上岸，都是此形勢的具體體現。同時期的日本其他臨海地區，也出現了與水戶類似的情況。譬如，1804年(文化元年)俄美公司(Russian-American Company)經理雷札諾夫(Nikolay Petrovich Rezanov, 1764–1807)到長崎要求通商，1808年(文化五年)英艦費頓(Fhaeton)號因企圖捕獲荷蘭船隻闖入長崎，以及其後十餘年間(文政年間，1818–1829)英、美捕鯨船頻繁出入日本近海等，引起日本社會高度緊張。德川幕府為應對愈來愈頻繁的同類事件，在1825年下達了「擊退外國船隻令」。不過，面對強大的列強武力，幕府此令收不到實效，成為一紙空文，數年後被迫撤銷。[1]鎖國已二百年的德川幕府，處於如此前所未有的窘境，令國內政局出現波動，各種勢力力圖尋求解決之道，對幕府行政也帶來壓力。在此情況下，利用京都的影子朝廷來影響幕府與諸藩政策，成為包括幕府決策者在內、各方勢力都意圖採用的重要方法之一。

水戶藩對外一直頂着「御三家」的桂冠。該藩不同於「御三家」另兩家的尾張藩和紀伊藩，特別被免除每年須定期回藩(定府制)的規定。水戶藩政治規格待遇似是高些，但藩屬領地卻相對狹小，藩的總收入為35萬石，比起尾張藩的61萬石以及紀伊藩的55萬石差了一大截。此外，水戶藩的財政因多年來編史而支出龐大，並且還須維持超過二千多名駐紮在江戶人員的日常開支，[2]加之鎖國體制下商品經濟發展帶來的通貨膨脹，消費增加；另一方面幕府農本經濟政策下，農產量卻未大幅度提高，武士被禁務農經商，藩政府財政也常常捉襟見肘，間或還不得不以非常手段額外徵稅。[3]水戶藩這種收支失衡的財政狀況，也普遍存在於幕府與其他藩。

有着學以經世、學為日用傳統的水戶藩，因編寫日本史，除了從社會、外藩聘得部分學人外，經多年培養，也造就了一批本藩出身的學人，其中的姣姣者多出身於下層武士家庭甚至農家。譬如前期水戶學的安積覺(下級武士),後期水戶學的藤田幽谷(農家)以及會澤正志齋(父輩起為下級武士)等。在德川封建世襲體制中,平民轉為武士階層並不容易,不僅與世襲等級制度有關,也直接影響到幕府及各藩有限的財政資源,畢竟農民轉武士,行政當局不但少了份稅收,還得另外撥款終身供養無耕地的新武士。所以,無論平民期望躋身於武士階層,還是下級武士希望得到晉升機會,都是有抱負的年輕人之奮鬥目標,因為只有這樣才最有可能改變自己人生和家族生活。此時期的德川思想界經過長年鎖國,文化在相對封閉的環境中發展,不免走向狹隘。提倡神皇神國與其子民優越的學說,最終能贏得社會較普遍的認同,亦與此有關。此思想界新潮流也影響了新生一代的學人。後期水戶學就是在這種形勢下,經過年輕有為的奮鬥者努力而衍生出來。

藤田幽谷的〈正名論〉以及其為《大日本史·志》制定的編寫方針,為後期水戶學奠定了理論基礎。[4]幽谷門生會澤正志齋撰寫的長著《新論》、《讀直毘靈》以及藤田東湖(1806–1855)所寫的《弘道館記述義》,則為後期水戶學宣揚日本國體優越、一君萬民以及樹立國民須愚忠盡孝君主天皇的思想,灌註了具體內涵。理論創新外,幽谷的《丁巳封事》(1788)、東湖的〈壬辰封事〉,以及《新論》中的相關論述,也展現了後期水戶學人將學問與政事合一、努力經世,以為藩政與幕政服務的志向。

1829年,29歲的德川齊昭(1800–1860)接任藩主職位。這個頗有志向的年輕藩主,立即委任幼年之師、時年48歲的會澤正志齋擔任具有實權的郡長(奉行),並讓時年23歲的史臣藤田東湖,跟隨藩主與會澤一起自江戶赴水戶就任。到達水戶後,二人與藩主一起,開始了較為成功的藩政改革。他們還興建藩校,培養人才,體現了水戶學註重文教以經世的傳統。此外,德川齊昭還以御三家之一地位,參與幕政,力圖影響幕府內外政策,作為幕府最後將軍德川慶喜的生父,齊昭及水戶藩的傳統對慶喜的影響也不可小覷。

二、藤田幽谷〈正名論〉的名分論説

少年藤田幽谷在1791年所作的〈正名論〉，是一篇不到1,500字的短文，但可視為後期水戶學的基本架構。幽谷後來在《大日本史．志》的開篇宣示、其子東湖以及門生會澤正志齋的著述言行，均是對此架構的充實。由於水戶學一直以儒學見長，不難看出此文章借用了孔子關於個人政治操行與社會秩序關係的論述。不過，細讀這篇檄文，很容易發現它是幽谷個人對孔子「正名」思想的歪曲解讀。魯哀公十年，孔子從楚國再度折回衛國。此時的衛君是輒公，阻止其父蒯聵繼位，篡得王位，所以有了下面這段子路與孔子的對話：

> 子路曰：「衛君待子而為政，子將奚先？」子曰：「必也正名乎！」子路曰：「有是哉？子之迂也。奚其正？」子曰：「野哉，由也！君子於其不知，蓋闕如也。名不正，則言不順；言不順，則事不成；事不成，則禮樂不興；禮樂不興，則刑罰不中；刑罰不中，則民無所措手足。故君子名之必可言也，言之必可行也。君子於其言，無所苟而已矣？」[5]

藤田幽谷的〈正名論〉開頭則強調：

> 甚矣。名分之於天下國家，不可不正且嚴也。其猶天地之不可易邪。有天地然後有君臣，有君臣然後有上下，有上下然後禮儀有所措。苟君臣之名不正，而上下之分不嚴，則尊卑易位，貴賤失所，強凌弱眾暴寡，亡無日矣。故孔子曰，必也正名乎。名不正則言不順，言不順則事不成，事不成則禮樂不興，禮樂不興則刑罰不中，刑罰不中，則民無所措手足。[6]

幽谷在此將孔子「正名」説解釋成絕對上尊下卑的單向君臣關係，明顯篡改了孔子「正名」説原意。幽谷假借孔子之言，牽強地為他日本神皇建國，神皇孫天皇永遠統治日本「名分之正且嚴」的理論背書。下面一段話也足可證明幽谷的動機：

> 周之方衰也，強霸更起，列國力爭，王室不絕如線，猶為天下共主。而孔子作春秋，以道名分，王而稱天，以示無二尊。吳楚潛王，貶而稱子，王人雖微，必序於諸侯之上，其惓惓所以正名嚴分者，不一而足。⋯⋯夫紂之播惡，如火之燎於原，不可嚮邇。文王樹德，視民猶赤子，而民愛戴之；然猶曰王室、曰公侯。當文王與紂之事，其名分之正且嚴也如此。孔子曰三分天下有其二，以服事殷。周之德其可謂至德也已矣。由是觀之，聖人之意可知矣。赫赫日本，自皇祖開闢，父天母地，聖子神孫，世繼明德，以照臨四海。四海之內，尊之曰天皇。八州之廣，兆民之眾，雖有絕倫之力，高世之智，自古至今，未嘗一日有庶姓奸天位者也。君臣之名，上下之分，正且嚴，猶天地之不可易也。是以皇統之悠遠，國祚之長久，舟車所至，人力所通，殊庭絕域，未有若我邦也，豈不偉哉。[7]

在這段話中，幽谷先舉陳學人皆知的事實：即孔子曰周朝「三分天下有其二，以服事殷」，視民猶赤子，而民愛戴之，故周王室以其至德統天下。緊接着，筆鋒一轉，將周王與日本天皇相比，強調日本天皇的「世繼明德」是生來具有、神祖所授；又因為天皇的「神祖」開闢了日本，天地均屬神皇祖，故作為神孫的天皇生而至德，受兆民尊奉。所以，幽谷的所謂「君臣之名，上下之分，正且嚴，猶天地之不可易也」之說，是為了他日本神孫天皇生而俱至德、日本的天皇制政體獨特於世界的主張。

幽谷視日本為皇祖神所創、其子孫皇胤為神孫的說法，可看出山鹿素行在《中朝事實》中以日本皇統一姓優越為由，證明日本才是中華，是真正的「中國之水土，卓爾於萬邦，而人物精秀於八紘」

主張的承傳，也體現了本居宣長所倡的復古神道對德川思想界的影響。[8]這種說法，表現出此時期水戶學人不但接受了國學的神國神孫，日本獨特且優越的主張，並且還借用儒學來充實國學理論的內涵，因為基於神話及曲意訓詁的國學神皇神國史，甚至還包含着所謂中國的三皇五帝是從日本派出之類的論調，太缺乏令人信服的立論基礎。

此時的水戶學與朱舜水、德川光圀時代的水戶學相比，已現出了巨大分歧。水戶學創始人倡尊虛君天皇、敬幕府執政統轄諸藩之體制，德川光圀命安積覺在《大日本史》中加入〈論贊〉，據史實對歷代天皇功過逐一點評，以為後世天皇及執政者自律，即出於此政見。水戶學創始人也正是基於此識，根據史實，認為當今的天皇出自北朝系統，逃出京都南下的南朝天皇一系（皇統）已斷，而將《大日本史》〈本紀〉與〈列傳〉部分，以南朝終結作為尾章。[9]此初期水戶學學人對南朝終結的裁斷，造成1720年將〈本紀〉（73卷）與〈列傳〉（170卷）抄本被送呈京都朝廷時，遭後者婉言拒收的原因；因為，以南朝結束為界的《大日本史》，觸動了仍屬北朝系統的京都朝廷的神經。

另一方面，初期水戶學人並不視《古事記》和《日本書紀》中的神話史為真實，所以《大日本史》將神武末期作為開篇，並只記述神武之後的歷代天皇。德川初期與前中期，鎖國年數不多，許多學人對神造日本、天皇為神孫等神話史說，也抱有理性認識。如新井白石就明言，所謂「神（音kami）者，人也。我國俗凡，稱其所尊之人為『加美』，古今語同。」[10]徂徠也曾指出所謂日本的神道，實際上與中華神道為同一體，承神靈之命，行祭祀之禮。在沒有文字、迷信盛行的年代，一個民族或氏族的神話常是用來凝聚該族人民的重要精神紐帶；但人類進入文明社會後，立於沙文主義觀的新神話創造，多為意識形態作崇，並會帶來災難性的後果。

尊王敬幕是初期水戶學提出並堅持的政治主張。幽谷的〈正名論〉雖然也說尊王敬幕，但他對幕府在虛君體制中執政合法性的認識，與初期水戶學人並不一樣。他說：

> 天朝開闢以來，皇統一姓，傳之無窮，擁神器握寶圖，禮樂舊章，率由不改，天皇之尊，宇內無二，則崇奉而事之，故非若夫上沓冥，皇蒔尸近戲之比，而使天下之為君臣者取則，莫近焉。是故幕府尊皇室，則諸侯崇幕府；諸侯崇幕府，則卿大夫敬諸侯；夫然後上下相保，萬邦協和，甚矣名分之不可不正且嚴也。今夫幕府治天下者也，上戴天子，下撫諸侯，霸王之業也。其治天下國家者，攝天子之政也。天子垂拱不聽政久矣，久則難變也。幕府攝天子之政，亦其勢爾。……
>
> 日本自古稱君子禮儀之邦，禮莫大於分，分莫大於名，不可不慎也。夫既攝天子之政，則謂之攝政，不亦名正而言順乎？名正言順，然後禮樂興。禮樂興，然後天下治。為政者，豈可以正名為迂也乎哉！[11]

幽谷要依據他提倡的別類「正名」主張，將建軍正名為攝政。歷史上，平安時代的藤原家族通過與天皇的姻親關係，風風雨雨，維持了數世紀的攝政世職。武士階層勢力漸起後，平氏氏族的平清盛也曾被皇室任命為太政大臣，是皇權體制下政務級別最高官位。但是，無論藤原氏族還是平氏氏族，多少都受制於有着強大莊園經濟後盾、實施律令制的朝廷皇室。將軍幕府的出現，體現了新興的武士集團力量已能夠抵禦皇族專權。幽谷要將將軍稱號改為攝政，目的應是為了強調全民在一君之下的舉國一致之新體制；但年輕的幽谷當時應該想不到的後果，是他的主張不僅淡化甚至虛化將軍的獨立執政功能，也為倒幕的可能性奏起了有力的序曲。

三、《大日本史．志》的新「國體」觀

幽谷要為朝廷與幕府關係「正名」的主張，與其師立原翠軒(1744–1823)南轅北轍。立原原屬徂徠學派(其師大內熊耳)，完成學業後，受聘於水戶藩，數年以後出任史館總裁。立原繼承水戶學創始人的編史宗旨，推進自1740年後停滯不前的編史事業，校訂〈本紀〉與〈列傳〉，並開始編寫〈志〉與〈表〉，為《大日本史》的正式發行做了必要的準備工作。[12]但是，被立原親自安排進入史館的藤田幽谷，卻與業師唱起了對台戲，他聲稱「自皇祖開闢，父天母地，聖子神孫，世繼明德，以照臨四海。四海之內，尊之曰天皇」，「天朝開闢以來，皇統一姓，傳之無窮，擁神器握寶圖，禮樂舊章，率由不改，天皇之尊，宇內無二」，[13]要對《大日本史》的編纂方針作重大改動。

1805年，時年22歲的德川治紀就職水戶新藩主。幽谷與其同黨獲新藩主支持，以「吾天朝百王一姓……，上世雖遠，均為祖宗。今無所忌憚論其失得，實非得體也」之主張，[14]開始詆毀水戶學創始

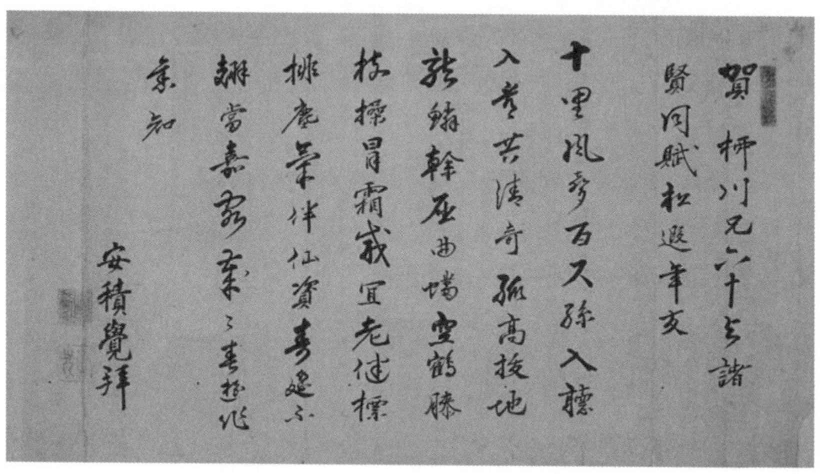

圖四：初期水戶學人安積覺賀安東省庵六秩七律

人的政治思維與編史方針，並在1809年（文化四年），由藤田幽谷和會澤正志齋提議，將光圀定下、安積覺執筆的〈論贊〉從《大日本史》中剔去。[15]〈論贊〉，本是中國史家寫正史時，在〈本紀〉段落結尾處加上對皇帝的褒貶評價。初期水戶學人繼此秉史直書的傳統，遵照尊王敬幕的宗旨，光圀授意安積覺為《大日本史》撰寫〈論贊〉。後世日本學人譴責安積覺肆意以一己私見評價歷代日本天皇，是出於對歷史的無知或故意，畢竟當時編史如此重大的決策絕非安積覺可以自行決定。其實，德川光圀、安積覺同時代的小池友賢撰寫的〈安積先生碑文〉中，已清楚地留下「至其〈論贊〉，則義公矢口而君肆筆」的記錄。[16]

後期水戶學人的此論此舉，完全背離了德川光圀自述的「正閏皇統，是非人臣。……尊神儒而駁神儒，崇佛老而排佛老」的立學思想與編史方針，[17]成為水戶學前後期的分水嶺。此後，由幽谷負責編寫的《大日本史・志》，正如子安宣邦所批判，出現了「天皇以天祖之遺體傳世世天業，群神以神明冑裔亮世世天功，君視民如赤子，民視君如父母，億兆一心渝萬世」（《大日本史・志》「第一」開首語），與初期水戶學完全不同的主張。[18]不僅如此，後期水戶學人還將神武前的日本創世神話，如同國學者本居宣長、賀茂真淵，當作真實歷史，大肆着墨渲染，為日後日本激進民族主義及種族主義思想的滋生，提供了理論依據。

後期水戶學人的新意識形態，通過撰寫《大日本史・志》得以確立。1807年開始成為史館（彰考館）總裁的藤田幽谷，為〈志〉的編寫方針定下了新方向。在〈志〉的開首部分，他聲明：

> 正閏皇統，是非人臣，汙隆淑慝之跡，紀傳既備矣。綜覈政體，經紀世道，治亂盛衰之，故志表宜詳焉。考諸漢土之史，有表書者，創於司馬遷，而後世模彷，各以一代所重，為之編次，則體例固不可執一而論也。況我天朝神聖肇基，光宅

> 日出之邦，照臨宇內之表，其典章文物，夐出於三方之外乎，夫祭祀者政教之所本，敬神尊祖，孝敬之義，達於天下，凡百制度，亦由是而立焉。天皇以天祖之遺體，世傳天業，群臣以神明之胄裔，世亮天功，君之視民如赤子，民之視君如父母，億兆一心，萬世不渝，莫不各獻其力，以致忠誠，是海外諸蕃之所絕無者。故以神祇為首，君傳天統，臣皆神胤，一氣貫通，上下和睦，而氏姓之法起焉。[19]

〈志〉開篇所提及的《大日本史》之〈紀〉與〈傳〉，本是初期水戶學人為肯定虛君封建體制、襲孔子春秋筆法的費心之作，但幽谷卻將之解釋為「天皇以天祖之遺體，世傳天業，群臣以神明之胄裔，世亮天功，君之視民如赤子，民之視君如父母，億兆一心，萬世不渝，莫不各獻其力，以致忠誠，是海外諸蕃之所絕無者」！

由此，不難看出將天皇視為全國臣民之父母，將儒學正流主張的「忠臣孝子，非以是奉君父」(王夫之語)[20]和「忠如比干」那種否定愚忠君主，但以民生為重任的忠孝觀，巧妙地轉化為全國人民對天皇盡忠盡誠之說，是幽谷為代表的後期水戶學人，對初期水戶學尊王敬幕編史方針的根本篡改。這些後期水戶學人，也贊同國學者平田篤胤有關「我皇神的道之趣，以清靜為本，惡汙穢，對君親事忠孝，惠妻子，多繁子孫，和睦親族，朋友盡信，憐奴婢，思榮家，唯此才是神御傳之真道」說。[21]在《大日本史．志》中，幽谷還表露了他期望通過祭祀活動，以達到普及忠孝對象僅為君主的觀點。幽谷這種理念，極易將虛君體制政治轉向君權專制的倒退路徑，而其毒害確實體現在明治憲法和二戰結束前的日本政治體制以及社會思潮之中。

此外，藤田幽谷還認為：德川日本的政治體制構成均源於代表天神的天孫天皇，而外來的佛教則是個蠱惑人心、毀損日本優秀「國體」的邪教，所謂日本三神為造化之首、神孫皇統、八十萬神開闢日本、萬世一統等神話也不可不信，顯示了後期水戶學完全背離了光圀「神代之事，率皆怪誕難載」、「尊神儒而駁神儒，崇佛老而排佛老」之訓：

> 胙土命氏，以辨宗族，族必奉氏上，宗必祭祖神，以氏為官，官有世功，而賜之以姓，親疏有等，職官有品，故受之以氏族職官，天神區畫八州，列聖經營國縣，辨方正位，以立民極，官之於氏，氏之於地，有不可離者，而存焉。故受之以國郡……。及佛法之如，顛倒本末，毀損國體，災祥拘忌之說又隨而蠱惑人心，要皆外方之異言，而非神國之所尚矣，故受之以陰陽佛事以終焉。
>
> 神祇一
>
> 謹按，開闢之初，三神作造化之首，二靈為群品之祖，皇統與天地共始，而所謂八十萬神，皆本乎一祖，或亮天功，或治地事，上下同力，以輔贊皇業，國土之所以修理，物類之所以蕃育，人民之所以安息，莫不皆賴其功，而天祖膺天之正統，懷柔神祇，以圖皇基於億載，及至太祖，以命世之英賴神祇之靈，掃蕩妖氛，光宅天下，首修祀典，以昭報本反始之義，天下皆知神威之可畏，而神孫之可尊，萬世一統之業，於是乎定矣。但古史所傳，神代之事，靈妙神異，不可得而測焉。學者雖各有其說，要不過臆度耳，蓋上古未有文字，貴賤老少，口耳相傳，雖云前言往行存而不遺，然年紀之久，傳聞異辭，不能無偽謬，況於神聖功德不可測者乎，而書契已來，不好談古，浮華競興，根源漸失，則國史家牒，亦有不可盡信者。……然我國家神物靈蹤，今皆見存，觸事有效，不可謂虛。[22]

四、會澤正志齋：尊王攘夷、尚武征外

藤田幽谷的弟子會澤正志齋，承接幽谷在《大日本史．志》中的開篇陳述以及在〈正名論〉中表述的理念，進一步發展了後期水戶學。1825年，會澤正志齋完成了他的長篇著述《新論》。這篇數萬字的《新論》文稿，是在日本日益遭受西方要求開國通商的壓力下寫成。全文由〈國體〉、〈形勢〉、〈虜情〉、〈守禦〉、〈長計〉共五章組成，其中〈國體〉章又分上、中、下，為全文最長的部分。《新論》因對時事之了解、對所謂「虜情」之掌握、對日本特殊「國體」之強調，以及提出的當前及將來對抗西方來犯之計策，轟動當時德川思想界。該文代表後期水戶學，在全國率先提出尊王攘夷的主張，並呼籲日本社會建立孝忠對象為天皇、全民共仰事一君、上下為一體的全民國家。會澤在《新論》中，強烈主張日本要光大尚武傳統，主動積極對外征戰。會澤的《新論》，尤其博得中下級武士喝采，並迅即傳遍全國。此後，包括吉田松陰在內的各地年輕武士，不顧幕府有關各藩武士不得擅自離開本藩的禁令，紛紛到水戶藩學習交流，使得水戶學在新形勢下再次成為意識形態的先鋒。

會澤正志齋對西方列強的實力以及當時日本面臨的緊迫形勢，有較客觀的把握。他將當時局勢比作春秋時代，知「今西夷駕巨艦大舶，電奔數萬里，駛如風飆，視大洋為坦路，數萬里之外，直為鄰境，四面皆海，則無所不備，向者所謂天險者，乃今之所謂賊衝也。」[23] 就這一點看，會澤勝於當時清朝的極大部分官員與士紳，與比他小五歲的清朝大臣林則徐相比，即可看出。會澤的對策，是要通過無條件地忠孝、尊奉經國學神化了的天皇，並以神國子民優於世界其他民族之理念，將全體日本人民聯合起來，繼而尊王攘夷，抵禦外敵。從會澤的《新論》可知，他的尊王攘夷僅是初級目標，此後還需進一步積極對外征戰。會澤此論，為日後日本走向帶來負面影響。

雖然尊王攘夷的主張，是水戶學者在日本處於內憂外患形勢下所作的努力，以期將諸藩與全國各階層人民在尊王的旗幟下動員起來，在幕府的領導下積極處理危機，度過難關；但問題是，後期水戶學的尊王及特殊「國體」思想，既受山鹿素行、山崎闇齋的激進影響，也承接了國學有關神皇神國是神體所載特殊神國、是全世界最優國家主張之衣缽的皇國史觀。所以，後期水戶學就走到了將天皇視為至尊神體絕不可貶，日本為神體所載特殊神國的路上。此階段，日本思想界主流對光圀、舜水在世時視虛君天皇僅為代表社稷「祭鬼神」的最高政治象徵之主張，已棄若敝屣。[24]

在《新論》中，會澤基於〈正名論〉所構建的政治體系框架，對儒學的君臣關係進行了改頭換面的詮釋。傳統儒學主流，視臣對君以敬為忠，起點始於家庭再外延至社會的子孝親愛；宋朝儒學，則強調先內聖再外王，註重個體敬身修德的涵義(格致誠正修齊治平)。然而，會澤將臣對君盡忠的定義，轉至「受命於天、天地人合為一」的「開闢日本之天祖」的「皇孫」天皇。[25]會澤鼓吹「神孫」天皇的子民為「聖子」，視「聖子天孫」的天皇為全民慈父，要全民對其奉忠獻孝，建立天皇之下「億兆同心」的全民共識。[26]會澤此思，有其師幽谷的影子以及國學的影響，也有他錯誤理解實際上政教分離的西方共奉一神，「獨有一耶穌教」而能「所恃以逞伎倆」方面的認識。[27]

儒學提倡的君臣之道，建立在各自的道德責任與義務上。所謂臣對君以敬為忠，不應是盲目無條件的，更非持奴才秉性。[28]孔子曾言：「君使臣以禮，臣事君以忠」(《論語．八佾》)。孟子則具體說明：「君之視臣如手足，則臣視君如腹心。……君之視臣如土芥，則臣視君如寇仇」(《孟子．離婁下》)。荀子也明言：「從道不從君，從義不從父，人之大行業。」(《荀子．子道》)先秦儒學的忠孝觀，與明清為專制王權服務的儒學大有出入。孔子認為，子女一味盲目遵從父命並非為孝，君臣關係亦如此。如魯哀公問孔子，「子從父命，孝乎？臣從君命，貞乎？」孔子對子貢說：「父有爭子，不行無禮；

士有爭友，不為不義；故子從父，奚子孝？臣從君，奚臣貞？審其所以從之之謂孝，之謂貞也。」(《荀子．子道》)[29]

孔子也曾告誡過齊景公，若不遵守尊周朝虛君諸侯封建制的「君君，臣臣，父父，子子」之道，政不得明(《論語．顏淵》)。此外，《史記》作者司馬遷據春秋二百多年弒君三十六、亡國五十二的歷史經驗，在〈太史公自序〉中也指出：「夫君不君則犯，臣不臣則誅，父不父則無道，子不子則不孝。」但是，行君權專政的秦漢之後各王朝，由於諸如韓非主張的所謂君尊臣卑、君臣主僕父子關係，大受皇權青睞並被大肆提倡，嚴重危害了社稷與文明發展。[30]因此，明末一些思想家藉社會變革之際，要正本清源，去此流毒。譬如，王夫之就明言「忠臣孝子，非以是奉君父」。[31]黃宗羲聲稱，「天下之大，非一人之所能治，而分治之以群工。故我之出而仕也，為天下，非為君；也為萬民，非為一姓。……出而仕於君也，不以天下為事，則君之僕妾也」。[32]朱舜水也清楚地主張，對君主的仁義，是有先決條件的，即「君仁莫不仁，君義莫不義矣。」[33]通過上述比較，不難看出，會澤對先秦以來傳統儒家君臣關係的偷樑換柱解釋、倡導對君主愚忠愚孝，是對儒學主流的歪曲。

會澤立於藤田幽谷「赫赫日本，自皇祖開闢，父天母地，聖子神孫，世繼明德，以照臨四海。四海之內，尊之曰天皇」主張的基礎上，要將日本的優越性推至世界之最。會澤指出，日本是世界各國綱紀之本，大地之元首。另一方面，會澤從務實角度，早已認識到西方能以蒸汽動力，廣開疆土，是因為西方「禮樂刑政莫不修備」。[34]限於當時的通訊及資訊傳播條件，會澤並不清楚當時種族主義之風盛行的英國，早已實行了虛君下的議會執政體制，美國最高領導人和政府也是通過民選，實行三權分立，所以，會澤會在《新論》開篇即聲稱：

> 神州者太陽之所出，元氣之所始。天日之嗣，世御宸際，終古不易。固大地之元首，而萬國之綱紀也。誠宜照臨宇

> 內皇化所暨無有遠邇矣。而其西荒蠻夷，以脛足之賤，奔走四海，蹂躪諸國，渺視跛履，敢欲凌駕上國，何其驕也。[35]

武士階層出現後的日本社會，武士均被吸納入武士的共同體「家」中，武士本人與其家族受大名之庇護，同時也有義務服侍頭領以及該共同體的「家」政權或政治組織。所以大名「家」中的武士，就有了「家來」、「御家人」等稱號。[36] 因此，鐮倉、戰國時期的武士提着敵方戰死者的頭顱或鼻耳到頭領那裏邀功請賞之舉，在當時毫不為怪。戰國晚期的一些大名以及德川行政管理者，之所以青睞朱子學，較大原因是因為想將儒學的忠孝思想培植到武士頭腦裏去，以杜絕無止境的「下剋上」。當然，對武士而言，他們的忠孝對象，是與他們生活、利益有直接利害關係的頭領大名（藩主）或是幕府將軍。

會澤將儒學的德、忠孝觀，移花接木，以作為日本「萬國之綱紀」的理由。不過，若僅僅強調太陽所出，元氣所始，就斷言日本是萬國之綱紀，此無異於本居宣長、賀茂篤胤之流，理論上難以說通，所以會澤還稱：天祖神有「德」而得皇位，是因為天神開闢了日本；天祖將皇位傳給皇孫天皇，天皇亦具德；所以，天皇的臣民應視天皇為父，對其不僅須忠還得盡孝；日本在此基礎上，全國可億兆一心。而這個全民億兆一心、忠孝奉天皇的體制，可通過大嘗祭等祭祀活動，以政教一體的形式來貫徹。

> 天祖肇建鴻基，位即天位，德即天德⋯⋯奮天之威，以照臨萬邦，迨以天下傳於皇孫，而手授三器，以為天位之信，以象天德，而代天工治天職，然後傳之千萬世。
>
> ⋯⋯夫君臣也，父子也。天倫之最大者，而至恩隆於內，大義明於外，忠孝立，而天人之大道昭昭乎其著矣。忠以貴貴，孝以親親，億兆之能一心，上下之能相親，良有以也。
>
> ⋯⋯天祖在天，照臨下土，天孫盡誠敬於下，以報天祖。祭政為一，所治之天職，所代之天工，無一非所以事天

祖者。尊祖臨民，既與天一矣，故與天同悠久，亦其勢之宜然也。故列聖之申大孝也。秩山陵，崇祀典。其所以盡誠敬者，禮制大備；而其報本尊祖之義，至大嘗而極矣。[37]

……是以祭政一致，治教同歸，而民有所屬望焉。天下之神，皆天皇誠意之所及。有斯意必有斯禮，民由此亦知上意所嚮，感欣奉戴，忠孝之心有所係，而純於一矣。[38]

上述「天祖照臨萬邦」、全體臣民為「天孫」，要以「祭政為一」的方式「盡誠敬於下，以報天祖」建立的特殊「國體」，便是後期水戶學宗旨。此識完全背離了初期水戶基於禮樂制度祭奠習禮，以肯定虛君封建制的初衷。子安宣邦指出，後期水戶學的這個「天祖」，是會澤發明的日造漢語詞，[39]會澤提出要以祭祀性國家理念為核心，重新構建國家的說法，是一個「危險的政治神學」。[40]子安宣邦還認為，會澤此說是受到了荻生徂徠有關「先王之道」的古學影響。[41]

後期水戶學的新理論，是一個借用了舜水、光圀、徂徠的事學方法，實質內容卻融入了本居宣長以來國學主張的混合體，鼓吹政教合一，拉歷史倒車，不啻為危險的政治神學。朱舜水、德川光圀在世時根據儒教「宗廟之禮，『國之大事，在祀與戎』」之精神舉行的釋奠習禮，其目的是為了「教子姓、教臣民」、「入廟而思敬」，[42]以達到船山所言「忠臣孝子，非以是奉君父」、朱舜水所持「君子之一身，……以一人勞天下，不以天下奉一人。獨行其道，非平治之規也」的認識。[43]初期水戶學人提出「尊王敬幕」，在《大日本史》中加入〈論贊〉，即基於此思維；而徂徠的祭鬼神、宗廟之禮，則是將祭祀德川幕府首代將軍家康的東照宮作為宗廟。由此看來，朱舜水對水戶武士所講的禮樂秩序，在水戶藩帶領武士所習釋奠之精神，也已被後期水戶學人背叛。朱舜水為楠木正幸所撰碑銘，也因之開始被一些日本學人故意曲解成對天皇的盡忠愚孝。

《新論》的最長部分是〈國體〉篇，也是會澤最着重的落墨處。實際上，這個宋朝後才出現、源於漢語的「國體」詞，原本並無強調天生優於他國、世上唯一、具有特色的特殊國家政體之意，其僅表意為一個國家的社會秩序。譬如，黃宗羲的業師劉宗周(1578–1645)曾說：「吏治不當，綱紀風俗敗壞，明朝皇帝數年溺於宦官宮妾之近，不問政事而使國體虧蝕。」[44] 後期水戶學提出的國體觀，給這個詞註入了新的涵義，指的是將全國人民綁至極權政治的意識形態，將全民思想鑄成舉國一致、一個聲音教導下的物理固體。二戰前日本的極端民族主義者及右翼思想家，頻頻使用國體這個詞來宣揚法西斯主張，即出於此目的。

會澤還冀望這個由神皇聖子構成的神國國體，崇尚鑾武，對外侵略，「佈武天下」搶佔他國領土，並擔負起消滅外域「邪惡勢力」、「解放全人類」的軍國主義職責：

> 立政明教，兵必受命於天神(即天皇)，天人為一，億兆同心，覲光揚烈，宣國威海外，攘除夷狄，開拓土宇，則天祖之貽謀，天孫之繼述，深意所存者，實於是乎在焉。[45]

明治的君主立憲制政府，將軍隊歸屬於天皇領導下，卻不隸屬於政府，顯現出後期水戶學意識形態的落實。不僅如此，會澤正志齋據日本神皇聖民優越的理論，宣揚對外武力擴張，反過來又影響了在偏激意識形態道路上愈走愈遠的國學，也受到國學者和社會的熱捧。平田篤胤的著名弟子佐藤信淵激情地宣稱，全世界悉應為日本之郡縣，「萬國之郡長皆應為臣僕」，並積極鼓動侵佔中國。

表面上，後期水戶學並未放棄前藩主光圀的尊王敬幕之宗旨，但是卻將敬幕看作是為報答神皇天祖，報答如父般的天皇，盡孝與其，並抬出置入神籠裏二百多年的天皇，此舉無異於自降幕府的威信，挑戰了幕府的合法執政性。會澤下面的一段話，即可證明後期水戶學的理論，為日後推翻幕府統治做了重要的啟蒙工作：

> 今共邦君之令，奉幕府之法，所以戴天朝，而報天祖也。則幕府及邦君之治，有所統一焉。……敬宗所以尊祖，其相與緝睦，以共邦君之令，奉幕府之法，戴天朝以報天祖，所以繼乃祖乃父之志也。[46]

五、鴉片戰爭前後的水戶學

1840年鴉片戰爭前後，東亞地區出現巨大的社會動盪。在日本，因天保年間饑民暴動、西方入侵壓力日增以及財務緊絀等內外諸種社會問題，致使幕府與諸藩的統治威信遭到動搖。[47]受此形勢所迫，幕府與諸藩開始實行行政、財務及對外防禦措施的改革，史稱天保改革。水戶藩也不例外，並在天保九年(1839)興建名為弘道館的藩校，以培養應急人才。應藩主之命，[48]首任校長會澤正志齋與同事青山延于(1776–1843)一起，代藩主撰寫了校綱〈弘道館記〉：

> 弘道之館，何為而設也。恭惟上古神聖，立極垂統，天地位焉，萬物育焉。其所以照臨六合，統御寓內者，未嘗不由斯道也。寶祚以之無窮，國體以之尊嚴，蒼生以之安寧，蠻夷戎狄以之率服，而聖子神孫尚不肯自足，樂取於人以為善，乃若西土唐虞三代之治教，資以贊皇猷。……我東照宮撥亂反正，尊王攘夷，……嗚呼我國中士民，夙夜匪懈出入斯館，奉神州之道，資西土之教，忠孝無二，文武不岐，學問事業，不殊其効，敬神崇儒，無有偏黨。集眾思，宣群力，以報國家無窮之恩，則豈徒祖宗之志弗墜，神皇在天之靈亦將降鑒焉。[49]

在這篇文章中，會澤不但再次強調日本神皇神國與其臣民的優越性，也再次強調全民盡心盡意忠孝(忠孝無二)君主的重要性。《新論》的主要主張再次在〈弘道館記〉中表述，證明了後期水戶學的政治綱領已正式確定下來。

會澤的神皇神民、神國日本優越思想，在他的其他著述中也屢見不鮮。譬如，他在1847年撰寫的《下學邇言》中，將日本全國比作「一君二民」，所謂神國皇孫天皇之下，全民如一，要毫無條件地對天皇盡忠盡孝。其說：

> 一君二民者，天地之道也。四海之大，萬國之多，而起至尊者，不宜有二焉。東方神明之舍，太陽之所生，元氣之所發，於時為春，萬物之所始也。而神州居大地之首，宜其首出萬國，二君臨四方也。故皇統綿綿，而君臣之分，一定不墜。自太初以至今日，天位之尊自若也。此萬國所未曾有，何則天下至尊不宜有二也。而所謂一君二民之義，其誰得而聞之矣。
>
> ……神州萬國之元首，皇統不得有二，以萬民奉一君，其義在盡臣子之分也。而漢土則神州之貳，其君臣不能一定不變，猶武將鎮撫下土代與遞替也。故自上古而易姓革命，以一君養萬民，取於其成功耳。[50]

晚年的會澤正志齋，公開了後期水戶學人對本居宣長以來國學理論的讚賞。1858年(安政五年)，會澤在評論本居宣長《直毘靈》的〈讀直毘靈〉長文中，盛讚本居宣長有關「皇大御國，為可敬可畏的神祖天照大神生之國，勝於萬國」說，肯定本居的「日本皇統勝萬國之說，為卓見」，並斥責反對本居此觀點的儒學者為「俗儒之輩所不及之處」。[51]

會澤不但認同本居的基本思想，還以儒教知識充實國學理論。會澤提出，尊奉天祖天孫，就等同於尊從堯舜敬君父之教，並認為本居雖然言辭過激，但其尊奉天朝的理論實際上與堯舜之道暗合。會澤惋惜本居不明日本皇統永存大道的基本原理，是因為日本君父與子民的忠孝「大倫」純正，顯示了會澤要以儒學理論填補國學的主張。會澤也批評本居根據個人臆斷私智，肆意亂釋《古事記》的明顯錯誤，令普通讀者因之受到欺騙。會澤期望，經他補足後，大方向正確的國學理論能被社會廣泛接受。[52]

後期水戶學的另一主將是同樣受到藩主德川齊昭信任並參與藩政的藤田東湖，也是藤田幽谷的次子。德川齊昭常向幕府進言並提出意見，其背後的智囊成員主要就是東湖和會澤。1846年，東湖寫了〈弘道館記述義〉，借詮釋〈弘道館記〉，配合會澤，將幽谷以來水戶學推行的所謂神國日本神皇祖、皇孫説，以及忠孝事君、「一君二民」的國家神道，推到了新高峰。

東湖和會澤正志齋一樣，主張對儒家傳統忠與孝的概念進行改頭換面的處理。東湖將忠孝的內涵合而為一，把忠孝的對象從生身父母轉至天皇，鼓吹將天皇視作君父。東湖聲稱，所謂真正的大忠、大孝，是子民必須對君父天皇及天皇國盡孝盡忠，為其殺身成仁：「乃所以忠於君也，忠之與孝，不二其本，在所處何如耳。而立忠孝不全之説者則曰，家居養親則不能致身於君，是徒知夙夜在公之為忠，而不知扶植綱常之為大忠也。又曰，以死殉國則不得竭力於父母，是徒知冬溫夏清之為孝，而不知殺身成仁之為大孝也」。「臣子既修其德行道藝以事君父，人君集其眾思群力以報祖宗，……神皇之靈，豈有不感格之理哉。然其要本，唯在慎我躬行、事我君父」。[53]

東湖解釋，他在〈弘道館記〉中稱神皇神國日本「所以照臨六和，統御寓內者，未嘗不由斯道也」，是因為：

> 天祖之御高天原也，光華明彩，照徹六合，盛德大業，至矣盡矣。……祭祀之道，孝敬之義，蓋起於天祖矣。……天祖上同體於天日，下留靈於寶鏡，然則赫赫太陽，巍巍勢廟，實天祖精靈之所在，歷代天皇尊之奉之，而敬天事祖之義兼存焉。固非彼異邦之主求皇天上帝於蒼蒼漠漠之中者之比也。嗚

> 呼聖子神孫克紹其明德，公卿士庶皆體其鴻恩，維孝維敬以推廣威靈，則豈大八洲之民浴無疆之化而已，絕海遠洋之外，蠻夷戎狄之鄉，亦將無不慕我德輝、仰我餘光者。[54]

東湖進一步鼓吹，日本國體、神民如此卓越、優秀，以致蠻夷戎狄並不僅僅「無不慕我德輝、仰我餘光」，並且還自願「率服冠絕於宇內」的天皇與「君臨萬萬，恩威兼施，仁厚勇武」的神州日本：

> 國體尊嚴，是以蠻夷戎狄率服，四者循環如一，各相須濟美，而其所以然者，未始不在斯道之所致也。其為到光明正大，固不易一二數，然嘗竊瞻仰，神皇經綸之跡，以後世之名述之，則其要有三焉：曰敬神，曰愛民，曰尚武。古史雖簡，而起大體彰明較著，不可誣也。夫赫赫之威，莫盛於天日。煦育之恩，亦莫大於太陽。恩者仁之施也，威者義之發也。天皇既承天日之嗣，撫育蒼生，又據太陽之所出，君臨萬萬，恩威兼施，仁厚勇武，並行而不相悖者，蓋神皇立極之大體，而神州之所以冠絕於宇內者，其亦在斯歟。[55]

這種「聖子神孫克紹其明德」、「蠻夷戎狄之鄉，亦將無不慕我德輝、仰我餘光者」的意識形態，已徹底背離了初期水戶學人對文明不分地域、文明有普世價值的認知。因此，後期水戶學人站在這個立場上，毫不掩飾地批判古學也並不奇怪。譬如，藤田東湖說：「近世唱古學者，或謂佛氏說因果，儒者談天命，佛氏之害，儒者能排之。儒者之妄，世未辨之，……嗚呼，使神州之道與西土之教相反，如冰炭之異類則可也。」[56]藤原幽谷的恩師立原翠軒出自古學學派，幕末時期水戶學內部出現劇烈的內部思想衝突與爭鬥，造成大批精英失去性命，與此有關。此外，東湖還惡意批評歷史人物安倍仲麻侶「棄(神皇)君親、廢恕倫，北面稱臣於李唐」，斥責他行為「播惡於眾貽害於後世」。[57]諸此顯示，後期水戶學人已站到了與平田篤胤不分上下、極端民族主義的立場。

面對西方列強入侵壓力以及國內諸種問題，後期水戶學人為保家衛國、延續公武合體（天皇朝廷與武士幕府）的有效執政，做出了令人印象深刻的努力；可是，鼓吹日本「太陽之所出，君臨萬萬，恩威兼施，仁厚勇武」，[58]提倡天祖神孫、神靈肉身天皇下的全國「一君二民」、神國子民應對天皇盡忠盡孝、殺身成仁，以及將「尚武」視為「國體」優越為特色，並企圖以此為對策，進行社會轉型，極大地危害了日本國家和民族文化的發展。後期水戶學這種主張也為日後日本建立極權體制、盛行極端民族主義、種族主義以及對外侵略的信念，提供了極重要的理論支持。[59]

後期水戶學鼓吹的以誠、敬、忠、孝報天祖之「國體」的主張，不久在明治政治中得到了體現。明治三年（1870）一月，期望以國家神道作為執政基礎的明治政府，發表了天皇昭勅〈大教宣布〉。明治政府借時年18歲的天皇之口，強調「朕恭惟天神天祖、立極垂統，列皇相承，繼之繼述。祭政一致，億兆同心，治教明於上，風俗美於下」，以此明示新政府的政教一體。[60]數年後頒布的明治憲法〈告文〉中，又強調「誥皇宗神靈，皇朕循天壤無窮之宏謨，承繼惟神之寶祚。」[61]〈大教宣布〉和明治憲法都具體體現了後期水戶學與國學思想，使明治的君主立憲體制有了專制性格的先天缺陷。不僅如此，後期水戶學的國體觀還深深影響了明治時代的著名思想家。譬如，子安宣邦評價福澤諭吉在《文明論之概略》中對國體論的描述，指出如果按照福澤諭吉所承繼的《新論》主張，以人民為主體尊奉天祖之國體，那麼，二戰結束就是犧牲了人民的國體，卻維護了天皇制的國體。如此而言，對於死於長崎、廣島核爆的眾百姓，他們的死亡當然也是毫無意義的了。[62]所以，後期水戶學對日本極端民族主義思想的發展，不但起到了催馬揚鞭的作用，最終為埋葬他們名義上也堅持的尊王敬幕體制（所謂公武合體），起了理論主導作用。明治後水戶學之所以成為皇國史觀先鋒，受軍國主義分子熱捧，是由於思想界一直沒有釐清水戶學前後期的不同並進行清楚的切割，所以戰後日本諸多學人對水戶學避之不及，也源於此因。

國學方面，在20世紀後半期，日本出現了要為國學正名的運動，其主要集中在學習院大學、皇學館大學以及國學院大學具特殊歷史背景的學校展開。學習院在二戰結束前的主要學生來源，來自皇族與貴族家庭，屬宮內省而不是文部省管理，故被稱皇族大學；皇學館大學前身是神宮皇學館；1822年成立的國學院大學前身則是皇典講究所，目的是培養神職人員及國學人才。只有在後兩所學校通過修神職課程，方可獲得日本神社本廳頒發的神職執照。

後期水戶學與國學激進的意識形態，為日本國民與人類文明所帶來的巨大危害，已有目共睹。如平田篤胤在《古道大意》中作為日本民族優越獨特象徵所提出的「大和魂」說，在二戰時就常被當作「以精神代物質」的同義詞，用以逼迫士兵為軍國主義捐軀。[63] 事實上，19世紀以來，諸如後期水戶學與國學，這種在近現代出現、逆轉文明發展的有害思潮，也決非僅止於日本。譬如，同為軍國主義的納粹頭領希特勒實行極權體制，聲稱一君一國一民（one people, one empire, one leader），實行種族滅絕、對外侵略；前蘇維埃政權將人類劃分階級，在一黨專制極權領袖的帶領下，以實行烏托邦主義為口號，行恐怖政治以壓制人民，最後被民眾推翻；以及中國文化大革命提倡全民向所謂的紅太陽效忠，濫殺無辜等，我們都可以找到它們的原教旨宗教性（或是神性）說教，鼓吹文化優越特殊的蹤跡。[64]

結語

一、國學、後期水戶學與極端民族主義

幕府末期的水戶學，雖仍主事儒學，但在問學方向上已偏離光圀、舜水時代的宗旨，轉向神皇國史觀下的日本優越「國體」觀。此時期的水戶學，得到同時代國學學人平田篤胤的共鳴，儘管後期水戶學人的「國體」觀也遭到個別學人的抵抗。譬如，長州藩明倫館學頭山縣太華(1781–1866)指出所謂「云國體，宋時之書往往有之，我邦之書未嘗見。於水府始云出也。彼(會澤正志齋)《新論》言國體，云我邦『太陽之所出』，云『元氣之所源』，於形體言如諸州之首，固迂謬之言……」。[1]但水戶還是迅即成為持激進思想的有志改革者的朝聖地，可見自本居宣長以來，國學的主張以及山鹿素行的日本神國卓越觀對日本思想界的影響，已相當深入。

由於此時期的水戶學成為意識形態的引領者，歲至晚年的平田篤胤也積極設法接近水戶學人，期望能被水戶藩接納，獲武士職銜，服務於編史館。不過，平田篤胤的願望最終未能實現，主要原因應該是當時的水戶學領軍人物藤田幽谷困惑於平田思想的「怪妄浮誕，憾其奇僻之見牢不可破」。儘管幽谷在所謂「國體」思想上與平田有共鳴，承認平田篤胤是個「奇男子」，也對他為振興日本神道著書千卷表示過欣賞。[2]

平田篤胤雖然未能與後期水戶學人夙夜共聚、並肩作戰，但後期水戶學的學說與思想則被平田的弟子融入國學，加以發展。譬如被認為所謂「大東亞共榮圈」之父的佐藤信淵(1769–1850)，[3]承襲平田篤胤在《古道大意》中讚賞日本以武為尊的思想，贊同後期水戶學所倡「尚武」、「宣國威海外，攘除夷狄，開拓土宇」的主張，並基於本居宣長和平田篤胤有關日本神國皇民是神選之民的理論，提出要以武霸精神侵佔中國、統治世界。佐藤信淵在1823年撰成的《混同秘策》中，一開頭就露骨地宣稱：「皇大御國乃最初形成大地之國，為世界萬國之根本……。全世界悉應為郡縣，萬國之郡長皆應為臣僕。皇國征討外國其勢順且易。……如若皇國征伐支那，只要調度得法，不過五(至)七年，必可使其土崩瓦解。……故而皇國開拓他邦，必由吞併支那始。如上所云，以支那之強大尚不能敵皇國，更何況其他夷狄哉。」[4]佐藤信淵的思想，顯示出國學的極端民族主義觀，得到後期水戶學的激勵，自傲意識日益膨脹，充滿了挾持整個民族朝向積極對外侵略的躁動。

當西方乘現代工業發展之勢，逼迫日本打開國門的大動盪時期到來時，取文化開放、師外域文明，早日實現社會轉型的思想再次成為日本社會主流。另一方面，國學之後興起的日本獨優文化觀與狹隘激進的民族主義思想，也充斥於日本社會與思想界。吉田松陰，這個曾首倡尊王攘夷、國體優越論的後期水戶學之熱烈嚮往者，也熱捧國學，繼承了本居「道」唯在皇國神代之論，強調「皇國之道源悉在神代。臣子須信奉《日本書紀・神代卷》」，[5]並認為唯有依據此主張才可凝聚全民，喚起上下一體的民族意識，共抗外敵。

此時，諸多日本神道國學者和儒學者在宣揚神國史觀、仇外排外以及在國體與國民精神優越的認識方面，殊途同歸，走到了一起。諸如明治天皇「親自經營四方，安撫億兆，拓開萬里波濤，向四方宣布國威」的宣言、[6]宣揚日本應與東亞「惡鄰」斷交論、主張全體國民從孩童開始起灌輸日本種族優越以及對外侵略正確論，以及知識界宣揚的所謂優秀的日本國體（national polity）與國粹（national essence）等，都與此政治思潮有關。長年累月受此意識形態影響的國民，最終捲入政治洪流之中，全國上下，製造了軍國主義。換言之，彼時的日本軍國主義，就是以國家神道為理論基礎的軍國主義。此國家神道，充斥着種族主義、極端民族主義、日本天皇與皇軍皇民為天下最優等主張。被灌輸了這種思想的日本官兵，也就能毫無罪惡感地對他國平民肆意屠殺姦淫。[7]

從明治時代到二戰，本居及平田的學說之所以被激進的民族主義分子熱捧，是因為國學鼓吹的神國日本文化、國民精神獨特論以及日本人優於世界其他人種的主張，成了他們的理論指導。此思潮能席捲全國，也得力於集權專制的明治政體體制，為之提供了發展空間。國際形勢的刺激，包括西方的種族歧視與社會達爾文主義影響，誠然是重要外因，卻並非是決定性之主因。

近代西方因工業革命成功，帶來對世界其他「未開化」民族所持自豪優越感，加上從宗教上對異教徒的藐視，種族主義盛行。初期西方帝國主義除了對世界其他地區進行資本掠奪與侵略，黑奴三角貿易奴隸、美洲地區對印第安人的大規模屠殺、對殖民地原住民的歧視、種族滅絕、三K黨的種族虐殺罪行、日本皇軍對其他民族的大屠殺、解剖活人、1882年《排華法案》以及二戰期間將日裔圈入集中營的政府行為，均可為例。日本輿論界時有日本在二戰前沒有種族主義傾向的主張，主要理由是日本政府曾針對在美日裔美國受到種族歧視，在1919年巴黎和會中提出過廢除種族歧視案。但此說法卻相當值得商榷。1919年的日本本身就實行種族歧視政策，一邊要求取代德國在中國的殖民權益，一邊還在血腥鎮壓朝鮮三一獨立運動，還將台灣原住民視為低等人種。而且，日本政府代表團對廢除種族歧視法案並未認真堅持。當時日本政府的真正目的，被一些學者認為是為了攪亂和會中的西方布局，以在談判中盡量獲得霸佔中國領土的野心（所謂二十一條）。[8]

1866年，支持公武合一(公即朝廷，武即幕府)、支持在幕府體制下進行改革的孝明天皇(1831–1866)，在35歲壯年時離奇去世，倒幕勢力擁戴年僅15歲的明治天皇。末代將軍德川慶喜(德川光圀的後裔)自稱遵從光圀以來的尊王家訓，視大局為重，交出政權，潛至僻地不再干政。[9]此後，日本實行君主立憲制，水戶學的尊王思想得到體現，國家未像中國那樣四分五裂，陷入軍閥割據與混戰。

新成立的明治政體，從憲法上定下日本天皇「承其祖宗遺烈，踐萬世一系帝位」，從祖宗手中承接國家統治大權，並將傳予子孫。[10]但明治的君主立憲制，實際上卻是個由元老小集團控制的獨斷政體。此政治體制借尊王為名，由建國功臣的元老們控制與掌管名義上隸屬於天皇，但不聽命於政府的國家軍隊，[11]其與議會掌握着行政權力的英國君主立憲制，有着本質上的不同。明治元老將他們的私利捆綁於全體國民的利益之上，終於促成數十年後軍國主義的盛行。明治維新後的日本，高唱「舉國一致」，集全國力量，在窮兵黷武的軍國主義道路上馳騁，贏得甲午、日俄戰爭，得到鉅款與大量殖民地，使得神國獨特、日本民族優越這種思潮在日本社會全面紮根。當時文明論的倡導者福澤諭吉提出要將日本與「野蠻」近鄰徹底分割，並積極主張侵略韓國與中國，[12]是當時日本思想界的典型體現。

另一方面，取得政權的明治政府元老，主要由原薩摩、長州藩下級武士中的有為青年組成，而水戶藩則因藩內外強烈的意識形態對立，出現內戰、上山造反、暗殺幕府最高執政等，而失去無數青壯年武士，基層武士中已難有可用之材。那些薩摩、長州藩的有為青年，深諳儒學，知攘夷不可為後，努力學習西方文明，驚歎並盛讚美利堅合眾國才正是聖人之道的三代之治典範。[13]相比之下，幕府體制下的下級武士與城鎮平民，儘管羨慕科舉制，期望通過努力，實現自己的人生價值，可是未能及時隨時代進行變革的德川世襲封建制，難以為他們提供機會。福澤諭吉在《文明論之概略》中說：「我國人民積年受專制暴政之苦，以門閥為權力之源，有才智者卻無法借門閥發揮其才智……至德川氏末，世人漸生厭惡門閥之心」。[14]青年武士們借西方武力壓境，將後期水戸學所提出、在幕府領導下行「尊王攘夷」的主張，故意曲意成倒幕運動，他們明知武力上絕對打不過列強，而且幕府已在同列強談判，正走在開放改革的路上，卻偏偏高唱「攘夷」，為的就是要給體制僵化的幕府製造難堪，促其垮台。福澤諭吉就説，幕府末期那些以下級武士為中心的積極活動分子，「或説是尊王，或説是攘夷，其實那些都是枝葉表象。這些人既不尊王，也不攘夷，⋯⋯而是要打倒政府專制，奔赴自由」。[15]福澤所説的自由，恰如渡邊浩所指出，其內涵並非今日所指、具有普世價值的民主自由，而是那些雖有能力但卻受制於體制而無出頭機會的人，期望打破不合理的世襲身份制度，獲得「出身立世」的自由。[16]

誠然，無論本居宣長、平田篤胤，還是後期水戸學人，他們都沒有推翻幕府的打算，在體制架構上也肯定德川封建幕府制。平田更批評中世紀以來的天皇過度沉溺於佛法、不明古道、不思日本其「神世」之原本。[17]幕府體制最後被推翻，成立了明治新制，是幕末時期各種力量的碰撞、運動之結果，根本也不是那些元老甚至運動參與者初始所能預料得到。此狀況也提醒世人，一個政權若拒絕與時俱進、改革向前，滿足公民在平等權利基礎上的發展與生存要求，難避覆舟之災。

通過倒幕以及所謂的「王政復古」運動，那些下級武士們中的佼佼者最後登上了可施展能力與抱負的政治舞台。那些人改變了自己的人生與生活，也變革了日本政局。但是，根深蒂固的封建等級思想，卻難以從他們的觀念中抹去；同時，他們也擔心淺薄的資歷難以駕馭深具社會等級觀的全體國民，因而採取了名義上天皇專政，實際上他們(元老們)可獨斷的小集團獨裁式的中央集權政體。丸山真男認為，「元老、重臣製作這個體制，可使他們作為超憲法存在，並且唯有依靠他們作為媒介，國家的主張才能一元化；同時，這個體制還可使元老、重臣明確地避開責任歸屬，成為僅是挑着神轎的轎夫」。[18]此明治新體制也使得德川幕府時代地方相對自治，政治象徵虛君下的中央執政之政體壽終正寢，為日本社會此後半個多世紀的狂飆打造了必要基礎。

難能可貴的是，1844年，佐久間象山(1811–1864)提出「漢土與歐羅，於我俱殊域。皇國崇神教，取善自補翊。彼美故參，其瑕何須匿。王道無偏黨，平平歸有極。咄哉陋儒子，無乃懷大惑」。[19]明治時期前後，像佐久間那樣頗能洞察時勢的學人並不多見，可惜此類主張終未能影響日本主流社會。有學人指出：即便當時提倡「亞洲一體」論的岡倉天心也認為日本民族因具特異天分，保持着亞洲之魂，所以日本達到了近代強國的地位，日本因此應享有特權。[20]

岡倉天心竟能「獨樹一幟」，在那個時代針對「黃禍」提出「白瘟」的危害，強調亞洲文明的認識，我們必須看到其背後的諸種複雜社會背景。岡倉是在其英語著作《東洋的理想》(*The Ideals of the East*)與《日本的覺醒》(*The Awakening of Japan*)中提出上述思想的，這兩本書都是岡倉在印度以英語寫作並出版。鼓勵岡倉到印度、並在思想與出版方面給予具體幫助的是當時著名英籍女權主義者，其中修女妮維蒂塔(Sister Nivedita，1867–1911)還親自為《東洋的理想》寫序。聲稱亞洲是人類偉大母親的妮維蒂塔，在印度開設女子學校，支持印度民族主義運動，反對西方帝國主義與殖民主義。同時期，活動於英國與印度的另一女性平權主義運動者安妮·貝善塔(Annie Besant，1847–1933)也與妮維蒂塔聯繫緊密，與岡倉天心也應有交集。更進一步看，19世紀後半期在歐洲興起的女性平權主張與運動，實受啟蒙思想影響，也得益於工業革命發展後所引致的時代變化，[21]並對東亞也帶來了衝擊。譬如，1900年6月梁啟超在《清議報》上登載的石川半山〈論女權之漸盛〉文章(《清議報》是梁啟超在日本辦的第一份雜誌)，兩年後蔡元培在《文變》中轉載此文。[22]反對達爾文借生物學論證女性天生某些方面不足所帶來的社會不平等意識，繼而持有反帝反殖民的立場等，均是那些女權主義先驅者思想的昇華。此外，岡倉在東京帝大的美籍教授費吶魯薩，與岡倉一起調查深受中國文化影響的日本各地古蹟而深受刺激，承認亞洲藝術文化價值並終身投入此領域，不但作出巨大貢獻，也對岡倉的學業發展及思想的形成影響巨大。[23]

日本民族優秀、獨特這種思潮，當然也表現在日本文化界和學術界的各個領域。譬如，國體優越的主張下，旨在宣揚日本民族優越的所謂日本人論，也受到日本民俗學界的積極配合。民俗學大家柳田國男(1875–1962)就曾提出要用科學辦法，通過調查民間傳説，將在日本民間隱藏的精神實體發掘出來，以證實日本文化的獨特性。柳田國男的時代，也是日本佔領北海道、朝鮮、沖繩以及台灣的年代。曾作為內閣法制局參事官的柳田，還因功獲得五等瑞寶勳章。雖然柳田在《神道私見》中認為，日本的神社只是對祖先和偉人表尊敬的地方而已，[24]但他視察東北、北海道、新近成為日本領土的樺太島，以及閱讀台灣總督府的〈舊俗調查報告〉，在《遠野物語》序文中還屢屢提到有關邊遠地區、殖民地區的「山人」之處置政策和對「當下情勢」的迫切性，目的當然也是對統治者建言。

柳田的弟子折口信夫(1887–1953)提出，民俗學是國學事學法之一。折口提倡要以柳田氏的所謂「心意傳承」方法來研究日本人的獨特道德，[25]並強調這個存在於國學內的道德是一種主義，具「道德性方面的興奮」。[26]持此立場的折口，當然不會承認契沖是國學創始者，[27]反而反覆強調，要把天皇當作神祇。[28]麥可奈勒認為：柳田的弟子折口信夫大讚平田篤胤是德川時代最重要的學者，是因為折口認為後者關註到日本精神的實質。[29]折口信夫將他們師徒的學説稱為新國學。事實上，柳田國男和折口信夫倡導的所謂新國學，不過是1920至1930年代國學者意識形態之延續。柳田和折口兩人的學説體現了當時日本學界對軍隊中極端保守團體及激進軍國主義分子呼籲的響應，因為後者也正在努力發掘日本文化的獨特性和優異的國民精神，以為對外侵略的軍國主義之正當性背書。[30]

柳田國男與折口信夫代表的人類學，從側面顯示了當時日本思想界正在偏向種族主義和激進民族主義。實際上，當時日本各界人士，無論左派、右派，甚至宗教人士也大都沉溺其中，二戰期間更愈演愈烈。譬如，以研究宗教為業的東京帝國大學教授宇野円空（1885–1949）曾強調說：「今日說國體，強調日本精神，必須對如同我們祖先一樣的皇祖，懷着深深的信仰和對神祇深厚的感恩，我們須以此來建設日本人的公私生活。」[31]大川周明（1886–1957），二戰時期的種族主義理論的鼓吹者，也是昭和天皇任命給青年將領講課的「宮內學監」，也極具熱情地宣揚大和民族是世界上最優秀民族、日本必須主宰亞洲。如此氛圍之下，不但日本本土，甚至殖民地的某些小說家也積極推波助瀾。如祺本舍三在滿洲出版的《鴉片戰爭》中虛構林則徐讀《神皇正統記》，並讓林則徐讚賞日本軍神和忠於天皇的忠臣以及日本人的種族優秀，此類小說獲得日本社會追捧。[32]即便是信仰社會主義的文學家白柳秀湖（1884–1950），也毫無忌諱地說：「無論台灣人還是朝鮮人，不論在血統上還是在文化上，還未徹底被日本民族同化。」[33]黃俊傑發現，甚至連研究中國學的學者內藤湖南（1866–1934），也表露了以人種論優劣的思想：「台灣的人民與一般生蕃，都是非常低等的種族，既無國家觀念，亦缺乏惻隱之心，趨名好利，不適合一視同仁的德政。」[34]

1930年至1938年，日本年均經濟增長率約為5.8%。[35]由於體制原因，國家財富的增長使得與官僚關係緊密的壟斷財閥獲利豐厚，而大多出身於農村的軍隊中下級軍官的家人生活卻未能分享成果。此寡頭政治體制，加劇了社會兩極分化。另一方面，尚武崇武風氣、狹隘、極端民族主義教育與此民粹情緒，則充斥着日本社會，顯示出日本社會貫徹以法制治國還有相當長的路要走。處於這種火藥狀態的社會，終由教育水平相對低下的陸軍中下級軍官，以武力蠻幹或暴動點燃。此時，明治元老們早已離世，名義上隸屬於天皇但不隸屬於政府的軍隊，成了脫韁之馬。關東軍無視內閣自行決定入侵中國東北，1930年代青年軍官為主的軍人，深信並沿用後期水戶學發明的「一君萬民」的所謂國體觀，鼓吹天皇以下全日本國民人人平等，並以「昭和革新」為口號，行暴力「清君側」、謀殺不合拍的政府首要，實行恐怖政治。

此情勢造就了1931年，11位二十多歲的下級軍官沖入首相官邸，謀殺了首相犬養毅。全日本當時有35萬人以鮮血署名為兇手求情，而且還有11位年輕人斷指向法庭請願，以民粹向法制政府施壓。又譬如，1934年陸軍預備役中將佐藤清盛撰文強調日本為特殊國體，日本的議會是協助讚揚天皇專政政治，而不是獨立於天皇大權，天皇是基於天照大神的神勅統治日本的現人神，每一個日本國民都是天皇的後裔。[36]此外，1935年日本內閣首相岡田啟介對軍人團體代表所作的所謂明征國體、實現天皇親政與一君萬民的保證，也是當時日本社會狀況的體現。[37]國學者平台篤胤的極端思想，自然也受到此時期軍人的熱愛。譬如二戰時期被日本社會譽為軍神、戰死在中國山西省廣靈縣的衫本五郎中佐就説道：「釋迦牟尼、基督、孔子、蘇格拉底均為天皇赤子，其均為顯現八紘一宇而機械般存在。吾等皇民之最大使命是拯救世界，將其成為天皇國家。故，聖戰途中即便被鋼火燒也無所畏懼。皇國本無領土，現國土均為皇威所及之地。」[38]

此後日本徹底進入軍國主義時代，侵外捷報頻傳，巨額的戰爭賠款與從掠奪殖民地人民所得，連同國內財政，繼續投入無止境的戰爭擴大化中。整個國家瀰漫着節日的狂歡氣氛，日本民族展現出尊武為霸的新勢頭。17世紀後半期水戶學創始者們及伊藤仁齋、荻生徂徠等諸多日本學人提倡以文明而非以種族辨別地域與族群、追求聖人之道、人人往聖人方向努力、共同建設和平社會的思想，早被扔到九霄雲外。19世紀初在日本信州以醫為業的儒學者中村元恒(1782–1851)，他的一段話可謂深具代表性：「我邦武國也，西土(指中國)文國也。文國尚文，武國尚武，固其所矣。……孔子若乘浮於海，既在我方，必以武為尚，未必以文為尚也」；「徂徠曰，武士道創於戰國，惡習也。(山崎)闇齋曰，我邦有異端，所謂武士道是也。此皆僻於儒之言也。余故曰，我方之士，宜體識武之尊於文，忠之尊於孝也。我邦苟無武士道，則武士不武士也，何可尊哉。」[39]

侵略戰爭失敗後的日本，二戰後在美國為首的盟軍總司令部幫助下，實現了取消等級的自由民主制，全民生活水平迅猛提高。社會主流持文化開放態度，認可個人平等的人類普世價值，許多教育工作者與學人批判戰前的軍國主義、極端民族主義和種族主義之非。但在另一方面，由於盟軍總司令部對日本戰爭罪行及右翼思想清算未及根柢，為二戰高唱讚歌的呼聲從未間斷，社會屢屢出現與自由民主理想相背離的雜音。一些政府高官、國會議員或否定侵略戰爭，或參拜祭祀着甲級戰爭罪犯的靖國神社，或針對其他國家使用種族歧視性語言。凡此種種，顯示出本土文化獨特思想在日本仍有根深的土壤，也時刻刺激並喚醒曾經遭受日本侵略的國家與人民之歷史記憶。

二、近代日本激進民族主義思潮的啟示

儒家傳統主流以文明辨「華夷」的思想，深得尊奉孔子大同思想的學人認同。可是，自18世紀晚期起，東亞思想界對這種認知卻受到衝擊。要拼命踢走外來文明影響的日本「國學」，率先引領了初期種族主義與地域民族主義的思潮，徹底違背了朱舜水的初衷和光圀以及同時代許多學者的問學宗旨，不能不說是文明的倒退。[40]若想去除近代極端族域民族主義思想的危害，需明本清源。在這一點上，儒學應該同其他文明一起，為21世紀世界文明大同建設作出貢獻。[41]

近代日本刮起的激進民族主義、種族主義思潮，也影響到不少中韓思想者，從中國的黃遵憲、康有為、梁啟超、嚴復、章太炎、孫中山、李大釗，韓國的黃炫、張志淵、申采浩以及朴殷植(申、朴

深受梁啟超的影響）的身上或多或少都可看到。譬如，康有為在《大同書》中表露的對黑色肌膚人種的歧見，以及他曾主張的「東洋是東洋人的東洋……。實際上，在東洋實現亞洲門羅主義的義務，就落在了貴我兩邦的肩上」之類。[42]當時眾多在日留學生不但在日常生活與學習中受此思潮影響，甲午戰爭與日俄戰爭後日本全國普遍瀰漫着的民族自傲，對尤其是亞洲鄰人（當然也包括留學生）的態度傲慢輕視，也使得這些留日學人更感同身受。魯迅自述在仙台醫科學校看電影所受到的刺激，即為一例。這種近現代極端民族主義與種族主義的明潮暗流，至今揮之不去，是當今東亞社會文明發展的重大毒瘤。近年來被挑起的東亞地區（中日韓）領土糾紛、「慰安婦」問題以及對二戰時期軍國主義侵略戰爭的反思與態度，均為具體的表現。

日本思想界中，也有學人將日本產生以地域民族、國家「先天性本質」之優劣辨「華夷」的歷史現象，歸究為歷史地理文化上的原因。譬如日本思想史教授植手通有（1931–2012），其較悲觀的認識就有一定代表性：

> 華夷思想，是中國人種以廣大的大陸空間為基礎，很早就自成體系地形成了壓倒其四周人種的高度文明；而且，中國人的文明擔當者是讀書人階級（文治官僚層）。中國人的這種華夷思想，也與有相當蔑視尚「武」（中國古來有止戈為武的認識）的儒教和平主義歷史密切相關。日本作為一個島國位於中國周邊之一，自古以來通過導入中國文明建築了自己的文明；儘管如此，江户世代的支配階層，即便自認帶有濃厚的文治官僚性格，其來源仍是以戰鬥為職業的武士階層。諸此差異，導致了從中國導入的華夷思想在日本出現了相當大的變化。首先，日本的華夷觀念不是中國式的「天下」，而是以政治權力、領土、人種為要素構成的「國」（指日本歷史上的地方政權）與「國家」為前提。眾所周知，日本自島國有史以來，在保持着高度人種

> 統一性的同時，地理上位於古代甚早發展了文明的中國大陸附近；相對於中國，日本才意識到自己是個政治實體，並在將自己作為一個政治實體的基礎上，構築了自身文明。[43]

植手通有未能擺脱出以民族主義本位觀看問題，應是受到時代局勢的影響。他這種宿命的日本文明發展觀，未必可以照單全收。現今世人都要為各地區的文明融合，不是通過仇殺與戰爭，而是以開放的心態，通過相互對話與理解達到共識，以努力建立基於人類普世價值認同基礎上的、共存共發展之公民社會。同時，須努力塑造基於民主平等體制的內部文明。植手關於因歷史文化及地理環境造成的心理與憂患意識的心理，現今世人也完全可以以海納百川、有容乃大的寬闊胸懷來克服。

哲學所探討的人生終極關心，是對幸福的追求。在有限的自然與社會資源中，小到個人、家庭，大到國家、世界，盡可能使每個人都能平等地得到與他人一樣的追求幸福權利，達到和平共同發展、生活安定，是數千年來人類不懈追求之大道。「山川萬里，所賴斯文」(前述荻生徂徠語)，正如本書所證，無數思想家、實踐者也為探索如何達致此道而付出畢生精力，無論孔子、老子、釋迦牟尼、柏拉圖、亞里士多德，還是摩西、耶穌、穆罕默德，以及本書所列舉的思想先行者，無一例外。

中世紀的天主教會上層，一度好戰、貪婪，其蠱惑教徒甚至鼓動毫無戰鬥力的稚童去異域征戰。[44]當時歐洲天主教徒每周日須到教堂聽神父教誨，非天主教徒則屬異端，在社會無立錐之地。此狀況違背了人以自己意志追求幸福的權利，最終經啟蒙產生了否定神父代言上帝、直接與上帝對話的新教。個人意識的覺醒，激起了對自然與人類社會法則(natural law)探索的熱情，工業革命是其重要成果之一。此後，達爾文進化論被引進社會科學領域，催生了社會達爾文主義，也影響到馬克思理論之創建。[45]社會達爾文主義合理化了種族主義與極端民族主義，並促進了此反人類文明思潮的發展。

種族差別與歧視，除了源自地域、文化沙文主義或文化孤立主義觀念、經濟不平衡之外，尊奉階級鬥爭理論為「聖經」、對有產者及思想異見者與其家屬子女進行迫害甚至殘殺，實質也是種族歧視、種族滅絕思想的另類翻版，其主張不同階級間你死我活、不共戴天，將異端者與有產者（階級）必須從精神與肉體上徹底消滅。激進的馬列主義分子的所作所為，實際的後果是將社會重新退回到階級等級社會，認為社會只是根據物質發展階段演進、向上發展、一直到終極的人間「天堂」。這個不變的終身等級制是根據財產、思想是否異己來作為評判標準，具有封建等級烙印，深受達爾文進化論影響，更會是個逆文明發展的恐怖暴政。

人類社會直線向上發展論的史觀，不但存在於傳統猶太教中，公元5世紀的基督教教士奧古斯丁（Augustine of Hippo，公元354–430）在《上帝之城》（*The City of God*）也有提及。不過，兩者都是站在宗教立場上的光明終極末世論。中世紀後的理性主義、進步主義，後來的達爾文主義與馬克思主義等，也都受到此說影響。人類文明非僅由物質構成，發展也非直線向上，正如本書討論事實所證明。因此，唯以物（質）觀解構、預測人類社會文明史與發展，結果自是不言而明。即便從經濟上看，固有化的身份認同，無法推動公民對生活、對群體與社會的積極性，終會摧毀經濟，將社會變成一潭死水；而計劃經濟的產生與執行，亦與此相關。歷史實踐證明，此意識形態也是近代人類社會的反文明潮流之一，與日本國學一樣，也是經過樹神明、立神龕，將說教神化之，然後推行依據階級等級定優劣、行血腥暴力專政的極端意識形態。所謂「老子英雄兒好漢，老子反動兒混蛋」，即是此理論極之直白，也是對中華文明經過近千年努力才達到、人人可參與經科舉選人才精神的背叛。此意識形態所造成生靈塗炭的事實罄竹難書，僅就1967年中國湖南省道縣為例，該縣在短短的兩個多月內，產生過以「革命」群眾名義而非經法院審判程序，殺戮無辜男女老少4,519人（含被迫自殺）的極端暴行。[46]

同樣，近代西方意識形態，無論是極端民族主義、種族主義，還是冷戰時期的西方政策中的一些偏向，對ISIS之類的宗教原教旨主義激進思想興起，也起了催化作用。恐怖主義成為當今人類社會追求和平、共同發展的毒瘤，各國為對抗恐怖主義，政治和經濟成本也因而不斷提高。

對聖經、可蘭、儒、道、佛等經典斷章取義，假借宗教名義進行的恐怖主義，對所謂異教徒的侵略戰爭，是那些持沙文主義、種族主義以及地域極端民族主義鼓吹者的常用手段。宗教、傳統文化的不同，並不能成為那些宗教原教旨主義分子與文化特殊主義者煽動仇恨、製造恐怖、濫殺無辜的借口。宗教因人嚮往美好生活、尋找心靈歸宿而生，也應能為此目標調整內容，與時俱進，面向世俗、朝向人類普世文明，而決不應採取對峙、對抗，更不應以教涉政、干政。人類文明發展史上，這方面極具積極意義的實例並不少，譬如，東亞傳統文化中儒、道、佛間的良性對話；羅馬教廷由拒絕（1645）到認可（1939）亞洲信徒祭祖、祭孔；[47]日本水戶學與古學的問學目標；中國17世紀王岱與（1580？–1658？）在《清真大學》中以儒家思想解説伊斯蘭教；18世紀法國耶穌會會士傅聖澤（Jean Francoise Foucquet，1665–1741）為融《易經》入聖經教義之努力；以及20世紀以來中國思想界積極要從西方引入的「賽先生」和「德先生」等。

人性向善，各宗教、各傳統文化中都有以生靈為本位的平等博愛精神與教誨，今日早已成為文明社會的主流。致力於不同宗教與傳統文明之間平等對話的努力，值得大力提倡，[48]但也要認清那種唯自己所信仰為真、為優、為「獨特」，期望凌駕於其他信仰（或宗教）的認識，對人類文明所帶來的危害。這是因為，唯我獨尊、排外貶他的信仰會將特定群體或人類帶向烏托邦理想世界的末世論，不論以任何主義或宗教名義，都會變成製造戰爭動亂的禍害，是人類文明之大敵。值得一提的是，在華語世界中，我們也須反對某些人企圖將儒學當作獨家絕寶，拒絕文化開放交流以取長補短，卻自大地視域外儒學為支流，視域外具人類普世價值的文明為洪水猛獸的非理性之見。

中、日、韓的經濟能取得巨大發展，無一不是受惠於開放政策、日漸普及的普世文明價值思維下產生的(儘管尚非完美)世界經濟體系，而此普世文明價值則建基於中世紀之後日益興起的尊重人權、保護私產的理念與民主政制上。歷史上，日本和中國鎖國政策所帶來的弊端，以及江戶時代國學、後期水戶學在鎖國排外環境下興起的文化孤立主義所帶來的惡果，應盡顯於上述拙論中，足令今人引以為鑑。後起的現代工業化國家或地區，往往碰到發展瓶頸而難以越過，便是受非民主的舊體制所窒礙。在這方面，日本、韓國以及台灣在近現代的發展進程提供了值得借鑑的經驗。也因此，湯因比在《歷史研究》所表述的反現代民族主義之努力，是學人應該堅持繼承、繼續開拓的事業。[49]不僅如此，學人更應有責任將研究成果回饋給社會，以為大眾理性認知服務。

以文明辨所謂「華夷」外，歐洲啟蒙運動影響下，也曾造就了一些提倡理性、寬容和世界主義的思想者。提倡猶太教徒與基督教徒互具共同信仰目標，而再不強調猶太民族是上帝選民的德國猶太學人摩西．門德爾松(Moses Mendelssohn，1729–1786)，便是個令人讚賞的思想者之一。[50]今日科技的迅速發展與全球規模的經濟貿易活動，衝破了傳統國境的認知，增加了各地域人民的了解，極端民族主義的棱角也因此日漸消磨，失去支撐基礎。人類需要同心協力提高生活水平、改善生態資源以為長久生存之本。畢竟，地球是近代工業化後人口飆升的人類共同賴以生存的家園。那種古代雞犬之聲相聞，老死不相往來的田園生活，只能成為大部分現代人暫時逃離城市、避居鄉舍的心靈夢境。排外的保守主義者所憧憬的潔身自好、孤立於外界的社會，也因此是背離文明發展趨勢的。冷戰結束後，極端民族主義、極端原教旨宗教主義分子鼓吹的種族主義與排他思想，時有死灰復燃之勢，現代學人須為建立人類互相了解、平等相處和平社會而盡力。在東亞地區，歷史上中日韓都出現過為此努力的優秀學人，雖然他們的聲音常常被淹沒在喧囂的鼓譟聲中。本書的諸種論證，同時也顯示了人類文明因受到非理性意識形態干擾，有時並非朝向於顧及人類生命、保護個人權利與利益、顧及其他生物的和平方向發展。為了解此沉痛歷史、鑑往知來，拙作僅此提交一個具體的歷史例證，以為諸賢卓參。

註釋

緒論

1. Watanabe Hiroshi, *A History of Japanese Political Thought, 1600–1901*, trans. by David Noble (Tokyo: International House, 2012), p. 24.
2. Mark McNally, *Proving the Way: Conflict and Practice in the History of Japanese Nativism* (Cambridge: Harvard University Asia Center, 2005), p. 13.
3. 譬如Katsurajima Nobuhiro, "Japanese Nationalism and East Asia," *Journal of Cultural Interaction in East Asia*, No. 5 (March 2014), p. 4.
4. 寫文章時署名為「日本國夷人物茂卿」的古學創始人荻生徂徠，也曾被吉川幸次郎視為頻頻主張日本優越的民族主義者。吉川幸次郎著：《仁斎．徂徠．宣長》(東京：岩波書店，1975)，頁201–242。
5. 德川意識形態建設絕不止上述三家，如同時期的還有山崎闇齋、熊澤蕃山、新井白石等，但對當時諸學包羅萬象、盡述不漏之要求，不在本書討論範疇。
6. 地區族群經濟顯著的差別，常被作為種族歧視的口實。格倫．哈伯德和蒂姆．凱恩在《平衡：從古羅馬到今日美國的大國興衰》(北京：中信出版社，2015)一書中指出「歐洲各民族間的種族歧視問題曾經非常嚴重」(頁68)。
7. John W. Dower指出，由於西方有意低估亞洲在二戰的死亡人數，經常聲稱亞洲在二戰時的死亡人數約5,500萬，其實是估計少了。見John W. Dower, *War without Mercy: Race and Power in the Pacific War* (New York: Pantheon Books, 1986), p. 295.

8. 此類中日文文獻不少，中日文之外的研究則相當有限。近年在西方社會較有影響的，當推張純如的報告文學《南京暴行：被遺忘的大屠殺》(Iris Chang, *The Rape of Nanking: The Forgotten Holocaust of World War II*, New York, London, Toronto: Penguin Books, 1997)。此書被批評有不足之處。Joshua Fogel指出該書說大屠殺是日本人幾世紀訓練的歷史產物，以及前言稱日本人的特徵或遺傳因素導致大屠殺的發生，實際都是輕率的解釋，見*The Journal of Asian Studies*, Vol. 57, No. 3 (1998), pp. 818–820。另David M. Kennedy認為該書的譴責和憤怒多於分析及理解，David M. Kennedy, "The Horror: Should the Japanese Atrocities in Nanking be Equated with the Nazi Holocaust?," *The Atlantic Monthly*, Vol. 281, No. 4 (1998), pp. 110–116。儘管如此，張純如以紮實的文獻、優美的文筆以及喚起讀者共鳴的良心，取得了巨大成功。該書的出版也使許多西方人士關注此事。
9. 1992年，福山指出西方依據現代自然科學法建造歷史方向的基礎，其努力首次獲得部分成功。不過，福山也認為，冷戰歷史形態終結後，由西方馴熟的民族主義以其他形式會繼續存在，共產主義死亡後，極端民族主義和宗教也許會捲土重來。見Francis Fukuyama, *The End of History and the Last Man* (New York: Avon Books, 1992), pp. xv, xx–xxi.
10. 19世紀歐洲出現基督教社會主義傾向，奧地利和德國都出現了基督教社會黨，1891年羅馬天主教皇利奧十三世頒布的《新事物》中譴責資本主義貪婪和物質主義。
11. 愛德華·薩依德著、傅大為等譯：《東方主義》(台北：立緒文化事業有限公司，1999)，頁107。
12. 美國大銀行主管在2011年的平均年收入達千萬美元，而同一年許多大銀行的收入卻是成倍下滑。摩根大通的主管戴蒙收入為1,850萬，摩根士丹利的主管高曼收入為1,050萬，這種主管收入為普通銀行職員數百倍的現象，說明資本主義已將道德倫理踢到一邊。上行下效，這種商界風習給社會帶來了新的大問題。參見Antony Currie, "Not Quite a Sack Cloth," *Breakingviews*, 23 January 2012.
13. Hans Küng, *A Global Ethic for Global Politics and Economics*, trans. by John Bowden (NY: Oxford University Press, 1998), p. 256.
14. 所謂唯霸至上、世界秩序基於以力量政策思考的現代典型，福山以基辛格在外交政策提倡的現實主義作為例子。見Francis Fukuyama, *The End of History and the Last Man*, p. xx.

15. 詳見王明珂著：《華夏邊緣：歷史記憶與族群認同》，增訂本（杭州：浙江人民出版社，2013）。
16. 金鍾厚的〈直齋答書〉及洪大容的〈又答直齋書〉，載洪大容著：《湛軒書》，內集卷3。
17. 《宋子大全》，卷131雜錄，載《韓國文集叢刊》，第112冊，頁433–443。
18. 錢明著：〈從己亥、甲寅禮訟事件看韓儒宋時烈、尹拯的思想特質〉，第三屆禮學國際學術研討會發言稿，2014年12月7日。
19. Haruko Taya Cook and Theodore F. Cook, *Japan at War: An Oral History* (NY: The New Press, 1992), pp. 153, 164.
20. 將「慰安婦」直稱為性奴隸的英文著述有許多，如：Norimitsu Onishi, "Japan Stands by declaration on 'Comfort Women'," *New York Times*, 16 March 2007; Yoshimi Yoshiak, *Comfort Women: Sexual Slavery in the Japanese Military during World War II* (New York: Columbia University Press, 2000); Yuki Tanaka, *Japan's Comfort Women: Sexual Slavery and Prostitution during World War II and the US Occupation* (London: Routledge, 2002).
21. 前野徹著：《国家の大義》（東京：講談社，2006），頁3、49、238。
22. 在侵略中國六年後又被送到南太平洋與美軍作戰的日本軍人小川保的陳述很有代表性。戰後的小川保深悔自己在戰爭中的所為，認為自己雖然僅殺死一兩個人，也應該被判死刑以償。他在談及戰時的思想時，説道：「我當時真的相信作為天皇的孩子之一，我的責任就是要盡到日軍戰士的責任。」參見Haruko Taya Cook, Theodore F. Cook, *Japan at War*, p. 277.
23. 相關研究著述甚多。如依安．布魯瑪（Ian Buruma）通過對德國、日本各行業、持不同思想傾向者的採訪，其調查就較令人信服。詳見Ian Buruma, *The Wages of Guilt: Memories of War in Germany and Japan* (New York: Farrar, Straus, and Giroux, 1994).
24. Okakura Kakuzo, *The Awakening of Japan* (New York: The Century Co., 1905), pp. 208–209。提倡亞洲一體説的岡倉天心還認為日本的神創造了朝鮮，公元8世紀日本退出朝鮮是出於要在國內發展宗教，但日本從未放棄大陸，而朝鮮一直也是向日本天皇朝貢的國家。同上，頁203–206。
25. 《史記．孔子世家》。
26. 《禮記．祭義》中記載了孔子對宰我「吾聞鬼神之名，不知其所謂」的回答：「氣也者，神之盛也；魂也者，鬼之盛也；合鬼與神，教之至也。眾生必死，死必歸土，此之謂鬼。骨肉斃於下，陰為野土。其氣發揚於上，為昭明。」唐朝初年孔穎達在其所作的《左傳正義》中，將「昭明」釋為「神靈光明」。

27. 《論語．顏淵第十二》。
28. 同上。
29. 《論語．八佾》及《論語．憲問》。
30. William Wayne Farris, *Sacred Texts and Buried Treasures: Issues in the Historical Archaeology of Ancient Japan* (Honolulu: University of Hawai'i Press, 1998), p. 70.
31. 江蘇省地方志編纂委員會辦公室編：《江蘇省地方誌》(2002)，頁41；白雲翔著：《先秦兩漢鐵器的考古學研究》(北京：科學出版社，2005)，頁400。
32. Gian Barnes, *China, Korea, and Japan: The Rise of Civilization in East Asia* (London: Thames & Hudson, 1993), pp. 149–152; K. C. Chan, *Art, Myth, and Ritual: The Path to Political Authority in Ancient China* (Cambridge: Harvard University Press, 1983), p. 8; 格倫．哈伯特、蒂姆．凱恩著：《平衡》，頁124。
33. 參見拙作：《古代東亞政治環境中天皇與日本國的產生》(香港：中文大學出版社，2006)，頁50–61。
34. 1973年8月5日，毛澤東作〈七律．讀《封建論》呈郭老〉，其中涉及對秦始皇的評價為「勸君少罵秦始皇，焚坑事業要商量。祖龍魂死秦猶在，孔學名高實秕糠。百代都行秦政法，十批不是好文章。熟讀唐人封建論，莫從子厚返文王。」參見陳晉主編：《毛澤東讀書筆記解析》(廣州：廣東人民出版社，1996)，下冊，頁1273。
35. 呂玉新著：《古代東亞政治環境中天皇與日本國的產生》，頁38、42–46。
36. 同上，頁78–79。
37. 董仲舒對漢武帝之策問，見《二十五史．漢書》(上海：上海古籍出版社、上海書店，1966)，頁131。
38. 同上。
39. 歐陽詢著：《藝文類聚．士不遇賦》，卷30。
40. 參見包弼德(Peter Bol)著、劉寧譯：《斯文：唐宋思想的轉型》(南京：江蘇人民出版社，2000)。

41. 此領域唐宋部分的研究，可參考包弼德著：《斯文》；張灝著：〈宋明以來儒家經世思想試釋〉，載張灝著：《張灝自選集》（上海：上海教育出版社，2002），頁58–81；劉述先著：《儒家哲學的典範重構與詮釋》（台北：萬卷樓圖書股份有限公司，2010），頁209–242。另外，浙東學派重要創始人呂祖謙的全集，已在2008年由浙江古籍出版社出版。有關永嘉學派之集大成者葉適，則可見劉公純、王孝魚、李哲夫點校：《葉適集》（北京：中華書局，1961）。有關清末期間浙東與永嘉學派間關係及傳承方面的研究，可參考楊際開著：《清末變法與日本：以宋恕政治思想為中心》（上海：上海古籍出版社，2010），頁47–158。
42. Angus Maddison, *The World Economy: A Millennial Perspective* (Paris: OECD Publications, 2001), p. 66.
43. Alan Thomas Wood, *Limits to Autocracy: From Sung Neo-Confucianism to a Doctrine of Political Rights* (Honolulu: University of Hawai'i Press, 1995).
44. 余英時認為，朱熹的君道與其理學結構重虛君。見余英時著：《朱熹的歷史世界》（台北：允晨文化實業股份有限公司，2003），上篇，頁238–251。
45. 《二十五史．宋史》（上海：上海古籍出版社、上海書店，1966），頁1446。
46. 程頤說：「人君當與天下大同，而獨私一人，非君道也。」[宋]程頤著：《伊川易傳》，卷一，〈同人，先號咷而後笑〉，載[宋]程顥、程頤著：《二程全書》（台北：中華書局，1965），冊2，頁50。
47. 余英時著：《朱熹的歷史世界》，上篇，頁248；下篇，頁582。
48. Wood教授認為宋士大夫之努力是對獨裁政治的限制，並主張宋士大夫所說的宇宙存在的超過君主的道德法，其實不同於西方的自然法觀。Thomas Alan Wood, *Limits to Autocracy*.
49. 呂祖謙著：《東萊別集．與周丞相》，卷9。
50. 《大明律集解附例》，卷15。
51. 廷杖，是指將犯上或獲罪的朝臣當廷褫衣擊臀的羞辱性的懲罰。
52. 張廷玉等著：《明史》志71，刑法3，卷95載：「廷杖之刑，亦自太祖始矣。……雖大臣不免笞杖。」
53. 朱舜水著：〈致虜之由〉，載朱謙之編《朱舜水集》（北京：中華書局，1981），上冊，頁1。
54. 朱熹著：《朱子文集．答陳同甫》，卷26。
55. 余英時論：宋朝如王安石、朱熹等欲得君行道，是因當時權源在皇帝，「皇帝如不發動這種機器的引擎，則任何更改都不可能開始。」參見余英時著：《朱熹的歷史世界》，下篇，頁55。

56. 同上，頁578。
57. 甘懷真著：《皇權、禮儀與經典詮釋》（台北：台灣大學出版中心，2004），頁545。
58. 《陸九淵集》，卷22。
59. Mark Kishlansky, Patrick Geary and Patricia O'Brien, *Civilization in the West to 1715*, 3rd edition, Vol. 1 (New York: Longman, 1997), pp. 286–287.
60. 胡斯此識見發表在其於1413年所寫的《論教會》，見Jan Hus, *De Ecclesia* (New York: Scribner's, 1915).
61. Bertrand Russell, "Locke's Political Philosophy," in his *The History of Western Philosophy* (New York: Simon & Schuster, 1972, pp. 617–623.
62. John Locke, *Of Civil Government and Toleration* (NY: Cassell and Company, 1905), p. 60.
63. Ivan Hannaford, *Race: The History of an Idea in the West* (Baltimore: Johns Hopkins University Press, 1996), pp. 313–314。有關馬丁路德創造現代德語書寫文，見W. Norman Pittenger, *Martin Luther: The Great Reformer* (New York: Watts, 1969), p. 160。
64. Charles Darwin, *The Descent of Man and Selection in Relation to Sex* (NY: D. Appleton & Co., 1871), p. 151.
65. Van Wyck Brooks, *Fenollosa and His Circle* (NY: E.P. Dutton & Co., 1962), p. 61.
66. 譬如法國軍事殖民擴張理論家朱而斯．哈曼德（Jules Harmand）就說得很明白：「對外殖民侵略征服雖不道德；但事實上，其只是個強迫的不道德。殖民征服是物競生存法的表現之一。我們服從於此物競生存法，並不僅僅是因為自然迫使我們或走向毀滅或是進行征戰，其也源自我們的文明。」參見Michael Weiner, *Race and Migration in Imperial Japan* (London & NY: Routledge, 1999), pp. 26–27.
67. 康有為著：《大同書》（台北：龍田書局，1979）。
68. 關於孫中山的民族主義、民權主義、民生主義之具體，見〈孫文遺訓〉。
69. 摘自溝口雄三、孫歌關於知識共同體談話，整理於東京都八王子市南大澤，東京都立大學法學部第三特別研究室，2001年8月10日。
70. 例如美國歷史學會1915年會刊刊載了一篇名為〈民族主義〉的文章，作者威廉拉普瑞德寫道，他無法給民族主義下定義。參見William

T. Laprade, "Nationalism," *Annual Report of the American Historical Association for the Year 1915* (Washington, 1917), p. 224。又如在2003年出版的《意識形態和民族特性》中，作者Rick Fawn落筆時也為相同問題所困惑，故他先將民族主義下個定義，以便於鋪陳。見Rick Fawn, *Ideology and National Identity in Post-communist Foreign Policies* (London & Portland, OR.: Frank Cass, 2004), p. 11.

71. 詳見Yael Tamir, *Liberal Nationalism* (Princeton: Princeton University Press, 1995).
72. Gellner Ernest, *Nations and Nationalism* (Ithaca: Cornell University Press, 1983), 轉引自Rick Fawn, *Ideology and National Identity in Post-communist Foreign Policies*, p. 11.
73. 1957年，原甲級戰犯岸信介組閣成為日本首相。另外，戰後昭和天皇拒絕表明其在日本侵略戰爭中的角色，也從未對日本的侵略戰爭表示道歉。證據顯示，雖然當時諸多國家，甚至包括美國國務院都有意追究，但駐日盟軍司令麥克亞瑟領導下的軍政當局並不配合。詳見赫伯特．比克斯著，王麗萍、孫盛萍譯：《真相：裕仁天皇與侵華戰爭》(北京：新華出版社，2004)；約翰．道爾著，胡博譯：《擁抱戰敗：第二次世界大戰後的日本》(北京：三聯書店，2008)。
74. Peter Williams and David Wallace, *Unit 731: Japan's Secret Biological Warfare in World War II* (New York: The Free Press, 1989), Chap. 17.
75. Haruko Taya Cook and Theodore F. Cook, *Japan at War*, pp. 159, 166.
76. Peter Williams and David Wallace, *Unit 731*, p. 238.
77. 如史丹福大學教授Befu Harumi統計，從二戰後到1990年代，日本出版了逾千種探討包括「日本人論」的日本文化本質方面著述。見Befu Harumi, "Japan's National Identity: Past, Present, and Future," paper presented at the conference "Japanese Identity: Cultural analyses" at the Teikyo Loretto Heights University, 21–23 April 1995.
78. 呂玉新著：《古代東亞政治環境中的天皇與日本國的產生》，頁9–20。
79. 同上，頁234–235。
80. Peter N. Dale, *The Myth of Japanese Uniqueness* (London: Routledge, 1988).
81. Befu Harumi, "Japan's national identity: past, present, and future"; Yoshino Kosaku, *Cultural Nationalism in Contemporary Japan: A Sociological Enquiry* (London: Routledge, 1992).

82. 1888年，日本政教社成立後，即發行帶有濃厚國粹主義思想、旨在宣揚國家民族主義的《日本人》雜誌。在1920年發行、北一輝所寫的〈日本改造案大綱〉中，也可見到該雜誌所宣揚的思想。
83. 參見朝尾直弘、宇野俊一、田中琢編：《角川新版日本史辭典》(東京：角川書店，1997)，「遣唐使」條，頁345。
84. 在飛鳥、奈良、平安時代，郡級官吏一般由中央朝廷派到地方國。被派到地方執政者，大抵為貴族次子。當時所謂的國，等同於現今縣級單位，首長名為「國司」。國之下的郡級行政，其官吏未被編制在有俸祿收入的官僚體制中。時人紀貫之所寫的《土佐日記》可佐證此情況。有關此領域研究，可見鎌田元一著：〈七世紀の日本列島：古代国家の形成〉，載朝尾直弘等編：《日本通史．古代2》(東京：岩波書店，1994)，第3卷，頁3–52；呂玉新著：《古代東亞政治環境中天皇與日本國的產生》，頁160、215。
85. 對平安時代的具體年數劃分，學界稍有爭議。
86. 王勇著：《日本文化：模仿與創新的軌跡》(北京：高等教育出版社，2001)，第5章；拙作：《古代東亞政治環境中天皇與日本國的產生》，第六章。
87. 時中國和朝鮮佛教正興，來華的日人也紛紛學之；佛教又具較完整的思想體系，其作為新興、可借用的意識形態武器被引入日本，為新的一統政權建設服務。武士力量興起後，鐮倉幕府則以扶持新佛教宗派以對抗偏向貴族的舊宗派別。儒教在隋唐也並非方興未艾，孔子所倡反對極權的「克己復禮」之儒教，秦朝之後的皇家中國豈容得之？兩漢儒教，是讀書人冀望以道德説教、甚至借用天象來約束他們「食之來源」的父君(主)而搞出的新式樣。魏晉後，讀書人將道教與新傳入的佛教作為精神的避風港，唐朝奠基人忌於其混血身世而高捧道教，但敬佛之風仍不衰。熊十力「唐世，儒學無人才」，基此感而言。之後，五代也是「五季俊傑，僅在禪宗」。見熊十力著：《論六經．中國歷史講話》(北京：中國人民大學出版社，2006)，頁116–117。
88. 此類證據多可從平安、鐮倉時代公卿貴族留下的文字中找到。譬如，收錄了大津皇子、文武天皇、藤原不比等以及長屋王等所作的漢詩集《懷風藻》、天皇下令編選的漢詩集《凌雲集》與《經國集》、和歌集有《古今和歌集》、公卿大納言藤原公任編寫的《和漢朗詠集》以及紫式部著《源氏物語》等。中文方面，王勇多有著述，童嶺著：〈唐代東亞文學史文體意識接受初探〉(《國際漢學研究通訊》，第三期〔2011〕，頁152–180)中的相關文獻亦可參考。

89. 永原慶二著：《日本中世の社会》(東京：岩波書店，1966)，頁34–38；阿部猛著：《中世日本社会史の研究》(東京：大原新生社，1980)，頁186–229。
90. 夢窓疎石著：《夢中問答集》(東京：春秋社，2000)。
91. 虎関師錬著：《元亨釈書》，卷8。
92. 山藤夏郎著：〈無学祖元における観音信仰〉，《日本研究》，第1號(1985)，頁17。
93. 東初法師著：《中日佛教交通史》(台北：中華佛教文化館，1970)，頁515。
94. 虎関師錬著：《元亨釈書》，載《新訂增補国史大系》(東京：吉川弘文館，1930)，卷31，頁242。《元亨釋書》成書於1322年，以漢文書寫。
95. 相良亨著：《近世日本儒教運動の系譜》(東京：弘文堂，1955)，頁2。
96. 《太平記》，卷33。此書約成立於1370年，作者不詳。
97. 阿部猛著：《中世日本社会史の研究》，頁135。
98. 後醍醐天皇曾請玄慧法印為講師，在宮廷講解朱子所註的儒學經書，見吉川幸次郎著：《日本の心情》(東京：新潮社，1960)，頁46。有論文提到朱子的《論語集註》傳入日本是在後醍醐天皇時(元朝中期)，詳見顏錫雄著：〈《論語》的東傳及其對日本的影響〉，載王勇主編：《中日漢籍交流史論》(杭州：杭州大學出版社，1992)，頁53–59。
99. 有關三神器，詳見本書第二章敘述。
100. 無法稱他們為鄉紳，因當時日本地方豪族與武人普遍存在着尚武輕文的風氣。
101. 北畠親房著：《神皇正統記》(東京：岩波書店，1965)；塙保己一等集校：《群書類従》(東京：続群書類従完成会，1960，訂正三版)，卷29第三輯・帝王部，頁6、13–18。
102. 日本南北朝兩天皇同時出現，大部分源於皇室內鬥所造成的外在既存條件。鎌倉時代的1259年，後嵯峨天皇欲奪去長子後深草天皇皇位，讓次子龜山天皇繼任皇位；後嵯峨天皇此舉，平白滋生兩天皇對立，即所謂的「持明院統」(後深草天皇)和「大覺寺統」(龜山天皇)。兩個派別為皇位屢屢激烈鬥爭，鎌倉幕府調停為輪流執政。後醍醐天皇出自一般認為幕府較偏袒的持明院統之「大覺寺統」。
103. 《神皇正統記》的英譯者H. Paul Varley亦持此見，他在該譯本的前言中寫道：直到二戰終結前，《神皇正統記》是個極好的尊皇問答集。見*A Chronicle of Gods and Sovereigns: Jinnō shōtōki of Kitabatake Chikafusa*, translated by H. Paul Varley (New York: Colombia University Press, 1980),

p. 1. 有關此方面的研究可參考Emiko Ohnuki-Tierney, *Kamikaze, Cherry Blossoms, and Nationalisms: The Militarization of Aesthetics in Japanese History* (Chicago: University of Chicago Press, 2002); Ruth Benedict, *The Chrysanthemum and the Sward: Patterns of Japanese Culture* (Boston: Houghton Mifflin Co., 1946).

104. Louise Levathes, *When China Ruled the Seas: The Treasure Fleet of the Dragon Throne, 1405–1433* (New York: Simon & Schuster, 1994).

105. 張廷玉等著：《明史》志70，刑法2，卷94。

106. 張廷玉等著：《明史》列傳第212 · 外國5，卷324。

107. Dennis De Witt, *History of the Dutch in Malaysia* (Malaysia: Nutmeg Publishing, 2007).

108. William H. Frederick and Robert L. Worden, *Indonesia: A Country Study* (Washington D. C.: Federal Research Division, Library of Congress, 1993, 5th edition), p. 30.

109. 鄭鶴聲、鄭一鈞編：《鄭和下西洋資料彙編》(濟南：齊魯書社，1983)，頁1146。

110. 相關著述可見田中義成著：《足利時代史》(東京：明治書院，1923)；今谷明著：《室町の王権—足利義満の王権簒奪計画》(東京：中央公論社，1990)；井沢元彥著：《天皇になろうとした将軍：それからの太平記 · 足利義満のミステリー》(東京：小学館，1992)。

111. 進一步研究可參考黑田俊雄著：《日本中世の国家と宗教》(東京：岩波書店，1975)；阿部猛著：《中世日本社会史の研究》；木村尚三郎、田中正俊、永原慶二等編：《中世史講座》，第2卷(東京：學生社，1987)；永原慶二著：《日本の中世社会》；藤進一著：《日本の中世国家》(東京：岩波書店，1968)；北山茂夫著：《王朝政治史論》(東京：岩波書店，1970)；稲垣泰彥、永原慶二著：《中世の社会と経済》(東京：東京大学出版会，1962)；網野善彥著：《中世荘園の様相》(東京：塙書房，1975)；網野善彥著：《日本中世土地制度史の研究》(東京：塙書房，1991)；網野善彥、石井進編：《中世都市と商人職人》(東京：名著出版，1992)；William W. Farris, *Heavenly Warriors: The Evolution of Japan's Military, 500–1300* (Cambridge: Council on East Asian Studies, Harvard University, 1992); Lee Butler, *Emperor and Aristocracy in Japan, 1467–1680* (Cambridge: Harvard University Asia Center, 2002).

112. 鬼頭宏著：〈経済社会システムの転換と人口変動〉，載河野稠果、大淵寛編：《人口と文明のゆくえ》(東京：大明堂，2002)，頁29。
113. 詳見William J. Duiker, and Jackson J. Spielvogel, *World History, Volume II: Since 1400* (Belmont, CA: Wadsworth Group/Thomson Learning, 2004, 4th Edition), pp. 452, 369, 479。
114. 記錄顯示，葡萄牙人在1543年登陸日本。當時的日本人對他們攜帶的火槍極有興趣，並立即建廠仿造用於內戰。參見Angus Maddison, *The World Economy*, p. 70.
115. 此方面研究可見朝尾直弘：〈16世紀後半の日本〉，見朝尾直弘、網野善彥等編：《日本通史 · 近世1》(東京：岩波書店，1993)，第11卷，頁19–25。另外，George Sansom認為德川家康在1600年關原之戰時，有1,200人攜火槍參戰，見George Sansom, *A History of Japan, 1334–1615* (Stanford: Stanford University Press, 1961), p. 413. 同書中，Sansom還列舉了火槍傳入戰國時代日本時(頁263–264)，織田信長等大名是如何積極採用的。Sansom推測，武將松井友閑首先將火槍隊用於戰役，並因此被織田信長採用，見同書頁305。另見同書，頁309、326、403、413。
116. 羅麗馨著：〈豐臣秀吉侵略朝鮮：日軍軍中的傳教士與僧侶〉，《漢學研究》，33卷1期(2014)，頁163–196。
117. 鈴木良一著：《織田信長》(東京：岩波書店，1967)；ルイス ·フロイス著，松田毅一、川崎桃太譯：《信長とフロイス》，(東京：中央公論社，2000)；《角川新版日本史辞典》，「織田信長」條，頁168。
118. Delmer Brown, *Nationalism in Japan: An Introductory Historical Analysis* (Berkeley: University of California Press, 1955).
119. Richard Storry, *The Double Patriots: A Study of Japanese Nationalism* (London: Chatto and Windus, 1957).
120. Carol Gluck, *Japan Modern Myths: Ideology in the Late Meiji Period* (Princeton: Princeton University Press, 1985).
121. Helen Hardacre, *Shinto and the State, 1868–1988* (Princeton: Princeton University Press, 1989).
122. Daniel Holtom, *Modern Japan and Shinto Nationalism: A Study of Present-day Trends in Japanese Religions* (Chicago: University of Chicago Press, 1947).

123. 除了Robert N. Bellah的著作 *Tokugawa Religion*之外，還有 Wai-ming Ng, *The I Ching in Tokugawa Thought and Culture* (Honolulu: University of Hawai'i Press, 2000).
124. 詳細可參考拙作：《古代東亞政治環境中天皇與日本國的產生》(頁173–178)有關伊勢神社起源的論述。
125. General Headquarters, Supreme Commander for the Allied Powers, *Shinto Directive*, 15 December 1945.
126. Walter Skya, *Japan, Holy War: The Ideology of Radical Shinto Ultra-nationalism* (Durham: Duke University Press, 2009).
127. James W. Heisig and John C. Maraldo edited, *Rude Awakenings: Zen, the Kyoto School, and the Question of Nationalism* (Honolulu: University of Hawai'i Press, 1995).
128. Brian D. Victoria, *Zen at War*, 2nd edition (New York: Rowman & Littlefield Publishers, Inc., 2006).
129. 1997年《禪宗在二戰》出版後，先後被翻譯成德文、法文、意大利文、波蘭文，2001年出了日文版。引自Brian D. Victoria, "Preface to the 2nd edition," *Zen at War*, p. ix.
130. 慧然編：《臨濟錄》。
131. 見廣東、廣西、湖南、河南《辭源》修訂組、商務印書館編輯部編：《辭源》(北京：商務印書館，2000)，頁1689，「殺」字條。
132. Kazumitsu Kato, *Lin-chi and the Record of His Sayings* (Nisshin: Nagoya University of Foreign Studies, 1994).
133. Brian D. Victoria, *Zen War Stories* (London: Routledge Curzon, 2003); Christopher Ives, *Imperial-Way Zen: Ichikawa Hakugen's Critique and Lingering Questions for Buddhist Ethics* (Honolulu: University of Hawai'i Press, 2009).
134. W. G. Beasley, *The Rise of Modern Japan* (NY: St. Martin's Press, 1990); Sheldon Garon, *Molding Japanese Minds: The State in Everyday Life* (Princeton: Princeton University Press, 1997).
135. Tamanoi Mariko, *Under the Shadow of Nationalism: Politics and Poetics of Rural Japanese Women* (Honolulu: University of Hawai'i Press, 1998); Ueno, Chizuko, *Nationalism and Gender*, trans. by Beverley Yamamoto (Victoria: Melbourne, Trans Pacific Press, 2004).
136. Takashi Fujitani, *Splendid Monarchy: Power and Pageantry in Modern Japan* (Berkeley: California University Press, 1996).

137. 佐々木克此方面的研究有〈明治天皇の巡行と臣民の形成〉，載《思想》，第845號(1994)，頁95–117。2005年佐々木克將此其在方這面研究整理成專著《幕末の天皇・明治の天皇》(東京：講談社，2005)。藤谷隆在書中也數次提到過佐々木克。藤谷隆的相關文章還有Takashi Fujitani, "Inventing, Forgetting, Remembering: Toward a Historical Ethnography of the Nation-State," in Harumi Befu ed., *Cultural Nationalism in East Asia: Representation and Identity* (Berkeley: Institute of East Asian Studies, University of California, 1993), pp. 85–91.
138. J. Victor Koschmann, *The Mito Ideology: Discourse, Reform, and Insurrection in Late Tokugawa Japan, 1790–1864* (Berkeley: University of California Press, 1987).
139. Yoshiko Nozaki, *War Memory, Nationalism and Education in Post-war Japan, 1945–2007: The Japanese History Textbook Controversy and Ienaga Saburo's Court Challenges* (London & New York: Routledge, 2008). 此書介紹文部省數度批駁家永三郎教授所編教科書，說其在書中用「侵略」一詞表述1930至1940年代日本軍隊對中國和南亞的軍事行為並不妥當，認為家永寫的日本軍隊侵略他國的內容不對。與文部省多次嘗試溝通無果的家永三郎，最終狀告政府。官司拖了32年，雖最後部分小勝，但其間曾三次判家永三郎敗訴，右翼團體還對他進行人身威脅。家永三郎就職的東京教育大學也在各種壓力下，於1970年要求其辭職。
140. 竹內好著：《日本イデオロギイ：民眾・知識人・官僚主義：国の独立と理想》(東京：筑摩書房，1980)；竹內好編：《アジア学の展開のために：シンポジウムとコメントによる》(東京：創樹社，1975)。除竹內好外，此方面研究的主要著述有丸山眞男著：《日本のナショナリズム》(東京：河出新房，1953)；上山春平著：《日本のナショナリズム》(東京：至誠堂，1965)；木村時夫著：《日本ナショナリズム史論》(東京：早稲田大学出版部，1973)；松沢哲成著：《アジア主義とファシズム：天皇帝国論批判》(東京：れんが書房新社，1979)。
141. 市川白弦著：《仏教者の戦爭責任》(東京：春秋社，1970)；市川白弦著：《日本ファシズム下の宗教》(東京：エヌエス出版会，1975)。
142. 大木道惠著：《仏教者の戦爭責任：日蓮正宗の歴史改ざんを問う》(東京：文芸社，1998)。
143. 此四著為津田道夫著：《南京大虐殺と日本人の精神構造》(東京：社会評論社，1995)；栄沢幸二著：《近代日本のナショナリズム》(東京：青山社，2001)；小森陽一、高橋哲哉編：《ナショナル・ヒストリーを超えて》(東京：東京大学出版会，1998)；米原謙著：《德富蘇峰：日本ナショナリズムの軌跡》(東京：中央公論社，2003)。另有津田道夫著：《日本ナショナリズム論：愛国心にたいする羞恥を》(東京：盛田書店，1968)；津田道夫著：《ある軍国教師の日記：民衆が戦争を支えた》(東京：高文研，2007)。

144. 戦争責任資料センター 編：《ナショナリズムと「慰安婦」問題》(東京：青木書店，1998)。

145. 鈴木貞美著：《日本の文化ナショナリズム》(東京：平凡社，2005)。該書中文版為魏大海譯：《日本文化民族主義》(武漢：武漢大學出版社，2008)。此書揭示了幕府末期和明治時期所謂國體論的發展與神化過程。明治政府以日本神話第一代天皇神武天皇即位為紀元元年，以此證明「神國」日本的歷史比歐洲要早660年，並以此定下「紀元節」。戰後，這個節日一度被取消，但在借反共冷戰而東山再起的右翼思潮努力下，於1967年再次成為日本國民節日。19世紀以來，各國都為建立民族統一體的中央集權政府而努力，該過程中許多國家都有利用、創造傳統以整合民族的舉措，中國傳統神話中的黃帝節亦可為例。

146. 子安宣邦著：《日本ナショナリズムの解読》(神戸：白沢社，2007)，頁7–8。另外，日本國內對本居宣長在國學方面的研究著述有許多，英文方面的專著目前有納斯考(Peter Nosco)的*Remembering Paradise: Nativism and Nostalgia in Eighteenth-Century Japan* (Cambridge: Council of East Asian Studies, Harvard University Press, 1990).

147. Peipei Qiu and Zhiliang Su, *Chinese Comfort Women: Testimonies from Imperial Japan's Sex Slaves* (Oxford: Oxford University Press, 2014).

148. 論述此類史實文章甚多。如田中義能著：《日本思想史概說》(東京：明治書院，1945)，頁133。坂本太郎對德川家康興文教政策也讚頌有加，見坂本太郎著：《日本の修史と史学》(東京：至文堂，1958)，頁149–150。

149. 見板倉重矩遺書，Watanabe Hiroshi, *A History of Japanese Political Thought, 1600–1901*, pp. 78, 452.

150. 《本佐錄》書名源自家康的重臣本多佐渡守正信的名字，〈東照宮御遺訓〉指的是德川家康的遺訓。詳見石毛忠校註：《本佐録》，載石田一良、金谷治校註：《藤原惺窩・林羅山》(東京：岩波書店，1975)。關於稱將軍為國主，並聲稱將軍權力源於天授，彼時岡山藩主池田光政也有此說。《藩法集・岡山藩》，朝尾直弘、網野善彥等編：《岩波講座・日本通史》，(東京：岩波書店，1994)，卷15，頁195。

151. 室町幕府將軍足利義滿對明朝皇帝（建文帝）詔封「日本國王源道義」的覆函，也用過「日本國王臣源」字樣。見今谷明著：《謎解き中世史》（東京：洋泉社，1997），頁223–224。
152. 此領域研究可參見朝尾直弘著：〈16世紀後半の日本〉，載朝尾直弘、網野善彥等編：《岩波講座·日本通史》，第11卷，頁5–11；山口啟二、佐々木潤之介著：《幕藩体制》（東京：日本評論社，1971），頁34–43；Herman Ooms, *Tokugawa Ideology: Early Constructs, 1570–1680* (Princeton: Princeton University Press, 1985), p. 52. 此外，Ooms並認為，為在外交上利用朝鮮使，江戶幕府在條約的用詞方面犧牲了利益。
153. Takashi Fujitani, *Splendid Monarchy*, p. 7.
154. 彼時幕府給天皇宮廷的年貢僅一萬石，仙洞三千石，女院一千石。經濟上的窘迫，使皇子皇女幼年出家為僧尼成為天皇家的慣習。這種情況一直到篤信儒學的五代將軍德川綱吉時才得到改變。見阪本太郎著：《新訂日本史概說·下》（東京：至文堂，1962），頁54。實際上，早些年時，水戶藩編纂的唯在尊王敬幕的日本史（從神武天皇至北朝吸收南朝時的後小松天皇部分）紀傳部分已完成，當時藩主德川光圀對皇室到江戶的使臣，也按禮樂秩序之禮接待。
155. 小田村寅二郎編：《日本思想の系譜·文獻資料集》（東京：国民文化研究所，1968），中卷2，頁332。
156. 1603年，德川家康向京都的朝廷索得征夷大將軍封號，兩年後，轉讓給其子秀忠，自己則執大權於幕後。1615年，家康挑起大阪之戰，終於徹底去除了豐臣氏族與其支持者的勢力。同年，地位穩固的將軍幕府頒布了《禁中方御條目十七箇條》。幕府初期，將軍幕府對皇室的態度，還從以下諸事可窺一斑。一、1611年，後陽成天皇迫於德川家康授意，而不得不讓位；二、1620年，後水尾天皇被迫迎娶德川第二代將軍秀忠之女入宮；三、1627年，皇室多因財政窘迫，事先未與幕府商量，敕許京都大德寺和妙心寺僧侶數十人穿紫衣。但幕府據已制定的宗教事務法律《僧侶之諸出世法度》，認為天皇越過權限，而宣布該敕許無效。有關德川初期將軍幕府是政權最高權威之識，亦可見藤井讓治著：〈17世紀の日本—武家の国家の形成〉，載朝尾直弘、網野善彥等編：《岩波講座·日本通史》，卷12，頁1–64。該書作者認為，當時國家社會為公儀國家，將軍位於國家最頂端。
157. 前述北畠親房所作《神皇正統記》、本居宣長所作《直毘靈》，即入此例。
158. 與鎌倉、室町幕府相比，德川幕府真正開始了武士向學、註重文治。德川之前，儒教經典的詮釋，僅被授權於四家世襲博士。此四家世襲博士於中世紀產生，其中清原氏與中原氏為明經博士，日野氏及菅原氏為文章博士。此傳統造成其他人被禁公開講書的規矩。幕府初建時，林羅山曾因公開講解《論語集註》，被明經博士清原秀賢以「自古無勅許不得講書，朝臣尚然，況庶士乎」之因，要求幕府處罪。參見稻葉默齋著：《墨水一滴》，「神祖笑隘」條，載關儀一朗：《近世儒家史料》（東京：飯塚書房，1976），頁4。所以，當時的民間向學之士往往不得不借佛習儒。藤原惺窩、林羅山、山崎闇齋習儒之道無不經此，也間接造成德川初期儒學摻雜着濃重的佛教思想。關於當時清原家所講四書，稻葉默齋說：「時清原家儒者講四書，只學庸用朱子章句」，見稻葉默齋著：《墨水一滴》，頁4。

159. 「城下町」在日本戰國時代已出現。當時由於專業武士階層的興起，武士領主（大名）與其屬下武士居住地造就了一批新興的城鎮。江戶時代，幕府命各地諸侯大名攜家屬居住江戶，皇室及幕府監視皇室的機關則在京都，諸侯在地方代為執政的家臣也攜家眷住在藩政機關處，加上士農工商等級制度對跨行業的限制，武士成了住在交通方便的藩政機關所在地，也是新興城市的吃商品糧的階層，因此必定形成新、舊城區的商業發展。當時的藩政機關如名古屋、仙台、金澤以及水戶等，都成了今日重要的城市。不少學者認為江戶人口已達百萬，Yazaki Takeo指出德川時代大阪和京都的人口已超出30萬，見Yazaki Takeo, *Social Change and the City in Japan* (Tokyo: Japan Publications, 1968), p. 134; Tessa Morris-Suzuki, *A History of Japanese Economic Thought* (New York: University of Oxford, 1990), p. 10; André Sorensen, *The Making of Urban Japan: Cities and Planning from Edo to the Twenty-first Century* (London: Nissan Institute/Routledge Japanese Studies, 2002), p. 134. 16世紀後，包括日本在內的世界人口急劇增加，其中一個因素是原產於美國的玉米、花生、馬鈴薯、蕃薯等農作物，因西方帝國的對外擴張而推廣到其他洲貧瘠的土地。何炳棣指出，在雲南地方誌中，16世紀初已有當時稱作「御米」的玉米種植記錄，見何炳棣著：《讀史閱世六十年》（桂林：廣西師範大學，2005），頁282–284。

160. 幕府前期時好學的要臣有大老酒井忠勝、將軍輔佐保科正之以及水戶學創始人水戶藩主德川光圀等。17世紀下半期起，與朱舜水交往密切的儒學者木下順庵，除了出任將軍的政治顧問外，其弟子新井白石和室鳩巢也先後成為將軍的政治顧問。又譬如，1716年由幕府出資建成的聖堂（大成殿、孔廟，今東京都內），開始定期舉行儒學講座，並對普通市民開放。1718年，幕府還命大學頭林家之外的幕府儒學者，在八代洲河岸的高倉宅邸講課，允許普通市民聽講。1722年，儒學者佐藤直方的弟子向幕府請求，由政府出資開設私塾，以教育市民子弟。此外，五代將軍綱吉及其後的幕府，還將儒學密切運用於政治。見辻達也〈「政談」の社会的背景〉，載《日本思想大系36．荻生徂徠》，頁778–782。

161. 伊藤仁齋數次辭謝外藩之聘，終身甘為一介平民。比較之下，本居宣長倒是很在乎出身等級的高低貴賤，他在《家事古傳》中，經複雜推證，自詡是出自桓武天皇的平氏貴族後裔(見本居宣長著、野口武彥編註：《宣長選集》〔東京：筑摩書房)，1986，頁65)。本居63歲時，終被紀州藩主聘用，列武士階級，頗因此感榮耀，見城福勇《本居宣長》(東京：吉川弘文館，1989)，頁293。

162. 清朝的呂留良事件可謂當時文字獄的典型。學界常舉寬政二年幕府為提倡嚴重受到挑戰的朱子學而禁他學的所謂「異學之禁」，以此證明江戶官方對意識形態的嚴密控制。其實，通讀幕府下達給林大學頭的通知〈学派維持ノ儀ニ付申達〉，可知幕府此通知主要對隸屬於官府的「昌平坂學問所」(通稱昌平黌)內部出現學習古學等現象而言。〈寬政異學之禁〉令下達後，還出現了塚田大峰、龜田鵬齋、山本北山、市川鶴鳴以及豐嶋豐洲等對異學之禁的批判。其中塚田大峰對「異學之禁」的批判較有影響，見三宅正彥著，陳化北譯：《日本儒學思想史》(山東：山東大學出版社，1997)，頁154。

163. 《成宗實錄》(서울：國史編纂委員會，1973)卷20載：「吾東方自箕子以來，教化大行，男有烈士之風，女有貞正之俗，史稱小中華。」轉錄自韓東育著：〈「壬辰倭亂」與明朝的「朝鮮保全」〉，《讀書》，第403期(2012：10)，頁14。

第一章　天皇與執政幕府的地位：水戶學和幕府御説

1. 此類文獻諸多，日語文獻有井上哲次郎著：《日本朱子学派之哲学》(東京：富山房，1945)，頁586–587、590–592；大內地山著：《人間義公》(茨城県：鶴屋書店，1972)；名越時正著：《水戸学の研究》(京都：神道史学会，1975)等。坂本太郎對水戶學編史的評析，也未脱出此框架，見坂本太郎著：《日本の修史と史学》(東京：至文堂，1990)，頁

179–192。中文方面，除黃遵憲等人，20世紀中葉以來，較早的研究是周一良的本科畢業論文，近年來李甦平（《轉機與革新：中國畸儒朱舜水》〔北京：中國人民大學出版社，1989〕）、林明德（《日本史》〔台北：三民書局，1990，第三版〕）亦持此主張。西方學界也受日本學界風潮影響，將水戶學與尊皇運動劃上等號，見J. Victor Koschmann, *The Mito Ideology: Discourse, Reform, and Insurrection in Late Tokugawa Japan, 1790–1864* (Berkeley: University of California Press, 1987), pp. 34–38. 惜本書在涉及早期水戶學的敘述中未關註到朱舜水。Marius B. Jansen, *China in the Tokugawa World* (Cambridge: Harvard University Press, 1992, pp. 59–60) 討論朱舜水助德川光圀編《大日本史》、樹立尊皇思想。George B. Sansom 説作為《大日本史》頭領，德川光圀在文學上的積極活動和推進了本土學和本土宗教的發展，為日後挖幕府的牆基並復辟皇權打好了基礎，見George B. Sansom, *Japan: A Short Cultural History* (Stanford: Stanford University Press, 1978), pp. 528, 530.

2. 名越時正《水戸学の研究》一書〈自序〉中稱，水戶學研究在戰後近三十年幾乎被凍結。
3. 水戶彰考館中諸多朱舜水親筆書函，其落款簽名前都加「明遺民」，可證朱舜水對自我身份的定位。
4. 本書決非為對德川初期儒學的全方位研究，筆者註意到日本建國以來佛教和原始宗教信仰在當時社會，尤其是佛教在平民社會及下級武士中仍有相當大的影響力。比如德川光圀在1665年與朱舜水去水戶時，毀去藩內神社寺廟數千。詳情可參考Yuxin Lü, "Reformed Confucianism in Tokugawa," in *Asian Culture*, Vol. 25, No. 4 (Winter, 1997), pp. 17–26. 後又聘請浙江僧人心越至水戶天德寺（後改稱祇園寺）為曹洞宗禪師。諸此，光圀都有政治與文化寓意上的考量。
5. 包弼德（Peter Bol）著：《斯文》；張灝著：〈宋明以來儒家經世思想試釋〉；劉述先著：《儒家哲學的典範重構與詮釋》，頁209–242；《葉適集》（北京：中華書局，1961）；黃靈庚等編：《呂祖謙全集》（杭州：浙江古籍，2008）。
6. 朱熹那份引起皇帝大怒的上疏，見《二十五史．宋史》（上海：上海古籍出版社，1966），頁1446。朱熹再傳弟子真德秀所編著的《大學衍義》也承師傳，以君主為對象，提倡帝王成德，以範天下百姓。
7. 《角川新版日本史辭典》「本多正信」條載：本多正信（1538–1616），德川家康信任近臣之一，其以行政手腕支撐了初期的德川政權。有傳聞說，《本佐錄》是本多正信受儒學者藤原惺窩之教而作。奈良本辰也曾撰文指出，「不論該文是否為本多所作，其仍是談論近世政道方面極為重要之著作。」見奈良本辰也校註：《近世政道論》（東京：岩波書店，1976），頁428。

8. Herman Ooms在 *Tokugawa Ideology: Early Constructs, 1570–1680* (Princeton: Princeton University Press, 1980, c1985) 一書強調，江戶時代早期儒學，尤其是朱子學，並非官方主要意識形態。但自日本建國，儒學日益普及，深深影響各階層。戰國時代，各地寺廟僧侶對孩童傳授基本儒學道理，如江戶初期的名學者藤原惺窩、林羅山都是先在佛門接受基礎儒學知識。學界中有一種主張，根據儒學者與寺院（尤其是東照宮和家康母親葬身所屬佛寺）從幕府所得資金多寡，比較儒教與佛教或其他宗教對官方意識形態所起作用大小。此主張體現的是今人以物資力量為主要標準衡量歷史實際之思維，似有偏頗。德川家康的《東照宮御遺訓》亦稱《神君御遺訓》或《東照神君御遺訓》，載同文館編輯局編：《日本教育文庫．家訓篇》（東京：同文館，1910–1911），頁258。
9. 本多此文針對新小藩主，為他們的藩政建設宗旨及大方向建言。從文中可知，幕府指導要求的藩政要點是憐民、節約財政開銷、不懈武備等。如在告誡藩主言中，就有「古人曰，萬民者天所生。天愛其所生，猶父母愛其子，故愛民必有天報。又曰，民者國本也，本固則國泰。又曰，君者民之父母也。萬民為天地之子。君如父母之物業（領地）。家之物業應感家人之恩。⋯⋯言『君為民之父母』，國主郡主能憐民，則如同人之父母。」本多正信：《治国家根元》，載奈良本辰也校註：《近世政道論》，頁11。
10. 岡山藩主池田光政此說見《藩法集．岡山藩》，朝尾直弘、網野善彥等編：《岩波講座．日本通史》（東京：岩波書店，1994），卷15，頁195。
11. 關於《本佐錄》和《東照宮御遺訓》的真正作者，學界有不同意見，這並不影響它們的重要性。一橋大學若尾政希教授強調，兩書中論天道即為將軍的思想，曾廣泛被德川各地藩主為主的武士階層所接受。若尾政希還對日本所存178本《本佐錄》抄本進行調查，發現許多抄本為藩主親筆所抄。參見若尾政希著：〈《本佐録》の形成：近世政道書の思想史的研究〉，《一橋大学研究年報．社会学研究》，卷40（2002），頁242、278–298；若尾政希著：〈《東照宮御遺訓》、《御遺訓》の思想史的研究序說〉，《一橋大学研究年報·社会学研究》，卷39（2001：1），頁219–171。

此外，《本佐錄》原文可見石毛忠校註：《本佐録》，收於石田一良、金谷治校註：《藤原惺窩 · 林羅山》。

12. 德川光圀著：《常山文集 · 賀大樹源公謁忍岡孔廟頌並序》，卷19，載德川圀順編：《水戸義公全集》(東京：角川書店，1970)，上，頁185。
13. 1634年三代將軍家光在京都檢閱武士的人數，甚至遠超德川家康平定日本的決定性戰役關原之戰，該戰役參戰雙方總人數11萬。見朝尾直弘：《岩波講座 · 日本歷史 · 第10卷近世》(東京：岩波書店，1975)，頁1–56。
14. 如徐中舒據甲骨文論證，殷朝子儒的主要職責，是在重大政治活動中安排典禮以及不同等級參與者的禮儀等，行的是司儀之務。見徐中舒著：〈論甲骨文所見的儒〉，載徐中舒著：《先秦史十講》(北京：中華書局，2009)，頁181–195。筆者這裏説的政治關係是廣義上的。
15. 幕府命林羅山編國史前，曾在1641年(寬永十八年)命其編纂各諸侯的家系，並起草《本朝神代帝王系圖》、《鎌倉將軍譜》、《京都將軍譜》、《織田信長譜》以及《豐臣秀吉》等。
16. 此書庫是幕府為林羅山建造的銅瓦文庫。文庫收藏着羅山以畢生精力蒐集的萬餘卷漢文和文書籍。
17. 這裏指德川幕府為編史史員提供的食祿、書庫以及蒐集資料與調查之資。此決定由幕府老中阿倍忠秋(1633–1666年在任)在寬文二年(1665)親自告知林鵞峰。據林鵞峰記載，當時的編史人員包括其二子與門人共二十餘人。見林鵞峰：《国史館日録》，卷1，寬文二年十月三日條，國會議事堂圖書館所藏寫本，館藏編號：18-862-127，頁5。兩年後，編史人員增至三十餘人，幕府最高行政組當時命林鵞峰為編史總裁，並提供日常開支及全員月俸。見林鵞峰：〈国史館記並條例〉，國會議事堂圖書館文檔，館藏編號：1-136-170。
18. 《本朝通鑑》首卷〈鳳岡林先生年譜〉載：「此年(寬文十年)《本朝通鑑》編輯成矣。……凡三百一十卷，春齋獻之。」林恕撰：《本朝通鑑》(東京：國書刊行會，1918)。
19. 林恕撰：《本朝通鑑》，首卷，頁5。
20. 《本朝通鑑》編輯方針是林鵞峰在1664年11月朔日所作，見林鵞峰：〈国史館記並條例〉。
21. 同上。
22. 林恕撰：《本朝通鑑》，頁5。
23. 林鵞峰：《国史館日録》卷1，寬文四年十月十九日條。

24. 德川幕府將全國人民分為士農工商四等級。其基於戰國後期在全國檢地基礎上建立的兵民分離，理論上借鑑並繼承了春秋時代齊國管仲所創立的將全國人民分為士農工商四民的辦法。在具體執行方面，雖然士(也就是武士)在日本被排在首位，但實際上，德川封建制下主要大城市及地方諸侯政府所在地的城鎮發展很快，農工商之間的身份轉換逐漸增多。19世紀後，成功商人的實際地位甚至勝於不少經濟陷入困境的中下級武士。除四階級外，德川社會還有寺院神社的僧侶、被社會排斥的所謂賤民，即穢多(或寫作「非人」)階層。
25. 坂本太郎著：《日本の修史と史学》，頁158。
26. 林鵞峰：《国史館日録》，卷1，寛文二年十月三日條。
27. 《本朝通鑑》編寫期間，幕府派官員松信重監之，見林鵞峰：〈国史館記並條例〉。有關老中們時時過問並隨時將稿本取去閱讀的記錄，散見於林鵞峰的《国史館日録》中。如寛文八年十一月廿九日、寛文八年十二月二日以及寛文八年十二月三日，幕府老中均到史館詢問進度並閱讀原稿。
28. 坂本太郎著：《日本の修史と史学》，頁153–154。
29. 室町幕府最盛期的將軍足利義滿，在覆函明建文帝詔封〈日本國王源道義〉中，也曾用過「日本國王臣源」字樣。見今谷明著：《謎解き中世史》，頁223–224。
30. 釋慧琳(公元737–820)《一切經音義》(亦稱《慧琳音義》)中對「權現」的註釋為：「賈註國語云：變通以應時曰權；廣雅：權秉也，古今正字從手，雚聲雚，音灌也。」佛典《金光明最勝王經》卷1中釋為「諸佛無作者，亦復本無生。世尊金剛體，權現於化身；是故佛舍利，無如芥子許。」
31. 天皇在〈東照宮大權現·追號宣命〉中表彰德川家康：「威風振異邦之域，施寬仁於率土之間，敦行善而顯德，身既沒但名存。」載小田村寅二郎編：《日本思想の系譜·文献資料集》(東京：国民文化研究会，1968)，中卷·2，頁337。
32. 1715年(正德五年)光圀的繼任者，時水戶藩主德川綱條命名之。
33. 稍後於早期水戶學倡尊皇思想的有山鹿素行和山崎闇齋。山崎出身浪人，由禪轉儒，自48歲起受聘於會津藩主。他服務會津藩主後，將肯定日本皇室的神道思想融入儒學，並根據朱子學關於君主政權正統的理論，否定古代中國湯武以革命暴力手段搞政變的合法性。
34. 德川光圀編撰：《大日本史：義公生誕三百年記念出版》(茨城：義公生誕三百年記念会，1928–1929)。

35. 野口武彥從認為光圀不意味着改朝換代，而是象徵正統的神器，藉政權北移，創造出兩朝合一契機，從而恢復皇室原有的理想秩序。參見野口武彥著：《德川光圀》（東京：朝日新聞社，1976），頁266。
36. 楊家駱主編：《新校舊唐書》〈本紀·第四·高宗〉（台北：鼎文書局，1998），頁65。
37. 藤田一正根據水戶彰考館的記錄，寫道：「修史元年甲子，公五十七歲。四月三日，公謂傳宗淳、元常曰，神代之事，率皆怪誕難載。神武，紀首。宜別作天神、本紀、地神、本紀。又曰，凡《紀傳》，據《日本紀》、《古事記》、《舊事紀》等為文者，不須註出典。其旁採宅雜説者，宜悉註其考據書名。奉《上日筆記》。」見藤田一正：《修史始末》，上卷，水戶彰考館1794年手抄本，茨城大學圖書館館藏影印本。文中《紀傳》指水戶藩在光圀命令與安排下於日本天和年間（1681–1684）編纂的104卷《新撰紀傳》。
38. 村岡典嗣著：《增訂日本思想史研究》（東京：岩波書店，1938），頁233。
39. 《大日本史》行文中可見以小字書寫的註釋，標明文獻來源。如對歷史上一度稱新皇、立政權的平將門的記述，文獻來源不僅取自《將門記》、還使用了《扶桑略記》、《今昔物語》、《平氏系圖》以及《大鏡》等。見《大日本史·列傳第155·叛臣》，卷228。
40. 御三家除水戶藩外，另有尾張、紀伊二藩。江戶幕府最後一代將軍德川慶喜，出自德川水戶家系。
41. 「其尊王室，敬祖宗」，見安積覚跋：〈義公行実〉，載德川圀順編：《水戶義公全集》，上，頁470。光圀本身對「尊王敬幕」的具體做法，沒有給後世留下更多文字表述，那是因為顧忌到當時的大環境和自己、水戶領下藩與幕府、老中以及他藩，另外還有幕府與朝廷之間錯綜複雜的關係。參見水戶史学会、常磐神社編：《水戶義公伝記逸話集》（東京：吉川弘文館，1978），頁307–308。
42. 德川光圀：〈孔子像贊〉，《常山文集》卷19，載德川圀順編：《水戶義公全集》，上，頁185。
43. 德川光圀在〈西山隨筆〉中道：「三代遺法為王道之本。」見德川圀順編：《水戶義公全集》，中，頁214。
44. 《論贊 · 白河天皇紀贊》卷43中對白河天皇的評價是：「帝仁義不施，而多欲是務。退居仙院，殆經四紀。天子威令所加，無不如意。而床第不修，幾敗倫理。保元之亂，釀蘖與此。可不鑑諸。」引自山陽賴襄抄、本朝比奈知泉校閱：《漢和両文大日本史論賛集》（東京：大正書院，1916），頁65。

45. 朱舜水在其所撰〈周公像贊〉中說：「孔子志大道之行，而東周不可為，因自傷曰：『久矣，不復夢見周公。』余……乘桴而東，乃於此拜公之威容儀表……意者夢見之乎？公之時，箕子居朝鮮，八條之教興，至今有遺風焉。近者，日國（指日本）敦詩、書，說禮、樂，禮、樂，詩、書，周公之道也。若能修而明之，其治豈有量哉！）見《朱舜水集》，下冊，頁557。
46. 朱謙之編：《朱舜水集》，上，頁74。
47. 同上，頁602。
48. 徐興慶著：《朱舜水與東亞文化傳播的世界》，頁105–116；木下英明：〈朱舜水と彰考館の史臣達〉，《水戸史学》，第38号（1993年5月），頁2–14。
49. 安積覺，〈致藤執政二首〉，其一。
50. 除了向水戶史員門生分別講授外，朱舜水還對德川光圀與史館編纂人員講《春秋》等經典。譬如上野國安中藩主板倉勝明在所撰〈書澹泊先生史論〉中記錄道，「（德川光圀）聘舜水生之瑜，講究《春秋》之大義。」見朱謙之：《日本的朱子學》（北京：三聯書店，1958），頁383。對署名德川光圀為作者的《常陸國志》，朱舜水從體裁和立論上對該文提出了修改意見，見朱謙之編：《朱舜水集》，下冊，頁554。林鵞峰提到，在寬文七年（1667）七月十四日造訪水戶邸時，藩主光圀向他展示了新寫的《常陸國風土記》。參見林鵞峰：《国史館日録》，1660–1670，卷8，頁597，日本國會議事堂圖書館藏手寫本，館藏編號18-862-127。《常陸國風土記》為舜水門生小宅生順編寫，應經過朱舜水修改。
51. 伊東貴之：〈明清交替と王権論—東アジアの視角から〉，載《武蔵大学人文学会雑誌》，第39卷第3號（2008年1月），頁1–54。
52. 朱舜水批宋儒喜談空理，已廣為人知；另一方面，他也讚周敦頤「推『太極』、『無極』以寄肥遁，意深遠矣」，還在〈程明道（顥）像贊〉中肯定存心說：「存心貴實，善性欲靈。」見《朱舜水集》，下冊，頁568–569。朱舜水對可稱為明朝程朱理學代表人物的薛謟、倡古文者李夢陽亦不乏讚語：「國朝人物如薛文清、李夢陽，氣骨錚錚，足為國家砥柱。」同上，頁405。
53. 朱舜水本着「君子周而不比章」的精神，對學派不抱偏見，對朱熹、王陽明有讚有批。其弟子安積覺說：「僕幼時受業之師朱文恭者，生平未嘗攻佛。且曰：儒教不明，佛不可攻；儒教既明，佛不必攻。」安積澹泊：〈寄森尚謙書〉，載小宮山昌秀：《耆旧得聞附錄》，卷5，寬政年間手稿本。德川光圀便深得朱舜水此種問學態度的要義，他總結自己一生思想行為「尊神儒而駁神儒、崇佛老而排佛老」，原文篆刻在其墓碑之陰，見德川圀順編：《水戶義公全集》，上，頁192–193。

54. 從《資治通鑑》可見北宋時儒學者已有對體制與社會秩序關係的思考，雖然司馬光僅是對失德昏君的批判（如對晉武帝的批評）。朱舜水喜《資治通鑑》，並寫下〈司馬溫公像贊〉（《朱舜水集》，下冊，頁570），還讓史館人員及其弟子看《資治通鑑》：「一部《通鑑》明透，立身制行，當官處事，自然出人頭地。俗儒虛張架勢，空馳高遠，必謂捨本遂末，沿流失源。殊不知經簡而史明，經深而史實，經遠而史近，此就中年為學者指點路頭，使之實實有益，非謂經不須學也。得之史而求之經，亦下學而上達耳。」見朱舜水：《朱舜水集》，上冊，頁274。

55. 對於這一點，有學者認為與清朝人註重考據相似，「清學」（考據學）傳到日本並形成日本式考據風格，影響了今日的日本學術界，見于逢春：〈日本百年來清朝歷史研究述論〉，《北京城市學院學報》，2009年第1期，頁6。此看法恐怕是沒有註意到朱舜水作為明末江浙翹楚學人在水戶編史中的作用。此外，學人不應忽視朱舜水對包括實證史學在內的實學成就，以及在經世致用等方面的影響，其不僅及至日本，也及至近現代中國。

56. 儒學者木下順庵代其藩主前田綱紀（幕府雄藩加賀藩主、與朱舜水關係較密），請朱舜水作楠木正成傳。但朱舜水為顯春秋之義，不作傳，而作贊，以彰其對維護皇室延存之功。當然，盛讚封建體制的朱舜水，不會贊成後醍醐天皇廢幕府而行君主極權專政。詳見朱舜水：〈答木下貞幹書六首〉第三首，《朱舜水集》，上冊，頁201。

57. 朱舜水：〈中原陽九述略〉，《朱舜水集》，上冊，頁1。

58. 杜登春：《社事始末》，轉錄自陶子珍著：《明代詞選研究》（台北：秀威資訊，2003），頁35。杜登春為幾社創始人之一，杜麟徵之子。

59. 伊東多三郎主編：《水戶市史》（水戶：水戶市役所，1963），中卷1，頁703。

60. 有關《坤輿萬國全圖》帶到日本並印刷，見後述；帶到朝鮮之研究，見張西平著：《歐洲早期漢學史：中西文化交流與西方漢學的興起》（北京：中華書局，2009），頁133。

61. 朱舜水：〈答源光圀問先世緣由履歷〉，《朱舜水集》，上，頁352。

62. 朱舜水說他12次拒朝廷命官，因已見明朝政體之病，「顛廈非一木所支，大川豈一人攸濟對朝廷內奸相私黨。」朱寒心，故「要知不佞見得天下事不可為而後辭之，非洗耳飲牛，羊裘釣魚者比也，亦非漢季諸儒閉門養高以邀朝譽也。」參見朱舜水：〈策問十一．答安東守約問八條〉，《朱舜水集》，頁352–353、371。

63. 朱舜水到長崎後，鄭成功曾致函，希望他在日本請兵抗清。朱舜水在世時未示世人，死前讓門生安積覺交藩主德川光圀，光圀歎賞，命安積覺臨摹，日日置其座右。此臨摹件名〈鄭大木與朱舜水尺牘，安積覺臨寫橫幅〉，收藏於茨城縣立圖書館，館藏編號0928-215。

64. 黃宗羲著：《海外慟哭記》(台北：台灣大通書局，1987)，頁10。

65. 此魯王敕書之原件，寫於1654年，現藏存於彰考館。

66. 《論語．堯曰》。

67. 《尚書．周書．文侯之命》，卷20。

68. 《論語．堯曰》。

69. 《詩經．大雅．文王》：「周雖舊邦，其命維新。」

70. 《朱舜水集》，上冊，頁343。

71. 《朱舜水集》，下冊，頁575–576。

72. 《朱舜水集》，下冊，頁630。

73. 如被稱做是事功學派的葉適，批判秦制以來的皇權獨斷：「古人立公意以絕天下之私，捐私意以合天下之公；若夫據勢行權，使物皆自擾以從己，而謂之如意者，聖賢之所禁也。」見葉適著：《習學記言序目》(北京：中華書局，1977)，卷49，頁735。有關葉適與浙東學派在政治體制方面的新思維，參見任鋒：〈葉適與浙東學派：近世早期政治思維的開展〉，載《政治思想史》，總第6期(2011)，頁60–81。

74. 孟德衞(David E. Mungello)著，江文君、姚霏譯：《1500–1800：中西方的偉大相遇》(北京：新星出版社，2007)，頁128–129。

75. 福州市地方志編纂委員會編：《福州市志》(北京：方志出版社，2000)，第八冊。

76. 李兆良指出《坤輿萬國全圖》中共有1,114個地名。見李兆良著：《坤輿萬國全圖解密：明代測繪世界》(台北：聯經出版社，2012)，頁15–16。

77. 林梅村：〈蒙古山水地圖：在日本新發現的一幅中世紀絲綢之路地圖〉，清華大學歷史系、三聯書店編輯部：《清華歷史講堂續編》(北京：三聯書店，2008)，頁175–197。

78. 陳子龍、徐孚遠等編：《皇明經世文編》。

79. 《皇明經世文編》的〈序〉開宗明義指出，作者編書的目的就是經世。

80. 從徐孚遠撰寫的《賦呈張宮傅》與《賦呈朱館卿四十韻》中，可知徐孚遠很敬重張肯堂與朱永佑。詳見蔡靖文著：《徐孚遠在世變下之生命情懷》，台灣中山大學中文系博士論文，2012年，頁112–115。

81. 徐海松：〈論黃宗羲與徐光啟和劉宗周的西學觀〉，《杭州師範學院學報》，1997年第4期，頁1。
82. 沈善洪主編：《黃宗羲全集》(杭州：浙江古籍出版社，1985–1994)，第9冊。
83. 同上。
84. 孟德衛著：《1500–1800中西方的偉大相遇》，頁68。
85. 譬如孟德衛舉承徐光啟「補儒わた易佛」主張的杭州人氏、學人張星耀(1633–？)為例。見David. E. Mungello, *The Forgotten Christians of Hangzhou* (Honolulu: University of Hawai'i Press, 1994), p. 72.
86. Kaempfer的記錄在1727年被整理成書，1906年有另一版本：Engelbert Kaempfer, *The History of Japan: Together with a Description of the Kingdom of Siam: 1690–1992*, J. G. Scheuchzer trans., Volume II (Glasgow: James MacLehose and Sons, 1906).
87. 中國歷史上也曾有過從未成功的倡封建制之建議，但其動議目的與明末浙東士人殊異。如魏國的曹冏上書〈六代論〉勸曹爽行封建(《三國志．武文世王公傳》，卷20)；西晉的劉頌也曾上疏勸晉王行封建(《晉書．劉頌傳》，卷46，或《全晉文》，卷40)。此外，唐太宗取得政權後，曾令群臣討論過封建制(參見《貞觀政要．論封建》，卷3；《唐會要．封建雜錄》，卷46)。
88. 《朱舜水集》，上冊，頁319。
89. 《朱舜水集》，下冊，頁451。
90. 〔唐〕吳競著：《貞觀政要．刑法第三十一》。
91. 木下順庵是松永尺五的高弟，中年時被與朱舜水關係不錯的加賀侯聘用，之後成為幕府儒者與五代將軍綱吉的侍講，其門下弟子被譽為「木門十哲」。加賀侯在江戶的藩邸比鄰水戶侯藩邸，從《朱舜水集》可見順庵與朱舜水之親近關係。1682年朱舜水去世時雨森芳洲才16歲，此言應是雨森從其師得知。而木下順庵另一弟子新井白石有關朱舜水說彼時日本體制有三處優於中國，也應源自其師。雨森芳州有關朱舜水親見日本所行三代之法。見渡辺浩：《近世日本社会と宋学》(東京：東京大学出版社，1985)，頁34–35。
92. 孔子在世時的東周已顯衰弱，孔子倡克己復禮、興禮樂，目的不外是希望封建社會中的貴族，遵守合乎其身份等級的禮樂，以穩定社會秩序。譬如「天下有道，則禮樂征伐自天子出；天下無道，則禮樂征伐自諸侯出。自諸侯出，蓋十世希不失矣；自大夫出，五世希不失矣；陪臣執國命，三世希不失矣。天下有道，則政不在大夫；天下有道，則庶人不議」(《論語．季氏》)；「禮樂不興，則刑罰不中。刑罰不中，則民無所措手足」(《論語．子路》)等。今學人長谷川正江也看到這個情勢，指出：「幕府及諸侯當時應面臨急需相適應的禮儀規範之問題，而朱舜水察知此點，為儒學之盛興，在此方面也竭盡其力。」見長谷川正江：〈水戶藩關係記錄類朱舜水關連記事：儒教儀禮中心〉，2010年11月6日於台灣大學舉辦「朱舜水與東亞文明藩主國際學術研究會」發表論文，頁5。

93. 《朱舜水集》，下冊，頁602。
94. 安東守約：〈悼朱老師文〉，載雨谷毅編：《義公朱舜水との関係資料3：朱文恭遺事》(水戶：彰考館，1938)，頁258；另見《朱舜水集》，下冊，頁737。
95. 朱舜水：〈朱舜水答加賀守藤原直能〉，載德川光圀編：《朱舜水先生外集．遺文．八．終》(水戶：彰考館，1697)。
96. 有關黃宗羲與朱舜水的關係，見黃宗羲：〈兩異人傳〉，載沈善洪編：《黃宗羲全集》第11冊(浙江：浙江古籍出版社，1993)，頁53–54。
97. 見梁啟超：《清代學術概論》(東京：龍文書局，1946)，頁30–32；William Theodore de Bary, "Introduction," *Waiting for the Dawn: A Plan for the Prince* (New York: Columbia University Press, 1993), pp. 79–85.
98. 黃宗羲：《明夷待訪錄．原君》。
99. 黃宗羲：〈留書．封建〉，沈善洪主編：《黃宗羲全集》，卷11，頁4。全祖望在〈梨洲先生神道碑〉中也提到黃宗羲先作〈留書〉。見全祖望：〈梨洲先生神道碑〉，載《鮚崎亭集》，卷13，嘉慶九年借樹山房刊本。此外，李山教授在《先秦文化史講義》(北京：中華書局，2008)中也以批判君主獨裁極權之識，據史辨析先秦諸家思想之不同，以及其對後來秦朝極權專制政所產生的影響。
100. 黃宗羲：〈留書．封建〉。
101. 同上。
102. 黃宗羲：〈明夷待訪錄．原法〉。
103. 梁啟超記錄了黃宗羲在1664年去過江戶(學界也有質疑)，那一年也是崇禎帝上吊之年。「崇禎十七年，北京陷賊，福王立於南京，閹黨阮大鋮柄政，驟興黨獄，名捕蕺山及許多正人，他也在其列。他避難亡命日本，經長崎達江戶。」(梁啟超：《中國近三百年學術史》〔天津：天津古籍出版社，2003〕，頁48)三年後的冬天(1647年)，黃宗羲受明監國魯王朱以海之命，以左副都御史之職，又與澄波將軍阮美、兵部右侍郎馮京第，一起出使日本，請求幕府派兵支援。一行至九州長崎，未果而還。

104. 木下英明：〈朱舜水・朱之瑜〉，載《水戸史学》，第17號(1982)，頁57。

105. 黃宗羲：《明夷待訪錄・田制》。此外，呂留良也有讚井田、封建制的思想。

106. 除從文獻中可知周朝分封部分商朝遺臣，考古發現也證實這點。如1995年發掘北京市琉璃河原燕國都城墓地遺址，發現墓地的四分之三屬於商人及其異族，「貴族階層墓中有商文化墓，或與商文化關係極為密切的墓」；而等級最高的姬姓周人，則人數甚少。見陳光：〈西周燕國文化初論〉，載許倬雲、張忠培主編：《中國考古學的跨世紀反思》(北京：商務印書館，1999)，下冊，頁384–385。

107. 如晉綏邊區行署副主任牛蔭冠牽着鐵絲穿鼻的生父牛友蘭遊街，可為典型一例。牛友蘭曾就學北京京師大學堂，出巨資辦校，並積極資助抗日。參見陳為人：《讓思想衝破牢籠：胡正晚年的超越與侷限》(台北：秀威資訊，2012)，頁128–131。

108. 《論語・顏淵》第十二。另，黃俊傑在〈從東亞儒學視域論朝鮮儒者丁茶山對《論語》「克己復禮」章的詮釋〉文中，討論了丁茶山、朱子、荻生徂徠對克己復禮的不同見解，指出朱熹對克己復禮提出的解釋引起後儒諸多批判。黃氏認為丁茶山對「克己復禮為仁」的解釋，重於人際互動中的各盡其本分掌握孔學的「仁」之涵義，其社會學或倫理學的意義遠大於政治學的意義；而荻生徂徠對克己復禮為仁的詮釋，則着重於外在的政治事業方面。黃俊傑編：《東亞視域中的茶山學與韓國儒學》(台北：台灣大學出版中心，2006)，頁27–42。

109. 《論語・八佾》及《論語・憲問》。

110. 人見竹洞：〈寄朱舜水書〉，引自徐興慶：《朱舜水集補遺》(台北：學生書局，1992)，頁80。

111. 《大日本人名辞書・德川光圀》，錄自《朱舜水集》，頁804。

112. 三木之幹、宮田清貞、牧野和高編：《桃源遺事》，卷2，載常磐神社、水戸史学会編：《水戸義公伝記逸話集》(東京：吉川弘文館，1978)，頁116。

113. 田中義能：《日本思想史概說》，頁185–185。

114. 熊十力：《論六經．中國歷史講話》(北京：中國人民大學出版社，2006)，頁197–198。

115. 黃宗羲指出：「永嘉之學，教人就事上理會，步步着實，言之必使可行，足以開物成務。蓋亦鑑一種閉眉合眼，矇瞳精神，自附道學者，於古今事物之變不知為何等也。」見《宋元學案》卷52，〈艮齋學案〉。此外，任鋒在〈秩序、歷史與實踐：呂祖謙的政治哲學〉(《原道》，第18輯〔2012〕，頁175–192)中，分析過南宋浙東學人呂祖謙的經世致用之學。

116. 清末，朱舜水特別受到黃遵憲、梁啟超、李大釗等知識分子的關註。近年來，楊際開據其對宋恕、馬一浮的思想梳理，認為朱舜水、黃宗羲上承宋明理學，把經世致用學説內化入道德層面的思想，續傳至清末浙東學人之變法思想。詳見楊際開：《清末變法與日本》(上海：上海古籍出版社，2010)。

117. Geoffrey Robertson, *Crimes against Humanity: the Struggle for Global Justice*, 2nd edition (London: Penguin Book, 2002), p. 5.

118. 詳見拙文：〈有關朱舜水研究文獻目錄〉，載《漢學研究通訊》，第23卷第4期(2004)，頁21–37；拙文：〈東亞的政體、問學、「華夷」觀新思：17世紀以來的舜水學〉，載《漢學研究通訊》，第33卷第3期(2014)，頁1–9。

119. Yuxin Lü, "Confucius, Zhu Shunshui, and the Original Japanese State Building in the Tokugawa Era: 1650–1700," Doctoral dissertation, St. John's University, 1998, pp. 132–146, 177; Yuxin Lü, "Impact of Confucius's Political Ideas on Tokugawa and Meiji Political System is Hardly Mentioned in Japanese and U.S. School Textbooks," *Asian Culture Quarterly*, Vol. 26, No. 3 (1998), pp. 9–31；呂玉新：〈有關朱舜水研究文獻目錄〉；呂玉新：《古代東亞政治環境中天皇與日本國的產生》(香港：中文大學出版社，2006)，頁216、221；呂玉新：〈循孔子、尊虛君：朱舜水、德川光圀之水戶學〉，載徐興慶編：《朱舜水與近世日本儒學的發展》(台北：台灣大學出版中心，2012)，頁247–286；呂玉新：〈尊王敬幕：朱舜水、德川光圀之水戶學：從體制上倡虛君理論的儒學先聲〉，《政治思想史》(2011年第2期)，頁34–59。

120. 徐興慶編：《朱舜水與東亞文化傳播的世界》，頁98、117；楊際開：〈探索東亞學的新方向：評《古代東亞政治環境中天皇與日本國的產生》〉，載《二十一世紀》，129期(2012)，頁136–144。

121. Wm. Theodore de Bary, *Waiting for Dawn: A Plan for the Prince*, p. xii.

122. Nakamura Masanori, *The Japanese Monarchy, Ambassador Joseph Grew and the Making of the "Symbol Emperor System," 1931–1991* (New York: M. E. Sharpe Inc., 1992), p. 29.

123. 如幕府給皇室的年貢由一萬石增至三萬石，綱吉接見京都來的敕使時會先沐浴更衣以示敬意等，見坂本太郎：《新訂日本史概説．下》(東京：至文堂，1962)，頁54。綱吉之前，德川光圀迎敕使前已沐浴更衣。光圀與綱吉的個人關係，還包含光圀曾反對前大老酒井忠清力挺京都出身的幸仁親王繼任將軍的提案，卻支持綱吉繼任將軍職位。見徐興慶著：《朱舜水與東亞文化傳播的世界》，頁301。

124.《史館舊話》載，「享保十九年甲寅，先是執政諸老相議，欲梓日本史。中山信昌憂志之未備，使三木之幹問諸安積覺。……七月幕府許刻大日本史。」藤田一正：《修史始末》(1794)，油印版，頁88–90。

125. 從史料可知，不但幕府御用學者領軍、大學頭林家，古學創始人之一的山鹿素行和國學創始人之一的本居宣長都對《大日本史》相當註意。

126. 德川光圀編《扶桑拾葉集》(江戶：1689)共30卷，其中收錄從平安時代到江戶時代初期的各種書籍中的序、跋、日記等，共三百多篇。

127. 詳見築島裕等著：《契沖研究》(東京：岩波書店，1984)，頁3–5。

128. 同上，頁243–245。

129. 在發展過程中，國學出現不同派別，如有江戶派、鈴屋派、平田派等。

130. 張星曜在《天學名辨》的引言中也引用了陸象山此語。孟德衛著：《1500–1800中西方的偉大相遇》，頁33。

131.《朱舜水集》，上冊，頁74。

132. 舊時日語「毛呂己志」也寫作「唐土」、「唐」。引文出自德川光圀：〈西山隨筆．儒學〉，載德川圀順編：《水戸義公全集》，中，頁215。

133. 安積覚等撰：《水戸義公行実》，載常磐神社、水戸史学会編：《水戸義公伝記逸話集》(東京：吉川弘文館，1978)，頁6。

134. 中國秦朝之前曾興割鼻(劓)陋習，但自漢朝董仲舒倡以德主刑、輔之策，廢劓、刵刑。豐臣秀吉入侵朝鮮部隊攜回日本之韓人鼻，被埋在現今京都市東山區豐國神社門前、建於慶長二年(1597)的鼻塚內。

135. ドン·ロドリゴ著，村上直次郎譯註：《ドン·ロドリゴ日本見聞錄·ビスカイノ金銀島探検報告》(東京：奧川書房，1941)，頁155。

136. Engelbert Kaempfer, "The Author's two Journeys to the Emperor's Court at Jedo," in *The History of Japan* (London: Book V., 1727).

137. 德川光圀視儒者與武士為一，並認為自己也是個儒者。如安積覺指出：「義公不分儒與士人為二流，前與徂徠先生書中，詳し言其故。」參見安積覚：〈答平玄中書〉，載国書刊行会編：《澹泊斎文集．卷8》(東京：続群書類従完成会，1970)，頁416。
138. 德川光圀認為「(公嘗曰：)學道者君臣皆可稱儒，而近世儒者圓顱方袍，至目為度外，大失本意。」見青山拙齋：《文苑遺談》卷1 (1856)，載關儀一朗：《近世儒家史料》(東京：飯塚書房，1976)，頁15–16。
139. 源自彰考館《系纂》，載青山拙齋：《文苑遺談》，卷1。
140. 寛永四年(1627)，小宅生順在寄給弘文林學士的信函中提到此事，見中山久四郎：《日本文化と儒教》(東京：刀江書院，1935)，頁90–91。中山久四郎還指出，1896年出版的栗田寛所作《天朝正学》(東京：国光社)中也提到此事。1856年青山拙齋在《文苑遺談》中則提到，「至元祿中，幕府命儒臣亦皆蓄髮。林信篤始敍從五位下，任大學頭。蓋以義公之首唱也。」(青山拙齋：《文苑遺談》，卷1)
141. 《朱舜水集》，上冊，頁146；錢明：《勝國賓師：朱舜水傳》(杭州：浙江人民出版社，2008，頁202)。
142. Eric Nelson, *The Royalist Revolution: Monarchy and the American Founding* (Cambridge: Harvard University Press, 2014).
143. 秦暉：〈「改朝換代」與君主和平立憲的可能：「封建」與帝制的比較〉，《南方周末》，2011年8月11日；秦暉：《走出帝制》(北京：群言出版社，2015)。

第二章　古學的興起

1. 丸山眞男：《日本政治思想史研究》(東京：東京大学出版会，1952)，頁6。
2. 同上，頁52、58–60。
3. 同上，頁46、188。
4. John Allen Tucker, *Ito Jinsai's Gomô Jigi and the Philosophical Definition of Early Modern Japan* (Leiden: Brill, 1998).
5. 伊東貴之：《第18回海外シンポジウム「江南文化と日本」(復旦大学)報告書》，国際日本文化研究センター，2012年。
6. 韓國方面，如韓國學人Mi Ok Kang指出，朴正熙時期的政府(1962–1979)為維護極權統治而故意煽動極端民族主義。見Mi Ok Kang,

Multicultural Education in South Korea: Language, Ideology, and Culture in Korean Language Arts Education (New York: Routledge, 2015), p. 8. 此外，裴炯逸從歷史根源回顧朝鮮民族主義興起的研究，也很有説服力，見 Hyung Il Pai, Timothy R. Tangherlini, *Nationalism and the Construction of Korean Identity* (Institute of East Asian Studies, Univ. of California, 1998).

7. 載吉川幸次郎、清水茂校註：《日本思想大系33．伊藤仁斎．伊藤東涯》，頁566。
8. 井上哲次郎：《日本古学派之哲学》（東京：富山房，1902），頁1–5。
9. 同上，〈敘論〉，頁3。
10. 現今日本學界對井上哲次郎強調日本國粹和獨特國體的主張，有令人可喜的反思。參見Isomae Jun'ichi, *Religious Discourse in Modern Japan: Religion, State, and Shinto*, trans. by Galen Amstutz and Lynne E. Riggs (Leiden, Boston: Brill, 2014), pp. 234–235.
11. 童長義：〈從17世紀中日交流情勢看朱舜水與日本古學派〉，載高明士編：《東亞文化圈的形成與發展：儒家思想篇》（上海：華東師範大學出版社，2008年），頁164。
12. Mark McNally, *Proving the Way: Conflict and Practice in the History of Japanese Nativism*, p. 5.
13. 青木晦蔵：〈伊藤仁斎と戴東原〉，載《斯文》，第8卷，第1、2、4、8期（1926）；第9卷，第1、2期（1927），俞慰慈、陳秋萍譯文見《中國文哲研究通訊》，第10卷第2期（2006），頁19–66。
14. 張崑將：《日本德川時代古學派之王道政治論：以伊藤仁齋、荻生徂徠為中心》（台北：台灣大學出版中心，2004）。
15. 有關林鵞峰與朱舜水之交集以及林春信與舜水之交往，見第三章第一節；有關人見竹洞與舜水之交往，參見朱謙之編《朱舜水集》以及人見竹洞著《人見竹洞詩文集》（東京：汲古書院，1991）。
16. Max Weber, *The Protestant Ethic and the Spirit of Capitalism* (New York: Scribner, 1958).
17. 丸山眞男著：《日本政治思想史研究》，頁188。
18. 如王青：《日本近世儒學家荻生徂徠研究》（上海：上海古籍出版社，2005）。Herman Ooms則認為，丸山主觀地將獨立的德川思想家們編入現代化進程的日本思想史。
19. Herman Ooms, *Tokugawa Ideology: Early Constructs, 1570–1680* (Princeton: Princeton University Press, 1985), pp. 7–8.

20. Herman Ooms, *Tokugawa Ideology*; H·オームス著、豐澤一譯：〈朱子學と初期徳川イデオロギーの形成——問題の輪廓〉，《日本思想史31 · 特集——外國人の日本研究1》（東京：ぺりかん社，1988），頁3–38。
21. 江村北海：〈日本詩史〉，載関儀一郎編：《近世儒家史料》（東京：飯塚書房，1976），中冊，頁35。
22. 渡辺浩著：《日本政治思想史：十七～十九世紀》（東京：東京大学出版会，2010）。另見該書英文版的拙評：〈近代日本：文明普世/武威神國？——評Watanabe Hiroshi, *A History of Japanese Political Thought, 1600–1901*〉，《二十一世紀》，第144期（2014），頁141–151。
23. 有人認為山鹿素行是古學首創者，主要根據山鹿門人稱他們在1664年10月為《聖教要錄》作了序，但實際上該書在翌年才公開出版。
24. 此種學習漢文的方法，在日本稱「句讀」，將漢語文章按日文語法，以主賓謂語順序來讀。
25. 伊藤東涯：〈先府君古学先生行狀〉，載伊藤仁斎著、伊藤東涯編：《古学先生文集》（共10卷5冊）（京兆：玉樹堂，1717），卷1，頁1。日本國會議事堂圖書館，編號：124-5-53。
26. 伊藤仁齋在〈敬齋記〉中回顧道：「余從髫齔，既有志於斯道也。」該文載《日本思想大系33 · 伊藤仁斎 · 伊藤東涯》，頁268。
27. 同上。原文為「然困於俗學，溺於詩文，不得進者，亦幾歳哉。」
28. 吉川幸次郎：《仁斎東涯学案》，載《伊藤仁斎. 伊藤東涯》，頁565。
29. 伊藤仁斎：《論語古義》，載関儀一郎編：《日本名家四書註釈全書》（東京：鳳出版，1973年），頁32。
30. Watanabe Hiroshi, *A History of Japanese Political Thought, 1600–1901* (Tokyo: International House, 2012), p. 24；渡辺浩：《日本政治思想史：十七～十九世紀》，頁29。
31. 伊藤仁斎：〈敬斎記〉，載《日本思想大系33 · 伊藤仁斎 · 伊藤東涯》，頁268。〈敬斎記〉章尾記有「承應二年，時年為1653年」。仁齋長子伊藤東涯在〈敬斎記〉結尾處另註道：「此係先君子二十七歲作。」
32. 伊藤仁斎：《心学原論 · 並序》，《日本思想大系33 · 伊藤仁斎 · 伊藤東涯》，頁271。
33. 同上。最後一句指《大學》、《中庸》、《論語》、《孟子》四書。
34. 學界主流均認為宋儒受佛道二家影響，只是對影響的大小爭議不定。如熊琬在〈朱子理學與佛學〉一文中指出：「朱子自謂早年嘗留心於佛，『出入於佛老者十餘年』，且嘗『師其人，尊其道，求之亦切至矣。』其師友輩鮮不沾被於佛，其熏習漸染者，不可謂不深。」熊琬：〈朱子理學與佛學〉，《華崗佛學學報》第7期(1981)，台北中華學術院佛學研究所，頁261–285。

35. 伊藤東涯：〈先府君古学先生行狀〉。不過伊藤仁齋說：「余十六七歲時，讀朱子四書……二十七歲時，著太極論，二十八九歲時，著性善論，後又著心學原論……。」伊藤仁斎：〈同志会筆記〉，載《古学先生文集》，卷5，引自《日本古典文学大系97．近世思想家文集》(東京：岩波書店，1966)，頁261。
36. 三宅正彥：〈伊藤仁斎〉，載小泉欽司編：《日本歷史人物事典》(東京：朝日新聞社，1994)，頁166。
37. 伊藤仁斎：《稿本仁斎先生文集．防州太守水野公を送る序》，載《日本思想大系33．伊藤仁斎．伊藤東涯》，頁506。
38. 1651年，德川家綱(1641–1680)繼任生父家光職位時，年僅11，當時幕府政治在家光遺言中指定的異母弟、也是第二代將軍秀忠兒子的保科正之為首的重僚幫助下，順利過渡。
39. 程顥、程頤著，王孝魚校：《二程集》(北京：中華書局，2004)，第一冊，頁30。
40. 有關無學祖元事蹟，見山藤夏郎：《無学祖元における觀音信仰》，《日本研究》，15期(2002年)，頁17–35。
41. 林觀潮：《隱元隆琦禪師》(廈門：廈門大學出版社，2010)。
42. 小宅生順：〈西遊手録〉，載水戶彰考館員纂輯：《朱舜水記事纂録》(東京：吉川弘文館，1914年)。
43. 朱謙之編：《朱舜水集》，上冊，頁268。
44. 伊藤仁斎：〈同志会筆記〉，載《日本古典文学大系97．近世思想家文集》，頁287。
45. 與當時其他諸多學校私塾相比，伊藤仁齋的教學方法相當令人欣賞。詳見〈同志會式〉，《古学先生文集》卷5，載《日本思想大系33．伊藤仁斎．伊藤東涯》(東京：岩波書店，1971)，頁292。相比之下，山崎闇齋的弟子佐藤直方，回憶到師家學習時的緊張心情：「每次入其門，心緒惴惴如下獄，及至退出門戶，則才大口喘氣似脫虎口」。參見稲葉默斎：《先達遺事》，載関儀一郎編：《日本儒林叢書》第3冊(東京：鳳出版，1978)。另見石田一良：《伊藤仁斎》，頁52。
46. 伊藤仁斎：〈同志会籍申約〉，載《古学先生文集》卷6，錄自《日本古典文學大系33．伊藤仁斎．伊藤東涯》，頁291。

47. 伊藤仁斎：〈送片岡宗純還柳州序〉，載三宅正彥編、伊藤仁斎著、伊藤東涯編：《古学先生詩文集》(東京：ペリカン，1985)，頁20。
48. 伊藤東涯：〈先府君古学先生行狀〉，錄自《日本古典文学大系97 · 近世思想家文集》，頁31。不過，石田一良認為，仁齋應在寬文三年(1663年)、37歲時「初出己見，開始與同志集體閱讀討論，《論語古意》、《孟子古意》、《中庸發揮》以及《五經》。」見石田一良：《伊藤仁斎》，頁208–212。
49. 伊藤仁斎：〈同志会筆記〉，載《日本古典文学大系97 · 近世思想家文集》，頁261。
50. 同上，頁287。
51. 朱熹：《晦庵先生朱文公集》，載《朱子全書》卷52(上海、合肥：上海古籍出版社與安徽教育出版社，2002)，第15冊，頁1717。
52. 黃俊傑：《東亞儒學：經典與詮釋的辯證》(台北：台灣大學出版中心，2007)，頁20。
53. 同上，頁288。
54. 伊藤仁斎：〈心学原論〉，載《古学先生文集》卷2，收入《日本思想大系33 · 伊藤仁斎 · 伊藤東涯》，頁212。
55. 伊藤仁斎：〈同志会筆記〉，載《古学先生文集》卷5，收入《日本思想大系33 · 伊藤仁斎 · 伊藤東涯》，頁284。
56. 〈同志会筆記〉第48條，同上，頁290。
57. 雖然宋明因內外部環境而產生的理學、心學以及其初始真諦與發展，並非全然如同仁齋所識。
58. 伊藤仁斎：〈童子問〉第27章，載家永三郎、清水茂等校註：《日本古典文学大系97 · 近世思想家文集》，頁211–212。
59. 同上，頁211。
60. 〈同志会筆記〉第26條，《日本思想大系33 · 伊藤仁斎 · 伊藤東涯》，頁287。
61. 〈同志会筆記〉第40條，同上，頁289。
62. 伊藤仁斎：《語孟字義 · 道 · 凡五條》，同上，頁122。
63. 伊藤仁斎：《語孟字義 · 總論四經 · 凡二條》，同上，頁159。
64. 伊藤仁斎：《論語古義 · 堯曰》，載関儀一郎編：《日本名家四書註釈全書 · 論語部1》(東京：東洋圖書刊行会，1922年)，頁293。
65. 〈同志会筆記〉第26條，《日本思想大系33 · 伊藤仁斎 · 伊藤東涯》，頁287。
66. 同上，頁287–288。

67. 伊藤仁斎：《語孟字義》，同上，頁151。
68. 伊藤仁斎：〈童子問〉第48章，《日本古典文学大系97．近世思想家文集》，頁217–218。
69. 伊藤仁斎：《語孟字義．權．凡四條〉，載《日本思想大系33．伊藤仁斎．伊藤東涯》，頁149。
70. 伊藤仁斎：《論語古義》，載関儀一郎編：《日本名家四書註釈全書》，第3卷。
71. 伊藤仁斎：〈童子問〉第1章，《日本古典文学大系97．近世思想家文集》，頁203。
72. 伊藤仁斎：〈童子問〉第28章，同上，頁212。
73. Alan Thomas Wood認為宋朝的中國已出現這種見解和傾向，見Alan Thomas Wood, *Limits to Autocracy: From Sung Neo-Confucianism to a Doctrine of Political Rights* (Honolulu: University of Hawai'i Press, 1995).
74. 角田簡：《続近世叢語》(1845)，卷4 (共8卷2冊)，頁15。藏於日本國會議事堂圖書館，編號8-132-110。
75. 津輕耕道：《山鹿誌》，載山鹿素行著、廣瀬豊編：《山鹿素行全集．思想篇》(東京：岩波書店，1940–1942)，第15卷，頁568。
76. 山鹿素行此書是依據元朝官吏張養浩的《牧民忠告》所作。
77. 角田簡：《近世叢語》(1828)，卷4，頁20–21。角田此說，應是根據山鹿素行的《配所殘筆》而來。詳見山鹿素行：《配所殘筆》，載田原嗣郎、守本順一郎校註：《日本思想大系32．山鹿素行》(東京：岩波書店，1970)，頁321。
78. 堀勇雄：《山鹿素行》(東京：吉川弘文館，1987)，頁347。
79. 角田簡：《近世叢語》，卷4，頁20–21。
80. 同上。
81. 山鹿素行：《配所殘筆》，《日本思想大系32．山鹿素行》，頁324–325。
82. 同上，頁335。
83. 《先哲叢談後編》中說，山鹿素行在「寬文六年著《聖教要錄》三卷，刊行於世。」見東条琴台：《先哲叢談後編》(江戸：慶元堂、青雲堂，1829)，卷1，頁3。山鹿素行門人在〈聖教要錄小序〉中，標註寫的日期則是寬文乙巳 (1665) 季冬十月。見山鹿先生門人等謹題〈聖教要錄小序〉，載《日本思想大系32．山鹿素行》(東京：岩波書店，1970)，頁340。
84. 山鹿素行：《聖教要錄．道統》，載《日本思想大系32．山鹿素行》，頁342。

85. 《聖教要錄・性》，同上，頁345。
86. 《聖教要錄・聖學》，同上，頁341。
87. 《聖教要錄・詩文》，同上，頁342。
88. 同上，頁341–342。
89. 《聖教要錄・道原》，同上，頁343，346。
90. 《聖教要錄・德》，同上，頁343–344。
91. 《聖教要錄・敬恭》，同上，頁344。
92. 《聖教要錄・聖人》，同上，頁341。
93. 《聖教要錄》，載山鹿全集刊行会編：《山鹿素行全集》(東京：帝国武德学会，1916)，頁399–400。
94. 中日英文研究不少，近期著述有徐興慶的《朱舜水與東亞文化傳播的世界》。關於聖人之學非好高騖遠，遠離實際，而是能實踐於日用之間的主張，朱舜水到日本後便經常提出。譬如他說：「不佞之學，木豆、瓦登、布、帛、菽、粟而已。」(朱舜水：〈答安東守約書〉，載朱謙之編：《朱舜水集》，上冊，頁162) 朱的弟子安積覺也說其先生：「未嘗高談性命，憑虛駕空。惟以孝弟忠信誘掖獎勵。其所雅言不離乎民生日用彝倫之間。」(安積覚：〈舜水先生文集後序〉，載彰考館：《朱舜水記事纂録》〔東京：吉川弘文館，1914〕，卷3，頁83)
95. 山鹿素行《年譜》寬文六年九月二十一日條載：「今日，石谷氏傳板倉內膳正之命。謂之，今年《聖教要錄》流布於世，人以為誹謗。且保科肥後太守頻怒之。予獻一函言述此書之旨。」載山鹿素行著、廣瀨豐編：《山鹿素行全集・思想篇》，第15卷，頁94。
96. 堀勇雄：《山鹿素行》(東京：吉川弘文館，1987)，頁213–216。
97. 參見山鹿素行《配所殘筆》中的筆記邊註，《日本思想大系32・山鹿素行》，頁331。
98. 該文出自素行在流放中的某年(原文未註) 農曆十月三日給北條安房守的信函中。參見山鹿素行：《配所殘筆》，載《日本思想大系32・山鹿素行》，頁330–331。
99. 《山鹿語錄・論異端》，載《日本思想大系32・山鹿素行》，卷第33，頁368。
100. 同上。
101. 引文中「中國」指日本。山鹿素行：《謫居童問》，載國民精神文化研究所《山鹿素行集》，第1卷，頁168。
102. 同上，頁190、187、203。

103. 山鹿素行將武士階層列入統治管理階層，將「工農商」稱為「三民」，詳見《謫居童問》。
104. 渡辺浩：《日本政治思想史：十七～十九世紀》，頁312–313。
105. 同上，頁313。不干齋巴鼻庵此話，載不干齋巴鼻庵：《破提宇子》，寫於1620年。
106. 《謫居童問》言，日本「水土之天險，自用武之象也。故四夷不窺覦，外朝亦不得施其制。」山鹿素行：《謫居童問》，載国民精神文化研究所：《山鹿素行集》，第1卷，頁168。
107. 引文中「中華」指日本，「外朝」指中國。山鹿素行：《中朝事實》，載《山鹿素行全集．思想篇》，第13卷，頁226。
108. 同上，頁250–251。
109. 信夫清三郎：〈華夷世界と日本——山鹿素行の地位〉，載《日本思想大系月報》，第3期（東京：岩波書店，1970），頁10–12。
110. 黃俊傑認為「日本儒者思想中的日本主題意識覺醒於17世紀，而在18世紀臻於成熟。」見黃俊傑：〈18世紀中日儒學異同試論〉，載徐興慶編：《東亞文化交流與經典詮釋》（台北：台灣大學出版中心，2008），頁312。
111. 守本順一郎：〈山鹿素行における思想の歷史的性格〉，《日本思想大系32．山鹿素行》，頁544。
112. 對於自己為何用物部姓，徂徠回答屈景山的詢問說：「昔源濃州甲賀之役，諸子皆殲，有孽孫，物季任者匿之，遂冒其姓，是為荻生始祖。建武時，有從役南朝者，頗以物部見錄，故子孫有稱源者稱物部者，而荻生城在三河。國家之興，迫奔於勢，依北氏，以南朝之暱也，其城為宗室所有，亦有稱荻生者，今閣老有之，不佞惡其或混也，故稱物部。家乘所載，大概如此。」荻生徂徠：〈答屈景山第二書〉，載吉川幸次郎等校註：《日本思想大系36．荻生徂徠》，頁534。
113. 荻生徂徠：〈答屈景山第一書〉，載吉川幸次郎等校註：《日本思想大系36．荻生徂徠》，頁528。
114. 許多證據顯示，徂徠在40歲之前並不主張古學，而是朱子學一類。闡明古學思想的《辨道》等文，是其在51歲以後所作。吉川幸次郎把徂徠的學問分為幾個階段，將幼年到40歲設為詞語學者，40歲到50歲為文學者，50歲之後為哲學者。見吉川幸次郎：《仁斎．徂徠．宣長》（東京：岩波書店，1975），頁101。

115. 荻生徂徠：《譯文筌蹄初編》，載《荻生徂徠全集》(東京：みすず書房，1974)，第2卷，頁66。
116. 德川幕府時，各地大名被要求攜家眷住在將軍府(今東京皇邸)附近。
117. 徂徠在給門人山縣周南的父親「與縣雲洞」的信中說，徂徠父親在40年前曾教他《詩經》和《伐檀》。吉川幸次郎推斷此信寫於寶永末年。見吉川幸次郎：〈徂徠学案〉，載吉川幸次郎、丸山眞男等校註：《日本思想大系36 · 荻生徂徠》，頁641。
118. 荻生徂徠：《徂徠集 · 送岡仲錫徒常序》，載《日本思想大系36 · 荻生徂徠》，頁494。回到江戶的徂徠，見百姓晾在屋頂上作為口糧用的橡子，曾抓一把放進口袋而被同行武士竊笑。他正顏厲色回道：吾兒時住僻地十年，知民所獲白米，都交租去，自己卻無白米可吃。此橡子是要帶回江戶家中，讓吾兒知之。徂徠從不隱瞞自己因父被貶而下鄉十多年的經歷，多次在文章中提及。
119. 吉川幸次郎：〈徂徠学案〉，載《日本思想大系36 · 荻生徂徠》，頁659。
120. 小島康敬：〈荻生徂徠〉，載小泉欽司：《日本歷史人物事典》(東京：朝日新聞社，1994)，頁354。
121. 有關明朝官吏俸祿，參見《二十四史 · 明史》(上海：上海古籍出版社，1986)，卷82，頁220。將軍輔佐暨政治顧問的新井白石，說朱舜水認為日本優於中國之事有三，其中一條就是「士為世祿且俸重。」參見《新井白石全集 · 5》，錄自木下英明〈舜水 · 朱之瑜〉，載水戸史学会：《水戸史学》，第17號(1982年10月)，頁57。
122. 石介，字守道，兗州奉符(今山東泰安)人，因曾在家鄉徂徠山下講學，後人稱其為「徂徠先生」。石介因在《慶曆聖德詩》中讚賞范仲淹所提十項整頓政事的法令(所謂「慶曆新政」)，而遭罷免，並死於外放途中。他還與孫明復等倡經學變古，支持范仲淹的「復古勸學」主張。
123. 在〈與藪震庵附答問〉的信中，徂徠寫道：「不佞始習程朱之學，而修歐蘇之辭，方其時，意亦謂先王之道在是矣」，見《日本思想大系36 · 荻生徂徠》，頁505。
124. 《日本思想大系36 · 荻生徂徠》，頁525。
125. 同上，頁525–526。
126. 引文中「隨筆」指荻生徂徠作《萱園隨筆》。他在〈覆安澹泊〉信中提到自己的學問轉向契機，載《徂徠集》，錄自《日本思想大系36 · 荻生徂徠》，頁537。

127. 葉太平：《中國文學的精神世界》(台北：正中書局，1994)，頁683。
128. 李攀龍語，出自其〈答周子書〉，轉引自葉太平：《中國文學的精神世界》，頁683。
129. 王世貞撰：〈李于鱗先生傳〉，載李攀龍撰、李伯齊點校：《李攀龍集》(濟南：齊魯書社，1993)，卷29。
130.《明史．列傳》第175，〈文苑〉2，〈李攀龍〉條。
131. 李攀龍撰：〈送王元美序〉，載李攀龍撰、李伯齊點校：《李攀龍集》，卷16。
132.《明史．列傳》第175，〈文苑〉2，〈王世貞〉條。
133. 荻生徂徠：〈與縣次公第三書〉，《日本思想大系36．荻生徂徠》，頁501。
134. 同上。
135. 徂徠在〈論語徵〉序文中說：「余學古文辭十年，稍知有古言。」《日本思想大系36．荻生徂徠》，頁719。
136. 荻生徂徠：〈答屈景山第一書〉，同上，頁530。
137. 如子安宣邦在《徂徠学講義：「弁名」を読む》(東京：岩波書店，2008)中說：徂徠的《辨名》非常重要，但是文章難懂難解。
138. 荻生徂徠：《辨名》，錄自《日本思想大系36．荻生徂徠》，頁251。此外，徂徠在〈覆安澹泊第三書〉中也有類似說法。該信收入《日本思想大系36．荻生徂徠》，頁537–538。
139. 荻生徂徠在《辨道》中說：「一、夫道，先王之道也。……程朱諸公，雖豪傑之士，而不識古文辭，是以不能讀六經而知之。喜讀中庸孟子易讀也……二、孔子之道，先王之道也。先王之道，安天下之道也。」同上，頁200–201。
140. Watanabe Hiroshi, *A History of Japanese Political Thought, 1600–1901*, pp. 168, 178–179.
141. 梁啟超《朱舜水先生年譜》載：「先生卒後33年，日本正德五年(1715)，先是源光圀手輯，《朱舜水先生文集》28卷。至是，其子綱條刻成之。」該年譜收入朱謙之編：《朱舜水集》，下冊，頁728。
142. 同上，頁205。
143. 徂徠辨道：「言何以欲文？君子之言也。古之君子，禮樂得諸身。故修辭者，學君子之言也。」見荻生徂徠〈徂徠集．與縣次公第三書〉，載《日本思想大系36．荻生徂徠》，頁501。
144. 荻生徂徠《辨名》，同上，頁240–241。

145. 荻生徂徠《辨道》，同上，頁201。
146. 荻生徂徠《徂徠集·復水神童·附別幅第一書》，同上，頁510。
147. 如「夫聖人之道者，平治天下之道也。」見荻生徂徠：〈與藪震庵·又第七書〉，同上，頁507。
148. 徂徠將天皇稱為共主，見徂徠：《徂徠集·贈於季子序》，同上，頁491。
149. 荻生徂徠：《辨道》，同上，頁203–204。
150. 荻生徂徠：《徂徠集·復水神童·又附答問》，同上，頁512。
151. 同上。
152. 同上，頁504。
153. 德川日本學者有關華夷之辨的專文，可參考黃俊傑：〈論東亞儒家經典詮釋傳統中的兩種張力〉，載《台灣大學歷史學報》第28期，2001年12月。
154. 可參看徂徠《訓譯示蒙》序論部分和《譯文筌蹄》(1715年刊行)的〈題言〉，後者由徂徠口述，徂徠門人吉田有鄰筆錄。轉錄自吉川幸次郎：《仁齋·徂徠·宣長》，頁101。
155. 吉川幸次郎：《仁齋·徂徠·宣長》，頁206。
156. 朱舜水：〈答小宅生順書十九首〉第一首，載朱謙之：《朱舜水集》，上冊，頁312。
157. 徂徠在《辨名·聖四則》中曰：「夫聖人亦凡人也。」載《日本思想大系36·荻生徂徠》，頁218。
158. 朱舜水：《朱舜水集·聖像贊五首》，下冊，頁560；朱舜水：《朱舜水集·答古市務本問二條》，上冊，頁379。
159.《孟子·離婁下》：「儲子曰：『王使人瞯夫子，果有以異於人乎？』孟子曰：『何以異於人哉？堯舜與人同耳。』」；《孟子·告子下》載：「曹交問曰：『人皆可以為堯舜，有諸？』孟子曰：『然』。」
160. 荻生徂徠：〈與竹春庵·第二書〉，吉川幸次郎等校註：《日本思想大系36·荻生徂徠》，頁526。
161.「徂徠病中喟然歎曰：吾下世後，遺文必將行。然海內無實知我，知我者惟有東涯耳。」引自原念齋編：《先哲叢談》(江戶：慶元堂、青雲堂，1829)，卷6，頁6。
162. 同上。另角田簡編寫的《近世叢語·卷5》(頁5)也有相同記錄：「物徂徠曰伊藤仁齋道德，熊澤了介英才，與余之學術，合而為一，則可謂日本聖人矣。」

163. 小島康敬：《徂徠学と反徂徠学》(東京：ぺりかん社，1987)，頁337–359。
164. 王青在《日本近世儒學家荻生徂徠研究》(上海：上海古籍出版社，2005，頁7) 中說，荻生徂徠的《論語徵》、《大學解》以及《中庸解》在嘉慶十四年 (1809) 傳入中國。俞樾 (1821–1907) 在《春在堂隨筆》(南京：江蘇人民出版社，1984，頁5) 中對《論語徵》評論道：「其大旨好與宋儒抵牾，然亦有謂朱註是處，議論通達，多可採者。」王青介紹，道光十六年，錢泳將荻生徂徠的《辨道》、《辨名》收入「海外新書」出版。該書又傳回日本，藤田東畡重新題名為《清版二辨記》，並於1840年在日本出版 (頁8)。有關譚獻對徂徠的評價，見譚獻：《復堂日記》(石家莊：河北教育出版社，2001)，頁192。有關在中國出版的荻生徂徠著述影響清末學人對體制變法的思考，見楊際開：《清末變法與日本：以宋恕政治思想為中心》(上海：上海古籍出版社，2010)，頁163–171。

第三章　朱舜水與水戶學、古學創始人的互動

1. 這些書大部分都被德川家康所收。家康死後，此千餘冊、萬餘部的藏書除少量留在江戶，其餘分給了御三家。上舉陳建等書見〈尾張家駿河御讓本書目〉，川瀨一馬著：《日本書誌学の研究》(東京：講談社，1980)，頁640–673。
2. 參見辛基秀、村上恒夫著：《儒者姜沆と日本：儒教を日本に伝えた朝鮮人》(東京：明石書店，1991)。
3. 朱舜水曾說：「晦庵先生力詆陳同甫，議論未必盡然。」(《朱舜水集》，上冊，頁275)。在應幕府某藩主請求而作的〈伯養記〉中，朱舜水說：「周公曰好士，故士至。士至而後見物，見物而後知是非之所在，故能正吾心以定天下。」此手寫稿收藏於水戶彰考館。
4. 黃宗羲在〈敬槐諸君墓誌銘〉中提到，朱舜水在浙江時已倡古學，舜水同鄉諸敬槐，還因與其共創「昌古社」而聲名鵲起。載沈善洪編：《黃宗羲全集》(浙江：浙江人民出版社，1993)，第10冊，頁96–97。
5. 朱舜水指出：「官家乃天子之稱，他無敢稱之者。至於朝廷，則非天子之專稱。孔子朝，輿上下大夫言。又其在宗廟朝廷，孔子雖入周，未嘗一周天王之朝。且書中明係魯國之朝廷也。今將軍之尊，何遽不及魯候哉？」見朱舜水：〈答小宅生順書十九首〉第十二首，載《朱舜水集》，上冊，頁319。

6. 黃宗羲說：「夫事功必本於道德，節義必原於性命。」載沈善洪編：《黃宗羲全集》，第10冊，頁53。
7. 顧炎武：《日知錄 · 朱子晚年定論》，卷20，轉引自自李紀祥著：《明末清初儒學之發展》（台北：文津出版社，1992），頁122。
8. 朱謙之整理：《朱舜水集》，頁173–174。
9. 同上，頁183。
10. 黃秉泰著：《儒學與現代化：中韓日儒學比較研究》（北京：社會科學文獻出版社，1995）。
11. 小宅生順：《西遊手録》，載彰考館：《朱舜水記事纂録》（東京：吉川弘文館，1914），頁3–4。另朱舜水所說李夢陽文章為明朝第一，源自木下順庵弟子新井白石在《白石紳書》中的記錄，見雨谷毅編：《義公朱舜水との関係資料3：朱文恭遺事》（水戶：彰考館，1938），頁152–153。
12. 張廷玉等：《明史》卷286，〈列傳〉第174，〈文苑2〉。
13. 見朱舜水：〈答源光圀問十一條〉，載朱謙之整理：《朱舜水集》，上冊，頁350。
14. 見1860年由Jacob Burckhardt撰寫的德文專著*The Civilization of the Renaissance in Italy*，該書於1878年譯為英語，1990年新版由Penguin Classics出版。該書是有關此題材較通俗的讀物。
15. 黑格爾著，王造時譯：《歷史哲學》（上海：上海書店出版社，2001），頁409–410、413。
16. 朱舜水：〈答野節問三十一條〉，載朱謙之整理：《朱舜水集》，上冊，頁385。
17. 徐興慶編註：《朱舜水集補遺》（台北：台灣大學出版中心，2004），頁319–329、352–393；拙文：〈有關朱舜水文獻目錄〉，《漢學研究通訊》，第23卷第4期（2004），頁21–37。
18. 筆者曾在〈有關朱舜水文獻目錄〉（2004）一文中指出，當時有關朱舜水的研究不外乎三個主題：一是忠君愛國與尊王；二是反對摻雜佛學的宋明儒學，提倡實學；三是中日友好往來的見證。可惜的是，都忽略了朱舜水對虛君政治體制的關註。2010年11月台灣大學「朱舜水與東亞儒學的發展」研討會眾學者提出舜水學觀念，為朱舜水研究開拓了新局面。2014年筆者對此領域研究方向再次撰文，詳見拙文：〈東亞的政體、問學、「華夷」觀新思：17世紀以來的舜水學〉，《漢學研究通訊》第33卷第3期（2014），頁1–9。
19. 張斐著，劉玉才、稻畑耕一郎編：《莽蒼園稿》（南京：鳳凰出版傳媒集團，2010），頁316。

20. 伊東多三郎編：《水戸市史》，中卷之1，頁706–707。
21. 譬如木下英明：〈朱舜水と彰考館の史臣達〉，《水戸史学》，第38號（水戸：水戸史学会，1993年5月），頁2–14；徐興慶著：《朱舜水與東亞文化傳播的世界》（台北：台灣大學出版中心，2008），頁98。
22. 《水戸義公伝記逸話集》（常磐神社、水戸史学会編，東京：吉川弘文館，1978，頁307–308）中也提到，德川光圀當時憚於流言，盡量不顯露自身編史的政治主張。
23. 高須芳次郎著：《水戸学派の尊皇及び經綸》（東京：雄山閣，1936），頁29；瀬谷義彥著：《水戸学の史的考察》（東京：中文館書店，1940），頁9；肥後和男著：《近世思想史研究》（東京：ふたら書房，1943），頁164–165；菊池謙二郎著：〈水戸義公略伝〉，載日本文化研究会編：《水戸学精神》（東京：東洋書院，1935），頁69–70；佐藤進著：《水戸義公伝》（東京：博文館，1911），頁10；清水正健著：〈大日本史の編修に就て〉，載水戸学の学風普及会編：《御前講演と水戸学本義》（水戸：水戸学の学風普及会，1932），頁1；以及駒田富士子著：〈水戸義公と林読耕斎の交流について〉，載《水戸史学》，第16卷（1982），頁9–10。
24. 大地內山著：《水戸学要義》（水戸：協文社，1935），頁6。
25. 安積覚跋《義公行實》，載徳川圀順編：《水戸義公全集》（東京：角川書店，1970），上，頁463–464。
26. 中村顧言：《史館事跡》（手寫本），轉引自吉田一德著：《大日本史紀伝志表撰者考》（東京：風間書房，1965），頁5。
27. 清水正健編著：《增補水戸の文籍》（水戸：水戸学風普及会，1934，頁31）載：「小宅生順，延寶二年歿，年三十七」。
28. 吉田一德著：《大日本史紀伝志表撰者考》，頁5、8。
29. 吉田一德在此方面的研究，除利用原始資料外，還參考了松山純郎的〈人見卜幽生涯思想〉（載《水戸学の源流》〔東京：朝倉書店，1945〕）。見吉田一德：《大日本史紀伝志表撰者考》，頁6–7。
30. 大內逸郎著：《水戸学要義》（水戸：協文社，1935），頁11。
31. 名越時正著：《水戸学の研究》（京都：神道史学会，1975），頁242–243。
32. 林鵞峰著：《国史館日録》，寬文四年十一月二十八日條，日本國會議事堂圖書館抄本（館藏編號18–862–127），頁66。
33. 林鵞峰著：《国史館日録》，寬文四年十一月八日條載：「卜幽請見館記條例，然患眼不能自誦，請重晴（千賀重晴）讀之，閉眼而聽焉。」
34. 興學校、建孔廟是光圀的夙願，也是他請聘朱舜水主要原因之一。據林鵞峰記錄：「君(指光圀)曰今秋賜官暇赴水戸，則可立學校營孔廟，然制度未詳，云云。」林鵞峰：《国史館日録》，寬文五年六月十七日條。

35. 德川光圀悼舜水文，收入今井弘濟、安積覚撰：《舜水先生行實》，載朱舜水著、朱謙之整理《朱舜水集》，下冊，頁622。
36. 同上。
37. 名越時正：《水戸学の研究》，頁241–244。
38. 據梁啟超〈朱舜水先生年譜〉(載《朱舜水集》，頁705–706)，光圀8月先去水戶，9月迎舜水至水戶。林鵞峰也留下相關記錄。《國史館日錄》寬文五年九月十三日條載：「華人朱之瑜邇日將赴水戶」；十二月二十六日條載：「二十六日，友元來談，俱喫晚炊，又赴水戶邸，賀參議君參府。」
39. 詳見Yuxin Lü, "Reformed Confucianism in Tokugawa," in *Asian Culture*, Vol. 25, No. 4 (1997) , pp. 17–26.
40. 名越時正：《水戸学の研究》，頁28。其他文獻亦可證，如大內逸郎：《水戸学要義》，頁12；水戸市史編纂委員会、伊東多三郎等：《水戸市史》(水戸：水戸市役所，1968)，頁687–688。
41. 雖天武天皇及其未亡人持統女天皇主持的《古事記》和《日本書紀》不將大友視為天皇，但破綻甚多，難以自圓。見拙作：《古代東亞政治環境中天皇與日本國的產生》，頁165–170。
42. 林鵞峰：《国史館日録》。
43. 同上。
44. 吉田一德：《大日本史紀伝志表撰者考》，頁17。
45. 抄自林鵞峰《史館餘話》，國會議事堂圖書館所藏抄本。
46. 林鵞峰：《国史館日録》，寬文五年三月二十八日條。
47. 井上玄桐：《玄桐筆記》，載常磐神社、水戸史学会編：《水戸義公伝記逸話集》，頁62–63。
48. 安東守約：〈悼朱老師文〉，載雨谷毅編：《義公朱舜水との関係資料3：朱文恭遺事》，頁258。
49. 《學宮圖說》後改名為《啟聖宮圖》，與《改定釋奠儀註》一起被收入上海文獻叢書編委會編：《朱氏舜水談綺》(上海：華東師範大學出版社，1988)，頁291–326。
50. 安東守約：〈上朱先生二十二首〉第19首，載朱謙之整理：《朱舜水集》，下冊，頁756。
51. 同上。

52. 林鵞峰：《国史館日録》，寛文七年七月十四日條。《常陸國風土記》被認為載於小宅生順撰《古今類聚常陸國誌》中。
53. 朱舜水：〈批常陸國誌〉，載朱謙之整理：《朱舜水集》，下冊，頁554。
54. 舜水厭惡學人之間互相攻訐的記錄比比皆是。如去江戶前的舜水曾說：「不佞之道，不用則卷而自藏耳。萬一世能大用之，自能使子孝臣，時和年登，政治還醇，風物歸厚，絕不區區爭鬥於口角之間。」(《朱舜水集》，頁160）舜水也曾告誡過安東省庵：「賢契何憤於一繫之力，急欲以將絕之息與二堅爭衡乎？且此不可以口舌之爭也。爭之而不勝，助彼江河日下之勢，足下任蕃武之譏；爭之而勝，遂成狂瀾橫決之慢。……昌黎功侔神禹，當時亦不肯口舌相爭，萬希高明留意。」(朱舜水：〈寄安東省庵書〉，載徐興慶編註：《朱舜水集補遺》，頁221）。舜水對宗教的態度，也持此識。安積覺回憶道：「僕幼時受業之師朱文恭者，生平未嘗攻佛。且曰：儒教不明，佛不可攻。儒教既明，佛不必攻。」(小宮山昌秀：《耆旧得聞》，卷5，附錄，日本國會議事堂圖書館手稿本，館藏編號13-826-28)。
55. 林鵞峰：《国史館日録》，寛文七年七月十四日條。
56. 林鵞峰：《南塾乘》，卷3，國會議事堂圖書館藏本。對朱舜水應人見友元要求所寫的鵞峰長子林春信的碑文，鵞峰也揶揄道：「朱之瑜所草春信碑文，成其文不罩素聞，建而無益乎。然當時無文人，以外國人故建之，則勝於無碑乎。」見雨谷毅編：《義公朱舜水との関係資料3：朱文恭遺事》，頁141。碑文載《朱舜水集》，頁596–601。
57. 林鵞峰：《国史館日録》，寛文九年五月七日條。
58. 見宮田正彥：〈義公回顧の気運について—寛政期の「往復書案」から〉，《水戶史学》，36卷，1992年5月，頁27。
59. 德川光圀：〈祭大柩猷公文〉，德川圀順編：《水戶義公全集》(東京：角川書店，1970)，上，頁194–195。
60. 《大日本史》列傳一至十二是包括皇后和妃子在內的「后妃傳」，列傳十三起為「皇子傳」。
61. 彰考館：《義公御意覺書》，載吉田一德著：《大日本史紀伝志表撰者考》，頁4。
62. 延寶年間《往復書案》，京都大學文學部或茨城縣立歷史館藏本，館藏編號為225–228、232。
63. 〈新葉集序〉為紀念後醍醐天皇皇子、宗良親王而作。松本純郎此說，發表在松本純郎所寫的《水戶學源流》，參見茨城県立歴史館編：《茨城県史料．近世思想編．大日本史編纂記録》(茨城：精興社，1989)，頁22–23。

64. 松本純郎：《水戸学の源流》。另，名越時正根據光圀與林鵞峰在寛文四年十一月二十八日的談話，認為光圀在寛文四年末已對南北朝正庶之分，帶有問題意識(名越時正：《水戸学の研究》，頁68–69)，不過，名越並沒有舉出可支持其論點的相關史據。

65. 茨城県立歴史館編：《茨城県史料．近世思想編．大日本史編纂記録》，頁460–481。

66. 光圀派人到全國各地蒐集史料，借御三家之榮冠，得到不少方便，一些古寺(神)社拿出珍藏數百年秘不示人的史料讓水戶史員抄閱。具體可見伊東多三郎主編：《水戸市史》，頁720–732。

67. 《扶桑拾葉集》中的〈新葉集序〉在延寶九年(1681)已完成，見茨城県立歴史館編：《茨城県史料．近世思想編．大日本史編纂記録》，頁22–23。

68. 小宮山昌秀：《耆旧得聞》，頁15。

69. 名越時正：《水戸学の研究》，頁97–99。

70. 清水正健：《増補水戸の文籍》，頁33、46–47。

71. 山鹿素行著，国民精神文化研究所編：《山鹿素行集》(東京：目黒書店，1943–1944)，第7卷，頁452–453。

72. 〈江戸史館雜事記〉，天和三年(1683)、元祿十一年(1698)條，茨城県立歴史館編：《茨城県史料．近世思想編．大日本史編纂記録》，頁379。

73. 詳見藤田一正：《修史始末》(水戸：彰考館，1794)，茨城大學圖書館藏。另亦可見栗田勤：《水藩修史事略》(東京：大岡山書店，1928)，頁6–7。

74. 《西山公隨筆》記錄了寛文十年光圀對田中犀如此言。見吉田一德著：《大日本史紀伝志表撰者考》，頁26。

75. 德川幕府無副將軍編制，將德川光圀稱副將軍主要是民間流行的《水戸黃門》劇所傳。

76. 〈鵜飼錬斎口語〉，載雨谷毅編：《義公朱舜水關係資料3：朱文恭遺事》，頁125–126。

77. 吉田一德著：《大日本史紀伝志表撰者考》，頁10。

78. 坂本太郎著：《新訂日本史概說．下》(東京：至文堂，1962)，頁54。此方面著述亦可參考徐興慶著：《朱舜水與東亞文化傳播的世界》，頁301。

79. 有關水戶如何運作而獲得幕府同意版刻《大日本史》之經緯，參見藤田一正：《修史始末》；大內地山：《水戸学要義》，頁25–61。

80. 如安積覺在給荻生徂徠（1666–1728）書函中寫道，若欲知其師思想主張之具體，可查閱《舜水文集》。
81. 劉玉才著：〈知己是同胞，不論族與鄉：淺議張斐與安東省庵的文字之交〉，徐興慶編：《朱舜水與近世日本儒學的發展》（台北：台灣大學出版中心，2012），頁419。
82. I. J. McMullen, "Ito Jinsai and the Meanings of Words," *Monumenta Nipponica*, Vol. 54, No. 4 (1999), pp. 509–520.
83. 朱謙之著：《日本的古學及陽明學》（北京：人民出版社，1962）；石田一良著：《伊藤仁斎》（東京：吉川弘文館，1989，新裝版）；余英時著：《論戴震與章學誠》（北京：三聯書店，2005），頁220–233頁；童長義著：《從17世紀中日交流情勢看朱舜水與日本古學派》，載高明士編：《東亞文化圈的形成與發展：儒家思想篇》（上海：華東師範大學出版社，2008），頁164–186；以及張谷著：〈朱舜水與日本古學〉，《鵝湖月刊》第361期（2005），頁16–23。
84. 這種現象近年仍然如此。漢語著作方面如遠藤美幸《伊藤仁齋〈語孟字義〉之研究〉（台灣大學碩士論文，2007）和王青《日本近世儒學家荻生徂徠研究》（上海：上海古籍出版社，2005），均論及伊藤仁齋及山鹿素行，不過未涉朱舜水對兩人的影響。日文方面，童長義指出三宅正彥在《京都町衆伊藤仁斎の思想形成》（東京：思文閣，1987）一書中，刻意抹殺仁齋思想形成過程中受到的朱舜水影響，三宅並認為石田一良關於仁齋受到舜水影響的論述只是推論。（童長義：〈從17世紀中日交流情勢看朱舜水與日本古學派〉，頁172）。英文近作有John Allen Tucker, *Ito Jinsai's Gomô Jigi and the Philosophical Definition of Early Modern Japan* (Leiden: Brill, 1998).
85. 徐興慶：《朱舜水與東亞文化傳播的世界》，頁21。
86. 同上，頁126。
87. 丸山真男專著《日本政治思想史研究》第一章、第一節中的標題。
88. 1885年3月16日《時事新報》載福澤諭吉社論中語。
89. 內藤湖南：《燕山楚水》，載《內藤湖南全集》（東京：筑摩書房，1969–1976），第2卷，頁75。有關明治維新以後日本社會對中國的認識，可參考野村浩一著、張學鋒譯：《近代日本的中國認識》（北京：中央編譯出版社，1999）；陳建廷、石之瑜著：《中日合群？日本知識界論爭「中國崛起」的近代源流》（台北：台灣大學政治學系中國大陸暨兩岸關係教學與研究中心，2007）。

90. 高柳光寿、竹內理三編：《角川日本史辭典》(東京：角川書店，1974)，〈伊藤仁斎〉條。
91. 余英時：《論戴震與章學誠》，頁223。
92. John Allen Tucker, *Ito Jinsai's Gomô Jigi and the Philosophical Definition of Early Modern Japan*. McMullen的書評見 *Monumenta Nipponica*, Vol. 54, No. 4 (1999), pp. 509–520.
93. 余英時：《論戴震與章學誠》，頁220–233。
94. 荒木龍太郎認為舜水帶批判精神但相當尊重朱子學。見荒木龍太郎著，錢明、鍾瑩譯：〈朱舜水與明末思想〉，《杭州師範大學學報》，第4期(2009)，頁8–14。
95. Joseph John Spae, *Itô Jinsai: A Philosopher, Educator and Sinologist of the Tokugawa Period* (New York: Paragon, 1967), pp. 8–9.
96. 童長義：〈從17世紀中日交流情勢看朱舜水與日本古學派〉，載高明士編：《東亞文化圈的形成與發展：儒家思想篇》，頁164–186。
97. 朱舜水弟子、彰考館史員以及梁啟超等先後編過朱舜水年譜。梁啟超在年譜1662年條內，言：「安東守約欲介伊藤誠修來見，先生數書止之。」(載朱謙之整理：《朱舜水集》，下冊，頁697)。徐興慶的〈朱舜水先生年譜〉(《朱舜水集補遺》，頁270)和林俊宏的〈朱舜水在日本的活動簡表〉(《朱舜水在日本的活動及其貢獻研究》，頁58)均隨此說。
98. 徐興慶的《朱舜水集補遺》，對推動此研究領域功不可沒，筆者對伊藤仁齋與舜水關係的研究，也受惠於此書對收藏於九州歷史資料館分館柳川古文書館「安東家史料」中原文日期的忠實謄寫。
99. 伊藤仁斎：〈讀予舊稿〉，載《日本思想大系33．伊藤仁斎．伊藤東涯》，頁295。
100. 見石田一良：《伊藤仁斎》，頁45。自仁齋轉古學後，懸掛於同志會會所的《歷代聖賢道統圖〉換成了孔子像。仁齋在晚年回憶道，在撰寫〈申約〉的那年，還作了道統圖，他反省說：「道統圖近世儒仿宗派圖而所作，非聖人之意也。若禪家的傳，是私天下之道，而為一家之物者也。」(伊藤仁斎：〈童子問》，第29章，轉錄自加藤仁平：《伊藤仁斎の学問と教育》(東京：目黑書店，1940)，頁39。
101. 伊藤誠修：〈策問〉，三宅正彥編、伊藤仁斎著、伊藤長胤編：《古学先生詩文集》(東京：ぺりかん社，1985)，頁94–106。
102. 石田一良著：《伊藤仁斎》，頁59；童長義著：〈從17世紀中日交流情勢看朱舜水與日本古學派〉，頁171。

103. 伊藤仁斎：〈送片岡宗純還柳州序〉，三宅正彥編、伊藤仁斎著、伊藤長胤編：《古学先生詩文集》，頁19。

104. 同上。

105. 同上。

106. 省庵多通過書信向舜水請教。有關省庵歲祿，江村北海在1771年出版的《日本詩史》中說，其侍柳川侯，為二百石；舜水受聘水戶藩，歲祿五百石。參見江村北海：《日本詩史》，載関儀一郎編：《近世儒家史料》(東京：飯塚書房，1976)，中冊，頁35。

107. 同上。

108. 安東省庵之學，不同於市井自由人伊藤仁齋，更不同於水戶學人，其中更有須服務本藩藩務的原因。安東早年同當時日本大多數學人一樣，視宋學為儒學正學，寫過《性理提要》、《理學抄要》以及《初學心法》。此三著載安東省庵著：《省庵先生遺集》(柳州：安東省庵顯彰会，1971復刻版)。柳州古文書館還將該館館藏、包括安東省庵遺文的文獻編輯成《安東家史料目錄》。

109. 伊藤仁斎：〈答安東省庵書〉，載伊藤東涯：《古学先生文集》，卷1，頁28。仁齋此信未具日期。

110. 伊藤仁斎：〈送片岡宗純還柳州序〉。

111. 朱舜水不諳日語會話，幸好當時日本識字通文者普遍知漢字，朱以漢文與小宅生順筆談溝通。小宅生順滯留長崎三個月，主要使命就是與朱舜水溝通，了解朱舜水的學識與人品。筆談具體內容詳見小宅生順回江戶後為向藩主彙報所寫的《西遊手録》。此外，彰考館編《舜水招聘問答記 · 義公と朱舜水との關係資料二》(茨城縣立圖書館有此書，館藏編號為092-73-2)中也記錄有相關部分。

112. 木下英明〈舜水 · 朱之瑜〉，《水戶史学》，第17號(1982年10月)，頁51–52。木下英明未在同文未提及出處，疑根據林鵞峰寛文四年十一月遇小宅生順旅途所費日程推算出來。

113. 彰考館編：《朱舜水記事纂録 · 水府三士小傳》(1698)，原書未標註頁數。

114. 佐野鄉成等編、德川光圀著：《水府系纂 · 小宅生順》(水戶：彰考館，1698年)，卷1。此書實際為水戶藩史臣編錄，成於元祿十一年(1698)，其中1–4卷記載朱舜水的弟子及他們與舜水師生之關係。轉引自徐興慶：《朱舜水與東亞文化傳播的世界》，頁94。清水正健在《增補水戶の文籍》中記錄的水戶藩士戶籍，未見遣吟味役小林善左衛門勝澄和步行目附大石彥衛門先勝，可能是二人級別太低，未被收錄。

115. 彰考館編：《朱舜水記事纂録．水府三士小傳》。
116. 潁川入徳：〈潁川入徳寄安東省庵書〉，徐興慶：《朱舜水集補遺》，頁112。
117. 說此事轟動當時長崎，可參考朱舜水、當時學者以及在長崎通事所留遺文。石田一良猜想是安東省庵通知了仁齋。見石田一良《伊藤仁斎》，頁60。
118. 伊藤仁斎：〈答安東省庵書〉，載伊藤東涯《古学先生文集》，卷1，頁28–29。
119. 石田一良：《伊藤仁斎》，頁55、58。
120. 梁啟超《朱舜水年譜》1662年條中載：「安東守約（省庵）欲介伊藤誠修（仁齋）來見，先生數書止之。」（載朱謙之《朱舜水集》，下冊，頁697）。徐興慶〈朱舜水先生相關年表〉中1662年條內有：「安東省庵欲介當時日本古義學之創始者伊藤仁齋見先生，先生因所學不同，寄書止之。」（徐興慶：《新訂朱舜水集補遺》，頁365），亦如此說。1662年說未見梁啟超之論據，徐說可能從梁說所致。
121. 石田一良：《伊藤仁斎》，頁59；梁啟超《朱舜水年譜》以及徐興慶〈朱舜水先生相關年表〉。
122. 省庵生性敦厚，可從時人的評論、省庵辦同志會講學授課方式以及與他人書函中可知。又如，角田簡曾錄道：「物徂徠……或問太宰春台曰，伊藤仁齋如何人。春台曰，觀其貌也恭，聽其言也從，君子人也。」角田簡：《近世叢語》，卷4，頁17。
123. 朱舜水：〈朱舜水寄安東省庵書〉，徐興慶編註：《朱舜水集補遺》，頁231–232。
124. 長崎純心大学長崎学研究所編：《江府江御差下囚人差添一件留：徳川幕府刑罪大秘録》（長崎：長崎純心大学，2003年）。
125. 此函所署日期有無可能將「八」字誤為「六」。原件存日本柳川古文書館，該館編纂出版的《安東家史料目錄》中收錄的此函日期也寫作六月十九日。筆者未能見到原件，故存疑。
126. 朱舜水：〈與安東守約書二十五首〉第12首，載朱謙之整理：《朱舜水集》，上冊，頁162。此信應寫於1664年秋，因信中不但提到舜水所居長崎行政官黑川，還有「前江口到柳州見賢契……」的字樣。
127. 伊藤仁斎：〈答安東省庵書〉，載《古学先生文集》，卷1。
128. 同上。在此函下方，東涯批註道：「右書係中年之作，故讀易。程傳朱義無所軒輊，然為程傳直得夫子之心。後來定見已漸矣。至於文王、周公作易、夫子系十翼，則先秦已來，諸儒之臆料，要不足憑，此書中亦從其說。欲識定論，須參語孟字義云。長胤識」。

129. 朱舜水：〈朱舜水寄安東省庵書〉，載徐興慶編註：《朱舜水集補遺》，頁226–227。將此函確定為1664年之依據，源自對「新鎮公」長崎奉行在相關年間的敘任和辭任日期。具體為：黑川與兵衛正直（丹波守，慶安三年十一月十九日敘任，寬文四年十二月二十三日辭任）；島田久太郎守政（出雲守，寬文二年五月一日敘任）；稻生七郎右衛門正倫（寬文五年三月十三日敘任）；松平甚三郎隆見（寬文六年三月十九日敘任）。從中可知，舜水在此指的新鎮公，應是寬文五年三月十三日敘任的稻生七郎。以上長崎奉行敘辭任人名和日期，見《角川新版日本史辞典》，頁1288。

130. 朱舜水：〈朱舜水寄安東省庵書〉，載徐興慶編註：《朱舜水集補遺》，頁224–225。舜水在1664年冬收下川三省為門生，據此確認此函為1664年冬所寫。

131. 石田一良：《伊藤仁斎》，頁64。

132. 1665年在長崎的朱舜水在〈與鍋島直能書三首．一〉中寫道：「去冬承命以下川三省見委，此子溫厚淳謹，僕望其大有所就。……時下以僕有水戶上公之議，過於矜慎，欲呼令歸國，又雲欲先攜往江左，……僕不敢遵奉。」參見朱謙之整理：《朱舜水集》，頁69。1665年亟待出發去江戶的朱舜水在〈與下川三省書四首．一〉中寫道：「三月二十二邊，汝親戚至道榮所，聖述貴國主待汝之恩，令汝卒學，雲二三日內即到。……江戶、水戶上公及諸閣老之書皆到，通事日逐在此催促，若使一旦啟行，汝前後不及，汝自置汝身於何地也！思之思之。即凡汝有疾病，及今五十日，竟不遣一人通一信耶？汝尚可謂有知覺否？書到須星夜促裝前來，毋容再遲時刻也。汝丁母憂，本宜遣弔，因汝不報訃，故不便弔耳。……汝尚有志於學，即使衣服不備，赤體而來，猶勝於滿身華麗也。……」朱謙之整理：《朱舜水集》，頁323–324。

133. 東涯在仁齋〈策問〉文末加註：「自寬文辛丑（1661），至元祿丁丑，凡三十餘年，設問策諸生。其間學問早晚之異同，亦可概見矣。」抄自吉川幸次郎、清水茂校註：《伊藤仁斎．伊藤東涯》，頁284。東涯之說亦可旁證舜水對仁齋學問變化的讚譽。

134. 朱舜水〈答安東守約三十首〉第29首，載朱謙之整理：《朱舜水集》，頁194。以此信結尾處說「三省回，竟無資訊，聞其母已故，或為此耳」，以此對照朱舜水〈與下川三省書四首〉第1首的內容，可知此函寫於1665年春。

135. 三宅正彥編、伊藤仁斎著、伊藤長胤編：《古学先生詩文集》，頁33–34。
136. 載吉川幸次郎：《仁斎東涯学案》，《日本思想大系33．伊藤仁斎．伊藤東涯》，頁610。
137. 元簡拜訪仁齋未果一事，見伊藤梅宇著：《見聞談叢》（東京：岩波書店，1940），轉引自石田一良：《伊藤仁斎》，頁64。
138. 伊藤東涯：〈霞池省庵手柬敘〉，載朱謙之整理：《朱舜水集》，下冊，頁782。
139. 柳川古文書館收藏了數十件伊藤東涯和安東仕學齋之間的書函，其中不少為仕學齋向東涯請教的信件。目錄可見柳川古文書館編：《安東家史料目録》（柳州：九州歷史資料館分館柳川古文書館，1986），頁40–42。
140. 小宅生順說，藩主德川光圀1664年派遣他到長崎見朱舜水前已「上公備聞先生才德文行。」見今井弘濟、安積覚：《舜水先生行實》，載《朱舜水集》，下冊，頁618。
141. 安積覺曾對荻生徂徠說「文恭（指朱舜水）務為古學，不甚尊信宋儒，議論往往有不合者，載在文集，可徵也。」小宮山昌秀：《耆旧得聞》，卷6，附錄。
142. 朱舜水好友木下順庵的弟子雨森芳洲曾記下舜水所說「來此邦親見封建之世風儀，知三代聖人之法，甚幸之」。渡辺浩：《近世日本社会と宋学》（東京：東京大学出版会，1985），頁34–35。
143. 德川光圀：《西山隨筆．坤》，載德川光圀著、德川圀順編：《水戸義公全集》，中，頁214。
144. 詳見安積覚跋《義公行實》，載德川圀順編：《水戸義公全集》，上，頁470。
145. 林羅山長孫林春台到朱舜水處求學時舜水所言。見《朱舜水集》，下冊，頁600。
146. 堀勇雄：《山鹿素行》（東京：吉川弘文館，1987），頁234–235。
147. 可從比對山鹿素行相關文章的表述《年譜》中所列活動以及讀書記錄可知。見山鹿素行《年譜》，廣瀨豊編：《山鹿素行全集．思想篇》（東京：岩波書店，1940–1942），第15卷。
148. 山鹿素行：《中朝事實》，廣瀨豊編：《山鹿素行全集．思想篇》，第13卷，頁226。
149. 安積覺在《朱舜水先生文集後序》中寫道，舜水的「筆語、批評，不在此數。」載《朱舜水集》，下冊，頁786。
150. 水戶本《朱舜水先生文集凡例》，載《朱舜水集》，下冊，頁788。
151. 山鹿素行：《中朝事實自序》，載《山鹿素行全集》，卷153，頁226。

152. 山鹿素行與今井會晤的記錄，參見山鹿素行《年譜資料》，天和三癸亥年條，載国民精神文化研究所編：《山鹿素行集》，第7卷，頁452–453。
153. 青山拙齋：《文苑遺談》(1856)，卷1，載《朱舜水集》，頁836。
154. 見木下英明：〈朱舜水と彰考館の史臣達〉，頁9–10。
155. 朱謙之整理：《朱舜水集》，下冊，頁578。此文中的「養至德盛」，與角田簡《続近世叢語》所載同文的「善至德盛」有一字之差，觀上文下理，應為「善」，故正之。參見角田簡：《続近世叢語》，卷4，頁15。
156. 堀勇雄：《山鹿素行》，頁186–187。
157. 廣瀨豊編：《山鹿素行全集．思想篇》，第15卷，頁567。
158. 堀勇雄：《山鹿素行》，頁84–85。
159. 同上，頁5。
160. 同上，頁565。
161. 素行訪隱元的記錄，見廣瀨豊編：《山鹿素行全集．思想篇》，卷15，頁62。隱元和尚為日本經都宇治郡黃檗禪寺的開山祖師，該寺領地由將軍家綱賜予，除將軍的白金兩萬和大老酒井忠勝捐贈的千兩黃金外，還有各地諸侯及信徒等的獻資。詳見徐興慶：《朱舜水與東亞文化傳播的世界》，頁161–206。
162. 角田簡：《続近世叢語》，卷4，頁15。
163. 青山勇：《朱文恭遺事》(1895)，國會議事堂圖書館手寫本，館藏編號1-827-69。
164. 山鹿素行《年譜》相關條；堀勇雄：《山鹿素行》，頁164–167。
165. 舜水寬文五年九月從江戶至水戶，並住到十二月的記錄，見朱舜水《與獨立書》，載德川光圀編：《舜水先生外集》(彰考館，1697)，卷1。另今井弘濟、安積覺共撰《舜水先生行實》中，也有寬文五年九月至十二月舜水從江戶往水戶的記錄，但未錄具體日期。該文載《朱舜水集》，下冊，頁612–624。
166. 詳見山鹿素行《年譜》，寬文三年至五年記錄。
167. 詳見堀勇雄的《山鹿素行》。堀勇雄在同著中認為，素行此舉與其鼓吹的武士忠孝精神，明顯言行不一。此外，有關山鹿素行通過兵學教學及人際關係等途徑，頻頻與武士中上層聯繫，山鹿素行親錄的《年譜》可證，《年譜》收錄於廣瀨豊編：《山鹿素行全集．思想篇》，第15卷，以及《山鹿素行集》，第7卷。
168. 《朱舜水集》，下冊，頁624。
169. 德川孝：〈朱舜水と第一高等学校〉，載朱舜水記念会編：《朱舜水》(東京：神田印刷所，1912)，頁14。

170. 明朝學人為仕途，黨派互糾，用舜水的話來講，是「中國士大夫之自取」，讀書人不知讀書之義，而「奔競門開，廉恥道喪，官以錢得，政以賄成。」(朱舜水：《中原陽九述略·致虜之由》，載《朱舜水集》，上冊，頁1。亦見謝國楨：《明清之際黨社運動考》(上海：上海書店，2004)。
171. 拙文：《尊王敬幕：朱舜水、德川光圀之水戶學》，《政治思想史》，第6期(2011)，頁34–59；拙文：〈水戶《大日本史》編纂方針之確立與朱舜水〉，《國際漢學研究通訊》，第3期(2011)，頁181–195。
172. 小宮山昌秀：《耆旧得聞》，卷6，附錄。梁啟超認為「先生卒後33年，日本正德五年(1715)，先是源光圀手輯《朱舜水先生文集》28卷。至是，其子綱條刻成之。」梁啟超：《朱舜水先生年譜》，載《朱舜水集》，下冊，第728頁。
173. 田原嗣郎：〈山鹿素行における思想の基本的構成〉，載《日本思想大系32·山鹿素行》，頁498；伊東多三郎：《国学の史的考察》(東京：大岡山書店，1932)，頁43–47。
174. 林俊宏：《朱舜水在日本的活動及其貢獻研究》，頁176。
175. David Magarey Earl, *Emperor and Nation in Japan: Political Thinkers of the Tokugawa Period* (Seattle: University of Washington Press,1964), pp. 220–221.
176. 井上哲次郎：《日本朱子學派之哲學》(東京：富山房，1905)，頁812。
177. 同上，頁817–818。
178. 稲葉君山：〈朱舜水の学風と精神〉，載朱舜水記念会編：《朱舜水》(東京：朱舜水紀念会事務所，1912)，頁45–46。稲葉君山有關德川光圀盛讚舜水之論，最早出自德川光圀侍醫、儒學者井上玄桐的《玄桐筆記》，該筆記在德川光圀傳記中也是極有分量的資料。
179. 稲葉君山編：《朱舜水全集》(東京：文會堂書店、1912)。稲葉所著《朱舜水考》六篇見《日本及日本人》第475–480號(1908)。
180.《日本思想大系32·山鹿素行》，頁340。
181. 素行在〈滝川彌市右衛門宛書簡〉中記下了與板倉重矩會談內容，載《山鹿素行全集》，第15卷，頁820。亦見堀勇雄《山鹿素行》，頁210–212。
182. 此序載廣瀨豐編：《山鹿素行全集·思想篇》，第4卷。其中提到「〈語類〉，寬文三年冬十一月始輯。」
183. 井上哲次郎：《日本古学派之哲学》，頁59。
184. 同上。

185. 山鹿素行：《配所殘筆》，載田原嗣郎、守本順一郎校註：《日本思想大系32．山鹿素行》，頁335。
186. 井上哲次郎：《日本古学派哲学》，頁61。
187.《日本思想大系32．山鹿素行》，頁335。田原嗣郎、守本順一郎此處指〈山鹿隨筆5〉，但未詳列文獻出處。筆者查閱收錄了《山鹿隨筆》的《山鹿素行全集．思想篇》第11卷，從該卷收入的〈山鹿隨筆〉目錄中發現，隨筆共有13卷，每卷目錄從數十條至百餘條不等。
188. 堀勇雄《山鹿素行》，頁186。
189. 同上。
190. 引自松浦伯爵家文庫樂歲堂編：《山鹿素行先生精神訓》(東京：大江書房，1915)，頁265–266。
191.《年譜資料》，載國民精神文化研究所編：《山鹿素行集》，卷7，頁522。明儒鄭維嶽撰寫的37卷《四書知新日錄》為《四書》註釋，載(清)張廷玉等編著《明史．志》第72，〈藝文1〉，卷96。
192. 山鹿素行《年譜》，載廣瀨豊編：《山鹿素行全集．思想篇》，卷15，頁81–82。在記錄讀周濂溪書那段，原文為「讀周子通書」。
193. 山鹿素行：〈淺野長治公來て仁を問う〉，載松浦伯爵家文庫樂歲堂編：《山鹿素行先生精神訓》，頁310–311。
194. 山鹿素行：《聖教要錄．仁》，載《日本思想大系32．山鹿素行》，頁343。
195. 堀勇雄：《山鹿素行》，頁204。
196.《山鹿隨筆》寬文四年(甲辰)以下的「格物致知」、「格物と功利」等。廣瀨豊編：《山鹿素行全集．思想篇》，第11卷，頁482、524–525。
197. 廣瀨豊編：《山鹿素行全集．思想篇》，第9卷，頁3。
198.《日本思想大系32．山鹿素行》，頁351。
199. 山鹿素行：《聖教要錄．仁》，載《日本思想大系32．山鹿素行》，頁342。
200. 堀勇雄：《山鹿素行》，頁204。
201. 朱謙之整理：《朱舜水集》，上冊，頁173–174。
202. 徐興慶編：《朱舜水集補遺》，頁230。
203. 朱舜水：〈答安東守約問八條〉，載朱謙之整理：《朱舜水集》，上冊，頁369。
204. 小宅生順：《西遊手録》，載彰考館：《朱舜水記事纂録》，頁3–4。
205. 朱舜水《舜水墨談》，載徐興慶編《朱舜水集補遺》，頁246。《舜水墨談》

為人見竹洞與朱舜水問答錄，真跡收藏於佐賀縣鹿島市祐德神社中川文庫。

206. 朱舜水：〈答安東守約問三十四條〉，載朱謙之整理：《朱舜水集》，上冊，頁401–402。
207. 小宅生順：《西遊手録》，載彰考館：《朱舜水記事纂録》，頁13。
208. 朱舜水：〈諭安東守約規〉，載朱謙之整理：《朱舜水集》，下冊，頁578–579。
209. 朱舜水：〈策問四首〉其二，載朱謙之整理：《朱舜水集》，上冊，頁343。
210.《日本思想大系32．山鹿素行》，頁342。
211. 同上。
212. 同上。
213. 朱舜水：〈答古市務本書七首〉第3首，《朱舜水集》，上冊，頁334–335。
214. 朱舜水：〈答安東守約問三十四條〉，《朱舜水集》，上冊，頁394–395。此處舜水讚揚被商王辛剖心處死的比干之忠，非稱頌其忠於商王，而是讚譽他盡忠於民、盡忠於以民為本的國家。
215.《日本思想大系32．山鹿素行》，頁342。
216. 田中義能說：「仁齋主仁義，重道德；徂徠與仁齋不同，其主禮樂，重功利。」(田中義能：《日本思想史概説》〔東京：日本学術研究会，1938〕，頁159)。伊東多三郎則認為仁齋的人生觀極度充滿了道德的希望，其《論語古義》和《孟子古義》可證明 (伊東多三郎：《国学の史的考察》，頁41–42)。
217. 仁齋在給安東省庵的信函中就提到「夫先王之道，禮樂之用為急。而禮之節文，最為難明。」見荻生徂徠：《徂徠集．與伊藤仁斎》，卷27，載《日本思想大系36．荻生徂徠》，頁525–526。
218. 同上。
219. 同上，頁526。同文中，荻生徂徠還評子固「忠信可愛」。
220. 吉川幸次郎認為此信在元祿十七年 (1704) 年寄出。見吉川幸次郎：〈徂徠学案〉，載《日本思想大系36．荻生徂徠》，頁662–663。
221.《日本思想大系36．荻生徂徠》，頁525–526。
222. 該行狀在仁齋去世後的第三年，由京都的林文會堂刊出，其中還收入了安東省庵的信件。
223. 吉川幸次郎：〈徂徠学案〉，載《日本思想大系36．荻生徂徠》，頁738。

224.《日本思想大系36・荻生徂徠》，頁520。
225. 荻生徂徠：〈答屈景山・第一書〉，載吉川幸次郎等校註：《日本思想大系36・荻生徂徠》，頁530。
226. 荻生徂徠：《辨道》，同上，頁200–201。
227. 朱謙之整理：《朱舜水集》，上冊，頁343。
228. 徂徠將天皇稱為共主，見《日本思想大系36・荻生徂徠》，頁491。
229. 荻生徂徠：《徂徠集・復水神童・又附答問》，載《日本思想大系36・荻生徂徠》，頁512。
230. 小宮山昌秀：《耆旧得聞》，卷6，附錄。
231. 安積覺：〈答荻徂徠書〉，載朱謙之整理：《朱舜水集》，下冊，頁767–768。
232. 吉川幸次郎等校註《日本思想大系36・荻生徂徠》，頁539。
233. 林鵞峰：《南塾乘》，卷1(共3卷)。
234. 朱舜水在寬文十二年撰寫《釋奠儀註》，參見木下英明：〈朱舜水と彰考館の史臣達〉，頁9–10；舜水次年又發《改定釋奠儀註》，參見朱謙之整理：《朱舜水集》，下，頁602。
235. 鈴木三八男編：《聖堂物語：湯島聖堂略志》(東京：斯文会，1969)。
236. 童長義：〈伊藤仁齋功利思想新探：以晚年《童子問》的相關詮釋為中心〉，《台灣大學歷史學報》，第46期(2010)，頁94。
237. 朱舜水：〈答小宅生順野傳論建聖廟書〉，朱謙之整理：《朱舜水集》，上冊，頁321。
238. 雨谷毅編：《義公朱舜水との関係資料3：朱文恭遺事》，頁171–172。
239. 大內地山：《人間義公》(茨城県：鶴屋書店，1972)，頁201。
240.《史館事蹟》(手抄本)，水戸彰考館藏。
241. 角田簡：《近世叢語》，卷5，頁4–5。

第四章　曲徑逸幽：國學之路

1. 平田篤胤：《古道大意》(東京：平田学会事務所，1912)，頁8–9。平田篤胤在《玉襷》卷2中也有相同表述，載田原嗣郎等校註：《日本思想大系50・平田篤胤・伴信友・大国隆正》(東京：岩波書店，1973)，頁254。德川家康子義直，為尾張藩主，被尊稱為敬公，生前獎勵儒學，寬永年間曾建孔子廟。

2. Michael Weiner, *Race and Migration in Imperial Japan* (London and New York: Routledge, 2014), p. 26.
3. 《戰陣訓．本訓第一皇國》。
4. 德川光圀、朱舜水時代的水戸藩編史特別註重實證研究的精神。關於契沖《萬葉代匠記》，見契沖著、築島裕等編集：《万葉代匠記7．厚顔抄》(東京：岩波書店，1974)。
5. 伊東多三郎編：《水戸市史》，中卷，1，頁700。
6. 本居宣長：〈あしわけをぶね〉(排蘆小船)，載村岡典嗣校訂：《本居宣長全集》(東京：岩波書店，1943)，第3冊，頁1–77。
7. 契沖：〈雜說(抄)——万葉代匠記総訳〉，載平重道、阿部秋生註：《日本思想大系39．近世神道論．前期国学》(東京：岩波書店，1972)，頁312。
8. 同上，頁311。
9. 部分日本學人認為，古代日本從未在真正意義上受到道教影響，因並未系統引入道士、建道觀等。不過道教的基本思想傳入日本文明中及其影響之大，無法因此而忽視。
10. 拙著：《古代東亞政治環境中天皇與日本國的產生》，頁137–161、173–181。
11. 吉田兼俱：〈神道大意〉，載早川純三郎編：《神道叢說》(東京：国書刊行会，1911)，頁12。
12. 契沖有關倭歌融入了神道、儒教、佛法精髓的觀點，也見於契沖：〈厚顏抄．序〉，載小田村寅二郎編《日本思想の系譜．文献資料集》，中卷，1，頁100。
13. 山田孝雄：《国学の本義》(東京：国学研究会出版社，1939)，頁116–117。
14. 伊東多三郎：《国学の史的考察》(東京：大岡山書店，1932)，頁155。
15. 山田孝雄：《国学の本義》，頁121–122。
16. 荷田在滿：〈国歌八論．古学論〉，載中村幸彥校註：《日本古典文学大系．近世文学論集．国歌八論》(岩波書店，1966)。
17. 丸山真男：《日本政治思想史研究》，頁148。
18. 荷田春滿：〈創学校啟〉，載平重道、阿部秋生註：《日本思想大系39．近世神道論．前期国学》(東京：岩波書店，1972)，頁333。
19. 同上。
20. 林羅山：〈神道傳授50．唯一神道付佛神混合〉，同上，頁37。羅山表面上承認神武千餘年皇統歷史，是基於其幕府御用身份。其子林鵞峰在《國史館日記》中也透露了羅山的真正史觀。

21. 林羅山：〈神道傳授6．神道人道一理〉，同上，頁14。
22. 林羅山：〈神道傳授49．神道顯密之事〉，同上，頁36。
23. 同上，頁57。
24. 林羅山：〈神道傳授49．三種神器〉，同上，頁13。
25. 林羅山：《林羅山文集．隨筆》，卷66，載児玉幸多：《史料による日本の歩み(近世編)》(東京：吉川弘文館，1958)，頁191。
26. 《論語．雍也第六》。
27. 荻生徂徠：《徂徠集．對問》，卷17，載吉川幸次郎等校註：《日本思想大系36．荻生徂徠》，頁500。
28. 物部氏族在古代日本皇權政體中主管軍械、器物等，忌部氏族則為大陸移民集團，專事王朝國家祭祀。見拙著：《古代東亞政治環境中天皇與日本國的產生》，頁35–40。
29. 荻生徂徠：〈太平策〉，載吉川幸次郎等校註：《日本思想大系36．荻生徂徠》，頁541–452。
30. 拙著：《古代東亞政治環境中天皇與日本國的產生》，頁46、78、159、176。筆者新近發現，德川時代的新井白石，在《折たく柴の記》中，曾指出鄭玄記載了「倭國尚留此禮」，即九拜中德振動禮。原文載宮崎道生：《定本折たく柴の記釈義》(東京：近藤出版社，1985)，轉引自徐興慶編：《朱舜水與近世日本儒學的發展》，頁334。
31. 如曾任美國哲學學會主席的赫伯特．芬格萊特(Herbert Fingarette)。Herbert Fingarette, *Confucius: The Secular as Sacred* (NY: Harper & Row, Publishers, 1972).
32. 《古代東亞政治環境中天皇與日本國的產生》，頁159。
33. 山田孝雄：《国学の本義》，頁117。
34. 參見吉田兼俱：〈唯一神道名法要集〉，載神宮皇学館惟神道場編：《神道思想中世》(東京：精興社，1940)，頁54–56。
35. 荷田春滿：〈創学校啟〉，載平重道、阿部秋生註：《日本思想大系39．近世神道論．前期国学》，頁337。
36. 河野省三：《国学の研究》(東京：大岡山書店，1943)，頁333。由於該文在荷田春滿去世後披露，有人懷疑經其門人之手修飾過。
37. 見河野省三：《国学の研究》(東京：大岡山書店，1943)，頁333。
38. 田原嗣郎：《平田篤胤》，頁16

39. 石川雅望：〈ねざめのすさび〉，載《百家説林》(東京：吉川弘文館，1892–1908)，續篇上。
40. Watanabe Hiroshi, *A History of Japanese Political Thought, 1600–1901*, pp. 184–185.
41. 清水浜臣：〈泊洦筆話〉，載佐竹昭広等編：《新日本古典文学大系97．当代江戸百化物》(東京：岩波書店，2000)。
42. 丸山眞男：〈近世儒教の発展における徂徠学の特質並にその国学との関連〉，丸山眞男著：《丸山眞男集》(東京：岩波書店，1995–1997)，第1卷，頁267；伊東多三郎：《国学の史的考察》，頁72–73。
43. 賀茂真淵：〈国意考〉，載平重道、阿部秋生註：《日本思想大系39．近世神道論．前期国学》，頁381。
44. 伊東多三郎：《国学の史的考察》，頁187–188。
45. 賀茂真淵：《国意考》，頁374。
46. 同上，頁377。
47. 同上，頁382、384。
48. 同上，頁377。
49. 奈良時代的貴族文人淡海三船，根據中國習慣，給《古事記》和《日本書紀》中所記載、包括神話在內的日本歷代天皇起了謚號。
50. Herbert Fingarette, *Confucius: The Secular as Sacred.* 作者充分認識到儒學註重人世要緊急面對需處理的事物，故所謂神聖即在其中(如社會秩序與禮樂、個人修身)。書中的章名與討論也體現了這方面的認識，如，第一章「Human Community as Holy Rite」和第五章「A Confucian Metaphor: The Holy Vessel」。
51. 敷島是日本古國名，此處可視作大和，也就是日本之代稱。
52. 城福勇著：《本居宣長》，頁217。
53. 芳賀登著：《幕末国学の展開》(東京：塙書房，1963)，頁292。轉引自松本三之介：〈幕末国学の思想史的意義〉，載吉川幸次郎等校註：《日本思想大系36．荻生徂徠》，頁634。
54. 守本順一郎認為，山鹿素行在《中朝事實》所表現出的皇統一系之日本就是中華的思想，在本居宣長處也可見到(守本順一郎：〈解說〉，載《日本思想大系32．山鹿素行》，頁541–542)。已出版的《大日本史》與水戶學主張也對本居宣長思想之成長大有影響。
55. 阿部秋生：〈契沖、春滿、真淵〉，載平重道、阿部秋生註：《日本思想大系39．近世神道論．前期国学》，頁563。

56. 吉川幸次郎：《仁斎、徂徠、宣長》(東京：岩波書店，1975)，頁15。
57. 契沖：〈雑說(抄)——万葉代匠記総訳〉，頁315。
58. 同上，頁312–313。
59. 譬如，吉川幸次郎指出，本居宣長在〈玉かつま・八〉中強調，他們的學問與伊藤仁齋或荻生徂徠完全沒有關係，但與契沖同宗，而且契沖先於仁齋。見吉川幸次郎：《仁斎東涯学案》，載《日本思想大系33・伊藤仁斎・伊藤東涯》，頁577–578。
60. 城福勇：《本居宣長》，頁20、23。
61. 其中不僅有五經、《史記》、《晉書》、《世説新語》、《左傳》、《前漢書》、《莊子》、《南史》、《荀子》以及《列子》等，甚至還有《遊仙窟》、《説郭》、《滄浪詩話》等非經典類漢籍。見城福勇：《本居宣長》，頁29。
62. 本居宣長的《在京日記》載，他當時讀了《本草綱目》、《嬰童百問》、《千金方》等。見城福勇：《本居宣長》，頁28–29。
63. 《徂徠集》卷27中，收有兩封徂徠寫給景山的書信。見吉川幸次郎等校註：《日本思想大系36・荻生徂徠》，頁527–535。
64. 滝本誠一編：《日本経済大典》(東京：明治文献，1966–1971)，第17卷，頁151。轉引自丸山眞男：《日本政治思想史研究》，頁151–152。
65. 同上，頁364。
66. 同上，頁363。
67. 同上，頁362。
68. 本居宣長：〈玉勝間・おのが物まなびの有しやう〉卷2，載吉川幸次郎等校註：《日本思想大系40・本居宣長》(東京：岩波書店，1978)，頁68–69。
69. 丸山真男認為，從宣長此後的發展可知，由荻生徂徠傳到堀景山的反朱子學藝術觀，是如何深入到本居宣長的「物之情」之念中。
70. 見宣長在京都遊學時的筆記，載大野晉、大久保正編：《本居宣長全集》(東京：筑摩書房，1971)，卷13，頁94–96，轉引自吉川幸次郎：《仁斎・徂徠・宣長》，頁250。吉川幸次郎認同徂徠此説影響了本居的思想。田原嗣郎也認為，宣長在京都遊學階段定下學問及問學方法的基礎，與見到此段話有關，見田原嗣郎：《平田篤胤》，頁18–19。
71. 本居宣長：〈あしわけをぶね〉，載村岡典嗣校訂：《本居宣長全集》，頁11–77。〈排蘆小船〉被認為是本居在京都遊學期間的寶曆六年(1756)所作。
72. 本居宣長：〈玉勝間・おのが物まなびの有しやう〉，卷2，載吉川幸次郎

等校註：《日本思想大系40．本居宣長》，頁69–70。《冠辭考》是賀茂真淵對《萬葉集》中326個「枕詞」出典之考證。

73. 本居宣長和賀茂真淵的會面，僅此一次。雖然當時並未留下詳細會談記錄，但本居宣長對會面一事作了記錄。參見本居宣長：〈玉勝間·おのが物まなびの有しやう〉，同上，頁71。
74. 同上，頁70–71。
75. 見伊東多三郎：《国学の史的考察》，頁72–73。
76. 賀茂真淵：〈邇飛麻那微〉，載平重道、阿部秋生註：《日本思想大系39．近世神道論．前期国学》，頁363。
77. 城福勇在《本居宣長》第86–90頁中，列出數個宣長請教賀茂真淵的問題以及兩人來往信函的時間。另見本居宣長自述，本居宣長：〈玉勝間〉，載吉川幸次郎等校註：《日本思想大系40．本居宣長》，頁71–73。
78. 日野龍夫：〈宣長学成立まで〉，載吉川幸次郎等校註：《日本思想大系40．本居宣長》，頁573。
79. 城福勇：《本居宣長》，頁162–164。
80. 荻生徂徠：〈復安積覚第六書〉，載吉川幸次郎等校註：《日本思想大系36．荻生徂徠》，頁540。
81. 荻生徂徠：〈復安積覚第三書〉，同上，頁537。
82. 日野龙夫：〈宣長学成立まで〉，載吉川幸次郎等校註：《日本思想大系40．本居宣長》，頁581。
83. 本居宣長：〈玉勝間．教戒〉，同上，頁470。
84. 賀茂真淵：《国意考》，頁374。
85. 本居宣長：《玉勝間》，轉引自田原嗣郎：《平田篤胤》，頁36。
86. 本居宣長：《葛花》，引自飛鳥井雅道：〈テキストとしての神話——本居．上田秋成論爭とその周辺〉，《人文學報》，第75號（1995），頁35。
87. 從整個日本史上看所謂百王一姓並非真實，本書第三章已有交代。
88. 本居宣長：〈玉くしげ〉，載《日本古典文学大系97．近世思想家文集》，頁337。
89. Mark McNally, *Proving the Way: Conflict and Practice in the History of Japanese Nativism* (Cambridge: Harvard University Press, 2005), p. 12. McNally稱宋學為德川霸權之學，似有為突出國學與儒學對抗之嫌。事實上，德川寛政二年幕府雖下令倡朱子學、禁異學，主要是針對幕府僱用的學人而非民間。Herman Ooms持相反意見，在*Tokugawa*

Ideology: Early Constructs, 1570–1680 (Princeton: NJ: Princeton University Press, 1985) 中，他認為朱子學在德川時代並非主要意識形態。

90. 吉川幸次郎等校註：《日本思想大系40 · 本居宣長》，頁17。
91. 宣長很多著述都是從批判日本儒學者展開，如在〈玉しくげ〉中說：「近世(日本)儒學者，一味尊捧唐土，似乎甚麼都是該國的好，無道理地看低皇國日本。」本居宣長：〈玉しくげ〉，載《日本古典文学大系97 · 近世思想家文集》(東京：岩波書店，1966)，頁330。
92. 伊東貴之：〈明清交替と王権論 · 東アジアの視覚から〉，《武蔵大学人文学会雑誌》，第39巻第3號(2008)，頁20–22。
93. 宣長晚年為獻給紀州藩主所作的《秘本玉くしげ》，就源於此目的。
94. 朱謙之整理：《朱舜水集》，下冊，頁491。
95. 朱謙之整理：《朱舜水集》，上冊，頁323。
96. 本居宣長：《源氏物語玉の小櫛》，第2卷，緒論2，載本居宣長著，本居清造編：《增補本居宣長全集》(東京：六合館，1926)，第7卷。
97. 本居宣長：《源氏物語玉の小櫛2》，同上，頁513。
98. 淺常山：《文會雜記》，引自Watanabe Hiroshi, *A History of Japanese Political Thought, 1600–1901*, pp. 187–188.
99. 同上。
100. 本居宣長：《葛花》上，載本居宣長著，本居清造編：《增補本居宣長全集》，第5卷，頁460。
101. 本居宣長：《玉勝間》卷14，載吉川幸次郎等校註：《日本思想大系40 · 本居宣長》，頁463。
102. 同上，頁296。
103. 城福勇：《本居宣長》，頁107。
104. 載本居宣長著，野口武彥編註：《宣長選集》，頁41–42。
105. 同上。
106. 拙著：《古代東亞政治環境中天皇與日本國的產生》，頁173、178–181。
107. 倉本一宏此主張，是2014年7月8日與筆者在京都論學中闡及。倉本著有《攝關政治和王朝貴族》、《日本古代国家成立期的政権構造》、《平安朝皇位継承之闇》等。
108. 本居宣長：〈玉しくげ〉，載《日本古典文学大系97 · 近世思想家文集》，頁336–337。
109. 藤田一正：《修史始末》(水戶：彰考館，1794)，頁88、90。
110. 本居宣長著，野口武彥編註：《宣長選集》，頁41。

111. 本居宣長：〈玉しくげ〉，載《日本古典文学大系97 · 近世思想家文集》，頁326–327。
112. 拙著：《古代東亞政治環境中天皇與日本國的產生》，頁241、246–247、248–249。
113. 徂徠〈學則〉言：「夫聖人之道，盡人之情已矣」，該文載吉川幸次郎等校註：《日本思想大系36 · 荻生徂徠》，頁258。
114. 本居宣長：《直毘靈》。另外，丸山真男也認為本居宣長此說為一廂情願，見丸山眞男：《日本政治思想史研究》，頁161。
115. 本居宣長：〈玉しくげ〉，載《日本古典文学大系97 · 近世思想家文集》，頁323。
116. 同上。
117. 本居宣長：〈うひ山ぶみ〉，載《日本思想大系40 · 本居宣長》，頁514。
118. 本居宣長記念館編：《本居宣長記念館名品図錄》(三重県松阪市：本居記念館，1991)，頁60、108。
119. 黒板勝美編：《国史大系7 · 古事記 · 先代舊事本紀 · 神道五部書》(東京：吉川弘文館，1998)，頁5–52。
120. 本居宣長：〈玉勝間 · 学问して道をしる事〉，收入《日本思想大系40 · 本居宣長》，頁25。
121. 日野龍夫：〈宣長学成立まで〉，載吉川幸次郎等校註：《日本思想大系40 · 本居宣長》，頁588。
122. 同上。
123. 該説見於《古事記雜考》，見《日本思想大系 · 40本居宣長》，頁589。《古事記雜考》被認為是本居宣長《古事記傳》卷1和卷2的初稿，全文收入本居宣長著，大野晉、大久保正編集校訂：《本居全集》(東京：筑摩書房，1972)，卷14。
124. 本居宣長：《直毘靈》。
125. 同上。
126. 本居宣長：〈玉勝間 · 道〉，第9卷，頁481。
127. 契沖：《雜説(抄)——万葉代匠記総訳》，平重道、阿部秋生註《日本思想大系39 · 近世神道論 · 前期国学》，頁313–314。
128. 「耶麻土」是yamato的表音字，意為日本。本居要以他討厭的漢字「大和」取代代表日本人種和國家精神的「耶麻土」。
129. 如本居對藤井貞幹在《沖口發》中有關日本皇統、語言、姓氏、國號等15項並不一定起源於日本的質疑，盛怒不已，旋即著《鉗狂人》加以猛烈抨擊。

130. 村岡典嗣說：本居徹底按照事實，以文獻學原意，將神代的傳說按照文字原樣，明明白白展現了古道的內容。見村岡典嗣著：《增訂日本思想史研究》(東京：岩波書店，1940)，頁212。
131. 子安宣邦：《日本ナショナリズムの解読》，頁53–54。
132. 本居宣長：《紫文要領》。
133. 本居的日本優於萬國之上論，始於《直毘靈》。之後於1787年撰寫的〈玉しくげ〉，將古道論更具體化。
134. 本居宣長《直毘靈》中語。
135. 拙著：《古代東亞政治環境中天皇與日本國的產生》，第2–4章。
136. 市川鶴鳴(匡麻呂)：《未賀能比連》(東京：平凡社，1956)。
137. 〈異學の禁〉全文見永井一孝著：《江戸文學史》(東京：敬文堂書店，1934)，頁261。
138. 小宅生順：《西遊手録》，載彰考館：《朱舜水記事纂録》(東京：吉川弘文館，1914)，頁13。
139. 如佐藤直方，原為山崎闇齋門人，後因反對山崎學說而自立門戶。
140. Angus Maddison, *The World Economy: A Millennial Perspective* (Paris: OECD Publications, 2001), p. 40.
141. 平田篤胤：《古道大意》，頁3。
142. 平田篤胤在《赤縣太古傳》中提出上皇大一神。見田原嗣郎：《平田篤胤》，頁228。
143. 平田篤胤：《玉襷》(玉だすき)，田原嗣郎：《平田篤胤》，頁176。
144. 田原嗣郎：《平田篤胤》，頁166–167。
145. 平田篤胤：《赤縣太古傳》，田原嗣郎：《平田篤胤》，頁227–228。
146. 平田篤胤：《三五本國考》，田原嗣郎：《平田篤胤》，頁229。
147. 田原嗣郎：《平田篤胤》，頁228。
148. 田原嗣郎指出，平田著《春秋命曆序考》的目的，是期望通過「考證」《春秋命曆序》，將遠古日本的年數大幅度縮短，為其日後定下日本神代的年數留下伏筆。同上，頁238。
149. 當時一波又一波考古造假，震動社會，連街邊小舖的老闆娘都津津樂道地同客人大讚日本文明悠久偉大。此造假運動，被《每日新聞》記者揭穿後，戛然停止，造假實際操作人藤村新一成為犧牲者，但並未涉及組織策劃與背後主使者。參見拙著：《古代東亞政治環境中天皇與日本國的產生》，頁3–28。
150. 田原嗣郎：《平田篤胤》，頁242–46。

151. 平田篤胤：《古道大意》，下，頁57。
152. 同上，頁55。
153. 同上，頁3。
154. 同上，頁23。狄百瑞也註意到平田此思想在國學發展上的重要性，並將此文收入《日本傳統史料》。見：Ryusaku Tsunoda and Wm. Theodore de Bary, *Sources of Japanese Tradition, Vol. II* (New York: Columbia University Press, 1958), p. 39.
155. Delmer Myers Brown, *Nationalism in Japan* (Berkeley: University of California Press, 1955), pp. 65–66.
156. 如Mark McNally, *Proving the Way*. 但這本研究平田的專著並未提及《古道大意》。

第五章　後期水戶學的新創：忠孝均奉君

1. 安丸良夫：〈1850–70年代日本：維新変革〉，朝尾直弘、網野善彥等編：《岩波講座．日本通史》(東京：岩波書店，1994)，第16卷，頁5。鴉片戰爭後，德川幕府在1842年下令，准許給遇難外國船隻提供飲食及燃料。1853年，美國東印度艦隊司令率四艘軍艦直闖浦賀沖，逼近江戶，情勢又一劇變。
2. 據水戶藩天保三年(1832)統計資料，水戶藩該年需供養者，上至老中(最高行政管理者)，下至雜役，共有6,194人，其中在江戶的水戶藩者有2,515人。見瀨谷義彥：〈水戸学の背景〉，載今井宇三郎、瀨谷義彥、尾藤正英校註：《日本思想大系53．水戸学》(東京：岩波書店，1973)，頁508。
3. 同上，頁509。
4. J. Victor Koschmann認為，德川光圀與初期水戶學人註重不朽的歷史事業，但後期水戶學更註重於時事，藤田幽谷是最早了解來自西方武力威脅的人之一。J. Victor Koschmann, *The Mito Ideology: Discourse, Reform, and Insurrection in Late Tokugawa Japan, 1790–1864*, pp. 2–3.
5. 《論語．子路》。
6. 藤田幽谷：〈正名論〉，載今井宇三郎等校註：《日本思想大系53．水戸学》，頁370。
7. 同上。

8. 山鹿素行：《中朝事実》，載廣瀬豊編：《山鹿素行全集．思想篇》，第13卷，頁226。
9. 尾藤正英認為，初期水戶學的編史計劃，將時間段設定在從神武天皇到南朝滅亡，即很好地説明了這一點。見尾藤正英：〈水戸学の特質〉，載今井宇三郎等校註：《日本思想大系53．水戸学》，頁563、567。
10. 此為新井白石在《古史通》卷1的開篇語，載新井白石著：《新井白石全集》(東京：国書刊行会，1906)，第3卷，頁219。
11. 藤田幽谷：〈正名論〉，頁371。
12. 參見《角川新版日本史辭典》，「立原翠軒」條，頁665；另見今井宇三郎等校註：《日本思想大系53．水戸学》，頁562–563。
13. 藤田幽谷：〈正名論〉，頁371。
14. 這是在江戶的高橋廣備在一封寫給水戶彰考館的書簡中所言。見《修史復古紀略》，轉錄自尾藤正英：〈水戸学の特質〉，載今井宇三郎等校註：《日本思想大系53．水戸学》，頁569。
15. 林俊宏：《朱舜水在日本的活動及其貢獻研究》(台北：秀威資訊，2006)，頁225。
16. 義公会編：《安積覚全集》(1942)，卷1，茨城縣立歷史館手抄本，頁1–2。另可參考安見隆雄：〈大日本史と論賛 ——特に光圀の論賛執筆の意思について〉，載《水戸史学》，第42卷(1995)，頁3–11。〈論贊〉全文見井川作之助著：《漢和兩文．大日本史論贊集》(東京：大正書院，1916)。
17. 徳川圀順編：《水戸義公全集》，上，頁192–193。
18. 子安宣邦：《日本ナショナリズムの解読》(東京：白澤社，2007)，頁59–82。
19. 徳川光圀：《大日本史：義公生誕三百年記念出版》(茨城：義公生誕三百年記念会，1928–1929)，第9冊，〈志〉1，頁1。
20. 王夫之：《讀通鑑論．武帝》，卷3。
21. 平田篤胤：《玉襷》，轉錄自田原嗣郎：《平田篤胤》(東京：吉川弘文館，1989)，頁176。
22. 徳川光圀：《大日本史：義公生誕三百年記念出版》，第9冊，〈志〉1，頁1–2。
23. 会沢正志斎：《新論．形勢》，載今井宇三郎等校註：《日本思想大系53．水戸学》，頁396。

24. 古代日本政治文化中，王者的主要職責是「事鬼神」，詳見拙著：《古代東亞政治環境中天皇與日本國的產生》，第四章。
25. 会沢正志斎：《新論．国体》，載今井宇三郎等校註：《日本思想大系53．水戸学》，頁390。
26. 同上，頁393。會澤另在《新論．長計》中說：「天祖天孫之仁覆於海內，幕府邦君之義於天下。慈父孝子之恩申於永世」，「夫明國體，審形勢，查虜情，修守禦，而立長計，實聖子神孫所以報皇祖天神之大孝。」載今井宇三郎等校註：《日本思想大系53．水戸学》，頁420–421。
27. 会沢正志斎：《新論．虜情》，載今井宇三郎等校註：《日本思想大系53．水戸学》，頁398。
28. 謝茂松專門討論此問題，對中國大陸現政體制下的為官經營之道，提出看法。見謝茂松：《大臣之道：心性之學與理勢合一》(北京：中華書局，2013)。
29. 《荀子．子道》。
30. 如《韓非子．初見秦第一》卷1，載「為人臣不忠，當死，言而不當，亦當死。」
31. 王夫之：《讀通鑑論．武帝》，卷3。
32. 黃宗羲：《明夷待訪錄．原臣》。
33. 朱舜水：〈忠孝辯〉，朱謙之整理：《朱舜水集》，下冊，頁437。
34. 会沢正志斎：《新論．虜情》，載今井宇三郎等校註：《日本思想大系53．水戸学》，頁398。
35. 会沢正志斎：《新論．国体》，同上，頁381。
36. 鎌倉幕府晚期的法律文《沙汰未練書》將「御家人」解釋為：得到幕府證書、可以開發地方土地的領主。見木村茂光：《中世史講座2．中世の農村》(東京：学生社，1987)，第2卷，頁29。
37. 会沢正志斎：《新論．国体》，載今井宇三郎等校註：《日本思想大系53．水戸学》，頁382。
38. 会沢正志斎：《新論．長計》，同上，頁419。
39. 子安宣邦：《日本ナショナリズムの解読》，頁61。實際上，幽谷寫的《大日本史．志》中，已出現了「天祖」這個詞。
40. 同上，頁61–63。
41. 同上，頁66。
42. 朱謙之整理：《朱舜水集》，下冊，頁481。
43. 同上，下冊，頁451。

44. 劉宗周：《劉蕺山集·條陳宗藩疏·萬曆癸丑四月上》，載紀昀、陸錫熊、孫士毅編，陸費墀校：《欽定四庫全書》。
45. 会沢正志斎：《新論·国体》，載今井宇三郎等校註：《日本思想大系53·水戸学》，頁393。
46. 同上，頁420。
47. 有關天保年間饑民暴動並影響到幕府統治，見岩田浩太郎著：《近世都市騒擾の研究：民衆運動史における構造と主体》(東京：吉川弘文館，2004)；藤田覺：《近代政治史と天皇》(東京：吉川弘文館，1999)。
48. 會澤正志齋在〈退食閑話序〉中記載了此事經由，載今井宇三郎等校註：《日本思想大系53·水戸学》，頁235。
49. 德川齊昭：〈弘道館記〉，載今井宇三郎等校註：《日本思想大系53·水戸学》，頁231–232。
50. 会沢正志斎：《下學邇言》(1847年手稿，1892年由茨城縣士族會澤善發行)，卷1，頁2–3。
51. 会沢正志斎：〈読直毘霊〉，載高須芳次郎編：《会沢正志集》(東京：日東書院，1933)，頁399、478。
52. 同上，頁396、411、417。
53. 藤田東湖：〈弘道館記述義〉，載今井宇三郎等校註：《日本思想大系53·水戸学》，頁444、447。
54. 同上，頁424。
55. 同上。
56. 同上，頁442。
57. 同上，頁431。
58. 同上，頁427。
59. 朱之謙就曾批判過會澤正志齋的所謂「一君二民」，認為會澤此說是提倡「皇室中心主義」，以及強調「日本中心主義」。參見朱之謙：《朱謙之文集》(福州市：福建教育出版社，2002)，第9冊，頁73–74。
60. 轉引自子安宣邦：《日本ナショナリズムの解読》，頁60。
61. 參見〈大日本帝国憲法〉(1889)。日本國立國會圖書館互聯網站：http://www.ndl.go.jp/constitution/etc/j02.html.
62. 轉引自子安宣邦：《日本ナショナリズムの解読》，頁91。
63. 原關東軍重炮兵中內功在剛入伍時，質疑長官說的「一門百發百中的大炮，可抵一百門百發一中的大炮」，遭上級怒罵：「你小子拼死精神不夠，大炮不夠就用大和魂去填。」中內功：〈私の履歴書〉，載《日本経済新聞》，2000年1月31日。

64. 郭於華〈我們究竟有多麼特殊？〉是探討該問題的一篇好文章，見《社會學家茶座》第45輯（2012），頁19–22。

結語

1. 山縣太華是在評論吉田松陰（1830–1859）的《講孟箚記》中，順帶批評了會澤正志齋此論點。山県太華：〈講孟箚記評語〉，載山口県教育会編纂：《吉田松陰全集》（東京：大和書房，1973），第3卷，頁498。
2. 藤田東湖於天保五年（1834）三月二十九日致會澤正志齋書簡。載田原嗣郎：《平田篤胤》，頁265–266。
3. ロバート・D・エルドリッヂ：《硫黄島と小笠原をめぐる日米関係》（鹿兒島：南方新社，2008），頁31。
4. 佐藤信淵：《混同秘策》，載《日本思想大系45・安藤昌益・佐藤信淵》（東京：岩波書店，1977），頁426。晚年的佐藤信淵，雖調整了偏激的侵華主張，但仍宣稱「滿清亦夷狄也，英吉利亞亦夷狄也。」參見鴇田恵吉編：《佐藤信淵選集》（東京：讀書新報社出版部，1943），頁355–356。
5. 吉田松陰：〈講孟箚記評語の反評〉，轉引自桐原健真：《吉田松陰の思想と行動：幕末日本における自他認識の転回》（仙台：東北大学出版会，2009），第五章。
6. 明治天皇：〈国威宣布ノ宸翰〉，載東本願寺教学局修鍊部編：《修鍊要典》（京都：大谷出版協会，1945），頁8。明治天皇此翰，當是在原長州下層武士出身為主的新政府高官商議下所撰寫。
7. 如洞富雄著：《決定版南京大虐殺》（東京：德間書店，1982）；洞富雄編：《日中戰爭南京大残虐事件資料集》（東京：青木書店，1985），第1卷；以及洞富雄、藤原彰、本多勝一編：《南京大虐殺の研究》（東京：晚声社，1992）。《南京大虐殺の研究》一書記錄了許多日本將士在這方面的證言。此外，日本731細菌部隊以其他民族的活人作解剖實驗，也是種族優劣思想造成的後果。
8. 有關此史實可見丁名楠等著：《帝國主義侵華史》（北京：人民出版社，1986），第2卷，頁519–536；Naoko Shimazu, *Japan, Race and Equality: The Racial Equality Proposal of 1919* (NY: Routledge, 1998)；重光葵著、齊福霖等譯：《日本侵華內幕》（北京：解放軍出版社，1987）。

9. 以《論語與算盤》一書廣為人知、被稱為日本資本主義之父的澀澤榮一，曾記載了伊藤博文與德川慶喜在明治三十四年(1901)的一次交談。伊藤問那位末代將軍為何會將政權交給天皇朝廷，慶喜說僅是尊先祖德川光圀以來不與朝廷為敵的家訓，以避免國家分裂而已。參見渋沢栄一著：《徳川慶喜伝》(東京：竜門社，1918)，卷4，頁458。
10. 明治天皇在明治22年(1889)頒布的〈憲法發布勅語〉中語，見國會圖書館網站：http://www.ndl.go.jp/constitution/etc/j02.html.
11. 明治政府〈大日本帝國憲法〉第11、12條，同上。
12. 福澤諭吉在《時事新報》撰文指出，「日清戰爭乃是文明與野蠻之戰」。參見慶應義塾編：《福沢諭吉全集》(東京：岩波書店，1964)，第14卷，頁505。
13. Watanabe Hiroshi, *A History of Japanese Political Thought, 1600–1901*, pp. 330–331.
14. 渡辺浩：《日本政治思想史：十七～十九世紀》，頁399。
15. 福沢諭吉：〈国権可分說〉(明治八年)，引自渡辺浩：《日本政治思想史：十七～十九世紀》，頁398。
16. 同上，頁399。
17. 平田篤胤：《玉襷》，卷2，載田原嗣郎等校註：《日本思想大系50・平田篤胤・伴信友・大国隆正》(東京：岩波書店，1973)，頁250。
18. 丸山眞男：《日本の思想》(東京：岩波書店，1964)，頁38。另外，渡邊浩認為，福澤諭吉在《文明的概略》等書中提倡的自由平等，是希望他那種出身底層的武士可以根據天資和能力得到充分發揮的機會。參見Watanabe Hiroshi, *A History of Japanese Political Thought, 1600–1901*, pp. 368–372.
19. 佐久間象山：《象山先生詩鈔》(長野：信濃每日新聞株式会社，1934)，卷2，頁12–13。
20. 徐興慶：《東アジアの覚醒：近代日中知識人の自他認識》(東京：研文出版，2014)，頁187–190。
21. 修女妮維蒂塔為岡倉天心所寫的序，見Kakuzo Okakura, *The Ideals of the East: with Special Reference to the Art of Japan* (London: J. Murray, 1920), pp. ix–xxi.
22. 夏曉虹：〈晚清女權思想溯源〉，清華大學歷史系、三聯書店編輯部編：《清華歷史講堂三編》(北京：三聯書店，2011)，頁256–257。

23. 費呐魯薩為波士頓博物館亞洲部建設貢獻良多，並曾任該部主任數年。其後，學生岡倉也曾接此任。
24. 柳田国男著：〈神道私見〉(1918)，柳田国男著：《柳田国男全集》(東京：筑摩書房，2000)，卷25，頁245。
25. 折口信夫著：〈平田国学の伝統〉，載折口信夫全集刊行会編：《折口信夫全集》(東京：中央公論社，1996)，頁445。
26. 折口信夫著：〈三矢先生の学風〉，載同上，頁456。
27. 折口信夫著：〈国学の幸福〉，載同上，頁414；〈三矢先生の学風〉，載同上，頁456。
28. 折口信夫著：〈国学とは何か〉，載同上，頁388。
29. Mark McNally, *Proving the Way: Conflict and Practice in the History of Japanese Nativism* (Cambridge: Harvard University Press, 2005), pp. 259–260.
30. Ibid., pp. 260–261.
31. 宇野円空著：《転換期の宗教》(東京：有光社，1938)，頁96。
32. 單援朝：〈二つの「阿片戦争」試論——戦時下の歴史小說を見る一視座として〉，《跨境日本語文学研究》，第2號(2015)。
33. 子安宣邦：《日本ナショナリズムの解読》，頁129。
34. 內藤湖南：〈變通なき一視同仁〉，載內藤湖南著：《內藤湖南全集》，第2卷，頁394–396。轉引自黃俊傑著：《東亞儒學：經典與詮釋的辯證》，頁33。
35. Richard J Smethurst, "Takahashi Korekiyo's Economic Policies in the Great Depression and their Miji Roots," discussion paper (No. JS/00/381, February 2000), http://eprints.lse.ac.uk/6914/1/Politics_and_the_Economy_in_Pre-War_Japan.pdf.
36. 佐藤清盛：《美濃部達吉博士の日本憲法論批判》(東京：東亞事局研究会，1934)，頁17、120。轉引自周頌倫、張東著：《天皇制與近代日本政治》(廣州：世界圖書出版有限公司，2016)，頁192–193。
37. 見周頌倫、張東著：《天皇制與近代日本政治》，頁190。
38. 杉本五郎：《大義》，載農村更生協会八ヶ岳中央修錬農場編：《国本・皇道篇》(長野県：農村更生協会八ヶ岳中央修錬農場，1943)，頁124。
39. 中村元恒：《尚武論》，載井上哲次郎、有馬祐政編：《武士道叢書》(東京：博文館，1906–1909)，中卷，頁329、335。

40. 水口藩主加藤明友向朱舜水問學，朱曰：「若以貴國為褊小，為東夷，謙讓不遑，則大不然。豈以地哉？」朱謙之編：《朱舜水集》，上冊，頁74。
41. 杜維明認為，此目標是儒學在21世紀應所作的貢獻之一，並認為儒學因而迎來了第三期發展。參見杜維明著：《二十一世紀的儒學》(北京：中華書局，2014)。
42. 近衛篤麿日記刊行会編：〈與康有為的對話筆記〉，載《近衛篤麿日記》(東京：鹿島研究所出版会，1968–1969)，第2卷，頁195。梁啟超在這方面的思想，可參見文大一〈梁啟超的「新民」思想對申采浩「新國民」思想的影響〉(《東方論壇》〔2012年第2期〕，頁9–15)。
43. 植手通有：《日本近代思想の形成》(東京：岩波書店，1974)，頁237–238。
44. Gary Dickson, *The Children's Crusade: Medieval History, Modern Mythistory* (New York: Palgrave Macmillan, 2008).
45. 簡單而言，遠古時代的DNA在諸多動植物中至今存留，宇宙、地球地理以及氣候變化引起的物種消存等也非全是物競生存法則所致。
46. 譚合成：〈文革道縣周邊大屠殺〉，載《炎黃春秋》，2014年第1期，頁47–51。
47. 《大不列顛百科全書》網站：https://www.britannica.com/event/Chinese-Rites-Controversy.
48. 杜維明：《二十一世紀的儒學》; Hans Küng, *A Global Ethic for Global Politics and Economics*.
49. 阿諾德・湯因比著，郭小凌、王皖強等譯：《歷史研究》(上海：世紀出版集團，上海人民出版社，2010)。《歷史研究》原著中湯因比過度基於挑戰應戰思想的鋪陳，有其時代局限。
50. Moses Mendelssohn, trans. by M. Samuels, *Jerusalem: A Treatise on Ecclesiastical Authority and Judaism* (London: Sainsbury, 1827), 2nd edition.

引用文獻

中文文獻(以拼音為序)

蔡靖文著:〈徐孚遠在世變下之生命情懷〉,(台灣)國立中山大學中文系博士論文,2012。

〔南宋〕陳旉著:《農書》。台北:台灣商務,1961。

陳建廷、石之瑜著:《中日合群?日本知識界論爭「中國崛起」的近代源流》。台北:台灣大學政治學系中國大陸暨兩岸關係教學與研究中心,2007年。

陳瑋芬著:〈「天道」、「天命」、「王道」概念在近代日本的繼承和轉化:兼論中日帝王的神聖化〉,《中國文哲研究集刊》,第23期(2003),頁235–262。

陳昭瑛著:〈伊藤仁齋與徐復觀對《論語》樂論的詮釋〉,載《台灣東亞文明研究學刊》,第8卷第1期(2011),頁253–273。

丁名楠等著:《帝國主義侵華史》。北京:人民出版社,1986。

東初法師著:《中日佛教交通史》。台北:中華佛教文化館,1970。

杜維明著:《二十一世紀的儒學》。北京:中華書局,2014。

甘懷真著:《皇權、禮儀與經典詮釋》。台北:台灣大學出版中心,2004。

高明士編:《東亞文化圈的形成與發展:儒家思想篇》。上海:華東師範大學出版社,2008。

格倫·哈伯德(Glenn Hubbard)、蒂姆·凱恩(Tim Kame)著，陳毅平、余小丹、伍定強譯：《平衡：從古羅馬到今日美國的大國興衰》。北京：中信出版社，2015。

何炳棣著：《讀史閱世六十年》。桂林：廣西師範大學出版社，2005。

黑格爾著，王造時譯：《歷史哲學》。上海：上海書店出版社，2001。

荒木龍太郎著，錢明、鍾瑩譯：〈朱舜水與明末思想〉，載《杭州師範大學學報》，2009年第4期，頁8–14。

黃秉泰著：《儒學與現代化：中韓日儒學比較研究》。北京：社會科學文獻出版社，1995。

黃俊傑著：《德川日本〈論語〉詮釋史論》。台北：台大出版中心，2006。

———著：《東亞儒學：經典與詮釋的辨證》。台北：台大出版中心，2007。

———著：〈論東亞儒家經典詮釋傳統中的兩種張力〉，載《台大歷史學報》，第28期(2001)。

———編：《中日〈四書〉詮釋傳統初探》。台北：台大出版中心，2004。

〔明〕黃宗羲著，沈善洪編：《黃宗羲全集》。浙江：浙江古籍出版社，1993。

〔清〕康有為著：《大同書》。台北：龍田書局，1979。

〔明〕李攀龍撰，李伯齊點校著：《李攀龍集》。濟南：齊魯書社，1993。

李慎之著：《被革命吞吃掉的兒子：李慎之文選(續二)》。香港：明報出版社有限公司，2003。

李甦平著：《轉機與革新：論中國畸儒朱之瑜》。北京：中國人民大學出版社，1989。

李兆良著：《坤輿萬國全圖解密：明代測繪世界》。台北：聯經出版社，2012。

〔清〕梁啟超著：《清代學術概論》。東京：龍文書局，1946。

———著：《中國近三百學術史》。天津：天津古籍出版社，2003版。

林俊宏著：《朱舜水在日本的活動及其貢獻研究》。台北：秀威資訊，2004。

林明德著：《日本史》。台北：三民書局，1990，第三版。

劉述先著：《黃宗羲心學的定位》。台北市：允晨出版社，1986。

〔明〕劉宗周著：《劉蕺山集》。四庫全書本。

羅麗馨著：〈豐臣秀吉侵略朝鮮：日軍軍中的傳教士與僧侶〉，《漢學研究》，第33卷第1期（2014），頁163–196。

呂玉新著：〈東亞的政體、問學、「華夷」觀新思：17世紀以來的舜水學〉，載《漢學研究通訊》，第131期（2014），頁1–9。

———著：《古代東亞政治環境中天皇與日本國的產生》。香港：中文大學出版社，2006。

———著：〈有關朱舜水研究目錄〉，載《漢學研究通訊》，第92期（2004），頁21–37。

孟德衛（David E. Mungello）著，江文君、姚霏譯：《1500–1800中西方的偉大相遇》。北京：新星出版社，2007。

秦暉著：〈「改朝換代」與君主和平立憲的可能：「封建」與帝制的比較〉，載《南方周末》，2011年8月11日。

青木晦藏著，愈慰慈、陳秋萍譯：〈伊藤仁齋和戴東原〉，載：《中國文哲研究通訊》，第10卷，第2期（2006），頁19–66。

任鋒著：〈陳傅良政治思想的厚與薄〉，載《政治思想史》，總第3期（2010），頁1–22。

薩依德・愛德華（Edward W. Said）著，傅大為等譯：《東方主義》。台北：立緒文化事業有限公司，1999。

三宅正彥著，陳化北譯：《日本儒學思想史》。山東：山東大學出版社，1997。

蘇智良著：《上海日軍慰安所實錄》。上海：三聯書店，2005。

譚合成著：〈文革道縣周邊大屠殺〉，載《炎黃春秋》，2014年第1期，頁47–51。

童長義著：〈從十七世紀中日交流情勢看朱舜水與日本古學派〉，載高明士主編：《東亞文化圈的形成與發展》。台北：台灣大學歷史系，2003。

童嶺著：〈唐代東亞文學史文體意識接受初探〉，載《國際漢學研究通訊》，第三期，2011年6月，頁152–180。

〔元〕脱脱等撰著：《二十五史．宋史》。上海：上海古籍出版社、上海書店，1966。

〔宋〕王溥著：《唐會要》，四庫全書本。

〔明〕王夫之著：《思問錄》。北京：中華書局出版，1956。

王家驊著：〈儒家的修史觀與日本古代的史學〉，載《日本研究》，1998年第3期，頁70–77。

———著：《儒家思想與日本文化》。杭州：浙江人民出版社，1990。

王明珂著：《華夏邊緣：歷史記憶與族群認同》。杭州：浙江人民出版社，2013，增訂本。

王青著：《日本近世儒學家荻生徂徠研究》。上海：上海古籍出版社，2005。

夏曉虹著：〈晚清女權思想溯源〉，載清華大學歷史系、三聯書店編輯部編：《清華歷史講堂三編》。北京：三聯書店，2011，頁253–274。

謝國楨著：《明清之際黨社運動考》。上海：上海書店出版社，2004。

熊十力著：《熊十力別集：論六經、中國歷史講話》。中國人民大學出版社，2006。

熊琬著：〈朱子理學與佛學〉，載《華崗佛學學報》，第7期。台北：中華學術院佛學研究所，1984。

徐海松著：〈論黃宗羲與徐光啟和劉宗周的西學觀〉，載《杭州師範學院學報》，1997第4期，頁1–7。

徐興慶編：《東亞文化交流與經典詮釋》。台北：台大出版中心，2008。

———編著：《新訂朱舜水集補遺》。台北：台大出版中心，2004。

———著：《朱舜水與東亞文化傳播的世界》。台北：台大出版中心，2008。

———編：《朱舜水與近世日本儒學的發展》。台北：台大出版中心，2012。

徐中舒著：《先秦史十講》。北京：中華書局，2009。

許倬雲、張忠培主編：《中國考古學的跨世紀反思》。北京：商務印書館，1999。

顏錫雄著：〈《論語》的東傳及其對日本的影響〉，載王勇主編：《中日漢籍交流史論》。杭州：杭州大學出版社，1992，頁53–59。

楊際開著：《清末的變法與日本》。上海：古籍出版社，2010。

———著：〈探索東亞學的新方向〉，載《二十一世紀》，第139期(2012)，頁136–144。

楊聯陞著：《國史探微》。台北：聯經出版社，1983。

野村浩一著，張學鋒譯：《近代日本的中國認識》。北京：中央編譯出版社，1999。

葉渭渠著：《日本文學思潮史》。台北：五南圖書，2003。

葉太平著：《中國文學的精神世界》。台北：正中書局，1994。

余英時著：《朱熹的歷史世界》。台北：允晨文化實業股份有限公司，2007。

張灝著：《張灝自選集》。上海：上海教育出版社，2002。

張崑將著：《日本德川時代古學派之王道政治論：以伊藤仁齋、荻生徂徠為中心》。上海：華東師大出版社，2008。

張西平著：《歐洲早期漢學史：中西文化交流與西方漢學的興起》。北京：中華書局，2009。

鄭鶴聲、鄭一鈞編：《鄭和下西洋資料彙編》。濟南：齊魯書社，1983。

周頌倫、張東著：《天皇制與近代日本政治》。廣州：世界圖書出版廣東有限公司，2016。

周一良著：〈《大日本史》之史學〉，載《周一良全集》第4卷。瀋陽：遼寧教育出版社，1998。

朱謙之著：《日本的朱子學》。北京：三聯書店，1958。

———著：《朱謙之文集》。福州：福建教育出版社，2002。

———編：《朱舜水集》。北京：中華書局，1990。

朱舜水記念會編纂：《朱舜水》。東京：神田印刷所，1912。

〔明〕朱舜水著，上海文獻叢書編委會編：《朱氏舜水談綺》。上海：華東師範大學出版社，1988。

〔南宋〕朱熹著：《朱子全書》。上海、合肥：上海古籍出版社與安徽教育出版社，2002。

子安宣邦著，董炳月譯：《國家與祭祀：國家神道的現在》。北京：三聯書店，2007。

日文文獻（以假名為序）

会沢正志斎著：《読直毘霊》，載高須芳次郎編：《水戸学全集．第2編》。東京：日東書院，1933，頁394–481。

———著：《下学邇言》。茨城縣：茨城縣士族會澤善發行，1892。

青山勇著：《朱文恭遺事》，國會議事堂圖書館藏手寫本，1895。

朝尾直弘著：〈将軍政治の権力構造〉，載《岩波講座日本歷史10．近世》。東京：岩波書店，1975。

———等編：《角川日本史辞典》，ワイド版。東京：岩波書店，1997。

朝尾直弘、網野善彥等編：《岩波講座．日本通史》。東京：岩波書店，1994。

安積覚著：《論贊》，載山陽頼襄抄本朝比奈知泉校閱：《漢和兩文大日本史論贊集》。東京：大正書院出版，1915。

———著：《澹泊斎文集》，載国書刊行会編：《続々群書類従》，第13卷。東京：続群書類従完成会，1970。

飛鳥井雅道著：〈テキストとしての神話：本居宣長・上田秋成論争とその周辺〉，載《人文学報》，第75號(1995)，頁31–60。

阿部猛著：《中世日本社会史の研究》。東京：大原新生社，1980。

雨谷毅編：《義公朱舜水との関係資料3：朱文恭遺事》，手刻油印版。水戸：彰考館，1938。

安見隆雄著：〈大日本史と論讃：特に光圀の論讃執筆の意思について〉，載《水戸史学》，第42卷(1995)，頁3–11。

安東省菴著：《省菴先生遺集》，復刻版。福岡県柳州市：安東省菴顕彰会，1971。

石川雅望著：《ねざめのすさび》，載《百家說林》，續篇，上。東京：吉川弘文館，1892–1908。

石田一良著，日本歷史学会編：《伊藤仁斎》，新裝版。東京：吉川弘文館，1989。

———、金谷治校註：《日本思想大系28・藤原惺窩・林羅山》。東京：岩波書店，1975。

井沢元彥著：《天皇になろうとした将軍：それからの大平記足利義満のミステリー》。東京：小学館，1992。

家永三郎、清水茂等校註：《日本古典文学大系97・近世思想家文集》。東京：岩波書店，1966。

井沢元彥著：《天皇になろうとした将軍：それからの大平記足利義満のミステリー》。東京：小学館，1992。

市川匡麻呂(市川鶴鳴)著：《末賀能比連》(又名《萬我能比禮》)。尾州：永樂屋東四郎，19世紀。

市川白弦著：《仏教者の戦争責任》。東京：春秋社，1970。

———著：《日本ファシズム下の宗教》。東京：エヌエス出版，1975。

伊藤仁斎著：《論語古義》，載関儀一郎編：《日本名家四書註釈全書》，第2巻。東京：鳳出版，1973。

———著，伊藤東涯編：《古學先生文集》。京兆：玉樹堂，1717。

———著，伊藤東涯編，吉川幸次郎、清水茂校註：《日本思想大系33．伊藤仁斎．伊藤東涯》。東京：岩波書店，1971。

———著，三宅正彥編：《古学先生詩文集》。東京：ぺリカン社，1985。

伊東貴之著：〈明清交替と王権論：東アジアの視角から〉，載《武蔵大学人文学会雜誌》，第39巻第3號（2008），頁1–54。

伊東多三郎著：《国学の史的考察》。東京：大岡山書店，1932。

———主編：《水戸市史》。水戸：水戸市役所，1963。

稲葉君山著：〈朱舜水考〉，載《日本及日本人》，第475–476、478–480號。東京：政教社，1908。

稲葉黙斎著：《先達遺事》，載関儀一郎編：《日本儒林叢書》，第3冊。東京：鳳出版，1978。

井上哲次郎著：《日本朱子學派之哲學》。東京：富山房，1905。

茨城県立歴史館編：《茨城県史料．近世思想編．大日本史編纂記録》。水戸：茨城県，1989。

今井宇三郎、瀬谷義彥、尾藤正英編：《日本思想大系53．水戸学》。東京：岩波書店，1973。

今谷明著：《謎解き中世史》。東京：洋泉社，1997。

———著：《室町の王権：足利義満の王権簒奪計画》。東京：中央公論社，1990。

植手通有著：《日本近代思想形成》。東京：岩波書店，1974。

薄井己亥著：〈安積澹泊論：碩儒問答〉，載水戸史学会：《水戸史学》，第32號（1990），頁30–52。

上野千鶴子著：《ナショナリズムとジェンダー》。東京：青土社，1998。

梅原猛著：《日本文化論》。東京：講談社，1976。

卜部兼方著：《釈日本紀》，出版地不明，1657。

栄澤幸二著：《近代日本のナショナリズム》。東京：青山社，2001。

大內地山著：《人間義公》。茨城県：鶴屋書店，1972。

大木道惠著：《仏教者の戦争責任：日蓮正宗の歴史改ざんを問う》。東京：文芸社，1998。

大高阪芝山著：《南学伝》，載関儀一郎編：《日本儒林史料》，中冊。東京：飯塚書房，1976。

大久保利謙、児玉幸多等編：《史料による日本の歩み〈近世編〉》，第三版。吉川弘文館，1955。

荻生徂徠著：《荻生徂徠全集》。東京：みすず書房，1974。

小田村寅二郎編著：《日本思想の系譜・文献資料集》。東京：國民文化研究会，1968。

小宮山昌秀著：《耆旧得聞附録》，寛政年間（1789–1801）手稿本。

———編：《水城金鑑》。水戶：彰考館，1879。

金子大麓等註釋：《水鏡全註釈》。東京：新典社，1998。

桐原健真：〈吉田松陰研究序説：幕末維新期における自他認識の転回〉，日本東北大学大学院文学研究科博士論文，2004。

河野省三著：《国学の研究》，第4刷。東京：大岡山書店，1943。

鎌田元一著：〈七世紀日本列島：古代国家形成〉，載朝尾直弘、網野善彥等編：《岩波講座・日本通史》，第3巻。東京：岩波書店，1994。

川瀨一馬著：〈駿河御譲本の研究〉，載《書誌学之研究》。東京：講談社，1980。

北一輝著：《日本改造法案大綱》。東京：西田税，1926。

鬼頭宏著：〈経済社会システムの転換と人口変動〉，載河野稠果、大淵寛編：《人口と文明のゆくえ》。東京：大明堂，2002。

木下英明著：〈朱舜水と彰考館の史臣達〉，《水戶史学》，第38號（1993），頁2–14。

———著：〈舜水朱之瑜〉，《水戸史学》，第17號(1982)，頁51–57。

紀貫之著：《土佐日記：ある日本人旅行記》。弘前：新谷武四郎，1973。

木村茂光著：〈日本中世における農業生産の展開〉，載木村尚郎編：《中世史講座．第2巻．中世の農村》。東京：学生社，1987。

桐原健真著：〈吉田松陰の神勅観：「教」から「理」へ、そして「信」へ〉，日本東北大学大学院文学研究科博士論文，2004。

栗田勤著：《水藩修史事略》。東京：大岡山書店，1928。

黒板勝美編：《新訂增補国史大系7．古事記．先代旧事本紀．神道五部書》，新裝版。東京：吉川弘文館，1998。

契沖著，築島裕等編：《萬葉代匠記：厚顏抄》。東京：岩波書店，1974。

〈憲法発布勅語〉。國會圖書館網站：http://www.ndl.go.jp/constitution/etc/j02.html.

小池友賢著：〈安積先生碑文〉，載義公会編：《安積覚全集》，卷1，日本茨城縣立歷史館藏手抄本，1942，頁1–2。

小泉欽司編：《朝日日本歷史人物事典》。東京：朝日新聞社，1994。

虎関師錬著：《元亨釈書》，新訂增補国史大系第31卷。東京：吉川弘文館，1930。

小島法師、圓觀、玄慧校訂：《太平記》。寫於約1370，原作者不詳。

小島康敬著：《徂徠学と反徂徠学》。東京：ぺりかん社，1994。

米原謙著：《德富蘇峰：日本ナショナリズムの軌跡》。東京：中央公論新社，2003。

小森陽一、高橋哲哉編：《ナショナル.ヒストリーを超えて》。東京：東京大学出版会，1998。

子安宣邦著：《日本ナショナリズムの解読》。神戸：白沢社，2007。

———著：《徂徠学講義「弁名」を読む》。東京：岩波書店，2008。

坂本太郎著：《日本の修史と史学》。東京：至文堂，1991。

———著：《新訂日本史概説》。東京：至文堂，1962。

佐久間象山著：《象山先生詩鈔》。長野：信濃毎日新聞株式會社，1934。

佐々木克著：〈明治天皇の巡行と「臣民」の形成〉，載《思想》，第845期（1994），頁95–117。

———著：《講談社学術文庫・幕末の天皇・明治の天皇》。東京：講談社，2005。

佐藤信淵著：《混同秘策》，載尾藤正英等校註：《日本思想大系45・安藤昌益・佐藤信淵》。東京：岩波書店，1977。

山藤夏郎著：〈無学祖元における観音信仰〉，載《日本研究》，第15期（2003），頁17–35。

慈圓著，丸山二郎校註：《愚管抄》。東京：岩波書店，1949。

信夫清三郎著：〈華夷世界と日本：山鹿素行の地位〉，收入《日本思想大系月報》，第3期（1970），頁10–12。

渋沢栄一著：《徳川慶喜伝》。東京：龍門社，1918。

清水濱臣著：《泊洦筆話》，載佐竹昭廣等編，多治比郁夫、中野三敏校註：《新日本古典文学大系97・当代江戸百化物》。東京：岩波書店，2000。

清水正健著：《増補水戸の文籍》。水戸：水戸の学風普及会，1934。

彰考館編：《舜水招聘問答記義公と朱舜水との關係資料二》。出版日期不明，茨城縣立圖書館藏。

彰考館員纂輯：《朱舜水記事纂録》。東京：吉川弘文館，1914。

城福勇著：《本居宣長》，新裝版。東京：吉川弘文館，1989。

辛基秀、村上恒夫著：《儒者姜沆と日本：儒教を日本に伝えた朝鮮人》。東京：明石書店，1991。

杉本五郎著：《大義》，載農村更生協会八ケ岳中央修錬農場編：《国本・皇道篇》，長野県：農村更生協会八ケ岳中央修錬農場，1943。

鈴木貞美著：《日本の文化ナショナリズム》。東京：平凡社，2005。

鈴木良一著：《織田信長》。東京：岩波書店，1967。

関儀一郎著：《近世儒家史料》。東京：飯塚書房，1976。

平重道、阿部秋生校註：《日本思想大系39．近世神道論．前期国学》。東京：岩波書店，1972。

高柳光壽、竹內理三編：《角川日本史辞典》。東京：角川書店，1974。

竹內好著：《日本イデオロギー：民衆．知識人．官僚主義：国の独立と理想》。東京：筑摩書房，1980。

———編：《アジア学の展開のために：シンポジウムとコメントによる》。東京：創樹社，1975。

田原嗣郎著：《平田篤胤》，新裝版二刷。東京：吉川弘文館，1989。

———、關晃校註：《日本思想大系50．平田篤胤、伴信友、大国隆正》。東京：岩波書店，1973。

———、守本順一郎校註：《日本思想大系32．山鹿素行》。東京：岩波書店，1970。

田中琢、宇野俊一等編：《新版角川日本史辞典》。東京：角川書店，1997。

田中義能著：《日本思想史概說》。東京：日本学術研究会，1938。

———著：《足利時代史》。東京：明治書院，1923。

津田道夫著：《ある軍国教師の日記：民衆が戦争を支えた》。東京：高文研，2007。

———著：《南京大虐殺と日本人の精神構造》。東京：社会評論社，1995。

———著：《日本ナショナリズム論：愛国心にたいする羞恥を》。東京：盛田書店，1968。

單援朝著：〈戦時下の歴史小說：二つの「阿片戦争」から〉，未發表論文稿，2014。

築島裕、林勉、池田利夫、久保田淳著：《契沖研究》。東京：岩波書店，1984。

津田左右吉著：《シナ思想と日本》。東京：岩波書店，1938。

———著：《神代史の研究》。東京：岩波書店，1923。

———著：《道家の思想と其の展開》。東京：岩波書店，1939。

角田簡著：《近世叢語》，國會議事堂圖書館藏本，1828。

———著：《続近世叢語》，國會議事堂圖書館藏本，1845。

東條琴台、原得斎編：《先哲叢談後編》。江戶：慶元堂、青雲堂，1829。

德川家康（？）著：《東照宮御遺訓》，載同文館編輯局編：《日本教育文庫·家訓篇》。東京：同文館，1900–1911，頁252–311。

德川光圀著：《水戶義公全集》。東京：角川書店，1970。

———編：《大日本史·索引》。東京：吉川半七、吉川弘文館，1911。

———修，德川綱條校，德川治保重校：《大日本史·義公生誕三百年記念出版》。茨城縣：義公生誕三百年記念出版會；東京：大日本雄弁會，1920–1929。

———著，佐野鄉成編：《水府系纂》。水戶：彰考館，1698。

———編：《舜水先生外集》。彰考館：1697。

ドン·ロドリゴ（Rodrigo de Vivero）著，村上直次郎譯註：《ドン·ロドリゴ日本見聞録／ビスカイノ金銀島探検報告》。東京：奧川書房，1941。

內藤湖南著：《燕山楚水》，載《內藤湖南全集》，第2卷。東京：筑摩書房，1969–1976。

中村元恒著：《尚武論》，載井上哲次郎，有馬祐政編：《武士道叢書》。東京：博文館，1906–1909。

中村幸彥校註：《日本古典文学大系·近世文学論集》。東京：岩波書店，1966。

中山久四郎著：《日本文化と儒教》。東京：刀江書院，1935。
名越時正著：《水戸学の研究》。京都：神道史学会，1975。
永原慶二著：《日本中世の社会》。東京：岩波書店，1966。
奈良本辰也校註：《日本思想大系38・近世政道論》。東京：岩波書店，1976，頁423–446。
日本の戦争責任資料センター編：《ナショナリズムと「慰安婦」問題》。東京：青木書店，1998。
芳賀登著：《幕末国学の展開》。東京：塙書房，1963。
林鵞峰著：《國史館日錄》，國會議事堂圖書館手抄本，1660–1670。
———著：《南塾乘》，國會議事堂圖書館藏本。
———著：《本朝通鑒》，1670。東京：国書刊行会，1918。
原善編：《先哲叢談》。江戸：慶元堂、青雲堂，1829。
人見竹洞著：《人見竹洞詩文集》。東京：汲古書院，1991。
平田篤胤述、門人筆記：《古道大意》。東京：平田學會事務所，1912。
福沢諭吉著：〈社論〉，載《時事新報》，1885年3月16日。
福永光司著：《道教思想史研究》。東京：岩波書店，1987。
———著：《道教と古代の天皇制：日本古代史・新考》。東京：德間書店，1978。
藤田幽谷著：《修史始末》。彰考館，1794年手抄影印本。
堀勇雄著：《山鹿素行》，新裝版。東京：吉川弘文館，1987。
前野徹著：《国家の大義》。東京：講談社，2006。
松浦伯爵家文庫樂歲堂編：《山鹿素行先生精神訓》。東京：大江書房，1915。
松本純郎著：《水戸学の源流》。東京：朝倉書店，1945。
丸山真男著：《日本政治思想史研究》，新裝版。東京：東京大学出版会，1996。
———著：《岩波新書434・日本の思想》。東京：岩波書店，1964。

———著：《丸山真男集》。東京：岩波書店，1995–1997。

溝口雄三著：〈《明夷待訪錄》の歴史的位置〉，《一橋論叢》，第81卷，第3期(1979)，頁342–359。

水戸史学会、常盤神社編：《水戸義公伝記逸話集》。東京：吉川弘文館，1978。

水戸市史編纂委員会，伊東多三郎等著：《水戸市史》。水戸：水戸市役所，1968。

三宅正彥著：〈伊藤仁斎〉，載小泉欽司編：《朝日日本歴史人物事典》。東京：朝日新聞社，1994。

宮田正彥著：〈義公回顧の気運について：寛政期の「往復書案」から〉，《水戸史学》，第36卷(1992)，頁25–31。

夢窓疎石著，川瀨一馬校註、現代語譯：《講談社学術文庫1441．夢中問答集》。東京：講談社，2000。

村岡典嗣著：《增訂日本思想史研究》。東京：岩波書店，1940。

———著：《素行．宣長》。東京：岩波書店，1938。

本居宣長著：《古事記伝》。東京：中文館書店，1954。

———著，大野晉、大久保正編集校訂：《本居宣長全集》。東京：筑摩書房，1968–1992。

———著，野口武彥編註：《宣長選集：直毘霊．くず花．玉くしげ．秘本玉くしげ》。東京：筑摩書房，1986。

———、本居春庭、本居大平、本居內遠著，本居豊穎、本居清造編：《增補本居宣長全集》，東京：岩波書店，1926–1928。

本居宣長記念館編：《名品図録》。松阪：本居宣長記念館，1991。

柳川古文書館編：《安東家史料目録》。柳川：九州歴史資料館分館柳川古文書館，1986。

柳田国男著：《柳田国男全集》，卷25。東京：筑摩書房，2000。

山鹿素行著，国民精神文化研究所編：《山鹿素行集》，第7卷。東京：目黒書店，1943–1944。

———著，廣瀬豊編：《山鹿素行全集．思想篇》。東京：岩波書店，1940–1942。

山鹿全集刊行会編：《山鹿素行全集》。東京：帝國武德學會，1916。

山口県教育会編：《吉田松陰全集》，第3卷。東京：大和書房，1973。

山口啟二、佐々木潤之介著：《幕藩体制》。東京：日本評論社，1971。

山田孝雄著：《国学の本義》。東京：国学研究会出版社，1939。

吉川幸次郎著：《仁斎．徂徠．宣長》。東京：岩波書店，1975。

———著：《日本の心情》。東京：新潮社，1960。

———、佐竹昭廣等校註：《日本思想大系40．本居宣長》。東京：岩波書店，1978。

———、丸山真男等校註：《日本思想大系36．荻生徂徠》。東京：岩波書店，1973。

吉田兼俱著：《神道大意》，載早川純三郎編：《神道叢書》。東京：國書刊行會，1911，頁8–13。

———著：《唯一神道名法要集》，載神宮皇学館惟神道場編：《神道思想中世》。東京：精興社，1940，頁54–60。

吉野耕作著：《文化ナショナリズムの社会学：現代日本のアイデンティティの行方》。名古屋：名古屋大学出版会，1997。

ルイス．フロイス(Luís Fróis)著，松田毅一、川崎桃太譯：《信長とフロイス》。東京：中央公論新社，2000。

ロバート．D．エルドリッヂ(Robert D. Eldridge)著：《硫黄島と小笠原をめぐる日米関係》。鹿兒島：南方新社，2008。

若尾政希著：〈「本佐録」の形成：近世政道書の思想史的研究〉，載《一橋大学研究報．社会学研究》，卷40 (2002)，頁235–290。

———著：〈「東照宮御遺訓」:「御遺訓」の思想史的研究序說〉，載《一橋大学研究報．社会学研究》。卷39 (2001)，頁219–271。

渡辺浩著：《日本政治思想史：十七～十九世紀》。東京：東京大学出版会，2010。

英文文獻

Barnes, Gina. *China, Korea, and Japan: The Rise of Civilization in East Asia*. London: Thames & Hudson, 1993.

Beasley, W.G. *The Rise of Modern Japan*. New York: St. Martin's Press, 1990.

Befu, Harumi, ed., *Cultural Nationalism in East Asia: Representation and Identity*. Berkeley: Institute of East Asian Studies, University of California, Berkeley, 1993.

———. "Japan's National Identity: Past, Present, and Future," paper presented at the conference of "Japanese Identity: Cultural analysis" at Teikyo Loretto Heights University, April 21–23, 1995.

Bellah, Robert N. *Religion in Human Evolution: From the Paleolithic to the Axial Age*. Cambridge: Belknap Press of Harvard University Press, 2011.

Brown, Delmer. *Nationalism in Japan: An Introductory Historical Analysis*. Berkeley: University of California Press, 1955.

Burckhardt, Jacob. *The Civilization of the Renaissance in Italy*. London and New York: Penguin Classics, 1990.

Chang, Iris. *The Rape of Nanking: The Forgotten Holocaust of World War II*. New York, London, and Toronto: Penguin Books, 1997.

Chang, K. C. *Art, Myth, and Ritual: The Path to Political Authority in Ancient China*. Cambridge: Harvard University Press, 1983.

Dale, Peter N. *The Myth of Japanese Uniqueness*. London: Routledge, 1988.

Darwin, Charles. *The Descent of Man and Selection in Relation to Sex*. New York: D. Appleton and Co., 1871.

De Bary, Wm. Theodore. *Waiting for the Dawn*: *A Plan for the Prince*. New York: Columbia University Press, 1993.

De Witt, Dennis. *History of the Dutch in Malaysia*. Malaysia: Nutmeg Publishing, 2007.

Dickson, Gary. *The Children's Crusade: Medieval History, Modern Mythistory*. New York: Palgrave Macmillan, 2008.

Dower, W. John. *War without Mercy: Race and Power in the Pacific War*. New York: Pantheon Books, 1986.

Duiker, William J., and Jackson J. Spielvogel. *World History, Volume II: Since 1500*. 4th Edition. Belmont: Wadsworth /Thomson Learning, 2004.

Earl, David Magarey. *Emperor and Nation in Japan: Political Thinkers of the Tokugawa Period*. Seattle: University of Washington Press, 1964.

Farris, William Wayne. *Sacred Texts and Buried Treasures: Issues in the Historical Archaeology of Ancient Japan*. Honolulu: University of Hawai'i Press, 1998.

Fawn, Rick. *Ideology and National Identity in Post-communist Foreign Policies*. London and Portland: Frank Cass, 2004.

Fingarette, Herbert. *Confucius: The Secular as Sacred*. New York: Harper & Row, 1972.

Frederick, William H. Frederick and Robert L. Worden. *Indonesia: A Country Study*. 5th edition. Washington DC: Federal Research Division, Library of Congress, US Headquarters, Department of the Army, 1993.

Fujitani, Takashi. *Power and Pageantry in Modern Japan*. Berkeley: University of California Press, 1998.

Fukuyama, Francis. *The End of History and the Last Man*. New York: Avon Books, 1992.

Gellner, Ernest. *Nations and Nationalism*. Ithaca: Cornell University Press, 1983.

Ha, Woobong, "Sirhak in Late Chosôn Korea and Ancient Learning in Early Modern Japan from the Perspective of the History of Interaction." *Korean Studies*, No. 30 (January 2006): 91–109.

Hannaford, Ivan. *Race: The History of an Idea in the West*. Baltimore: The Johns Hopkins University Press, 1996.

Holtom, Daniel Clarence. *Modern Japan and Shinto Nationalism: A Study of Present-day Trends in Japanese Religions*. Chicago: University of Chicago Press, 1947.

Hus, Jan. *De Ecclesia*. New York: Scribner's, 1915.

Ishii, Ryosuke. *A History of Political Institutions in Japan*. Tokyo: University of Tokyo Press, 1980.

Ives, Christopher. *Imperial-Way Zen: Ichikawa Hakugen's Critique and Lingering Questions for Buddhist Ethics*. Honolulu: University of Hawai'i Press, 2009.

Kaempfer, Engelbert. *The History of Japan*. London: Book V., 1727.

Kang, Mi Ok Kang. *Multicultural Education in South Korea: Language, Ideology, and Culture in Korean Language Arts Education*. New York: Routledge, 2015.

Katsurajima Nobuhiro. "Japanese Nationalism and East Asia." *Journal of Cultural Interaction in East Asia*, No. 5 (March 2014): 3–13.

Kennedy, M. David. "The Horror: Should the Japanese Atrocities in Nanking be Equated with the Nazi Holocaust?" *The Atlantic Monthly*, Vol. 281, No. 4 (April 1998): 110–116.

Kishlansky, Mark, Parick J. Geary, and Patricia O'Brien. *Civilization in the West to 1715*. 3rd Edition. New York: Longman, 1997.

Koschmann, J. Victor. *The Mito Ideology: Discourse, Reform, and Insurrection in Late Tokugawa Japan, 1790–1864*. Berkeley: University of California Press, 1987.

Küng, Hans, trans. by John Bowden. *A Global Ethic for Global Politics and Economics*. New York: Oxford University Press, 1998.

Laprade, T. William. "Nationalism." Annual report of the American Historical Association for the year 1915. Washington: 1917.

Levathes, Louise. *When China Ruled the Seas: The Treasure Fleet of the Dragon Throne, 1405–1433*. New York: Simon & Schuster, 1994.

Lü, Yuxin. "Confucius, Zhu Shunshui, and the Origins of Japanese State Building in the Tokugawa Era: 1650–1700." Doctoral Dissertation, St. John's University, 1998.

———. "Reformed Confucianism in Tokugawa." *Asian Culture*, Vol. 25, No. 4 (Winter, 1997): 17–26.

———. "The Interplay of Language and Social Transition: A Case Study of Reform of Chinese Written Style in the 1910s." *Journal of Chinese Language Teaching and Research*, 2005: 85–86.

Maddison, Angus. *The World Economy: A Millennial Perspective*. Paris: OECD Publications, 2001.

Magarey, Earl David. *Emperor and Nation in Japan: Political Thinkers of the Tokugawa Period*. Seattle: University of Washington Press, 1964.

McMullen, I. J. "Ito Jinsai and the Meanings of Words." *Monumenta Nipponica*, Vol. 54, No. 4 (1999): 509–520.

McNally, Mark. *Proving the Way: Conflict and Practice in the History of Japanese Nativism*. Cambridge: Harvard University Asia Center, 2005.

Mendelssohn, Moses, trans. by M. Samuels. *Jerusalem: A Treatise on Ecclesiastical Authority and Judaism*. 2nd edition. London: Sainsbury, 1827.

Morris-Suzuki, Tessa. *A History of Japanese Economic Thought*. New York: Routledge and Nissan Institute for Japanese Studies, University of Oxford, 1990.

Mungello, David. E. *The Forgotten Christians of Hangzhou*. Honolulu: University of Hawai'i Press, 1994.

Nakamura Masanori. *The Japanese Monarchy, Ambassador Joseph Grew and the Making of the "Symbol Emperor System," 1931–1991*. New York: M. E. Sharpe, 1992.

Nelson, Eric. *The Royalist Revolution: Monarchy and the American Founding*. Cambridge: Harvard University Press, 2014.

Nosco, Peter. *Remembering Paradise: Nativism and Nostalgia in Eighteenth-Century Japan*. Cambridge: Harvard University Press, 1990.

Ohnuki-Tierney, Emiko. *Kamikaze, Cherry Blossoms, and Nationalisms: The Militarization of Aesthetics in Japanese History*. Chicago: University of Chicago Press, 2002.

Okakura, Kakuzo. *The Ideals of the East with Special Reference to the Art of Japan*. New York: E. P. Dutton and Company, 1920.

Ooms, Herman. *Tokugawa Ideology: Early Constructs, 1570–1680*. Princeton: Princeton University Press, 1985.

Pai, Hyung Il and Timothy R. Tangherlini. *Nationalism and the Construction of Korean Identity*. Berkeley: Institute of East Asian Studies, University of California, 1998.

Pittenger, W. Norman. *Martin Luther: The Great Reformer*. New York: Franklin Watts., 1969.

Rick, Fawn. *Ideology and National Identity in Post-communist Foreign Policies*. London and Portland: Frank Cass, 2004.

Robertson, Geoffrey. *Crimes Against Humanity: The Struggle for Global Justice*. 2nd edition. London: Penguin, 2002.

Russell, Bertrand. *The History of Western Philosophy*. New York: Simon & Schuster, 1972.

Sansom, George. *A History of Japan 1334–1615*. Stanford: Stanford University Press, 1961.

———. *Japan, A Short Cultural History*. Stanford: Stanford University Press, 1978.

Shimazu, Naoko. *Japan, Race and Equality: The Racial Equality Proposal of 1919*. New York: Routledge, 1998.

Skya, Walter. *Japan's Holy War: The Ideology of Radical Shintô Ultranationalism*. Durham: Duke University Press, 2009.

Smethurst, Richard J. "Takahashi Korekiyo's Economic Policies in the Great Depression and Their Meiji Roots." Discussion paper, The Suntory and Toyota International Centres for Economics and Related Disciplines, London School of Economics and Political Science, 2000.

Sorensen, André. *The Making of Urban Japan: Cities and Planning from Edo to the Twenty-First Century*. London: Routledge, 2002.

Spae, Joseph John. *Itō Jinsai: A Philosopher, Educator and Sinologist of the Tokugawa Period*. New York: Paragon Book Reprints Corp., 1967.

Tamanoi, Mariko. *Under the Shadow of Nationalism: Politics and Poetics of Rural Japanese Women*. Honolulu: University of Hawai'i Press, 1998.

Tsunoda, Ryusaku and Wm. Theodore de Bary. *Sources of Japanese Tradition*. 2 vols. New York: Columbia University Press, 1958.

Tucker, John Allen. *Itô Jinsai's Gomô jigi and the Philosophical Definition of Early Modern Japan*. Leiden: Brill, 1998.

Varley, H. Paul. *A Chronicle of Gods and Sovereigns: Jinnō Shōtōki of Kitabatake Chikafusa*. New York: Colombia University Press, 1980.

Victoria, Brian Daizen. *Zen at War*. 2nd edition. New York: Rowman & Littlefield, 2006.

Watanabe Hiroshi, *A History of Japanese Political Thought, 1600–1901*. Tokyo: I-house Press, 2012.

Williams, Peter and David Wallace. *Unit 731: Japan's Secret Biological Warfare in World War II*. New York: The Free Press, 1989.

Weiner, Michael. *Race and Migration in Imperial Japan*. London and New York: Routledge, 1999.

Wood, Alan Thomas. *Limits to Autocracy: From Sung Neo-Confucianism to a Doctrine of Political Rights*. Honolulu: University of Hawai'i Press, 1995.

Yazaki, Takeo. *Social Change and the City in Japan*. Tokyo: Japan Publications, 1968.

索引

一畫

二畫

三畫

四畫

五畫

六畫

七畫

八畫

九畫

十畫

十一畫

十二畫

十三畫

十四畫

十五畫

十六畫及以上